Hongbing Song

LA GUERRE DES MONNAIES
LA CHINE ET LE NOUVEL ORDRE MONDIAL

*Traduit du chinois
par Haibing Liu & Lucien Cerise*

Hongbing Song

Hongbing Song est un jeune chercheur en économie émigré aux États-Unis. Il y travaille en tant que consultant pour les fonds de pension américains Freddie Mac et Fanny Mae, fonds de pension qui disparaîtront au cours de la crise financière de 2008. (source : Babelio)

LA GUERRE DES MONNAIES :
La Chine et le nouvel ordre mondial

Édition originale : *Currency Wars*, 2007

Publié par Le Retour aux Sources
www.leretourauxsources.com

© Le Retour aux Sources – Hongbing Song - 2020

Tous droits réservés. Aucune partie de cette publication ne peut être reproduite par quelque moyen que ce soit sans la permission préalable de l'éditeur. Le code de la propriété intellectuelle interdit les copies ou reproductions destinées à une utilisation collective. Toute représentation ou reproduction intégrale ou partielle faite par quelque procédé que ce soit, sans le consentement de l'éditeur, de l'auteur ou de leur ayants cause, est illicite et constitue une contrefaçon sanctionnée par les articles L-335-2 et suivants du Code de la propriété intellectuelle.

PRÉFACE 13
AVANT-PROPOS 17

1. 21
L'INSAISISSABLE 1ᴱᴿᴱ FORTUNE MONDIALE 21
Napoléon et Waterloo. Rothschild et l'Arc de triomphe 22
Le contexte entourant les débuts de l'empire des Rothschild 27
Le premier magot des Rothschild 30
Quand Nathan dominait la City 34
James conquiert la France 37
Les aspirations de Salomon en Autriche 39
Les blasons des Rothschild en Allemagne et en Italie 42
L'empire financier de la famille Rothschild 43

2. 47
UNE LUTTE À MORT 47
L'assassinat du président Lincoln 48
Le droit d'émission de la monnaie et la guerre d'Indépendance américaine 51
La première bataille des banquiers internationaux : la première banque centrale des États-Unis (1791-1811) 55
Le rebond des banquiers internationaux : la Second Bank of the United States (1816-1832) 59
« La banque essaye de me tuer, mais je la tuerai » – Andrew Jackson, 7ᵉᵐᵉ président des Etats-Unis 61
Le système financier indépendant : un nouveau front 63
Comment un coup des banques internationales provoqua la Panique de 1857 66
Les puissances financières internationales en Europe à l'origine de la Guerre de Sécession : 67
La nouvelle donne monétaire de Lincoln 71
Les alliés russes de Lincoln 73
Qui est le véritable assassin de Lincoln ? 75
La loi bancaire nationale de 1863 : un compromis fatal 76

3. 82
LA CRÉATION DE LA RÉSERVE FÉDÉRALE 82
La mystérieuse Jekyll Island : là où la Fed a été conçue 83
Machination dans les coulisses de la Fed... 86
La montée en puissance de la dynastie Morgan 87
Rockefeller : le magnat du pétrole 90
Jacob Schiff : le stratège financier des Rothschild 91
James Hill : le magnat des chemins de fer 91

Les frères Warburg 93
La crise de 1907 : premières escarmouches sur la législation de la Fed 93
De l'étalon-or à la monnaie fiduciaire : changement de paradigme dans le monde bancaire 98
Le signal des élections présidentielles de 1912 99
Le plan B 102
Le projet de loi de la Fed : le rêve des banquiers devient réalité 104
Qui détient la Fed ? 106
Le premier Conseil de la Fed 109
Le Comité consultatif fédéral inconnu 110
Conclusion 112

4 115

LA « SAISON DES RÉCOLTES » 115

La Fed, responsable de la Première Guerre mondiale 116
La Fed, grande manipulatrice en temps de guerre… 121
L'entrée en guerre de Wilson pour des raisons « morales et éthiques » 123
Les banquiers, les vrais vainqueurs de la guerre… 125
Les frères Warburg : encore eux ! 126
Bernard Baruch : le tsar de l'industrie américaine en temps de guerre 127
La Société du financement de la guerre d'Eugene Meyer 128
Edward Stettinius : le fondateur du complexe militaro-industriel 128
Davidson : l'homme de confiance de Morgan 129
Le Traité de Versailles : une trêve de vingt ans 129
La « tonte des moutons » et la récession agricole des États-Unis en 1921 . 131
La conspiration des banquiers de 1927 133
L'éclatement de la bulle en 1929 : une nouvelle « tonte des moutons » 138
La planification de la Grande dépression 141

5 147

LES DESSOUS DU NEW DEAL 147

L'argent bon marché de Keynes 149
Les origines complexes de Keynes 150
Le Président Hoover : un reflet vide dans le miroir 153
Qui était Franklin Delano Roosevelt ? 156
L'abolition de l'étalon-or : les banquiers confient à Roosevelt une mission historique 160
Voici comment les placements à hauts risques favorisèrent Hitler 165
L'Allemagne nazie financée par Wall Street 168
Une guerre coûteuse et une monnaie dévaluée 172

6 176

L'OLIGARCHIE À LA TÊTE DU MONDE 176

Le Colonel House, parrain spirituel du Council on Foreign Relations (CFR) 178
La Banque des règlements internationaux (BRI) : la banque des banquiers centraux 184
Le Fonds Monétaire International et la Banque Mondiale 191
Ce club d'élites qui domine la planète 199
Le groupe de Bilderberg 202
La Commission trilatérale 205

7 208

ULTIMES RÉSISTANCES 208

Le décret présidentiel « 11110 », l'acte de décès de Kennedy 209
Le statut historique du dollar-argent 214
La fin de l'étalon-argent 217
Le Pool de l'or 221
Les droits de tirage spéciaux 230
L'abolition de l'étalon-or 234
L'assassin financier et le retour des « pétrodollars » 236
Le dernier espoir de revenir à l'étalon-or est définitivement enterré 239

8 242

LA GUERRE DES MONNAIES SE DÉPLACE VERS L'ASIE 242

1973 : la guerre du Kippour et la riposte du dollar 244
Paul Volcker : l'économie mondiale connaît un « effondrement contrôlé » 249
La World Conservation Bank pour mettre la main sur 30% de la surface terrestre 255
La bombe nucléaire financière : Tokyo 262
Soros et les pirates de la finance 268
« L'arc de crise » : le blocage de la monnaie européenne 272
La tentative d'étranglement des monnaies asiatiques 277
Petite fable sur l'avenir de la Chine 286

9 288

L'OR, TALON D'ACHILLE DU DOLLAR 288

Le système de réserves fractionnaires : source d'inflation 290
Voici comment le dollar endetté a été contrefait 294
Une dette américaine « intarissable » et les « reconnaissances de dette » des peuples asiatiques 298
Le monopole des produits financiers dérivés 304
Les GSE : une deuxième Réserve Fédérale 307
La devise reine assignée à résidence… 314
L'alerte de 2004 : la banque Rothschild cesse de fixer le cours de l'or 323
Le talon d'Achille économique de la bulle du dollar 326

10

L'IMPLOSION DE LA DETTE AMÉRICAINE ET LA CRISE MONDIALE DES LIQUIDITÉS 331

- *Passons la crise au peigne fin* 332
- *La titrisation et l'excès de liquidités* 335
- *Subprimes et ALT-A : les déchets hypothécaires toxiques* 340
- *Les CDO adossées aux subprimes : un concentré de déchets toxiques* 344
- *Les CDO synthétiques : des déchets toxiques concentrés de grande pureté* 349
- *Les agences de notation complices de la fraude* 352
- *L'implosion de la dette et la crise des liquidités* 357
- *Quel avenir pour les marchés financiers ?* 360

11

REGARDER LOIN DEVANT 363

- *Les monnaies : unités des poids & mesures du monde économique* 364
- *L'or et l'argent, « protecteurs divins » contre l'instabilité des prix* 368
- *Le gavage de la dette et la mise à la diète du PIB* 371
- *Les « forces aériennes stratégiques » du développement économique chinois* 375
- *Stratégies pour l'avenir : « Construire des remparts, faire des réserves de céréales et quand le temps sera venu, s'emparer du trône »* 381
- *Le yuan adossé à l'or ou la voie vers une devise de réserve mondiale* 385

POSTFACE 390

L'OUVERTURE FINANCIÈRE DE LA CHINE 390

- *Prise de conscience insuffisante de la guerre monétaire en cours* 390
- *Souveraineté monétaire ou stabilité monétaire ?* 393
- *Les « troubles endocriniens » de la réévaluation monétaire et du système financier* 395
- *Rendre coup pour coup* 397
- *Stocker de l'or plutôt que des devises étrangères* 399

BIBLIOGRAPHIE 401

- *AUTRES DOCUMENTATIONS ET PUBLICATIONS :* 404

Le Retour aux Sources éditeur 409

« *Donnez-moi le contrôle de la monnaie d'une nation et je n'aurai pas à me soucier de ceux qui font ses lois.* »

Mayer Amschel Rothschild.

« *Je pense que les institutions bancaires sont plus dangereuses pour nos libertés que des armées entières d'active.* »

Thomas Jefferson.

« *La banque essaye de me tuer, mais je la tuerai.* »

Andrew Jackson.

« *J'ai deux grands ennemis : l'armée sudiste positionnée face à moi et la haute finance dans mon dos. Des deux, c'est la seconde qui est la plus dangereuse...* »

Abraham Lincoln.

« *Par des procédés constants d'inflation, les gouvernements peuvent confisquer d'une façon secrète et inaperçue une part notable de la richesse de leurs nationaux. Par cette méthode, ils ne font pas que confisquer : ils confisquent arbitrairement et tandis que le système appauvrit beaucoup de gens, en fait, il en enrichit quelques-uns.* »

John Maynard Keynes.

« *En l'absence d'un étalon-or, il n'existe aucun moyen de protéger l'épargne contre la confiscation par l'inflation. Il n'existe aucune réserve de valeur fiable.* »

Alan Greenspan.

« *Tout comme la liberté, l'or n'a pas sa place là où on le sous-estime.* »

Lot Myrick Morrill.

Préface

La guerre des monnaies, la guerre de l'or et, en général, la guerre financière que se livrent les grandes puissances est une réalité très ancienne. On peut en tracer l'origine aux débuts de la mondialisation... lorsque la drachme égyptienne connut une hyper-inflation aux IVe et Ve siècles.

L'Égypte, assujettie à l'Empire romain, avait décidé de ne pas adosser sa monnaie à l'or ou à l'argent. Rome, dans le même temps, abandonna progressivement l'étalon-or et-argent, en réduisant la teneur en métaux précieux de sa propre monnaie... jusqu'à ce qu'elle ne vaille plus rien ! L'Empire romain, qui avait conquis quasiment toutes les terres connues, finit par s'effondrer.[1]

Dans une période plus récente, coïncidant avec l'industrialisation en Amérique du Nord et en Europe, la guerre des monnaies s'est déroulée dans un contexte de lutte acharnée entre plusieurs empires, d'abord en Europe, puis dans le Nouveau Monde, de l'autre côté de l'Atlantique, où les anciennes puissances européennes jetèrent d'immenses forces dans la bataille.

La France des Lumières défendait sa vision d'un « ordre nouveau » basé sur l'idée qu'elle se faisait de la démocratie, et l'Angleterre, devenue maîtresse des océans à la fin du XVIe siècle, succédant à la République de Venise, voyait-là l'occasion d'étendre son Empire « sur lequel le soleil ne se couche jamais ». Les Allemands, eux, louaient à la Couronne britannique une armée de mercenaires...

L'auteur Hongbing Song commence son récit avec la formation d'une nouvelle dynastie, des roturiers, qui deviendra grâce à un plan

---

[1] Voir *L'effondrement des sociétés complexes*, de Joseph Tainter (Le Retour aux Sources, www.leretourauxsources.com).

minutieusement élaboré la nouvelle aristocratie trans-européenne avant de se retrouver au cœur de l'oligarchie financière mondiale, communément appelée « les banquiers internationaux ». Cette nouvelle dynastie, opérant dans l'ombre des grandes puissances européennes dont elle tirait toutes les ficelles est le clan Rothschild.

Cette histoire, alors totalement inconnue en Chine avant la parution de *Currency Wars*, est au contraire assez bien documentée en Occident. En effet, après être parvenu à séduire le richissime et puissant Prince de Hesse-Cassel, dont il deviendra l'agent de change officiel, Mayer Amschel Rothschild (alias Bauer) déploiera ses tentacules — ses cinq fils — sur toute l'Europe et imposera rapidement sa maison bancaire dans les principales places financières du continent, à Londres, Paris, Vienne, Naples et Francfort.

Ces cinq tentacules sont représentés sur le blason des Rothschild par les cinq flèches qui s'échappent des serres de l'Aigle, image parfaite de la souveraineté, qui symbolise la conquête et l'instinct de puissance.

On pourrait croire que c'est donc en Europe que la dynastie des Rothschild va se construire, pas à pas, sur fond de guerres napoléoniennes, et ainsi accumuler une fortune gigantesque. Mais ce serait vite oublier que le patriarche, Mayer Amschel, a établi les fondations de son édifice sur la Guerre d'indépendance en Amérique du Nord, en louant à la Couronne britannique 30 000 mercenaires allemands (qui ne parviendront d'ailleurs pas à maintenir l'Amérique dans l'Empire britannique).

Dans son récit, Hongbing Song, démontre par le menu comment cette oligarchie naissante avance sur plusieurs fronts des deux côtés de l'Atlantique, à pas masqués, en déployant partout ses agents secrets. Le premier coup de maître, c'est Nathan, le fils du patriarche, qui l'assènera à Londres, en mettant génialement la main sur la Banque d'Angleterre. Nathan venait d'inventer la guerre financière, où les armes sont l'asymétrie de l'information, la manipulation et l'intimidation. Ses frères ne sont pas en reste, James conquerra la France et Salomon l'Autriche. L'Europe étant désormais entre leurs mains, la génération suivante aura fort à faire outre-Atlantique pour imposer sa domination.

Après les deux tentatives ratées de créer une banque centrale privée aux États-Unis, l'auteur nous entraîne dans l'histoire secrète de la création de la Réserve Fédérale, en 1913, puis dans celle des grandes catastrophes du XX$_e$ siècle, la Grande Crise et les deux guerres mondiales. Si les conquêtes à travers l'Histoire ont toujours été exécutées dans des massacres épouvantables, la conquête financière du monde moderne n'a non seulement pas dérogé à la règle, mais l'a perfectionnée au fil des plans les plus diaboliques élaborés par ces nouveaux conquistadors.

Pas à pas, Hongbing Song nous plonge dans l'histoire contemporaine, la guerre de l'or, celle du Vietnam, puis la fin de l'étalon-or qui finira d'imposer le dollar comme unique devise de réserve mondiale. La marche inexorable de la finance internationale, suivant un axe Londres/Wall Street, finit par précipiter le monde dans le plus grand chaos financier de l'Histoire : la crise de 2008.

L'auteur, qui était alors consultant de haut niveau auprès de Fannie Mae et de Freddie Mac, au cœur de la tourmente des prêts immobiliers « *subprime* », se trouvait aux premières loges pour observer la cupidité sans bornes du monde de la finance. S'il avait déjà compris le risque systémique que la planète tout entière encourait alors, ses recherches lui ont fait découvrir qu'une autre guerre, bien plus dangereuse et effroyable, se livrait dans les coulisses : la guerre des monnaies.

À savoir, maintenir coûte que coûte la suprématie du dollar américain (et, ce faisant, l'hégémonie des États-Unis) en inondant le monde de billets verts. Imposer partout l'austérité alors qu'à domicile, l'indiscipline prévaut. Après avoir détourné le projet européen et ruiné bien des économies, avec l'aide des agents de Goldman Sachs infiltrés dans les plus hauts postes du pouvoir, leur nouvelle cible est désormais la Chine, dont les ambitions sont désormais au cœur des préoccupations américaines.

Hongbing Song a d'abord voulu alerter les autorités chinoises de l'immense danger qui pointait à l'horizon et menaçait de réduire à néant tous les efforts déployés par la Chine moderne visant à offrir à ses quelques un milliard et demi d'habitants un niveau de vie comparable à celui des Occidentaux. Publié en mai 2007, son livre, *Currency Wars*, a connu très vite par le bouche à oreille un immense succès dans l'Empire du Milieu, où il est devenu le *best-seller* absolu.

Il a alimenté et alimente toujours les conversations de millions de Chinois… jusque dans les rangs les plus élevés du pouvoir, au sein même du Comité Central du Parti Communiste. Wang Qishan, alors vice-premier du conseil d'État, en charge des affaires économiques, aurait même ordonné à ses collaborateurs de le lire…

L'impact de *Currency Wars* a été tel que l'ancien président de la Fed, Paul Volcker, cité à plusieurs reprises dans ce livre, a dû s'expliquer sur une chaîne de télévision chinoise sur la nature privée de la Réserve Fédérale. Il a répondu que même si c'était effectivement le cas, les téléspectateurs chinois ne devaient pas en tirer n'importe quelle conclusion...

Le fait qu'un ancien président de la banque centrale américaine soit amené à communiquer sur la vraie nature de « sa Fed », apporte, s'il en fallait, une preuve supplémentaire que *Currency Wars* contient bien des révélations pour le moins explosives !

La *Guerre des monnaies* est avant tout une somme impressionnante de références incontournables. Au fil des chapitres, Hongbing Song nous fait découvrir beaucoup d'auteurs indispensables, peu connus en France ou jamais traduits en français. Il résume magistralement les passages essentiels de leurs œuvres qui appuient cette thèse d'un complot des banquiers internationaux.

Le lecteur découvrira non seulement les écrits de Frédéric Morton, Des Griffin, Ron Chernow, William Engdhal et beaucoup d'autres, mais aussi l'œuvre incontournable de Ferdinand Lips, cofondateur de la Banque Rothschild à Zurich, *La Guerre de l'Or*. Bien sûr, Eustace Mullins et *Les secrets de la Réserve Fédérale*, y tiennent une place importante.

Mais Hongbing Song ne se contente pas de reprendre les grandes lignes de ces auteurs cruciaux, il décrypte également les écrits de Henry Kissinger ou de George Soros, deux acteurs de premier plan des crises majeures, le déclenchement de la guerre du Vietnam pour l'un ou la spéculation monétaire qui a balayé l'Asie orientale en 1997 pour l'autre.

L'ouvrage se termine en forme de recommandation adressée aux autorités chinoises et trace les grandes lignes que la Chine se devrait d'adopter pour établir sa monnaie nationale, le renminbi, comme future devise de réserve mondiale.

Il semble que six ans après la parution de ce premier volet de la *Guerre des Monnaies*, Hongbing Song ait été entendu, puisque la Chine n'a cessé depuis d'accumuler des réserves d'or — elle est aujourd'hui classée au cinquième rang mondial, derrière la France et devant la Suisse, avec 1054 tonnes d'or (chiffre officiel inchangé depuis 2008 — en réalité, la Chine pourrait en détenir 4 à 8 fois plus selon les estimations.

Certains vont même jusqu'à affirmer que les réserves d'or de la Chine seraient supérieures à celles des États-Unis...). En mars 2013, la Chine s'annonçait prête à riposter en cas de « guerre des monnaies » !

AVANT-PROPOS

> « À l'heure où le porte-avions de l'économie chinoise a hissé ses voiles, le vent lui sera-t-il favorable ? »
> Zhao Yukun, économiste chinois, cinq ans après l'entrée de la Chine dans l'OMC et l'ouverture complète de sa finance aux capitaux étrangers.

En 2006, Henry Paulson, le ministre des Finances nord-américain, à la veille d'un séjour en Chine, déclarait à la chaîne de télévision câblée CNBC, à propos de l'impatience mondiale vis-à-vis des réformes économiques et monétaires en Chine :

> « Ils sont déjà les leaders de l'économie mondiale, et le reste du monde ne va pas leur accorder beaucoup plus de temps ».[2]

De toute évidence, la Chine d'aujourd'hui, qui avance à un rythme effréné, pèse de plus en plus lourd dans l'économie mondiale et le monde occidental veut à tout prix lui imposer ses règles. Mais une série de données et d'indicateurs économiques montrent que le « porte-avions de l'économie chinoise » a déjà fixé son cap...

Trois ans auparavant, le Bureau politique invitait des chercheurs à Pékin afin de leur enseigner l'histoire du développement des grandes puissances. Il s'agissait en fait d'anticiper la montée de la Chine, en formant des spécialistes à cette nouvelle donne. Ce type d'initiative est révélateur de la grande confiance qu'a la Chine en elle-même et de la rapidité de son développement économique, qui dépasse même la vitesse du tournage de l'émission de CCTV, *La montée en puissance des grandes nations* !

---

[2] *Reuters*, 8 décembre 2006.

Le monde entier observe la Chine, et l'on reprend partout en chœur : « Le XXIe siècle est le siècle de la Chine » ; « En 2040, la puissance économique de la Chine dépassera celle des États-Unis ». Alors, la Chine deviendra-t-elle inexorablement la première puissance mondiale ? Ainsi que le formule l'économiste chinois Zaho Yukun, le vent restera-t-il favorable à l'économie chinoise, maintenant qu'elle a hissé toutes ses voiles ?

Durant les cinquante prochaines années, période à venir éminemment critique, la Chine pourra-t-elle maintenir sa vitesse de croisière ? Poursuivra-t-elle son essor avec la même résolution ? Quels sont les facteurs, encore impossibles à évaluer, qui pourraient influencer son cap, sa ligne de navigation et sa vélocité ?

Selon les analyses classiques, le voyage le plus dangereux dans les décennies à venir du porte-avions géant qu'est la Chine sera la traversée du détroit de Taïwan et sa capacité à se rendre maître des eaux territoriales en Asie de l'Est. Cependant, l'auteur émet la thèse que, si la Chine est capable de devenir la première puissance économique mondiale au milieu du XXIe siècle, le risque principal viendra plus probablement d'une guerre sans fumée — une « guerre financière ».

Cette menace se rapproche en raison de l'expiration des cinq ans accordés à la Chine pour rejoindre l'OMC et libéraliser son secteur financier aux investissements étrangers. Désormais ouvert à l'investissement international, le secteur financier chinois est-il assez fort pour résister aux attaques ? Dispose-t-il de l'expérience pratique pour se prémunir contre un éventail d'instruments financiers dérivés, du style « frappes de précision à distance » ?

La guerre navale peut servir d'exemple : en 1996, un sous-marin chinois parvint à repousser le porte-avions géant américain USS Nimitz dans le détroit de Taiwan ; et fin octobre 2006, un autre sous-marin chinois de classe Song faisait surface à portée de torpille de l'USS Kitty Hawk, après s'en être approché furtivement et sans avoir été détecté par aucun des bâtiments d'escorte en manœuvre.

Sur un théâtre d'opérations concret où la puissance militaire chinoise est temporairement incapable de rivaliser avec celle des États-Unis, la Chine a élaboré des tactiques particulières pour freiner les audaces nord-américaines. De façon symétrique, certains pays estimant que le développement accéléré de la Chine est préjudiciable à leurs intérêts pourraient attaquer le porte-avions économique chinois qui a déjà pris la mer, en utilisant le « sous-marin nucléaire » de la guerre financière, l'obligeant à changer de cap et d'itinéraire.

Que la Chine devienne un pays puissant sur l'échiquier mondial au milieu du XXIe siècle est prévisible, et tout le monde en convient, mais cela ne prend pas en compte certains obstacles et dommages éventuels causés par des impondérables importants, tels que la guerre financière. Le secteur financier chinois est déjà ouvert aux investissements étrangers. Si j'osais faire une analogie discutable, je dirais que les risques sont peut-être même supérieurs à laisser venir l'ensemble des troupes aéroportées nord-américaines à quelques encablures des eaux territoriales chinoises.

Car même si les attaques militaires visent généralement à détruire des infrastructures et des installations, et qu'elles tuent des êtres humains, si l'on tient compte de la vaste étendue du territoire chinois, une guerre conventionnelle aurait beaucoup de mal à occasionner des dommages capitaux aux secteurs vitaux de l'économie. En revanche, une fois l'ordre économique du pays attaqué par la guerre financière, des troubles civils verraient immédiatement le jour et les agressions étrangères conduiraient inévitablement à une guerre civile.

L'Histoire est aussi sombre que peut l'être la réalité : désintégration de l'Union soviétique, dévaluation du rouble ; crise financière asiatique, « quatre petits tigres » asiatiques qui ont rendu les armes ; une économie japonaise qui ne parvient toujours pas à se remettre de sa défaite... Aujourd'hui, posons-nous cette question : tous ces événements relèvent-ils vraiment du hasard ou d'une coïncidence fortuite ?

Si ce n'est pas le cas, alors que se trame-t-il derrière tout ça ? Quelle pourrait être la prochaine cible ? Au cours des derniers mois, d'anciens agents (secrets) des magnats de l'énergie et des banquiers européens ont été tués les uns après les autres ! N'y aurait-il pas là de lien avec l'effondrement de l'URSS ? Le facteur le plus décisif de la désintégration de l'Union soviétique a-t-il été les réformes politiques ou les attaques financières ?

Toutes ces questions préoccupantes peuvent se poser également à la Chine, dans sa capacité à défendre son système financier et l'avenir de son développement économique. Même si l'on met de côté les taux de change du renminbi[3] (RMB) et les mille milliards de réserve de

---

[3] Le renminbi (RMB), littéralement « la monnaie du peuple », autre nom du « yuan », est la devise nationale de la Chine, à l'exception de Hong Kong et Macao [n.d.e.].

change[4] si l'on tient compte des jeux politiques des *capitaux spéculatifs* qui échappent à l'ordre financier, tant au niveau national qu'entre les pays, la situation de la Chine ne peut que se retrouver au centre de toutes les attentions.

La patience et la bienveillance de la civilisation chinoise, ainsi que le concept de « développement pacifique » exprimé par les Chinois à plusieurs reprises, pourront-ils résister à l'invasion financière continue, subversive et agressive du « nouvel empire romain » ?

[En décembre 2006 ;] Henry Paulson s'est rendu en Chine pour un « dialogue économique stratégique ». Il était accompagné de Ben Bernanke. Le ministre des Finances nord-américain et le président de la Réserve Fédérale ont atterri ensemble à Pékin. Quel sens ce déplacement exceptionnel revêtait-il ?

Mis à part les taux de change du RMB, quelle autre « compétition », dont le reste du monde n'était pas au courant, était-elle en train de se jouer ? Lors de l'interview qu'il avait accordée à CNBC, Paulson soulignait que ces deux jours de dialogue porteraient sur les défis à long terme posés par la croissance rapide de l'économie chinoise. Mais ces « défis à long terme », ainsi nommés, incluent-ils une possible « guerre financière » ?

Le but de ce livre est de faire la lumière sur les grandes affaires de la finance depuis le XVIIIe siècle et de mettre à nu ceux qui tirent les ficelles dans les coulisses. Reconstituer l'Histoire, observer, confronter, dresser le bilan des objectifs stratégiques poursuivis par ces personnes et analyser leur *modus operandi*. Puis, une fois l'Histoire reconstituée, établir des pronostics sur la principale direction que prendra leur future attaque contre la Chine et explorer les possibles contre-mesures à prendre.

Bien que l'on n'aperçoive pas encore de fumée s'élever à l'horizon, la guerre a déjà bel et bien commencé !

---

[4] En avril 2013, les réserves de change de la Chine s'élevaient à 3440 milliards de dollars [n.d.e.].

1

L'INSAISISSABLE 1ère FORTUNE MONDIALE

> « Donnez-moi le contrôle de la monnaie d'une nation et je n'aurai pas à me soucier de ceux qui font ses lois. »[5]
>
> Mayer Amschel Rothschild.

Si vous croyez les médias « grand public » lorsqu'ils spéculent quotidiennement sur la fortune de Bill Gates s'élevant à [73,7] milliards de dollars,[6] et qu'ils en font l'homme le plus riche de la Terre, alors vous êtes mal informés. Sur la liste habituelle des plus grandes fortunes du monde, il y en a une, immense et invisible, que vous aurez du mal à discerner car elle contrôle étroitement les principaux médias occidentaux.

Aujourd'hui, les Rothschild gèrent une multitude d'affaires bancaires, mais si nous interrogeons au hasard cent Chinois dans les rues de Pékin ou de Shanghai, quatre-vingt-dix-neuf vous diront qu'ils connaissent la Citibank américaine et un seul la Banque Rothschild.

Cela est étrange mais pas surprenant. Le nom de Rothschild est inconnu des Chinois car l'empire financier qu'il représente sait rester discret, cultivant ainsi sa capacité d'infiltration du pouvoir. De fait, son influence passée, présente et future sur le peuple chinois, mais aussi sur le monde, est considérable. Mais qui sont exactement les Rothschild ? Tous ceux qui travaillent dans l'industrie financière connaissent nécessairement ce nom.

---

[5] G. Edward Griffin, *The Creature from Jekyll Island* (American Media, Westlake Village, CA, 2002) p. 218.

[6] Chiffre de 2013 (Bloomberg) [n.d.e.].

Il est aussi important pour le monde bancaire que celui de Napoléon pour l'histoire militaire ou celui d'Einstein pour la physique. Mais à combien la fortune des Rothschild s'élève-t-elle ? Nous entrons là dans un monde très secret... On peut toutefois avancer une estimation prudente de 50 000 milliards de dollars.

D'après Frédéric Morton,[7] la richesse des Rothschild aurait été estimée, en 1850, à plus de 6 milliards de dollars US.[8] En dollars de 2006, suivant les différentes projections raisonnables de retours sur investissement, disons, de façon conservatrice, entre 4 et 8% sur une période de 156 ans et en supposant qu'il n'y ait pas eu d'érosion de la base de cette fortune, la valeur nette de l'entreprise familiale Rothschild s'étagerait de 2725 milliards de dollars (4%) à 982 329 milliards de dollars (8%). 53 194 milliards correspondent à une progression annuelle moyenne de 6%. C'est le chiffre que nous retiendrons. Mais la question qui nous brûle les lèvres est : comment les Rothschild ont-ils pu amasser une fortune aussi considérable ? C'est l'histoire que va vous narrer ce chapitre.

Un contrôle familial serré, des opérations opaques, une coordination aussi précise que les aiguilles d'une montre, un accès aux informations plus rapide que le marché, une aptitude au raisonnement froid et calculateur servant une ambition ploutocratique sans limite, le tout fondé sur une clairvoyance géniale des questions monétaires, ont permis aux Rothschild de bâtir le plus grand empire bancaire de l'histoire de l'humanité, les rendant invincibles après deux cents ans de maelström politique, financier et militaire.

Napoléon et Waterloo. Rothschild et l'Arc de triomphe

Nathan (1777-1836) est le troisième fils de Mayer Amschel Rothschild, le plus opiniâtre des cinq garçons du banquier de Francfort. En 1798, son père l'envoya en Angleterre pour y établir une banque (NM Rothschild). Nathan était un banquier résolu et très perspicace, dont personne n'arrivait à saisir la personnalité. Capable de prendre des

---

[7] Frédéric Morton, né en 1924, est un écrivain juif autrichien qui a émigré aux États-Unis en 1940. Il a notamment publié, en 1962, *The Rothschilds — Portrait of a Dynasty* [n.d.e.].

[8] Soit un pouvoir économique de 36 000 milliards de dollars de 2013 [n.d.e.].

décisions imprévisibles et déroutantes, il était doté d'un incroyable talent financier qui lui permit de se hisser, dès 1815, à la tête de l'oligarchie banquière londonienne.

Amschel (1773-1855), le frère aîné de Nathan, resta à Francfort pour prendre soin du bastion familial de la banque en Allemagne (M. A. Rothschild & Söhne). Son cadet, Salomon (1774-1855), fonda une autre branche de la banque à Vienne (S. M. Von Rothschild). Le quatrième fils, Kalmann, « Carl », (1788-1855), fut chargé d'ouvrir la branche de Naples. Et le benjamin, James (1792-1868), celle de Paris (MM. de Rothschild Frères). C'est ainsi que la famille Rothschild créa le premier groupe bancaire international.

En 1815, les cinq frères suivirent attentivement les développements des guerres napoléoniennes en Europe. C'était une période importante qui allait décider du sort du continent. Si Napoléon remportait la victoire finale, les Français deviendraient sans aucun doute les maîtres de l'Europe. Mais si le Duc de Wellington parvenait à vaincre l'armée française, c'est le Royaume-Uni qui pèserait dans la balance du pouvoir parmi les grandes puissances européennes.

Dès avant la guerre, la famille Rothschild, très visionnaire, avait établi son propre système de collecte de renseignements. Précurseurs de l'Intelligence économique, les Rothschild mirent sur pied un vaste réseau d'espionnage industriel, composé d'une multitude d'agents secrets. Ces derniers, baptisés « les enfants », collectaient les informations stratégiques.

En poste dans les capitales européennes, les grandes villes, les centres marchands importants et les quartiers d'affaires, présents dans une grande variété d'activités, aussi bien commerciales que politiques, ils faisaient la navette entre Londres, Paris, Francfort, Vienne et Naples.

L'efficacité de ce service de Renseignements privé surpassait de loin tous les réseaux concurrents, qu'ils soient officiels ou non, tant par sa vitesse d'action que par sa précision. Cette organisation permit à la banque Rothschild d'obtenir un avantage décisif dans presque tous les secteurs concurrentiels de la finance internationale.[9]

> *Les Rothschild étaient partout : leurs voitures arpentaient les routes, leurs bateaux voguaient sur les canaux, l'ombre de leurs*

---

[9] Des Griffin, *Descent into Slavery* (Emissary Publications, 1980), chapitre 5.

> *agents se déplaçait sans bruit dans les rues des capitales. Outre les valises de billets, les messages ou les courriers confidentiels, ils étaient surtout chargés de récolter des informations exclusives sur les plus récents mouvements sur le marché des matières premières et la bourse. Mais aucune information n'était plus précieuse que le dénouement de la bataille de Waterloo.[10]*

C'est le 18 juin 1815 que débute la confrontation, en périphérie de Bruxelles, entre la France et l'Angleterre. Il ne s'agit pas seulement d'un duel entre les armées de Napoléon et de Wellington, mais aussi d'un énorme pari entre des milliers d'investisseurs, où les gains peuvent être immenses et les pertes colossales. À la bourse de Londres, l'ambiance est d'une tension extrême. Tout le monde attend avec impatience les résultats définitifs de la bataille.

L'enjeu est le suivant : si l'Angleterre est vaincue, le cours des bons du Trésor britannique[11] s'effondrera, mais si elle gagne, il atteindra des sommets. Alors que les deux armées sont engagées dans une lutte à mort, les espions des Rothschild recueillent auprès d'elles, avec une certaine nervosité, des précisions sur l'avancement des combats. D'autres espions sont chargés de rapporter la situation jusqu'au poste de commandement de Rothschild, positionné au plus près de l'action.

La défaite de Napoléon fut finalement annoncée le 19 juin. Rothworth, l'un des coursiers des Rothschild, témoin des combats, partit immédiatement à cheval en direction de Bruxelles, d'où il fut transféré vers le port d'Ostende. Il était déjà tard quand Rothworth monta à bord d'un clipper des Rothschild disposant d'un sauf-conduit.

La Manche était particulièrement agitée ce soir-là, mais un marin accepta, pour 2000 francs, de lui faire traverser le détroit en pleine nuit. Quand Rothworth débarqua aux premières lueurs de l'aube sur les rives anglaises de Folkestone, en ce 20 juin 1815, Nathan Rothschild l'attendait en personne. Il décacheta l'enveloppe, parcourut le rapport

---

[10] Frédéric Morton, *op. cit.*, p. 94.

[11] Ces bons du Trésor britannique sont connus sous le nom de *consols*, des titres de rente perpétuelle sur la Couronne britannique, émis en 1751, à 3%, par la Banque d'Angleterre. Ce taux peut sembler modique, mais les intérêts étaient payés rubis sur l'ongle, deux fois par an, et les *consols* étaient le symbole de la confiance dans le capitalisme financier naissant outre-Manche [n.d.e.].

top secret, puis fila tout droit à la Bourse de Londres.[12]

Quand Nathan pénétra dans la salle des marchés, la foule anxieuse et excitée qui attendait le compte-rendu de la bataille se tut et tous les regards se tournèrent vers lui. Mais son visage resta impassible et personne ne put y déchiffrer le moindre indice. Nathan rejoignit sa position habituelle près de ce que l'on appellerait plus tard la « colonne Rothschild ». Son visage de marbre ne laissait filtrer aucune émotion. Le brouhaha qui régnait habituellement en ce lieu s'était dissipé.

Dans l'expression des yeux de Nathan reposait le devenir de chacun. Au bout d'un moment, il envoya discrètement un clin d'œil appuyé à ses *traders*, qui se ruèrent sans mot dire à leurs postes et commencèrent à vendre les *consols*. Quelques personnes échangèrent des mots à voix basse, mais l'assemblée, dans son ensemble, restait perplexe. Soudain, un remue-ménage se mit à secouer la salle de marché et, par centaines de milliers de livres sterling, les *consols* furent jetés sur le marché. Leur cours se mit à baisser. Puis, telle une vague déferlante, il s'effondra.

Nathan, imperturbable, était toujours appuyé contre sa colonne. Enfin, quelqu'un dans la salle des marchés s'exclama : « Rothschild sait ! Rothschild sait ! Wellington a perdu ! » Un électrochoc traversa la bourse et les ventes se muèrent en panique. La soudaine perte de raison des spéculateurs les transforma en moutons de Panurge. Tout le monde voulait se débarrasser des obligations britanniques qui avaient déjà perdu une grande partie de leur valeur. Après plusieurs heures de vente affolée, les *consols* étaient désormais relégués au rang de titres pourris, ne conservant que 5% de leur valeur nominale.[13]

Depuis le début, Nathan observait la scène avec indifférence. Ses yeux clignèrent à nouveau, mais pour envoyer cette fois un message complètement différent à ceux qui étaient formés à ce mode de communication crypté. Les *traders* qui l'entouraient retournèrent à leurs postes et commencèrent à acheter tout le papier obligataire disponible sur le marché.

Le 21 juin, à 23h, l'envoyé de Wellington, Henry Percy, arriva à Londres, rapportant la nouvelle qu'après huit heures de lutte acharnée,

---

[12] Eustace Mullins, *Les secrets de la Réserve Fédérale* (Le Retour aux Sources, 2010), chapitre 5.

[13] Des Griffin, *op. cit.*, chapitre 5.

l'armée de Napoléon avait été défaite, enregistrant la perte d'un tiers des soldats français. Cette information parvint avec plus d'un jour de retard sur le coursier de Nathan. Et au cours de cette seule journée, Nathan avait multiplié sa richesse par vingt, dépassant tout ce que Wellington et Napoléon avaient gagné à eux deux durant les dernières décennies de guerre.[14]

Ces faits ont été rapportés par Ignatius Balla, journaliste et écrivain hongrois, dans *The Romance of the Rothschilds* (1913). Le *New York Times* du 1er avril 1915 signalait que le baron Nathan Mayer Rothschild, en 1914, avait saisi le tribunal pour tenter de faire interdire ce livre au motif que le passage sur l'implication de son grand-père à Waterloo était mensonger et calomnieux. Le tribunal valida la véracité de l'histoire, rejeta la demande de Rothschild et le condamna aux dépens.

Grâce à la bataille de Waterloo, Nathan devint le plus grand créancier du gouvernement britannique. Il régnait désormais sur les futures émissions obligataires du Royaume-Uni, puisqu'il dirigeait lui-même la Banque d'Angleterre. Les obligations britanniques constituèrent la base fiscale à venir du gouvernement, et la contribution à toutes sortes d'impôts devint une forme déguisée de taxation au profit de la banque Rothschild.

Les dépenses budgétaires du gouvernement britannique furent augmentées par l'émission d'obligations ; autrement dit, le gouvernement ne pouvait émettre de devises et devait emprunter à des banques privées, le tout à un taux d'intérêt fixé à 8%, le principal et les intérêts étant réglés en or.

Quand Nathan s'appropriait un certain nombre d'obligations, il en manipulait en fait le cours. Il manipulait également la masse monétaire de tout le Royaume-Uni, et la bouée de sauvetage économique du pays était placée entre ses mains. Nathan, complaisant, ne faisait pas mystère de la fierté qu'il éprouvait de sa conquête de l'Empire britannique :

> *Je me fiche de savoir quelle marionnette est placée sur le trône d'Angleterre pour diriger l'Empire sur lequel le soleil ne se couche jamais. Celui qui contrôle la masse monétaire de la Grande-Bretagne contrôle l'Empire britannique ; et, je contrôle*

---

[14] Ignatius Balla, *The Romance of the Rothschilds* (Everleigh Nash, Londres, 1913).

la masse monétaire britannique.[15]

Le contexte entourant les débuts de l'empire des Rothschild

> « ... les quelques personnes qui comprennent ce système seront soit si intéressées par ses profits, soit si dépendantes de ses faveurs, que cette classe ne montrera aucune opposition, alors que la grande masse du peuple, intellectuellement incapable de comprendre les avantages que tire le capital du système, portera son fardeau sans se plaindre et peut-être même sans se douter que le système va à l'encontre de ses intérêts. » — Signé : Rothschild Frères.
>
> *(Lettre envoyée en 1863 par le banquier londonien à ses confrères de Wall Street à New York, en soutien au projet de loi pour la création d'une banque centrale.)*

Mayer Amschel Rothschild, le véritable fondateur de la dynastie, a grandi à l'ère de la révolution industrielle en Europe, quand le secteur financier connaissait une prospérité sans précédent. À cette époque, les nouvelles idées et pratiques financières rayonnent dans toute l'Europe à partir de l'Angleterre et des Pays-Bas. Dans le sillage de la fondation de la Banque d'Angleterre, en 1694, des concepts et des usages beaucoup plus complexes que par le passé commencent à être introduits par une foule de banquiers aventureux.

Au cours du XVIIe siècle, le concept d'argent et la forme qu'il revêt subissent de profonds changements. Entre 1694 et 1776 (année de publication par Adam Smith de *La Richesse des Nations*), le montant des billets émis par les banques dépasse pour la première fois dans l'histoire de l'humanité celui de la monnaie métallique en circulation.[16]

Chemins de fer, mines, construction navale, machines, textile, armée, énergie et autres industries émergentes connaissent des besoins

---

[15] Eustace Mullins, *op. cit.*, pp. 129-130.

[16] Glyn Davis, *History of Money From Ancient Times to The Present Day* (University of Wales Press, 2002), pp. 257-258. [Monnaie métallique : monnaie dont la valeur se définit par rapport à un ou plusieurs métaux. Il s'agit en général de l'or et de l'argent. Chaque pièce frappée contient ainsi une valeur intrinsèque forte : la valeur de son métal, proche ou égale à sa valeur faciale — n.d.e.]

de financement sans précédent. L'ancien système traditionnel des orfèvres banquiers, avec leur capacité limitée de financement, apparaît de plus en plus inefficace. Les Rothschild, au nom des banquiers émergents, ont saisi cette occasion historique et piloté entièrement à leur avantage la tendance historique de l'industrie financière moderne.

Après 1625, le Trésor national britannique est vidé par deux guerres civiles et une forte instabilité politique. En 1689, lorsque Guillaume III règne sur l'Angleterre (c'est en épousant Marie, la fille du roi Jacques II, qu'il accède au trône), il doit faire face à de profonds troubles, couplés avec la guerre en cours contre Louis XIV. Il se met alors en quête d'argent car les fonds lui manquent et il n'est pas loin d'être réduit à la mendicité. À cette époque, le banquier Paterson avance un nouveau concept appris aux Pays-Bas : la création d'une banque centrale privée pour financer les énormes dépenses du roi.

Cette banque privée apporte 1,2 million de livres au gouvernement, sous forme d'un emprunt perpétuel, assorti d'un taux d'intérêt annuel de 8% et d'une commission de gestion annuelle de 4000 livres. Il suffisait que le gouvernement verse 100 000 livres par an pour lever 1,2 million en espèces, sans jamais devoir rembourser le capital. Bien sûr, le gouvernement devait également permettre à la Banque d'Angleterre d'accroître ses « profits », en lui accordant l'agrément national exclusif d'imprimer les billets.[17]

On sait depuis longtemps que la rentabilité des orfèvres (les *Goldsmiths*) provient de l'émission des billets à ordre. Ces billets étaient en fait des reçus émis en échange des pièces d'or déposées et conservées dans ces banques. En transporter de grandes quantités n'étant pas pratique, on commença à utiliser les billets à ordre pour effectuer des transactions, puis on se mit à les échanger contre des pièces d'or chez ces mêmes orfèvres.

Après un certain temps, on ne ressentit plus le besoin de se rendre sans cesse chez les orfèvres, et ces reçus se transformèrent petit à petit en devise. En fait, peu de gens se rendaient dans les banques pour retirer leur or et les orfèvres commencèrent tranquillement à délivrer des billets à ordre aux personnes désireuses d'emprunter de l'argent, contre une reconnaissance de dette assortie d'intérêts.

Une fois le principal et les intérêts récupérés, les banquiers

---

[17] Eustace Mullins, *op. cit.*, chapitre 5.

détruisaient la reconnaissance de dette et avaient tranquillement empoché les intérêts produits par l'argent des déposants. L'aire de circulation des billets à ordre des orfèvres s'accroissait au même rythme que leur acceptation et les bénéfices qu'ils engendraient. Or, l'aire de circulation et d'acceptation de ces billets émis par la Banque d'Angleterre n'était égalée par aucune autre banque.

Et ces billets qui avaient obtenu l'accréditation nationale devinrent la monnaie nationale. Le capital de la Banque d'Angleterre fut levé auprès de la société civile. Quiconque souscrivait au moins 2000 livres pouvait devenir gouverneur de la Banque d'Angleterre. Au total, la banque compta 1330 actionnaires et 14 gouverneurs, dont William Paterson.[18]

En 1694, le roi Guillaume III d'Orange-Nassau octroya une charte royale et un statut légal à la Banque d'Angleterre. C'est ainsi que naquit la première banque moderne. L'idée de base de la Banque d'Angleterre était que la dette privée du Roi et des membres de la famille royale se transforme en dette nationale perpétuelle, garantie par les impôts levés sur le peuple, et que la banque elle-même émette la monnaie nationale fondée sur la dette.

En conséquence, le Roi disposerait d'argent pour faire la guerre ou pour ses dépenses personnelles, et le gouvernement pour faire ce que bon lui semble. Les banquiers dégageraient ainsi d'énormes crédits et obtiendraient tous les revenus dont ils avaient rêvé grâce à des intérêts très élevés. On aurait pu croire qu'il s'agissait d'une situation gagnant-gagnant, si ce n'est que les impôts prélevés sur le peuple servaient de garantie.

Avec ces nouveaux outils financiers puissants, le déficit du gouvernement britannique grimpa en flèche et, entre 1670 et 1685, les recettes fiscales atteignirent 4,8 millions de livres, une somme considérable pour l'époque. Entre 1685 et 1700, les recettes de l'État s'élevèrent à 5,7 millions de livres, mais les emprunts contractés auprès de la Banque d'Angleterre durant la même période, connurent une flambée et passèrent de 800 000 à 13,8 millions de livres, soit 17 fois plus.[19]

---

[18] *Ibid.*

[19] Glyn Davis, *op. cit.*, p. 239.

Mieux encore, ce plan eut pour effet de plonger l'émission de devises et la dette perpétuelle dans la même impasse. Émettre plus de monnaie signifiait augmenter la dette nationale. Et rembourser la dette équivalait à détruire la monnaie qui ne pouvait plus circuler sur le marché. Ainsi, il était convenu que le gouvernement ne puisse jamais être en mesure de rembourser la dette. Les besoins du développement économique et le paiement des intérêts conduiraient inévitablement à une plus grande demande monétaire.

Cet argent serait emprunté à la Banque, de sorte que la dette nationale augmente sans cesse, comme les revenus tirés des intérêts que les banquiers empocheraient. Et en effet, à partir de cet instant, le gouvernement britannique n'a plus jamais remboursé sa dette. Alors que la dette publique britannique s'établissait à 1,2 million de livres en 1694, fin 2005, elle représentait 525,9 milliards, soit de 42,2% du PIB.[20]

Dans ces conditions, ne vaut-il pas mieux couper quelques têtes si cela peut éviter d'empêcher la privatisation d'une banque nationale ?

Le premier magot des Rothschild

Mayer Amschel Bauer naquit le 23 février 1744 dans le ghetto juif de Francfort. Son père, Amschel Bauer (≈1710-1755), était un prêteur sur gage et orfèvre ambulant qui se rendait en Europe de l'Est pour gagner sa vie. À la naissance de son fils Mayer, le père s'était installé à Francfort. Depuis son enfance, Mayer montrait une intelligence étonnante.

Son dévoué père lui consacra beaucoup d'attention, choisit minutieusement son éducation et lui apprit systématiquement tout ce qui se rapportait à l'argent et au crédit. Au décès de son père, Mayer se rendit à Hambourg avec le soutien de sa famille, où il devint apprenti dans la banque de Jakob Wolf Oppenheim.[21]

Discipliné, vif, absorbant toutes les informations comme une éponge, Mayer maîtrisa rapidement les diverses techniques des

---

[20] Statistiques nationales du Royaume-Uni. [En 2012, avec la crise financière de 2007, la dette publique britannique avait encore triplé, passant à plus de 1 500 milliards de livres, soit 90% du PIB (source : Eurostat) — n.d.e.]

[21] Des Griffin, *op. cit.*, chapitre 5.

opérations bancaires. En sept ans, il avait acquis la connaissance de tous les rouages de l'industrie financière du Royaume-Uni. Grâce à l'excellence de son travail, Mayer fut promu « associé adjoint ». Il fit la connaissance de clients importants, comme le Général Von Estorff, qui jouera un grand rôle pour son avenir.

C'est à cette époque que Mayer prit conscience que prêter de l'argent au gouvernement ou au Roi rapportait plus que d'en prêter aux particuliers. Non seulement les emprunts levés par les gouvernements étaient plus importants, mais les impôts servaient de garantie. Ce concept financier venu d'Angleterre électrisa l'esprit de Mayer et lui ouvrit de nouveaux horizons.

Quelques années plus tard, le jeune Mayer retourna à Francfort où il reprit l'affaire de son père. Il changea son nom de famille, Bauer, en Rothschild (en allemand, *Rot* signifie rouge et *Schild* écusson). Lorsque Mayer apprit que le Général Von Estorff était lui aussi de retour à Francfort et, qui plus est, à la cour du prince Guillaume Ier de Hesse-Cassel (1743-1821), il songea tout de suite à profiter de cette relation.

Le Général fut également enchanté de revoir Mayer car il collectionnait les pièces et le banquier était un fin connaisseur. Le premier écoutait avec ravissement le second parler numismatique ; il fut totalement conquis quand Mayer lui vendit des pièces rares pour une somme modique, et il en fit son confident.

Calculateur, Mayer devint rapidement familier avec les personnages importants de la cour. Finalement, le jour arriva où le Général Von Estorff l'introduisit au Prince Guillaume, lui-même grand numismate. Ce dernier convoqua Mayer qui, appliquant sa tactique habituelle, mit tout en œuvre pour séduire le Prince.

Après lui avoir vendu quelques pièces d'or rares à bas prix, le Prince se sentit redevable et demanda à Mayer s'il pouvait l'aider de quelque manière que ce soit. Mayer sauta sur l'occasion pour présenter son souhait de devenir agent officiel de la Cour. Il fut exaucé et le 21 septembre 1769, Mayer incrusta le blason royal sur son enseigne et inscrivit à côté, en lettres d'or : « M. A. Rothschild, agent désigné par son Altesse Royale le Prince Guillaume. »[22]

Très vite, la réputation de Mayer grimpa en flèche et ses affaires

---

[22] *Ibid.*

prospérèrent. De son côté, le Prince Guillaume, qui « louait son armée » à d'autres pays afin de « maintenir la paix », était connu au XVIIIe siècle pour apprécier autant l'argent que la vie. Il entretenait de bonnes relations avec les autres familles royales et appréciait tout particulièrement les affaires qu'il menait avec le Roi d'Angleterre, qui payait toujours rubis sur l'ongle et dont le pays avait beaucoup d'intérêts à l'étranger.

Comme ce dernier sollicitait beaucoup son armée et que le nombre de ses soldats était insuffisant, il lui fallait dépenser d'importantes sommes d'argent pour s'adjoindre les services de soldats étrangers. Lors de la Guerre d'indépendance des États-Unis, face à l'armée de George Washington, [l'Angleterre engagea plus de trente mille mercenaires allemands loués au Prince de Hesse Cassel]. Guillaume Ier se constitua ainsi le plus grand héritage royal de l'histoire européenne, l'équivalent de 200 millions de dollars. On le surnommait par ailleurs « l'usurier à sang-froid de l'Europe ».[23]

Très engagé auprès du Prince, Mayer faisait son possible pour que chaque mission soit parfaite. C'est ainsi qu'il gagna sa confiance. En 1789, débutait la Révolution française, dont l'onde de choc s'étendit pendant au moins une décennie aux monarchies voisines de la France. Le prince Guillaume commença à s'inquiéter de ce que la révolution trouve un écho favorable en Allemagne et que des émeutiers pillent ses richesses.

Mayer était au contraire enchanté par la Révolution française, car la panique conduisait à une augmentation de son volume d'affaires. Quand la révolution se dirigea contre le Saint Empire romain germanique, les affaires entre l'Allemagne et l'Angleterre furent interrompues, le prix des marchandises importées flamba et le commerce des denrées en provenance d'Angleterre et à destination de l'Allemagne permirent à Mayer d'accumuler une fortune gigantesque.

Mayer demeura constamment un dirigeant très actif de la communauté juive.

> *Tous les samedis soirs, après le shabbat, il invitait à son domicile quelques personnes parmi les plus érudites de la communauté juive et les réunissait pour discuter de l'ordre des*

---

[23] Frederic Morton, *op. cit.*, p. 40.

choses jusqu'au beau milieu de la nuit, en sirotant du vin.[24]

Mayer avait un adage : « Les familles qui prient ensemble seront réunies ». Plus tard, beaucoup de gens se sont demandés quelle force habitait les Rothschild pour qu'ils soient aussi obsédés par la conquête du pouvoir. En 1800, les Rothschild étaient l'une des familles juives les plus riches de Francfort. Cette année-là, Mayer obtint le titre d'» Agent royal de l'Empire ». Il pouvait ainsi traverser l'Empire, annuler toutes les taxes imposées aux Juifs, et le personnel de son entreprise était autorisé à porter des armes.

En 1803, les relations entre Mayer et Guillaume franchirent une nouvelle étape. Il en alla de même de l'influence de Mayer. Cela se déroula ainsi : le Roi du Danemark était un cousin du Prince Guillaume et il souhaitait lui emprunter de l'argent. Le Prince, craignant de révéler l'étendue de sa fortune, ne voulut rien promettre.

Quand Mayer l'apprit, celui-ci vit une bonne occasion à saisir et proposa une solution à Guillaume : le Prince débourserait le montant du prêt, qui se ferait sous le nom de Rothschild et serait assorti d'intérêts. Guillaume se ravisa, trouva que c'était une bonne solution qui offrait le double avantage de garder secret le montant de sa fortune et de prêter cet argent avec intérêt.

Pour Mayer, prêter de l'argent au Roi du Danemark était un rêve, car cela lui permettait non seulement d'obtenir un rendement stable mais également d'améliorer sa réputation. Le prêt rencontra un grand succès. Peu de temps après, six autres prêts accordés au Roi du Danemark passèrent par les mains de Mayer. La renommée de Mayer s'accrut. Ses liens étroits avec les familles royales se firent connaître dans toute l'Europe.

Quand Napoléon prit le pouvoir, il proposa à Guillaume Ier de se joindre à lui, mais le Prince ne sut de quel côté pencher et refusa de choisir son camp avant que la situation ne s'éclaircisse. Finalement, Napoléon annonça qu'il allait supprimer de la liste des souverains les Hesse-Cassel. L'armée napoléonienne avançait et le Prince Guillaume s'exila au Danemark. Avant sa fuite, il demanda à Mayer de lui conserver une somme en liquide équivalente à trois millions de

---

[24] *Ibid.*, p. 31.

dollars.[25]

Cet argent conféra à Mayer un pouvoir et une richesse sans précédent. Ce premier magot jeta les bases de son Empire financier. L'aîné, Amschel, conserva le siège à Francfort ; Salomon, le cadet, se rendit à Vienne pour ouvrir un nouveau front ; le troisième, Nathan, fut envoyé en Angleterre pour présider à la destinée du clan ; le quatrième, Carl, se rendit à Naples pour y établir une base et servir de messager entre les frères en faisant des navettes ; le cinquième, James, s'établit à Paris. Un empire financier sans précédent dans l'histoire de l'humanité se mettait en place.

Quand Nathan dominait la City

> « Il était seigneur et maître du marché financier mondial et par cela même il était aussi virtuellement seigneur et maître de toute chose. Il tenait littéralement en tutelle les revenus de toute l'Italie méridionale. Monarques et ministres de tous pays sollicitaient ses conseils et se laissaient guider par ses avis. »[26]
>
> Benjamin Disraeli, 1844.

La *City of London*, située au centre du grand Londres, couvre une superficie de 2,9 km². Depuis le XVIIIe siècle, elle est le centre financier du Royaume-Uni et même du monde. Elle possède un système judiciaire indépendant, similaire à celui du Vatican, et ressemble à un État dans l'État. C'est un endroit minuscule qui réunit les principales institutions financières mondiales, dont le siège de la Banque

---

[25] Des Griffin, *op. cit.*, chapitre 5.

[26] Benjamin Disraeli, *Coningsby* (Club Bibliophile de France, Paris, 1957), tome 1, p. 255. [À l'époque, en 1844, Benjamin Disraeli est une personnalité du monde littéraire et aspire à entrer en politique. Il deviendra par deux fois Premier ministre britannique (en 1868 et en 1874) et un homme politique de premier plan de l'Europe du XIXe siècle. Bien avant son ascension vers le pouvoir, Benjamin Disraeli publie une série de romans politiques, dont Coningsby ou la Nouvelle Génération, qui se basent sur la politique britannique de l'époque et le jeune mouvement radical en Angleterre. Dans ce livre, un personnage, Sidonia, représente Lionel de Rothschild (le fils de Nathan). Sidonia révèle au politicien Coningsby comment des forces invisibles, avant tout les « Sidonia » juifs, façonnent les affaires européennes et les mouvements révolutionnaires secrets. Le « seigneur et maître du marché financier mondial » est bien évidemment Sidonia, c'est-à-dire Lionel de Rothschild — n.d.e.]

d'Angleterre, et qui produit actuellement 1/6e du PIB anglais. Celui qui domine la City domine l'Angleterre !

Nathan arriva en Angleterre au moment de la confrontation avec la France, pendant le blocus continental. Les produits anglais se vendaient alors en Europe au prix fort. Nathan fit équipe avec son frère James, qui se trouvait à Paris, pour transporter les marchandises depuis l'Angleterre vers la France, où elles étaient revendues. Ils en retirèrent beaucoup d'argent.

Plus tard, Nathan fit la connaissance d'un fonctionnaire du ministère des Finances britannique, John Harris, et se renseigna sur la situation critique des forces britanniques en Espagne. Lorsque les troupes du Duc de Wellington, le commandant en chef, se tinrent prêtes à attaquer l'armée française, le principal souci était de verser les soldes. Le Duc de Wellington disposait de la garantie du gouvernement britannique, mais il ne parvenait pas à persuader les banquiers espagnols et portugais d'accepter ses billets de banque, et les troupes avaient un besoin urgent d'or.[27]

Déterminé à gagner de l'argent dans cette affaire, Nathan eut une idée. Il se renseigna partout pour savoir où se procurer de l'or. Justement, la Compagnie des Indes orientales venait de recevoir un lot en provenance d'Inde qu'elle s'apprêtait à vendre. Le gouvernement britannique souhaitait l'acheter, mais trouvait son prix trop élevé et comptait donc attendre qu'il baisse pour l'acquérir.

Quand Nathan apprit la situation, il apporta immédiatement en Angleterre les trois millions de dollars américains du Prince Guillaume, ainsi que ses gains obtenus grâce à la vente de marchandises anglaises, puis il engagea l'ensemble de cette somme dans des affaires hautement spéculatives. Il se dépêcha de conclure un marché avec la Compagnie des Indes orientales, acheta pour 800 000 livres d'or et s'empressa d'en augmenter le prix. Le gouvernement britannique, voyant que le prix de l'or ne baissait pas et que la situation des militaires au front relevait de l'extrême urgence, ne put faire autrement que d'acheter l'or à Nathan. Cette transaction permit à ce dernier de réaliser des bénéfices exceptionnels.[28]

---

[27] G. Edward Griffin, *op. cit.*, p. 224.

[28] Frederic Morton, *op. cit.*, p. 45.

De stratagème en stratagème, il proposa de convoyer cet or jusqu'aux troupes du Duc de Wellington. À ce moment, la France avait déjà mis en place un strict blocus terrestre. Le risque était donc élevé et l'Angleterre accepta de dépenser une importante somme d'argent pour transporter l'or. Prenant en charge ce service, Nathan demanda à son frère James, âgé seulement de 19 ans, d'informer le gouvernement français qu'il voulait envoyer de l'or en France et que le gouvernement britannique en serait probablement très fâché car cela affaiblirait considérablement ses finances.

Croyant affaiblir l'ennemi, la France n'avait aucune raison de ne pas soutenir Nathan et ordonna même la protection de la police tout au long du convoiement. Le peu de fonctionnaires français qui étaient au courant furent facilement corrompus par d'importantes sommes d'argent et feignirent l'ignorance.

C'est ainsi que Nathan fit convoyer l'or. Ayant obtenu le soutien des deux pays belligérants, c'est en fanfaronnant qu'il pénétra dans la Banque de Paris. Là, il assista à un banquet de bienvenue du gouvernement français, tandis que des agents étaient chargés d'échanger l'or en assez de pièces que le Duc de Wellington pouvait accepter. Cet argent parvint mystérieusement entre les mains des troupes anglaises en Espagne, grâce au réseau des Rothschild, dont les pratiques astucieuses n'avaient rien à envier aux intrigues hollywoodiennes. Voici ce qu'un diplomate prussien déclara en Angleterre :

> *L'influence des Rothschild sur la finance, ici, est tout simplement étonnante, affectant les cours sur le marché des changes. En tant que banquiers, leur pouvoir est effrayant ; et quand Nathan est en colère, c'est la Banque d'Angleterre qui tremble.*

Un jour, Nathan apporta à la Banque d'Angleterre un chèque émis par son frère sur la Banque Rothschild à Francfort, demandant à le convertir en espèces. Cela lui fut refusé au motif que la conversion n'était possible qu'avec des chèques émis par la Banque d'Angleterre elle-même. Nathan se mit en colère et, le lendemain matin, avec neuf employés de sa banque, il déposa un gros tas de chèques émis par la Banque d'Angleterre et demanda qu'on lui remette l'équivalent en or. Cette fois-ci, dans l'impossibilité légale de refuser, la Banque d'Angleterre vit sa réserve d'or diminuer en une seule journée de manière significative.

Le lendemain, Nathan apporta encore plus de chèques ; un directeur lui demanda d'une voix tremblante combien de fois encore il souhaitait faire des conversions, ce à quoi Nathan répondit froidement : « La Banque d'Angleterre a refusé mon chèque, à quoi me sert-il ? » La Banque convoqua une réunion d'urgence, à la suite de quoi le directeur fit part à Nathan très poliment qu'à l'avenir, la Banque d'Angleterre se ferait un honneur d'accepter les chèques de la « Banque Rothschild », y compris de Francfort.

Avec la bataille de Waterloo, Nathan a remporté la domination de la City et, dès lors, il maîtrisait la bouée de sauvetage économique de l'Angleterre. Depuis cet instant, les droits d'émission de la devise britannique et le fixing du cours de l'or étaient entre les mains des Rothschild.

James conquiert la France

> « Lorsqu'un gouvernement est dépendant des banquiers pour l'argent, ce sont ces derniers, et non les dirigeants du gouvernement qui contrôlent la situation, puisque la main qui donne est au-dessus de la main qui reçoit. [...] L'argent n'a pas de patrie ; les financiers n'ont pas de patriotisme et n'ont pas de décence ; leur unique objectif est le gain. »[29]
>
> Napoléon, 1815.

Sous le règne de Napoléon, James, le cinquième fils des Rothschild, faisait principalement la navette entre Paris et Londres, ce qui lui permit d'élaborer le réseau de transports familial pour organiser le trafic de marchandises anglaises. Après avoir aidé le Duc de Wellington à transporter de l'or et après la bataille du rachat de la dette publique anglaise, James devint célèbre en France. Il créa la branche parisienne de la Banque Rothschild et finança secrètement la révolution espagnole.

Après la défaite de Waterloo, la France perdit de larges pans de territoires. En 1817, ses ambitions politiques étaient endiguées et son économie nationale déclinait. Le gouvernement de Louis XVIII souscrivit des prêts partout, en espérant se redresser petit à petit. Une banque française et la Barings furent dépositaires du financement d'un

---

[29] R. McNair Wilson, *Monarchy or Money Power* (Eyre & Spottiswoode Ltd., Londres, 1933, Omnia Veritas Ltd, www.omnia-veritas.com).

grand nombre de projets, mais pas l'importante Banque Rothschild. James en fut indigné.

En 1818, le cours des obligations émises l'année précédente par le gouvernement enregistra un mouvement haussier à Paris et dans d'autres villes européennes, et la situation du gouvernement français s'adoucit. Les frères Rothschild se creusaient la cervelle, sans succès, pour tirer parti de cette embellie économique.

À l'époque, la noblesse française ne tenait compte que de la lignée dans leur rapport à autrui. Les nobles considéraient les Rothschild comme des parvenus et refusaient de faire la moindre affaire avec ces roturiers. Bien que James possédât de nombreux biens à Paris, son statut mondain était plutôt restreint.

L'arrogance des nobles le rendait furieux. Avec plusieurs de ses frères, il commença à comploter afin de se rendre maître de ces aristocrates pédants qui sous-estimaient l'excellence des Rothschild en matière d'élaboration de stratégies financières, dont la finesse s'avérait au moins égale à celle d'un Napoléon dans le domaine militaire.

Le 5 novembre 1818, la dette publique française, qui s'appréciait constamment, connut une baisse inhabituelle de sa valeur. Bientôt, d'autres obligations du gouvernement furent affectées et leur cours déclina à divers degrés. Les investisseurs commencèrent à s'inquiéter et, le temps passant, la situation ne s'améliora pas. En fait, elle empira.[30]

À la bourse, les rumeurs allaient bon train et orientaient les échanges. Un jour, on disait que Napoléon allait revenir au pouvoir, que les recettes fiscales du gouvernement étaient insuffisantes pour rembourser les intérêts ; un autre jour, qu'une nouvelle guerre allait éclater. L'atmosphère à la cour de Louis XVIII était tendue à l'extrême. Si les obligations continuaient de chuter, il deviendrait tôt ou tard impossible de lever des fonds pour couvrir les dépenses du gouvernement. L'inquiétude se lisait dans le regard des nobles ; en fait, tout le monde s'inquiétait pour l'avenir du pays. Seules, deux personnes se tenaient à l'écart — James et son frère Carl.

De nombreux observateurs, à juste titre, en vinrent à soupçonner les Rothschild de manipuler le marché obligataire. En octobre 1818, grâce à leurs solides finances, les Rothschild s'étaient mis à acheter

---

[30] Des Griffin, *op. cit.*, chapitre 5.

furtivement des obligations françaises dans toutes les grandes villes européennes, et leur valeur s'apprécia.

Puis, à partir du 5 novembre, ils commencèrent soudainement à revendre en masse ces mêmes obligations françaises, provoquant une grande panique sur le marché. Voyant le cours de ses obligations s'effondrer, Louis XVIII se dit que sa couronne ne tenait qu'à un fil. Le représentant des Rothschild à la cour lui glissa quelques mots à l'oreille : il lui suggéra de permettre à la riche Banque Rothschild d'essayer de sauver la situation.

Troublé, Louis XVIII convoqua immédiatement James en laissant de côté son statut de « roturier ». Ensuite, l'atmosphère à la cour changea du tout au tout. James, qui avait été reçu froidement depuis toujours, était désormais accueilli par des visages souriants et respectueux.

Après avoir provoqué eux-mêmes l'effondrement des obligations, les frères Rothschild purent facilement enrayer leur chute. Ils devinrent le centre de l'attention en France. Ils avaient sauvé le pays de la crise économique et lui avaient redonné le moral après ses défaites militaires. Dès lors, ils recevaient fleurs et louanges. Leur banque était désormais sollicitée et même leurs vêtements austères étaient à la mode. À présent, la famille Rothschild contrôlait entièrement le système financier français.

> *La fortune de James Rothschild atteint 600 millions de francs. Il n'y a qu'une seule personne en France qui soit plus riche que lui, et c'est le roi. Il possède 800 millions de francs. Si l'on additionne la richesse de tous les autres banquiers en France, elle reste inférieure de 150 millions de francs à celle de James. Une telle fortune lui donne un pouvoir indescriptible, à un point qu'il peut renverser le gouvernement. Nous savons tous que c'est lui qui a renversé le gouvernement d'Adolphe Thiers.*[31]

Les aspirations de Salomon en Autriche

> « *Ils ne voyaient ni la paix ni la guerre, ni slogans ou manifestes, ni les mots d'ordre ni la mort ni la gloire. Ils ne voyaient rien*

---

[31] David Druck, *Baron Edmond de Rothschild* (édition privée, New York, 1850).

> *des choses qui aveuglaient le monde. Ils ne voyaient que les pierres de gué. Le prince William avait été l'une d'elles. »*[32]
> *[Metternich serait la suivante.]*
>
> Frédéric Morton.

Salomon était le second enfant de la famille Rothschild. Il effectuait des navettes permanentes entre les grandes villes d'Europe et jouait un rôle de coordinateur entre toutes les banques. Parmi les frères, il était celui qui possédait les meilleures qualités diplomatiques ; il s'exprimait avec élégance et savait flatter. Un banquier qui l'avait connu déclara : « Personne ne le quittait sans avoir été rafraîchi par ses paroles. » C'est précisément pour cette raison que la décision de l'envoyer à Vienne, au cœur de l'Europe, pour ouvrir des services bancaires, fut acclamée par ses frères.

Vienne était le centre politique de l'Europe. La quasi-totalité des familles royales européennes avaient un lien de parenté inextricable avec les Habsbourg d'Autriche. Souverains du Saint Empire romain germanique (dissous en 1806), les Habsbourg ont exercé pendant plus de quatre cents ans leur domination sur l'Autriche, l'Allemagne, le Nord de l'Italie, la Suisse, la Belgique, les Pays-Bas, le Luxembourg, la République Tchèque, la Slovénie et l'Est de la France. Il s'agit de la lignée royale la plus ancienne et la plus authentique d'Europe.

Bien que Napoléon eût vaincu le Saint Empire romain germanique, l'héritier du trône des Habsbourg pensait encore être à la tête de l'Europe centrale et méprisait les autres cours royales. En comparaison avec l'Angleterre ou la France, où le protestantisme était en vogue, pour entrer en relation avec ces nobles imprégnés de la doctrine rigide du catholicisme le plus conservateur, il fallait s'élever à un niveau de socialité encore plus aristocratique qu'avec le Prince Guillaume I$_{er}$ de Hesse-Cassel. Les Rothschild avaient déjà tenté à plusieurs reprises de tisser avec eux des relations commerciales, mais ils avaient toujours été maintenus en dehors de leurs cercles.

Après la fin des guerres napoléoniennes, Salomon frappa de nouveau aux portes de Vienne et la situation changea littéralement. Les Rothschild étaient maintenant célèbres. Grâce à leur conquête de l'Angleterre et de la France, ils s'étaient enhardis. Malgré tout, Salomon n'était pas assez téméraire pour aller parler affaires directement avec

---

[32] Frédéric Morton, *op. cit.*, pp. 38-39.

les Habsbourg, et il chercha donc un « tremplin » en la personne d'un Autrichien, issu de la haute noblesse rhénane et dont la réputation au XIX$_e$ siècle était sans égale : le ministre des Affaires étrangères, Klemens Von Metternich.[33]

Grâce à la création du « Système Metternich » après la défaite de Napoléon, l'Europe connut sa plus longue période de paix. Dans une Autriche dont la solidité se dégradait, Metternich fit tout pour contrebalancer la tendance et lança un appel en s'appuyant sur ce qu'il restait de la puissance des Habsbourg en Europe. Il prit donc contact avec ses voisins prussiens et russes en vue de former une Sainte-Alliance,[34] mécanisme visant à contrecarrer le retour en force de la France, enrayer l'agitation consécutive à l'expansion russe, endiguer autant les nationalismes que la vague déferlante du libéralisme et s'assurer que les forces séparatistes du territoire multiethnique autrichien ne deviennent pas incontrôlables.

Le Congrès d'Aix-la-Chapelle en 1818 fut une rencontre importante pour discuter de l'avenir de l'Europe après la défaite de Napoléon. Des représentants venus du Royaume-Uni, de Russie, d'Autriche et de Prusse, décidèrent, entre autres, des réparations de guerre imposées à la France et des modalités du retrait des troupes alliées. Salomon et son frère Carl participèrent à ce congrès. C'est lors de cette réunion que Gentz,[35] bras droit de Metternich, lui présenta Salomon.

Ils firent connaissance et devinrent rapidement de proches amis. Metternich appréciait les louanges intelligentes que lui prodiguait

---

[33] Ou Clément Wenceslas de Metternick [n.d.e.].

[34] Le véritable instigateur de la Sainte-Alliance est en fait l'Empereur Alexandre Ier. Formée le 26 septembre 1815, la Sainte-Alliance est conclue dans un premier temps entre l'Empire russe, l'Empire d'Autriche et le Royaume de Prusse, et vise à maintenir la paix. Rejointe en 1818 par la France de Louis XVIII, elle unit théoriquement les pays signataires dans le cadre d'une union chrétienne pacifique. Mais sous l'impulsion de Metternich (en 1820 et en 1821), elle devient une alliance contre-révolutionnaire, réprimant les insurrections et les aspirations nationales contraires à l'ordre de Vienne [n.d.e.].

[35] Friedrich von Gentz (1764-1832) est un écrivain et un homme politique allemand. Philosophe et disciple de Kant, il fut également publiciste et diplomate, notamment auprès de Metternich. Écrivain passionné et engagé, il a écrit des œuvres fondamentales d'économie politique et fut surtout l'un des principaux acteurs du mouvement contre-révolutionnaire et probablement l'adversaire européen de Napoléon le plus actif [n.d.e.].

Salomon et il souhaitait aussi s'appuyer sur le fort potentiel financier de la famille Rothschild. Ils s'entendirent donc très bien, et Salomon et Gentz furent en de meilleurs termes encore. Vivement recommandé par Metternich et Gentz, et grâce aux relations d'affaires étroites qu'entretenaient les Rothschild avec le Prince Guillaume et la famille royale danoise, Salomon finit par accéder aux Habsbourg.

En leur accordant prêts et financements, sur une base régulière, SM von Rothschild, la banque de Salomon, joua un rôle essentiel dans le financement de l'économie autrichienne. En remerciement, les Habsbourg accordèrent en 1822 aux frères Rothschild (à l'exclusion de Nathan) le titre de baron. Grâce aux subventions de Salomon, Metternich commença à étendre son influence en Autriche.

Il envoya des troupes partout dans les zones de troubles pour « défendre la paix », et c'est ainsi que l'Autriche déclinante s'enfonça dans la spirale de la dette et devint de plus en plus dépendante vis-à-vis de Salomon. On a donné le nom de « période Metternich » aux années comprises entre 1814 et 1848. Mais, en réalité, on aurait dû l'appeler « période Rothschild », puisque c'est la Banque Rothschild qui contrôlait Metternich.

En 1822, Metternich, Gentz, Salomon, James et Carl participèrent à une réunion importante, le Congrès de Vérone, à la suite de laquelle, la Banque Rothschild obtint le droit de piloter le projet lucratif de subventionner le premier chemin de fer en Europe centrale. Les Autrichiens ressentaient la capacité d'influence des Rothschild de manière croissante.

Une blague circulait : « L'Autriche a un Empereur qui s'appelle Ferdinand et un Roi qui s'appelle Salomon. » En 1843, Salomon fait l'acquisition de la compagnie minière de Vitkovice et de la société métallurgique Autriche-Hongrie, classées toutes deux à l'époque parmi les dix plus grandes entreprises de l'industrie lourde. En 1848, Salomon dominait déjà l'économie et les finances de l'Autriche.

Les blasons des Rothschild en Allemagne et en Italie

Après le retrait des troupes napoléoniennes du territoire germanique, cet ensemble géopolitique qui comptait plus de trois cents principautés fut réduit à 39 et l'on assista à la création de la Confédération germanique. Resté à Francfort, l'aîné des cinq frères, Amschel, fut nommé ministre des Finances et, comme nous l'avons vu, anobli en 1822 par l'Empereur d'Autriche.

La Banque Rothschild de Francfort devint le centre financier de l'Allemagne. Amschel regrettait de ne pas avoir eu d'enfant et se mit à soutenir les étoiles montantes de la politique. Son favori aura une renommée mondiale : il s'agissait du jeune Bismarck, futur chancelier allemand. Amschel portait à Bismarck l'amour d'un père. Après sa mort, Bismarck conserva des liens étroits avec la famille Rothschild. Le banquier Samuel Bleichroder, proche de Bismarck, était également un agent de la famille.[36]

Carl, le quatrième de la fratrie, était aussi le moins brillant. Il débuta comme messager pour ses frères, en assurant des navettes régulières dans toute l'Europe. Il joua néanmoins un rôle crucial dans la fratrie en aidant à remporter une brillante victoire dans la bataille de la dette publique en France, en 1818. Il fut alors envoyé à Naples par Nathan, responsable de la maison, pour y établir une banque.

En Italie, il montra toutes ses capacités et dépassa les attentes de ses frères. Carl finança Metternich lorsque ce dernier envoya des troupes en Italie pour réprimer la révolution, et ses excellentes tactiques politiques forcèrent le gouvernement local italien à assumer le coût de l'occupation. Il aida aussi son ami Medici à récupérer le poste de ministre des Finances à Naples.

Carl devint progressivement le pilier financier de l'Italie, son influence s'étendant dans toute la péninsule. Il entretenait également des relations d'affaires avec le Vatican, et quand le pape Grégoire XVI le rencontra, le souverain pontife étendit exceptionnellement sa main afin que Carl l'embrasse, et non son pied comme cela était d'usage.

L'empire financier de la famille Rothschild

> *« Telle qu'est votre maison bancaire, et tant que vous travaillez conjointement avec vos frères, pas une seule banque au monde ne sera capable de rivaliser avec vous, ni de vous faire du mal ou tirer avantage de vous, car ensemble vous pouvez entreprendre et réussir plus que toute autre banque au*

---

[36] Des Griffin, *op. cit.*, chapitre 5.

monde. »³⁷

> Henry Davidson [associé de J. P. Morgan], dans une lettre adressée à Nathan Rothschild, le 24 juin 1814.

Mayer, le patriarche, a laissé un testament fort explicite en 1812 avant sa mort.

1) Tous les postes importants dans la Banque doivent être occupés par des membres de la famille, jamais par des étrangers. Seuls les hommes peuvent particper aux activités commerciales.

2) Les mariages ne peuvent se faire qu'entre cousins, pour éviter la sortie et la dilution de la richesse. Cette disposition doit être strictement appliquée dans les années qui suivent et pourra être assouplie pour les mariages avec d'autres familles de banquiers juifs.

3) Interdiction de publier la propriété financière.

4) Concernant l'héritage, interdiction absolue de faire appel à des avocats.

5) L'aîné de la famille est le successeur, le second fils ne peut prétendre à la succession, sauf si tout le monde est d'accord.

Toute violation de ces volontés sera suivie d'une perte de tout droit à l'héritage.³⁸

L'union fait la force, dit-on. Les Rothschild pratiquaient l'endogamie pour prévenir toute dilution de la richesse. En l'espace de plus de cent ans, ils se sont mariés entre eux 18 fois, dont 16 fois entre cousins germains. On estime que vers 1850, ils avaient accumulé l'équivalent de six milliards de dollars, et si l'on évalue le taux de rendement moyen à 6%, 150 ans plus tard, c'est-à-dire de nos jours, ils détiendraient plus de 50 000 milliards.³⁹

Un contrôle familial serré, des opérations opaques, une coordination aussi précise que les aiguilles d'une montre, un accès aux informations plus rapide que le marché, un don pour le raisonnement froid et calculateur au service d'une ambition ploutocratique sans

---

³⁷ Lord Rothschild, *Shadow of a Great Man* (Londres, 1982), p. 6.

³⁸ Des Griffin, *op. cit.*, chapitre 5.

³⁹ En comparaison, le PIB mondial est évalué à 71 830 milliards de dollars pour l'année 2012.

limite, le tout fondé sur une clairvoyance géniale des questions monétaires, ont permis aux Rothschild de bâtir le plus grand empire bancaire de l'histoire de l'humanité, les rendant invincibles après deux cents ans de maelström politique, financier et militaire. Au début du XXe siècle, on calculait que la famille contrôlait la moitié de la richesse mondiale totale.[40]

Les banques Rothschild se sont étendues dans les grandes villes à travers l'Europe. Elles ont leur propre système de collecte et de livraison rapide de renseignements, et même les familles royales et les aristocrates y ont eu recours lorsqu'ils avaient des informations secrètes à transmettre rapidement. Les Rothschild ont inventé le système international de règlement de dette financière. Grâce à ce système, ils ont exercé le contrôle du marché mondial de l'or et ont créé, au sein de leur système bancaire, la liquidité des comptes sans avoir recours au transport de l'or.

En ce bas monde, il y a fort à craindre que seuls les Rothschild possèdent une connaissance vraiment approfondie de l'or. En annonçant, en 2004, qu'ils se retiraient du système de tarification de l'or à Londres, ils se détournaient en fait tranquillement du centre de la future tourmente financière : le dollar lourdement endetté, le système juridique de la monnaie en péril et les réserves mondiales de change qui devront sûrement faire face à des liquidations.

Il n'y a que les richesses des pays asiatiques (dont les réserves en or sont négligeables – à l'exception de la Chine), accumulées depuis de nombreuses années, qui seront allouées aux futurs vainqueurs. Les fonds alternatifs attaqueront de nouveau. Cette fois-ci, la cible ne sera plus la livre sterling et les monnaies asiatiques, mais le pilier de l'économie mondiale : le dollar.

Pour les banquiers, les guerres sont toujours une bonne nouvelle car les marchandises coûteuses qui se déprécient lentement dans une période de paix disparaissent instantanément pendant la guerre. Les parties en guerre veulent toutes gagner, mais peu importe qui sortira vainqueur, tous seront pris dans le piège de la dette. Entre la création de la Banque d'Angleterre, en 1694, et la fin des guerres napoléoniennes, en 1815, 121 ans se sont écoulés. Pour l'Angleterre, ce furent 56 années de guerres et 65 pour préparer la suivante.

---

[40] Ted Flynn, *Hope of the Wicked* (MaxKol Communication, Inc., 2000), p. 3.

Déclencher une guerre et la financer cadrent parfaitement avec les intérêts des banquiers ; les Rothschild ne font pas exception à la règle et se sont tenus dans l'ombre des guerres modernes, de la Révolution française à la Seconde Guerre mondiale. La famille Rothschild est le plus grand créancier des pays développés d'Occident. Sur son lit de mort, Gutle Schnapper, l'épouse de Mayer A. Rothschild, prononça ces mots : « Si mes fils ne veulent pas la guerre, il n'y aura pas la guerre. »

Au milieu du XIX$_e$ siècle, l'émission des devises des grands pays européens industrialisés, tels que l'Angleterre, la France, l'Allemagne, l'Autriche et l'Italie, avait échu entre les mains des Rothschild. « La Monarchie de droit divin fut remplacée par le dieu argent ». À ce moment, le beau continent américain qui prospérait de l'autre côté de l'Atlantique était déjà entré dans leur champ de vision.

2

UNE LUTTE À MORT

> « J'ai deux grands ennemis : l'armée sudiste positionnée face à moi et la haute finance dans mon dos. Des deux, c'est la seconde qui est la plus dangereuse... Je vois s'approcher rapidement une crise qui m'inquiète au point qu'elle me fait trembler pour l'avenir du pays... Nous avons abandonné le pouvoir aux grandes entreprises, et nous allons connaître une vague de corruption sans précédent qui va s'infiltrer jusqu'aux plus hauts niveaux de l'État. Les forces de l'argent vont tenter de se maintenir au pouvoir en excitant les classes sociales les unes contre les autres jusqu'à ce que toute la richesse se retrouve concentrée dans quelques mains et que notre République s'effondre. J'éprouve en ce moment plus d'inquiétude pour mon pays que je n'en ai jamais eu, même en temps de guerre. »[41]
>
> Abraham Lincoln, 16ème président des États-Unis.

Si l'on pense que l'histoire de la Chine résulte uniquement des luttes pour le pouvoir politique ou l'élargissement du territoire, et que l'on oublie les calculs des empereurs, on ne peut pas en saisir le fil conducteur.

L'histoire moderne de l'Occident est, quant à elle, principalement subordonnée au pouvoir d'influence des puissances d'argent. Comprendre cette histoire nécessite donc de savoir repérer les stratagèmes monétaires afin de les replacer dans leur contexte et leur processus évolutif.

La véritable histoire du développement des États-Unis relève essentiellement de la mise en œuvre de complots par des forces internationales. La pénétration et la subversion de ce pays par les forces financières internationales constituent sûrement le chapitre le moins

---

[41] Abraham Lincoln, « Lettre à William Elkins », 21 novembre 1864 (juste après le vote du National Bank Act du 3 juin 1864, six jours avant son assassinat).

connu de son histoire, mais il est le plus troublant.

Après la conception et la mise en place du système démocratique, celui-ci a rapidement et entièrement été absorbé, récupéré et détourné par des forces autocratiques féodales. Et s'il est arrivé au gouvernement nord-américain de réaliser malgré tout de grandes percées indépendantes, il n'est jamais parvenu à s'immuniser complètement contre le virus mortel du pouvoir monétaire.

L'émergence de ce nouveau système démocratique nord-américain a été grevée par de lourdes erreurs de jugement de la part des représentants du peuple, ainsi que par des manquements immédiats au code de déontologie, le tout cumulé conduisant à une « domination complète de l'État par le contrôle de l'émission monétaire aux mains des banques ».

Les lobbies financiers et le gouvernement démocratiquement élu se sont livrés une lutte à mort sur une période de plus de cent ans, y compris durant la période de la Guerre de Sécession, dont l'enjeu réel fut la création d'une banque centrale privée. Ce rapport de forces s'est traduit par l'assassinat de sept présidents, ainsi que d'un nombre conséquent de membres du Congrès. Les historiens affirment aujourd'hui que le ratio de perte des présidents américains serait supérieur à celui des troupes en première ligne lors du débarquement de Normandie !

Avec l'ouverture du secteur financier qui s'étend aujourd'hui à la Chine, les banquiers internationaux vont désormais essayer également d'entrer massivement dans ce pays. Ce qui s'est passé hier aux États-Unis ne risque-t-il pas de se reproduire demain en Chine ? Ce processus est-il déjà en marche ?

L'assassinat du président Lincoln

Le vendredi 14 avril 1865, le président Lincoln, qui vient de passer quatre années à gérer la crise et les difficultés émanant de la cruelle guerre civile entre le Nord et le Sud, peut enfin se détendre. Cinq jours après la capitulation des Sudistes, emmenés par le général Robert Lee face au général Grant des forces nordistes, c'est plein d'entrain qu'il se rend au théâtre Ford pour assister à un spectacle. À 22h15, le meurtrier se rend dans la loge – non surveillée – du président, et à moins d'un mètre de lui, lui tire une balle dans la tête avec un pistolet de gros calibre.

Le lendemain matin, Lincoln succombe à ses blessures. Le meurtrier s'appelle John Wilkes Booth, c'est un acteur bien connu. Après l'assassinat du Président, son meurtrier en fuite est lui-même abattu le 26 avril. Dans la voiture de Booth, on retrouve un grand nombre de lettres codées et, étrangement, quelques affaires personnelles de Juda Benjamin, qui était le ministre de la Guerre du gouvernement sudiste et le futur ministre des Affaires étrangères, donc un personnage puissant en zone sudiste.

Il était également très proche des grands banquiers européens. Plus tard, il s'enfuira vers Angleterre. L'assassinat de Lincoln est alors considéré comme une conspiration. Parmi les conspirateurs se trouvaient probablement des membres de son propre cabinet, ainsi que des banquiers de New York et de Philadelphie, des responsables sudistes de haut rang, des éditeurs de journaux à New York et des militants nordistes.

À l'époque, une autre version se répand également, selon laquelle Booth n'a pas été tué, qu'on l'a laissé fuir et que c'est son complice qui a été enterré à sa place. Edwin Stanton, le ministre de la Guerre, fut accusé d'avoir dissimulé la vérité. Dans un premier temps, cette théorie apparut comme totalement absurde. Toutefois, lorsque certains documents du ministre de la Guerre furent exhumés et déchiffrés dans les années 1930, les historiens se rendirent compte qu'ils coïncidaient avec les rumeurs propagées alors.

Le premier à approfondir ces étonnantes données historiques fut Otto Eisenschiml. Dans son ouvrage *Pourquoi Lincoln a-t-il été assassiné ?*, il lançait un pavé dans la marre des historiens médusés. Plus tard, un certain Théodore Roscœ publia ses conclusions et reçut un accueil encore plus large. Il écrivait :

> *La plupart des recherches ayant un rapport avec l'assassinat de Lincoln au XIXe siècle présentent la tragédie du théâtre de Ford comme un grand opéra... Seules quelques personnes la voient comme une affaire de meurtre : Lincoln est mort dans les mains d'un criminel irresponsable... qui a obtenu la sanction juridique classique ; la théorie du complot a été étouffée, la vertu a obtenu gain de cause, et Lincoln appartient désormais au passé. Cependant, cette affaire est peu convaincante sur la forme et insatisfaisante sur le fond. Et les faits montrent que les vrais*

responsables sont restés impunis.[42]

La petite-fille de l'assassin, Izola Forrester, a d'ailleurs mentionné dans ses mémoires, intitulées *This one mad act* (« Ce coup de folie »), qu'elle avait découvert des documents secrets d'un groupe appelé les « Chevaliers du cercle d'or », prudemment enfouis dans des archives et classés confidentiels par le ministre de la Guerre, Edwin Stanton.

Après l'assassinat de Lincoln, personne n'eut accès à ces documents. Compte tenu de sa parenté et de son statut d'écrivain et de journaliste, elle devint la première spécialiste à pouvoir y accéder. Voici ce qu'elle rapporte dans son livre :

> *[...] j'ai pu examiner le contenu de ce mystérieux paquet caché dans le coffre de la pièce contenant les reliques et les pièces à conviction utilisées dans le procès de cette conspiration. [...] [Ces documents] sont directement issus des archives du Ministère de la Guerre, soit des services secrets, soit des archives sur les prisonniers de guerre. Si je ne m'étais pas agenouillée sur le sol de cette cellule, il y a 5 ans de cela, pour fouiller dans le fond de ce coffre où se trouvait ce paquet, je ne les aurais jamais trouvés. Tout cela fait partie du vieux mystère lancé autour de l'affaire des officiers durant la période de la guerre – la dissimulation de ces documents et articles, ainsi que celle des deux éclats d'os avec la balle et le pistolet. Quel esprit a-t-il bien pu regrouper des pièces à conviction aussi incongrues et macabres ? [...]*
> *Enfin, il y avait ici un lien avec mon grand-père. Je savais qu'il avait été membre de l'ordre secret, fondé par Bickley, les chevaliers du Cercle d'Or. J'ai une vieille photo de lui, prise en groupe avec des membres de la fraternité, en uniforme, que la fille d'Harry avait retrouvée pour moi dans la Bible de notre grand-mère. Je savais que les journaux, juste après l'assassinat, avaient dénoncé cet ordre comme ayant orchestré le meurtre de Lincoln, et proclamé que Booth en avait été à la fois membre et l'instrument. Et cela me rappelait à nouveau les paroles que j'avais entendues de la bouche de ma grand-mère, disant que son mari avait été —l'instrument dans les mains d'autres*

---

[42] G. Edward Griffin, *op. cit.*, p. 393.

*personnes.*⁴³

Quel était le lien entre les Chevaliers du Cercle d'Or et les puissances financières de New York ? Combien de personnes au sein du gouvernement de Lincoln furent-elles impliquées dans le complot de son assassinat ? Comment se fait-il que les recherches sur cet assassinat aient systématiquement été déviées de leur course ? En termes d'organisation et de coordination, l'assassinat de Lincoln est similaire à celui de Kennedy, qui se déroulera une centaine d'années plus tard.

Suppression d'éléments de preuve, enquêtes systématiquement trompeuses, vérité toujours dissimulée dans un épais brouillard historique... et surtout, refus d'un débat contradictoire. Pour comprendre les motifs réels de l'assassinat de Lincoln, il nous faut approfondir l'Histoire et examiner, depuis la création des États-Unis, l'incessante lutte à mort entre le gouvernement élu par le peuple et les forces financières, pour le contrôle de la création monétaire.

Le droit d'émission de la monnaie et la guerre d'Indépendance américaine

La plupart des manuels d'Histoire présentent les causes de la guerre d'indépendance américaine selon une approche globale et abstraite appuyée sur des grands principes. Mais si l'on veut restituer précisément le contexte financier de cette révolution et le rôle central qu'elle a joué à ce titre, l'on doit adopter un autre point de vue.

La plupart des pionniers qui débarquèrent sur le continent américain pour y gagner leur vie étaient très pauvres. Hormis des marchandises de première nécessité dans leurs bagages, ces gens n'avaient ni biens, ni possessions. À l'époque, l'Amérique du Nord n'avait pas encore découvert ses importantes mines d'or et d'argent. Il y avait donc une grande pénurie d'argent sur le marché, doublée d'un déficit commercial avec la mère patrie qu'était l'Angleterre, laquelle, en absorbant une grande partie de l'or et de l'argent, les raréfiait encore davantage.⁴⁴

À leur arrivée, les colons d'Amérique du Nord travaillèrent dur pour

---

[43] Izola Forrester, *This One Mad Act* (Hale, Cushman & Flint, Boston, 1937), p. 359.

[44] Glyn Davis, *op. cit.*, p. 458.

développer la production de marchandises et de services, mais la pénurie de monnaie limitait les échanges et handicapait la croissance de l'économie. Les gens n'avaient d'autre choix que d'utiliser une monnaie alternative pour le commerce. Fourrures, coquillages, tabac, riz, blé, maïs et autres marchandises servaient de monnaie.

En Caroline du Nord, en 1715, pas moins de 17 produits différents pouvaient être utilisés comme monnaie légale (on parlait de *Legal Tender*). Le gouvernement et le peuple pouvaient ainsi acquitter les impôts, payer la dette publique et acheter des biens et des services. Toutes ces devises alternatives possédaient des normes de comptabilité rapportées à la livre et au shilling.

Néanmoins, leurs particularismes et spécificités d'acceptation et de conservation pouvaient varier considérablement, et il fut difficile d'établir des normes au-delà de l'échelle locale. Dans une certaine mesure, ces devises alternatives ont atténué les besoins pressants de monnaie, mais il subsistait toujours un goulet d'étranglement qui faisait barrage à un développement sain et équitable de l'économie marchande.[45]

L'utilisation de monnaies alternatives pour compenser la rareté persistante de la monnaie métallique présentait donc trop d'inconvénients, ce qui obligea les gouvernements locaux à réfléchir à une solution. Le résultat fut l'impression et l'émission par le gouvernement d'un papier-monnaie légal et standard, le *Colonial Script*. La différence entre les billets de banque en circulation en Europe et ce nouveau papier-monnaie résidait dans ce qu'il n'était pas indexé sur l'or et l'argent.

Il s'agissait d'une monnaie gouvernementale. Comment fonctionnait-elle ? Tout le monde devait payer des impôts au gouvernement. Il suffisait alors que le gouvernement accepte ce papier-monnaie pour que les éléments conventionnels de sa mise en circulation sur le marché soient réunis. La nouvelle monnaie de papier relança le commerce qui se mit à prospérer, contribuant ainsi à la modernisation socio-économique.

De l'autre côté de l'Atlantique, Adam Smith observait en temps réel les expériences du gouvernement colonial nord-américain. Il comprit aussitôt l'effet de stimulation apporté au commerce, particulièrement

---

[45] *Ibid.*, p. 459.

dans un contexte de pénurie de monnaie métallique.

> *Mais si c'est l'argent qui manque, on pourra y suppléer, quoique d'une manière fort incommode, par des trocs et des échanges en nature. On pourra y suppléer encore, et d'une manière moins incommode, en vendant et achetant sur crédit ou sur des comptes courants que les marchands balancent respectivement une fois par mois ou une fois par an. Enfin, un papier-monnaie bien réglé pourra en tenir lieu, non seulement sans inconvénient, mais encore avec de grands avantages.*[46]

Cependant, une monnaie sans garantie est l'ennemi naturel des banquiers, car si la dette d'un gouvernement ne sert pas de garantie, alors le gouvernement n'a pas besoin d'emprunter aux banques le fameux métal précieux… et les banquiers perdent alors une part de leur puissance. Lorsque Benjamin Franklin se rendit en visite au Royaume-Uni en 1763, le responsable de la Banque d'Angleterre lui demanda les raisons de la soudaine prospérité de ses colonies, ce à quoi il répondit :

> *C'est très simple, dans les colonies, nous émettons notre propre monnaie, appelée —billets coloniaux‖, que nous émettons en proportion des besoins du commerce et de l'industrie. Ainsi, les produits passent très facilement des mains des producteurs à ceux des acheteurs. En créant de cette manière notre propre papier-monnaie et en garantissant son pouvoir d'achat, nous (le gouvernement) n'avons pas besoin de payer d'intérêts à qui que ce soit.*[47]

Les colonies américaines s'affranchissaient ainsi de l'autorité de contrôle de la Banque d'Angleterre. Ses banquiers entrèrent alors dans une rage folle et réagirent immédiatement. Ainsi, en 1764, ils imposèrent au Parlement britannique l'adoption du *Currency Act*, interdisant aux colonies d'Amérique d'émettre leur propre monnaie ; les gouvernements locaux devaient, en sus, continuer de s'acquitter de leurs impôts en devises-or et argent envers le gouvernement

---

[46] Adam Smith, *La richesse des nations* (1776), livre IV, chapitre 1.

[47] Le parlementaire Charles G. Binderup, « Comment Benjamin Franklin a rendu la Nouvelle-Angleterre prospère », 1941, allocution radiodiffusée, puis publiée dans *Unrobing the Ghosts of Wall Street*.

britannique.

> *En seulement un an, la situation s'est inversée, les temps prospères sont révolus, la récession économique s'est répandue dans les rues où le chômage sévit.*[48]

Écoutons Benjamin Franklin parler douloureusement des graves conséquences de cette loi sur l'économie des colonies :

> *Si l'Angleterre n'avait pas privé les colonies du droit d'émission de la monnaie, créant ainsi du chômage et du mécontentement, leurs membres auraient été heureux d'ajouter une petite taxe sur le thé et d'autres produits. L'incapacité des colons à être investis du pouvoir d'émettre leur propre monnaie, en s'affranchissant de façon permanente de Georges III et des banques internationales, est la principale raison de l'éclatement de la guerre d'indépendance américaine. »*[49]

Les pères fondateurs des États-Unis semblaient clairement conscients du contrôle que la Banque d'Angleterre exerçait déjà sur le gouvernement britannique et des injustices contre le peuple que cela entraînait. En 1791, Thomas Jefferson, le 3ème président des États-Unis (qui rédigea à 33 ans une partie de la Déclaration d'indépendance), l'exprimait ainsi :

> *Si les colonies américaines permettent d'aventure aux banques privées de contrôler l'émission de la monnaie, alors ces banques passeront par l'inflation puis la déflation pour priver le peuple de ses biens. Jusqu'à ce qu'un matin, leurs enfants se réveillent*

---

[48] *Ibid.*

[49] *Ibid.* [Cette déclaration très largement reprise sur les causes de la guerre d'indépendance a été parfois citée comme étant issue de l'autobiographie de Benjamin Franklin. Toutefois, elle n'apparaît dans aucune édition. En fait, une partie de cette déclaration serait dérivée de celles qu'il avait faites durant son interrogatoire par le Parlement britannique, en février 1776. Interrogé sur les raisons pour lesquelles le parlement britannique avait perdu le respect parmi les colons, il répondit : « Pour un ensemble de raison : les restrictions appliquées dernièrement sur leur commerce, empêchant d'apporter de l'or et de l'argent dans les Colonies ; l'interdiction d'émettre eux-mêmes leur papier-monnaie, et ensuite l'exigence de nouvelles et lourdes taxes ; supprimant en même temps les procès avec jury et refusant de recevoir et d'entendre leurs humbles pétitions » -n.d.e.]

en ayant perdu leur maison et les terres que leurs pères avaient exploitées.*[50]

Avec un recul de plus de deux siècles, il est difficile de ne pas admirer l'étonnante acuité de ces prédictions. De nos jours, les banques privées américaines émettent comme prévu 97% de la monnaie nationale en circulation et, comme prévu, les Américains doivent aux banques la somme astronomique de 44 000 milliards de dollars ; et il n'est pas impossible qu'un jour ils se réveillent en ayant perdu leur maison et leurs biens, tout comme cela s'est déjà produit en 1929.

Et pourtant, les sages pionniers des États-Unis, observant l'Histoire pour essayer d'anticiper l'avenir, avaient bien stipulé dès le début de la section 8 de l'article 1 de la Constitution des États-Unis : « Le Congrès aura le pouvoir de battre monnaie, d'en déterminer la valeur. »

La première bataille des banquiers internationaux : la première banque centrale des États-Unis (1791-1811)

> *« Je crois fermement que les institutions bancaires sont une plus grande menace pour notre liberté que des armées dressées. Elles ont déjà créé une aristocratie de l'argent et elles méprisent le gouvernement. Le droit d'impression et d'émission (de la monnaie) doit être repris des mains des banquiers, il devrait appartenir à leur propriétaire légitime : le peuple. »*[51]

---

[50] En 1787, quand le Congrès continental se réunit pour adopter les amendements des Articles de la Confédération, qui deviendraient la Constitution, Jefferson s'expliqua sur le système de banque centrale. [Jefferson n'a pas participé à la Convention constitutionnelle de 1787 – il se trouvait en France. Cette citation n'a été retrouvée nulle part dans les écrits de Thomas Jefferson. Elle a été identifiée comme étant inventée. En outre, les mots « inflation » et « déflation » n'étaient pas utilisés à l'époque de Jefferson – n.d.e.]

[51] Lettre au secrétaire au Trésor Albert Gallatin (1802). [Cette citation reprise en boucle dans de nombreux ouvrages ou sites Internet est en partie inventée. La première partie de cette citation est en réalité une paraphrase d'une déclaration que Thomas Jefferson a faite dans une lettre adressée à John Taylor en 1816 « Je crois sincèrement, comme vous, que les institutions bancaires sont plus dangereuses que des armées dressées ; et que le principe de dépenser de l'argent qui sera remboursé par les générations futures, au nom de la consolidation de la dette, n'est qu'une escroquerie à grande échelle contre le futur ». D'ailleurs, dans cette lettre, Jefferson dit à Taylor : « Le système bancaire que nous avons tous deux également réprouvé. Je le considère comme une tache laissée dans toutes nos constitutions, qui, si elle n'est pas effacée, aboutira à leur destruction,

Thomas Jefferson, 3ème président des États-Unis, 1802.

Né dans les Antilles britanniques, Alexander Hamilton devint un personnage important du fait des relations étroites qu'il entretenait avec les Rothschild. Un reçu de paiement archivé dans les collections du British Muséum prouve qu'il a bien été financé par eux.[52]

Il débarqua à New York sous une fausse identité puis épousa la fille d'un sénateur. En 1789, Hamilton fut nommé premier Secrétaire au Trésor des États-Unis par Washington. À cette époque, il fallait faire face aux graves conséquences économiques de la guerre d'indépendance et à la crise de la dette. Hamilton recommanda vivement au Congrès de mettre en place une banque centrale privée semblable à la Banque d'Angleterre, qui remplirait les fonctions d'émission de la monnaie.

Ses grandes orientations étaient les suivantes : la banque centrale sera privée, son siège sera établi à Philadelphie puis elle créera des agences un peu partout ; l'argent du gouvernement et ses recettes fiscales seront déposés dans cette banque. Celle-ci sera responsable de l'émission de la monnaie pour le pays, afin de répondre aux besoins du développement économique, prêtera à intérêts au gouvernement.

Le capital social sera de dix millions de dollars, dont 80% des parts seront détenues par des entités privées et 20% par l'État. À son Conseil d'administration, 20 membres sur 25 seront élus par les actionnaires et 5 seront nommés par l'État. Hamilton représentait clairement les

---

laquelle est déjà affectée par les joueurs [spéculateurs] dans la corruption, et qui élimine dans sa progression le destin et les mœurs de nos concitoyens ». La seconde partie de la lettre se référerait plutôt à celle écrite par Jefferson à William Branch Giles en 1825 : « ... leurs plus jeunes recrues, totalement dépourvues des sentiments ou des principes de 76 [les principes de la constitution], qui ont acquis une très grande puissance, visent maintenant à un unique et formidable gouvernement, constitué d'une aristocratie fondée sur les institutions bancaires et les riches entreprises, sous le couvert et le voile de leurs divisions manufacturières, commerciales et navales favorites, régnant sur le cultivateur dévalisé et le propriétaire foncier ruiné ». Enfin, la dernière partie de cette lettre semble en réalité issue d'un commentaire que Jefferson a adressé à John Wayles Eppes, « Les effets bancaires doivent être supprimés et le support [monétaire] en circulation doit être restitué à la nation à laquelle il appartient » (Jefferson à Eppes, 11 septembre 1813). n.d.e.]

[52] Allan Hamilton, *The Intimate Life of Alexander Hamilton* (Charles Scribner's Sons, 1910).

intérêts de l'élite. On lui doit les observations suivantes :

> *Toutes les sociétés sont divisées en deux groupes : le premier sera composé de peu de personnes, le second en contiendra beaucoup. Les premiers seront de bonne naissance et fortunés, les seconds formeront la foule ; et la foule apporte instabilité et changement ; elle ne sait porter de bon jugement et prend rarement de bonnes décisions.*

Jefferson, quant à lui, représentait les intérêts des masses. Il commenta ainsi le point de vue d'Hamilton :

> *Nous tenons ces vérités comme allant de soi : les hommes sont créés égaux, ils sont dotés par leur Créateur de droits inaliénables, comme le droit à la vie, à la liberté et à la poursuite du bonheur.*

Les deux parties étaient diamétralement opposées sur la question du système de la banque privée centrale. Hamilton considérait que « si on n'allie pas les intérêts des personnes riches aux crédits sur leur richesse, la société ne peut réussir »[53] et que « La dette publique, si elle n'est pas excessive, doit contribuer au bien-être de notre pays. »[54]

Ce à quoi Jefferson répliqua : « Une banque centrale privée qui émet la monnaie publique du peuple est une menace plus grave pour sa liberté qu'une armée dressée. »[55] « Nous ne pouvons tolérer que la dette permanente de ceux qui gouvernent soit imposée au peuple. »[56]

En décembre 1791, lorsque le projet de loi d'Hamilton fut soumis au Congrès, il suscita un vif débat. Finalement, le Sénat l'adopta à une courte majorité, et la Chambre des représentants l'approuva (39 voix pour et 20 voix contre). Le président George Washington était alors

---

[53] Cité par Arthur Schlesinger, Jr., *The Age of Jackson* (Mentor Books, New York, 1945) pp. 6-7.

[54] Écrit le 30 avril 1781 à son mentor, Robert Morris. Cité par John H. Makin, *The Global Debt Crisis: America's Growing Involvement* (Basic Books, New York, 1984), p. 246.

[55] *The Writings of Thomas Jefferson* (G.P. Putnam & Sons, New York, 1899), vol. X, p. 31.

[56] *The Basic Writings of Thomas Jefferson* (Willey Book Company, 1944), p. 749.

accablé par la crise de la dette ; dans un moment de grande hésitation, il sollicita l'avis des secrétaires d'État Jefferson et Madison, qui lui démontrèrent clairement que cette proposition était en contradiction flagrante avec la Constitution, qui autorise le Congrès à émettre la monnaie, mais en aucun cas à donner ce pouvoir à une quelconque banque privée. Washington, profondément touché, décida d'opposer son veto au projet de loi.

Apprenant cette nouvelle, Hamilton courut faire pression sur Washington, et il sembla être plus persuasif, affirmant la nécessité d'une banque centrale privée pour obtenir une participation étrangère au capital, faute de quoi le gouvernement échouerait rapidement. Finalement, submergé et acculé par la crise qui menaçait ses projets à long terme, le Président Washington signa, le 25 février 1791, l'autorisation de la création de la première banque centrale privée, avec une licence d'exploitation limitée à vingt ans.[57]

Les banques internationales remportaient ainsi leur première victoire majeure ! En 1811, les capitaux étrangers représentaient 70% des 10 millions de dollars qui constituait le capital social de cette première banque centrale américaine. La Banque d'Angleterre et Nathan Rothschild devinrent les principaux actionnaires de la *First Bank of the United States*.[58]

Hamilton s'enrichit considérablement. La First Bank fusionna plus tard avec la *Manhattan Company* d'Aaron Burr et devint la première banque de Wall Street. Et en 1955, elle fusionna avec la *Chase National Bank* de Rockefeller et devint la *Chase Manhattan Bank*. Entre 1791, date de sa création, et 1796, en l'espace de seulement cinq ans, la dette publique américaine augmenta de 8,2 millions de dollars. Jefferson, bouleversé, déclara en 1798 :

> *J'espère vraiment qu'on pourra ajouter un amendement constitutionnel visant à abolir le pouvoir d'emprunter du gouvernement fédéral.*[59]

---

[57] Glyn Davies, *op. cit.*, p. 474.

[58] *Ibid.*, p. 475.

[59] Thomas Jefferson, « Lettre à John Taylor, de la Caroline », 26 novembre 1798 ; reproduit dans *The Writings of Thomas Jefferson*, Lipscomb and Bergh, vol. X.

Après son élection comme 3ème président des États-Unis (1801-1809), Jefferson ne s'épargna aucun effort pour tenter d'abroger la *First Bank*. Quand sa licence de vingt ans arriva à expiration en 1811, la lutte entre les deux partis atteignit son paroxysme. 65 voix de la Chambre des députés rejetèrent la proposition d'étendre l'autorisation de la Banque, tandis que 64 votèrent « pour ». Au Sénat, équilibre parfait, 17 voix « pour » et 17 voix « contre ». Le vice-président George Clinton les sortit de l'impasse et opposa un veto décisif : le 3 mars 1811, la *First Bank of the United States* dut fermer.[60]

Nathan Rothschild, installé à Londres, apprit la nouvelle et entra dans une fureur terrible. Il menaça en ces termes :

> *Ou bien les États-Unis étendent leur autorisation, ou bien ils devront faire face à une guerre des plus désastreuses.*

Le gouvernement des États-Unis y fut insensible et Nathan réagit immédiatement :

> *Donnons à ces Américains présomptueux une bonne leçon, renvoyons-les à l'époque coloniale.*

De ce fait, quelques mois plus tard, la guerre anglo-américaine de 1812 éclata. Elle dura trois ans, pendant lesquels le but des Rothschild était très clair : frapper jusqu'à ce que le gouvernement américain soit criblé de dettes. Le mettre à genoux de force et l'obliger à autoriser à nouveau la création d'une banque centrale privée.

La dette du gouvernement américain passa de 45 à 127 millions de dollars, et celui-ci déposa finalement les armes en 1815. Le 5 décembre 1815, le président Madison suggéra la création d'une seconde banque centrale privée. En 1816, la *Second Bank of the United States* voyait le jour.

Le rebond des banquiers internationaux : la Second Bank of the United States (1816-1832)

> « *Tous ces doutes et toutes ces craintes ne font que prouver*

---

[60] Glyn Davies, *op. cit.*, pp. 475-476.

> *l'étendue de la domination que les institutions bancaires ont obtenue sur les esprits de nos concitoyens, et en particulier sur ceux qui habitent les villes et autres places bancaires ; et cette domination doit être brisée, sinon elle nous brisera.* »[61]
>
> Jefferson, dans une lettre à Monrœ
> (cinquième président des États-Unis), 1815.

La *Second Bank of the United States* obtint une licence d'exploitation de vingt ans également, et cette fois-ci, son capital fut porté à 35 millions de dollars, dont 80% de capitaux privés et 20% pour l'État.[62]

Tout comme la *First Bank*, les Rothschild en prirent le contrôle. En 1828, Andrew Jackson participa à la campagne présidentielle. Dans un discours, affrontant les banquiers, il déclara :

> *Vous êtes un nid de vipères. J'ai l'intention de vous déloger et, par l'Éternel, je vous délogerai. Si seulement le peuple était conscient de l'injustice flagrante de notre monnaie et de notre système bancaire, il y aurait une révolution avant demain matin.*

Quand Andrew Jackson est élu Président en 1828, il est déterminé à éliminer la *Second Bank*. Il fit remarquer :

> *Si la Constitution autorise le Congrès à émettre la monnaie, c'est pour qu'il exerce ce pouvoir, et non pour qu'il le donne à qui que ce soit ou à une quelconque entreprise.*

En 1832, le président Jackson est en lice pour sa réélection. S'il est réélu, la *Second Bank* expirera durant son mandat en 1836. Or, tout le monde sait ce qu'il en pense. Pour éviter que les choses ne se compliquent au fur et à mesure que le temps passe, la banque veut profiter de la confusion préélectorale pour obtenir une prolongation des droits d'exploitation de vingt ans. Au même moment, les banquiers subventionnent le concurrent de Jackson, Henry Clay, en lui versant trois millions de dollars.

---

[61] Thomas Jefferson, « Lettre a James Monroe », 1er janvier 1815 (Library of Congress).

[62] Glyn Davies, *op. cit.*, p. 476.

Le slogan de la campagne de Jackson est : « Jackson et pas de banque ». Il l'emporte à une écrasante majorité. Cependant, malgré son élection, la prolongation de la licence d'exploitation de la banque est adoptée au Sénat à 28 voix contre 20. À la Chambre des représentants, c'est également un succès avec 167 voix contre 85.[63]

Le président de la *Second Bank*, Nicholas Biddle, dispose du soutien du puissant empire financier des Rothschild et ne prend pas le Président du pays au sérieux. Quand on discuta du veto que Jackson allait peut-être opposer, Biddle déclara : « Si Jackson met son veto, je lui opposerai le mien ».

Naturellement, le président Jackson mit son veto à la prolongation de la Second Bank et alla même jusqu'à ordonner à son ministre des Finances de retirer toutes les économies du gouvernement du compte bancaire et de les transférer dans des banques d'État. Le 8 janvier 1835, le président Jackson avait terminé de rembourser la dette publique ; c'est la seule fois de l'histoire des États-Unis où la dette est retombée à zéro.

De plus, l'État disposait même d'un excédent de 35 millions de dollars. Les historiens commentent ainsi cette immense réussite : « C'est le plus bel honneur du Président, et c'est aussi la plus grande contribution qu'il ait apportée à ce pays. » *The Boston Post* le compare même à Jésus chassant les marchands du temple !

« La banque essaye de me tuer, mais je la tuerai » – Andrew Jackson, 7ème président des Etats-Unis

Le 30 janvier 1835, le 7ème président américain en exercice, Andrew Jackson, arrive à Capitol Hill pour assister aux funérailles d'un membre du Congrès. Un peintre en bâtiment venu d'Angleterre, Richard Lawrence, suit discrètement le président, avec dans sa poche deux revolvers chargés. Quand le Président entre dans la salle où se déroule la cérémonie, Lawrence se situe encore trop loin et attend patiemment le moment le plus opportun.

La cérémonie se termine et Lawrence se place entre deux piliers, près d'un endroit où le Président doit forcément passer. Quand ce

---

[63] *Ibid.*, p. 479.

dernier s'avance, Lawrence sort son arme et tire à une distance de moins de deux mètres, mais il rate son coup : la balle n'est pas sortie ! La foule qui les entoure est sous le choc. Grâce à son expérience militaire, Jackson ne panique pas et fait face au tueur avec détermination, levant instinctivement sa canne pour se défendre.

Le tueur sort alors son deuxième revolver, mais celui-ci s'enraye également. Chanceux, Andrew Jackson est le premier président à échapper à un assassinat. La probabilité pour que deux pistolets s'enrayent successivement est d'une chance sur 125 000. Richard Lawrence, âgé de 32 ans, se revendiquait comme le successeur légitime au trône d'Angleterre et affirmait que le président des États-Unis avait tué son père.

Au bout de cinq minutes de procès, le tribunal jugea qu'il était atteint de trouble mental et ne retint pas sa responsabilité juridique. Dès lors, les maladies mentales devinrent le meilleur prétexte des assassins pour échapper à la justice.

Le 8 janvier 1835, le président Jackson finissait de rembourser la dette publique, et le 30 janvier, on tentait de l'assassiner. Griffin écrit à son propos :

> *Soit l'assassin était vraiment fou, soit il faisait semblant de l'être pour échapper à un châtiment sévère. Plus tard, il se vanta qu'il avait des relations avec des gens puissants en Europe, qui lui avaient promis que s'il se faisait prendre, il serait protégé.*[64]

Le 8 juin 1845, le président Jackson décède. Son épitaphe ne comporte qu'une seule phrase : « *J'ai tué la Banque.* » La nouvelle annulation de la banque centrale conduisit l'Angleterre à exercer de sévères représailles. Elle cessa immédiatement tout prêt aux États-Unis, resserrant ainsi la masse monétaire.

À l'époque, le système financier de l'Angleterre se trouve entre les mains des Rothschild, qui font circuler une grande masse de monnaie-or. Grâce au système de banque centrale aux États-Unis et aux prêts, ils contrôlaient complètement cette monnaie.

Après le veto présidentiel sur la *Second Bank*, son président, Biddle, met son propre veto en application. La *Second Bank* annonce un rappel

---

[64] G. Edward Griffin, *op. cit.*

de tous les prêts et cesse d'en émettre de nouveaux. Toutes les banques européennes contrôlées par les Rothschild resserrent la monnaie aux États-Unis, qui connaissent dès lors une baisse « artificielle » de leur masse monétaire, conduisant à la Panique de 1837.

En conséquence, l'économie des États-Unis connaît une récession sévère pendant cinq ans, comparable à la Grande Dépression de 1929. Après celle de 1837, d'autres paniques » suivront, en 1857 et en 1907, comme pour attester de la fameuse phrase de Mayer Rothschild :

> *« Donnez-moi le contrôle de la monnaie et je me fiche de savoir qui fait les lois. »*

Le système financier indépendant : un nouveau front

En 1837, quand Martin Van Buren, le successeur et dauphin du Président Jackson, entre à la Maison-Blanche, son plus grand défi est de trouver comment surmonter la grave crise politique due au resserrement monétaire et provoquée par les banquiers internationaux. Van Buren riposte du tac au tac en créant une trésorerie indépendante pour extraire les fonds de l'État des banques privées et les conserver dans son propre système. Les historiens appellent cela « le divorce de la finance et des banques ».

Le système de trésorerie indépendante est apparu à la même période où le Président Jackson s'opposa à la prorogation de la *Second Bank*, puis ordonna que l'argent du gouvernement soit retiré des banques pour être transféré dans des banques d'État. Le bon sens aurait voulu qu'après avoir échappé aux griffes des Rothschild, la banque d'État se montrât économe.

Or, l'argent du gouvernement fut utilisé comme réserve pour souscrire des crédits et spéculer, ce qui est l'une des causes du krach de 1837. La proposition de Martin Van Buren de dissocier l'argent de l'État des systèmes financiers avait bien sûr pour finalité de protéger les fonds publics et d'en finir avec les abus d'un grand nombre de banques qui utilisaient les impôts du peuple pour accorder des prêts spéculatifs…

Une autre caractéristique de la trésorerie indépendante est que toute la monnaie qui passe par ce système doit être obligatoirement de l'or ou de l'argent, offrant ainsi un point d'appui à la régulation de la monnaie dans le pays et un contrôle des banques sur son émission. Sur le long terme, c'est une bonne idée ; cependant, à court terme, elle fit exploser la crise du crédit, qui affecta de nombreuses banques et attisa l'incendie qui frappait la *Second Bank*.

La crise devint incontrôlable. Henry Clay joua un rôle crucial dans ce processus. Il était l'héritier de l'idéologie de Hamilton et de sa banque privée. Son éloquence, ses réflexions rigoureuses et assez provocatrices en faisaient le chouchou des banquiers. Il s'entoura d'un groupe de personnes qui soutenaient les banquiers et créa le parti Whig. Ce parti était fermement opposé à la politique bancaire de Jackson et s'engagea dans la restauration du système de banque centrale privée.

En 1840, lors des présidentielles, le parti Whig proposa comme candidat le héros de guerre William Henry Harrison. La crise économique donna aux gens des envies de changement et Harrison fut élu 9ème président des États-Unis. Henry Clay, le *leader* du parti Whig, se mit en tête de donner des leçons de gouvernance à Harrison. Après son élection, une controverse éclata entre les deux hommes.

Henry Clay « convoqua » le Président chez lui à Lexington et Harrison s'y rendit de bonne grâce. Ils se quittèrent dans un profond désaccord sur les questions liées à la banque d'État ou à l'indépendance du Trésor. Pensant pouvoir régenter les choses, Henry Clay trouva quelqu'un pour écrire le discours inaugural de Harrison, mais sans solliciter l'accord de ce dernier.

Harrison refusa car il avait déjà rédigé personnellement plus de 8000 mots. Dans ce discours qui élaborait les idées du gouvernement à venir, il s'opposait vigoureusement aux vues d'Henry Clay sur l'abolition de l'indépendance du Trésor au bénéfice des intérêts de la banque centrale privée. Les banquiers avaient un nouvel ennemi.[65]

Le 4 mars 1841 fut une froide journée et William Harrison prononça son discours sous un vent glacial. Il en tomba malade.

Pour un homme avec un passé militaire comme Harrison, cela ne devait pas être un problème. Mais sa maladie s'aggrava étrangement et il décéda subitement le 4 avril… Le Président Harrison, qui venait juste d'être élu et qui s'était attelé à de grands projets, mourait d'un coup de froid alors qu'un mois plus tôt il était en pleine forme ! Certains historiens pensent qu'il fut empoisonné à l'arsenic blanc, probablement

---

[65] Discours inaugural du président William Henry Harrison le 4 mars 1841.

administré le 30 mars, et qu'il en périt six jours plus tard.

Après la mort du Président Harrison, les luttes s'intensifièrent autour de la banque centrale privée et de l'indépendance du Trésor. En 1841, Henry Clay proposa par deux fois de restaurer la banque centrale et de supprimer l'indépendance du Trésor. Le successeur de Harrison, le vice-président John Tyler, lui opposa son veto. Henry Clay l'exclut du parti Whig. John Tyler fut non seulement le premier président des États-Unis à n'avoir pas été élu, il n'appartenait plus à aucun parti politique.

En 1849, un autre président Whig est élu, Zachary Taylor, et l'espoir de restaurer la banque centrale semble à portée de main. Créer une banque centrale privée entièrement soumise, sur le modèle de la Banque d'Angleterre, était le plus grand rêve de l'establishment bancaire, qui pouvait ainsi décider entièrement du sort du pays et du peuple.

Ayant retenu la leçon de Harrison, Taylor parvint à maintenir le flou sur la question de la banque centrale. D'une grande méfiance, il voulait éviter de devenir la marionnette d'Henry Clay. L'historien Michaël Holt rapporte ces mots de Taylor :

> *L'idée d'une création d'une banque centrale est morte, je n'en tiendrai pas compte pendant mon mandat.*[66]

Pour autant, il n'en résulta pas la mort de la banque centrale, mais bien celle du président Taylor lui-même ! Le 4 juillet 1850, il assistait aux célébrations de la fête nationale devant le Washington Monument. C'était une journée très chaude et Taylor buvait du lait frappé et mangeait quelques cerises. Il ressentit des douleurs à l'estomac et, le 9 juillet, le Président à la santé habituellement robuste mourut à son tour mystérieusement…

Ainsi, deux présidents issus des rangs de l'armée décédèrent de maladies aussi soudaines qu'étranges. Cela attira évidemment l'attention des historiens qui en discutèrent pendant cent ans. En 1991, avec l'accord des descendants du président Taylor, ses restes furent exhumés, ses ongles et ses cheveux soumis à des tests en laboratoire, et

---

[66] Michael F. Holt, *The Rise and Fall of the American Whig Party: Jacksonian Politics and the Onset of the Civil War* (1999), p. 272.

on y découvrit bien sûr de l'arsenic. Mais les autorités déclarèrent qu'une petite quantité d'arsenic n'avait pu être fatale et clôturèrent le débat. On ne connut jamais la provenance de l'arsenic découvert dans le corps du président.

Comment un coup des banques internationales provoqua la Panique de 1857

La fermeture de la *Second Bank* en 1836 conduisit à une intervention soudaine des banquiers internationaux et porta un rude coup à la monnaie métallique en circulation aux États-Unis. Il s'ensuit une grave crise économique qui dura cinq ans. Bien qu'en 1841, un agent des banquiers internationaux eût tenté à deux reprises de restaurer le système de banque centrale privée, il n'y parvint pas.

Les deux parties se trouvaient dans une impasse et il fallut attendre 1848 pour que la santé économique du pays s'améliore. La sortie de crise vint non pas d'une soudaine bienveillance des banquiers, mais de la découverte d'une grande mine d'or à San Francisco...

À partir de 1848, le pays connut une croissance sans précédent de production d'or, qui dura neuf ans. La Californie produisait à elle seule 500 millions de dollars en pièces d'or. En 1851, l'Australie découvrait également un grand nombre de mines d'or, et la production mondiale d'or, qui représentait 144 millions de shillings en 1851, passa à 376 millions en 1861. La monnaie en circulation à l'intérieur du pays passa, elle, de 83 à 253 millions de dollars entre 1840 et 1860.[67]

La découverte de mines d'or aux États-Unis et en Australie brisa le contrôle absolu des financiers européens sur l'or. Le gouvernement américain poussa un long soupir de soulagement. Une offre importante de monnaie améliora grandement la confiance des marchés et les banques recommencèrent à accorder massivement des crédits. Beaucoup d'industries d'importance, mines, transport, production de machines, etc., furent fondées pendant ces années dorées.

Les banques internationales prirent très tôt des contre-mesures : le contrôle des finances et leur dissociation intégrale vis-à-vis du monde politique. Bien avant la fin de la crise, elles avaient déjà entrepris

---

[67] Glyn Davies, *op. cit.*, p. 484.

d'acheter à bas prix des actifs américains de qualité. En 1853, quand l'économie américaine était florissante, les capitaux étrangers, notamment britanniques, possédaient déjà 46% de la dette publique du gouvernement fédéral, 58% des obligations d'État, 26% des obligations des chemins de fer américains, et elles bridaient à nouveau l'économie américaine ![68]

Une fois en place, la banque centrale privée devait permettre aux banquiers de contrôler l'économie américaine tout comme ils contrôlaient déjà celle d'autres pays en Europe. Dans ces années-là, les banquiers internationaux firent à nouveau preuve d'une grande habileté stratégique en accordant des crédits tous azimuts. Ainsi, travailleurs et entreprises déployèrent tous leurs efforts pour créer de la richesse.

Mais plusieurs événements simultanés allaient mettre un frein au développement : l'effondrement du marché céréalier, la faillite soudaine de *l'Ohio Life and Trust*, qui avait enregistré une perte de 5 millions de dollars à la suite de malversations de ses dirigeants, et le ralentissement économique en Europe. S'ensuivit une panique financière. Chute de la bourse, faillite d'entreprises et de nombreuses banques, etc.

C'est à ce moment que les banquiers internationaux firent leur moisson. Quand ils estimèrent que la saison des récoltes était arrivée, la Banque d'Angleterre – synonyme de Rothschild – et ses agents placés aux États-Unis commencèrent à resserrer drastiquement le crédit, provoquant la Panique de 1857.

Mais à leur grande surprise, contrairement à la crise survenue vingt ans plus tôt, celle de 1857 toucha à peine l'économie américaine réelle, qui fut relancée en l'espace d'un an seulement. Constatant que les États-Unis étaient de plus en plus forts et que leurs finances étaient de plus en plus difficiles à manipuler, ils décidèrent de provoquer une guerre civile. Diviser les États-Unis devint la priorité numéro un…

Les puissances financières internationales en Europe à l'origine de la Guerre de Sécession :

Comme nous l'avons évoqué dans le préambule de ce chapitre,

---

[68] *Ibid.*, p. 486.

l'histoire économique des États-Unis est emplie de zones d'ombre et d'interventions occultes...

La Guerre Civile est sans aucun doute la plus grande guerre intérieure de l'histoire des États-Unis. Cette guerre sanglante dura quatre ans. Trois millions de personnes y participèrent, soit 10% de la population totale, et 600 000 y trouvèrent la mort. Il y eut évidemment d'innombrables blessés et une quantité de biens détruits.

Le traumatisme perdure toujours, après plus de 140 ans. De nos jours, la plupart des débats sur l'origine de la Guerre de Sécession se concentrent sur la dimension humaniste de l'abolition de l'esclavage, en tant que question morale et de justice. Comme le souligne Sydney E. Ahlstrom :

> *S'il n'y avait pas eu l'esclavage, il n'y aurait pas eu de guerre, et s'il n'y avait eu de condamnation morale de l'esclavage, il n'y aurait pas eu de guerre.*[69]

Pourtant, nous savons aujourd'hui qu'au milieu du XIXe siècle, les débats autour de l'esclavage concernaient d'abord les intérêts économiques, bien avant les questions de morale. À l'époque, le pilier de l'économie sudiste est l'esclavage pour la culture du coton. En cas d'abolition, les agriculteurs craignent de devoir verser aux nouveaux affranchis un salaire correspondant aux tarifs du marché, ce qui aurait pour conséquence directe la mise à mort du secteur, car ils se retrouveraient devoir travailler à perte.

Toute la structure socio-économique serait vouée à l'effondrement. Si l'on considère que la guerre est la continuation de la lutte politique par d'autres moyens, les conflits d'intérêt économiques se mesurent à la lumière de la politique. Cet affrontement fit remonter à la surface les divergences d'intérêts économiques entre le Nord et le Sud. Mais c'est l'essence même de la stratégie des puissances financières internationales vis-à-vis des jeunes États-Unis d'Amérique qu'il nous faut analyser : « diviser pour mieux régner ». Bismarck ne déclarait-il pas :

> *Il ne fait aucun doute que la division des États-Unis en deux*

---

[69] Sydney E. Ahlstrom, *A Religious History of the American People* (Yale University Press, 1972), p. 649.

> *forces fédérales égales fut décidée bien longtemps avant la guerre civile par les puissances financières d'Europe.*

En fait, les banquiers de l'axe Londres/Paris/Francfort se tenaient dans les coulisses de la Guerre de Sécession. En vue de provoquer la guerre civile, ils établirent une planification détaillée et minutieuse à long terme. Après la Guerre d'indépendance, l'industrie anglaise du textile et les esclavagistes du Sud avaient construit des liens commerciaux étroits ; les financiers européens y virent une opportunité, une porte d'entrée pour la guerre. Les agents des financiers britanniques s'étant habilement infiltrés partout où ils le pouvaient, ils planifièrent avec les gouvernements locaux de se détacher du système fédéral et de diffuser des fausses informations.

Leur stratégie, vieille comme le monde, consista à instrumentaliser les conflits d'intérêts économiques entre le Nord et le Sud sur la question de l'esclavage, en renforçant, en stimulant et en amplifiant les antagonismes, de sorte à exacerber ce problème qui n'était pourtant pas si clivant à l'origine dans l'esprit du peuple américain. Pis, pour défendre leurs intérêts économiques, ils réussirent à catalyser un conflit moral de premier plan autour de la question de l'esclavage.

Les banquiers étaient donc très bien préparés et attendaient que la guerre éclate. Ils prirent même des paris pendant la durée des combats, s'amusant à s'engraisser sur la dette générée par le prix des rations des soldats. Un banquet des plus somptueux pour les banquiers ! À l'automne 1859, le célèbre banquier français Salomon Rothschild (fils de James Rothschild) fit un séjour aux États-Unis, officiellement touristique. Il était en réalité le coordinateur de l'ensemble des plans économiques stratégiques qui avaient été mis au point.

Il se rendit partout dans le Sud et dans le Nord, entra en contact avec les gouvernements locaux et ses collègues financiers, multipliant les allers-retours pour consulter et rapporter des informations à son frère Nathan Rothschild, basé à Londres. Quand Salomon parlait avec la population locale, il déclarait toujours publiquement que la finance soutenait le Sud et qu'elle l'aiderait à obtenir la reconnaissance des grands pays européens.[70]

---

[70] *Jewish History in Civil War* (Jewish-American History Documentation Foundation, Inc., 2006).

Le principal agent des banquiers nordistes était August Belmont, surnommé « le Roi de la cinquième avenue » (*The King of Fifth Avenue*). Enfant précoce, en 1829, âgé de seulement quinze ans, il débuta une carrière de banquier au service de la branche de Francfort des Rothschild, dont il devint par la suite le représentant et même parent par alliance.

Parlant couramment l'allemand, l'anglais, le français et l'italien, il fut envoyé en 1832 à l'antenne de Naples pour se forger l'expérience nécessaire dans les affaires financières internationales. En 1837, on l'envoya à New York où il devint rapidement une figure importante de la communauté financière. Il fut même nommé conseiller financier par le président Lincoln, représentant les banques Rothschild d'Angleterre et de Francfort, et déclarant qu'il acceptait de soutenir le Nord.

Afin d'augmenter la pression militaire sur les Nordistes, l'Angleterre envoya des troupes au Canada en 1861 : 8000 soldats prêts à coordonner leurs attaques avec le Sud et à menacer le gouvernement de Lincoln par le Nord. En 1862, les forces alliées de l'Angleterre, de la France et de l'Espagne débarquèrent dans un port mexicain et se positionnèrent à la frontière sud des États-Unis pour, en cas de besoin, entrer sur le territoire et prendre le Nord en tenaille.

Au début de la guerre, les offensives sudistes furent victorieuses. L'Angleterre, la France et les autres pays européens se révélèrent des ennemis harassants qui plongèrent Lincoln dans de grandes difficultés. L'effort de guerre était en effet très coûteux. Or, les caisses du Trésor public étaient vides, à cause d'un déficit creusé continûment depuis 1812…

En effet, avant l'administration de Lincoln, le déficit du gouvernement américain était vendu aux banques sous forme d'obligations, qui étaient elles-mêmes revendues aux banques Rothschild et Barings et étaient assorties d'intérêts élevés qui empêchaient le gouvernement d'aller de l'avant.

Toujours intéressés à creuser encore plus la dette publique, les banquiers coalisés proposèrent à Lincoln un plan de financement sous conditions et avec des taux d'intérêt de 24 à 36%. Stupéfait, Lincoln leur montra immédiatement la porte, trop conscient que le peuple américain ne serait jamais en mesure de rembourser une dette aussi astronomique.

La nouvelle donne monétaire de Lincoln

Sans argent, il était impossible de faire la guerre. Et emprunter aux banquiers revenait à se mettre la corde au cou. Lincoln chercha une solution. À ce moment, son vieil ami de Chicago, Edmund D. Taylor, lui proposa une idée : le gouvernement n'avait qu'à émettre la monnaie lui-même !

> *Demande au Congrès d'adopter une loi qui autorise le Trésor à émettre de la monnaie pour payer le salaire des soldats, et pars gagner ta guerre.*

Lincoln demanda si les Américains allaient accepter cette nouvelle monnaie, ce à quoi Taylor répondit :

> *Sur ce point, ils n'ont pas le choix, tant que tu as la capacité juridique, le gouvernement lui donnera sa pleine approbation, elle sera aussi bien que n'importe quelle autre monnaie, puisque la Constitution donne le droit au Congrès d'émettre et de fixer son prix.*

Ravi, Lincoln valida cette proposition et en laissa la planification à Taylor. Cette solution novatrice était en rupture avec la tradition d'emprunt et de paiement d'intérêts aux banques. La nouvelle monnaie fut imprimée sur fond vert pour la distinguer des autres billets. Elle fut baptisée *Greenback*. Cette monnaie n'était pas adossée à l'or ou à l'argent, mais sur la crédibilité du gouvernement.

Pendant la Guerre de Sécession, grâce à l'émission de cette monnaie, le gouvernement surmonta la grave pénurie de devises des premiers jours du conflit et mobilisa de façon efficace les ressources nordistes, posant des bases économiques solides pour obtenir la victoire contre le Sud.

Au même moment, parce que cette monnaie à faible coût était légalement devenue la monnaie de réserve du Nord, les crédits accordés par des banques nordistes se développèrent de façon significative, avec pour conséquence que l'industrie militaire, la construction ferroviaire, la production agricole et les échanges commerciaux obtinrent un soutien financier sans précédent.

Depuis la découverte de mines d'or en 1848, les finances américaines s'affranchissaient progressivement du pénible contrôle des banquiers européens. La nouvelle monnaie de Lincoln fut d'autant plus largement acceptée par les citoyens qu'elle restaurait la confiance et garantissait des bases financières solides pour obtenir des victoires contre le Sud. À la surprise générale, cela ne provoqua aucune inflation grave comme ce fut le cas lors de la guerre d'indépendance.

Du début de la guerre en 1861 à sa fin en 1865, l'indice des prix au Nord augmenta modérément de 100 à 216. Compte tenu de l'ampleur et de la gravité des dommages, et en comparaison avec les guerres de même envergure à d'autres endroits du monde, on peut presque parler d'un miracle financier ! En revanche, le Sud, qui avait utilisé les billets en circulation, connut un sort différent et l'indice des prix y grimpa de 100 à 2776 dans le même laps de temps.[71]

Durant toute la période de la guerre, Lincoln émit 450 millions de dollars de cette nouvelle monnaie. Le mécanisme fut si bien exécuté qu'il songea très sérieusement à sa légalisation pour pérenniser l'utilisation de cette monnaie sans dette. Cela blessa profondément les intérêts fondamentaux de l'oligarchie financière internationale.

Si les gouvernements n'empruntaient plus d'argent aux banques et émettaient sans vergogne leur propre monnaie, le monopole des banquiers sur l'émission de la monnaie cesserait d'exister, et les banques n'auraient alors plus rien à se mettre sous la dent ! En apprenant le projet de Lincoln, *The London Times*, l'organe des banquiers anglais, aurait immédiatement publié le communiqué suivant :

> *Si cette politique financière malicieuse, qui trouve ses origines en Amérique du Nord, devait se durcir et devenir une disposition fixe, alors ce gouvernement pourvoirait à sa propre monnaie sans aucun coût. Il remboursera ses dettes et ne s'endettera plus. Il deviendra prospère, et ce sera sans précédent dans l'histoire du monde. Les cerveaux et la richesse de tous les pays iront en Amérique du Nord. Ce pays doit être détruit ou il détruira toutes les monarchies de la planète.*[72]

Le gouvernement britannique était furieux et décida de se venger :

---

[71] Glyn Davies, *op. cit.*, p. 489.

[72] Citation attribuée au *London Times* (1865), citée par F. William Engdhal, *op. cit*. Les recherches dans les archives du London Times n'ont toutefois pas permis de mettre la main sur l'article original [n.d.e.].

le 28 décembre 1861, les banques new-yorkaises associées annoncèrent qu'elles suspendaient le paiement en monnaie métallique du prêt de 150 millions de dollars accordé au gouvernement de Lincoln. Certaines banques empêchèrent les épargnants de retirer leur or et déclarèrent également qu'elles annulaient leur engagement à acheter les obligations d'État avec de l'or.

Puis les banquiers accoururent à Washington pour demander au Président d'apporter des modifications, retourner aux pratiques du passé, vendre aux banquiers européens les obligations à taux d'intérêt élevé, conserver l'or de l'État dans des banques privées afin de constituer les réserves nécessaires à l'émission des crédits, et imposer des taxes aux industriels et aux citoyens pour soutenir l'effort de guerre.

Évidemment, Lincoln refusa de se soumettre aux folles exigences des banquiers. Sa politique augmenta encore en popularité, le peuple acheta toutes les obligations avec enthousiasme et, conformément à la loi, les utilisa comme argent comptant. Les banquiers constatèrent l'échec de leur plan et décidèrent d'en fomenter d'autres. Ils trouvèrent que la loi sur l'émission de la « monnaie de Lincoln » par le Congrès ne mentionnait pas que le paiement des intérêts de la dette devait se faire avec de l'or.

Ils négocièrent un compromis avec les membres du Congrès, autorisant l'achat des obligations publiques avec la « devise Lincoln », mais en incluant le paiement des intérêts en or. C'était la première étape du plan d'ensemble : établir un lien entre la monnaie de Lincoln et l'or et permettre aux banquiers européens, qui utilisaient à l'époque le système de la livre sterling comme monnaie de réserve mondiale, de détenir plus de monnaie-or américaine.

Le compromis passé entre les banquiers américains et le Congrès aboutit plus tard au contrôle de la totalité de l'or américain échangé par les forces financières internationales, qui manipulaient indirectement la valeur de la devise américaine.

Les alliés russes de Lincoln

En 1861, lorsque les monarques européens commencèrent à préparer leurs troupes en vue de diviser les États-Unis dans la Guerre de Sécession, période qui fut l'une des plus périlleuses de leur histoire, Lincoln pensa immédiatement à s'allier avec l'ennemi de ces monarchies : la Russie. Le président américain dépêcha un envoyé spécial auprès du Tsar Alexandre II pour solliciter son aide. Lorsque ce dernier reçut la lettre d'Abraham Lincoln, il ne l'ouvrit pas tout de suite mais la soupesa entre ses mains et prononça :

> *Avant que j'ouvre cette lettre pour en connaître son contenu, je préviens d'avance que j'accepterai n'importe laquelle de ses requêtes.*[73]

Il y avait plusieurs raisons à l'implication du Tsar dans la Guerre de Sécession.

(1) Tout d'abord, les forces financières internationales qui avaient conquis l'Europe cherchaient à étendre leur emprise toujours plus loin et frappaient désormais aux portes du Kremlin. Forts de leur expérience occidentale, les banquiers exigeaient la création d'une banque centrale privée en Russie. Le Tsar, méfiant au plus haut point, n'avait de cesse que de rejeter leurs demandes. Lorsqu'il vit qu'il n'était pas le seul dirigeant politique à s'opposer aux forces financières et craignant que celles-ci ne finissent par s'en prendre violemment à lui aussi, il s'empressa de saisir la main tendue par Lincoln.

(2) Le 3 mars 1861, avant même que n'éclate la Guerre de Sécession, Alexandre II déclarait dans son pays l'abolition du servage, anticipant les intentions nordistes américaines.

(3) En 1856, les Russes avaient perdu la Guerre de Crimée contre les Français et les Britanniques et ils souhaitaient prendre leur revanche.

Le 24 septembre 1863, une flotte russe commandée par le général Liviski entrait dans le port de New York ; et le 12 octobre, de l'autre côté du continent, la flotte russe du Pacifique commandée par le général Popov arrivait à San Francisco. Évidemment, sans déclaration de guerre… À ce propos, Gideon Welles, le ministre de la Marine de Lincoln, a écrit dans son journal :

> *La flotte russe a quitté la Baltique et se trouve maintenant à New York, ou, du moins, un grand nombre de vaisseaux y sont arrivés. Ils ne resteront pas confinés dans la Baltique par un hiver nordique. Les envoyer à ce moment dans ce pays a son importance. Nous connaîtrons en temps voulu l'effet que cela fera sur les Français. Leur réaction pourrait être modérée, elle*

---

[73] Des Griffin, *op. cit.*

> *pourrait être exaspérée. Que Dieu bénisse les Russes !*[74]

À la fin de la guerre, le gouvernement américain rencontra de grosses difficultés pour régler les coûts engendrés par la flotte russe, qui s'élevaient à un total de 7,2 millions de dollars. Comme la Constitution des États-Unis n'autorisait pas le gouvernement à payer les frais de guerre d'autres pays, le Président Andrew Johnson [le successeur de Lincoln après son assassinat] et la Russie passèrent un accord : le gouvernement américain achèterait l'Alaska à la Russie pour couvrir les efforts de guerre.

On nomma cette affaire « la folie de William Henry Seward » (le secrétaire d'État). Il paraissait insensé de dépenser 7,2 millions de dollars pour acheter une étendue désertique sans valeur.

Les tensions s'accumulant dans tous les camps, il y eut une tentative d'assassinat contre le Tsar Alexandre II en 1867. Il en réchappa cette année-là mais mourut finalement entre les mains de ses assassins à leur deuxième tentative, le 1er mars 1881.

Qui est le véritable assassin de Lincoln ?

> « [Lincoln] a obtenu l'autorisation du Congrès d'emprunter directement au peuple en lui vendant les obligations des États... et le gouvernement et la nation ont échappé au complot des financiers étrangers. Ils comprirent immédiatement que les États-Unis échapperaient à leur emprise. La mort de Lincoln fut décidée. »
>
> Otto von Bismarck, Chancelier d'Allemagne.

Après l'abolition de l'esclavage et l'unification avec le Sud, Lincoln annonça immédiatement l'annulation de la dette sudiste. Les banquiers internationaux qui avaient apporté un soutien énorme au Sud durant la guerre enregistrèrent des pertes énormes. En guise de représailles et afin de renverser la politique monétaire de Lincoln, ils rassemblèrent tous ceux qui n'étaient pas satisfaits de lui et planifièrent son assassinat. Concernant le mode opératoire, le recrutement d'un

---

[74] *The Diary of Gideon Welles* (Houghton Mifflin, Boston, 1911), 25 septembre 1863, vol. I, p. 443.

fanatique isolé ne fut guère difficile.⁷⁵

Après l'assassinat de Lincoln, le Congrès repassa sous le contrôle des forces financières internationales, annonça l'abolition de la politique monétaire du défunt président et le gel total de l'émission de sa monnaie, limitant la masse monétaire à 400 millions de dollars. En 1872, il fut demandé au Trésor combien d'économies les 450 millions de dollars de la nouvelle monnaie de Lincoln avaient permis de réaliser.

Après un calcul qui prit quelques semaines, le Trésor répondit : « Parce que Lincoln avait émis la monnaie de son propre gouvernement, nous avons réalisé une économie de quatre milliards de dollars. » D'un point de vue stratégique, la Guerre de Sécession fut une guerre d'intérêts entre la souveraineté d'un État (politique monétaire et pouvoir d'émission de la monnaie) et les forces financières internationales concurrentes.

En fait, cette guerre civile entre le Nord et le Sud ne fut que la partie visible d'une autre guerre à mort qui s'est étendue avant et après, sur une période de cent ans, pendant laquelle sept présidents et de nombreux membres du Congrès furent assassinés… jusqu'à ce que les banquiers remportent une victoire décisive en 1913, date de la création de la Réserve Fédérale des États-Unis. Ainsi que le formula Bismarck :

> *La mort de Lincoln a été un désastre pour la chrétienté. Il n'y avait aucun homme assez grand aux États-Unis pour enfiler son costume et les banquiers ont à nouveau mis la main sur les richesses. Je crains que les banquiers étrangers, avec leurs ruses et leurs coups tordus, ne contrôlent entièrement les immenses richesses de l'Amérique et les utilisent pour corrompre la civilisation.*

La loi bancaire nationale de 1863 : un compromis fatal

> *« Ma contribution au passage de la loi bancaire nationale [National Banking Act] fut la plus grande erreur financière de ma vie. Cette loi a établi un monopole qui affecte tous les intérêts du pays. Cette loi doit être révoquée, mais avant que cela puisse être accompli, le peuple devra se ranger d'un côté et les banques*

---

⁷⁵ Melvin Sickler, « Abraham Lincoln and John F. Kennedy. Two great presidents of the United States assassinated for the cause of justice », in *Michael* (2003).

de l'autre, dans une lutte d'une ampleur que nous n'avons jamais vue dans ce pays. »

Salmon P. Chase, Secrétaire au Trésor.

Après que la Guerre de Sécession eut éclaté, Lincoln refusa l'étau financier que constituait l'argent des Rothschild, prêté à un taux d'intérêt s'étageant entre 24 et 36%. Il autorisa le Trésor à émettre ses propres « billets des États-Unis » (*United States Notes*), également connus sous le nom de *Greenbacks*, ou « billets verts ».

En février 1862, la loi sur la monnaie légale (*Legal Tender Act*) autorisa le Trésor à émettre des Greenbacks à hauteur de 150 millions de dollars, puis de nouveau, en juillet 1862 et en mars 1863. Au total, ce sont 450 millions de dollars qui furent émis. Les billets verts de Lincoln avaient transpercé le nid de frelons de l'industrie bancaire. Les banquiers étaient détestés, et la devise imprimée par Lincoln, qui a continué de circuler jusqu'en 1994, fut accueillie favorablement par les gens ordinaires et l'industrie.

En 1863, à un moment critique de la guerre, Lincoln eut besoin d'une somme d'argent plus importante ; afin d'obtenir la troisième autorisation d'émission, il ne put faire autrement que s'incliner devant les banquiers au Congrès et accepta un important compromis en signant la « loi bancaire nationale ». Cette loi autorisait le gouvernement à approuver l'émission de billets par les banques nationales, qui en fait, allaient émettre la monnaie du pays.

Les emprunts du gouvernement devaient servir aux banques qui émettaient de la monnaie… à se constituer une réserve ! La dette publique et l'émission de la monnaie nord-américaine se retrouvèrent dans une impasse, et le gouvernement, à nouveau, dans l'impossibilité de rembourser…

Le célèbre économiste John Kenneth Galbraith fit la remarque suivante :

> *Pendant les nombreuses années qui ont suivi la guerre [civile], le gouvernement fédéral a connu un très gros excédent. Il ne pouvait rembourser sa dette, retirer ses titres, parce que le faire aurait signifié qu'il n'y aurait aucune obligation pour garantir les billets de la banque nationale. Rembourser la dette*

équivalait à détruire la masse monétaire.[76]

Après de longues années de luttes sans relâche, la conspiration des banquiers internationaux, qui avaient voulu copier la Banque d'Angleterre aux États-Unis, avait finalement réussi. Depuis, les intérêts de la dette se mirent à croître en permanence, tel un nœud coulant qui se resserre autour du cou des Américains. En 2006, le gouvernement fédéral se retrouva avec une dette astronomique de 8 600 milliards de dollars ![77]

Cela représentait pour chaque foyer de quatre personnes, en moyenne, la somme de 112 000 dollars de dette, et cette dette publique augmentait de 20 000 dollars par seconde ! Les dépenses liées aux intérêts passent devant les soins de santé et le budget de la défense nationale.

À partir de 1864, les banquiers ont profité, de génération en génération, des intérêts de la dette publique. Il pouvait paraître insignifiant à première vue que ce soit le gouvernement ou les banques qui émettent la monnaie. Mais c'est la charge de la dette qui est à l'origine de l'une des plus grandes injustices du monde et de l'Histoire. Le peuple doit payer des impôts indirects aux banquiers, alors que c'est lui qui crée des richesses et de l'argent à la sueur de son front !

Jusqu'à présent, la Chine est l'un des seuls pays à émettre directement sa monnaie. Que le gouvernement et le peuple soient capables d'économiser tant de charges d'intérêts est un facteur important et indispensable pour le développement à long terme de la Chine. Si quelqu'un « d'éclairé » décrétait soudainement, sous prétexte d'apprendre et de s'inspirer du modèle économique occidental, et principalement américain, que la banque populaire chinoise devait tout à coup utiliser la dette publique comme garantie pour émettre la monnaie, alors les Chinois auraient toutes les raisons de s'inquiéter.

Lincoln n'a pas été inattentif à cette menace permanente, mais il a dû faire face à une crise immédiate. Il avait néanmoins l'intention d'abroger le projet de loi après sa réélection en 1865. Mais seulement 41 jours plus tard, il fut assassiné. Les banquiers gagnèrent en force au

---

[76] John Kenneth Galbraith, *Money: Whence It Came, Where It Went* (Houghton Mifflin; 1975), p. 90.

[77] Elle est officiellement, en 2013, de près de 17 000 milliards de dollars [n.d.e.].

Congrès et se débarrassèrent de la devise de Lincoln. Le 12 avril 1866, le *Contraction Act* voté au Congrès commença à rappeler les billets verts en circulation, afin de les convertir en or et restaurer le système de l'étalon-or des banquiers internationaux dominants.

Juste après les guerres et les calamités qui avaient détruit le pays, on mit en place des politiques ridicules de resserrement monétaire. La monnaie en circulation passa de 1,8 milliard en 1866 (soit 50,46 dollars par habitant) à 1,3 milliard en 1867 (soit 44 dollars par habitant), puis à 600 millions en 1876 (14,6 dollars par habitant) et tomba finalement à 400 millions en 1886 (soit 6,67 dollars par habitant).

Pour panser les traumatismes de la guerre, l'économie eut un besoin urgent d'être restaurée et développée. D'autre part, la population augmentait, ce qui provoqua une grave pénurie de monnaie. La plupart des gens pensent que la prospérité et le déclin sont les règles du développement économique, mais c'est en fait la manipulation de la masse monétaire par les banquiers, masse qu'ils resserrent et desserrent, qui est à la racine du problème.

Pendant l'hiver 1872, les banquiers internationaux dépêchèrent aux États-Unis Ernest Seyd, qui quitta l'Angleterre avec une grosse somme pour alimenter la corruption. Cette manœuvre conduisit finalement à l'adoption du *Coinage Act*, connu sous le sobriquet de « Crime de 1873 ». Ernest Seyd rédigea lui-même le texte du projet de loi qui mettait à la porte la monnaie en argent, et l'or devint la seule monnaie « maîtresse à bord ». Cette loi allait assurément aggraver la situation déjà mal en point à cause de la pénurie. Par la suite, Seyd, complaisant, dit :

> *Je me suis rendu aux États-Unis pendant l'hiver 1872, afin de m'assurer de l'exécution de la loi qui supprime la monnaie convertible en argent. Je représente les intérêts des directeurs de la Banque d'Angleterre. En 1873, l'or est devenu l'unique monnaie métallique.*

En réalité, abolir l'utilisation de la monnaie argent servait à assurer aux banquiers le contrôle absolu de la masse monétaire mondiale. En effet, suite à la découverte de nombreuses mines d'argent, la masse de ce métal en circulation devenait difficile à contrôler, contrairement à la production d'or, qui, dans le même temps, se raréfiait. En évinçant l'exploitation mondiale de l'argent, les banquiers conservaient l'hégémonie que leur conférait l'or.

À partir de 1871, en Allemagne, au Royaume-Uni, aux Pays-Bas, en Autriche et dans les pays scandinaves, le métal argent fut supprimé en faveur de la monnaie-or, conduisant à une réduction drastique de la masse monétaire en circulation dans ces pays, et provoquant la Longue Dépression, l'une des périodes de récession économique les plus graves en Europe et qui dura plus de vingt ans (1873-1896).

Aux États-Unis, les projets de loi sur l'austérité et la frappe de monnaie déclenchèrent directement la récession économique des années 1873-1879. En trois ans, le taux de chômage atteignit 30%, et les Américains réclamèrent le retour à l'ère des billets verts de Lincoln et du métal argent. Le peuple prit l'initiative de mettre en place la Commission de l'argent des États-Unis et le *Greenback Party*, afin de promouvoir le retour au système argent et or. De nouveau, la « monnaie Lincoln » était plébiscitée. Un rapport de la Commission de l'argent disait :

> *L'âge des ténèbres résulte de la pénurie de monnaie et de la baisse des prix. Sans argent, il n'y a point de civilisation. Si la masse monétaire décroît, la civilisation ne peut que disparaître. Sous Rome, à l'ère chrétienne, la masse monétaire métallique en circulation de l'Empire était équivalente à 1,8 milliard de dollars, et à la fin du XVe siècle, il ne restait en Europe que l'équivalent de 200 millions de dollars. L'histoire montre qu'aucun changement catastrophique ne peut être comparé à l'Empire romain lorsqu'il est tombé dans l'âge des ténèbres.*

Des propos qui contrastent, de manière frappante, avec ceux de l'Association des banquiers américains (*The American Bankers Association*) dans une lettre distribuée à tous ses membres :

> *Il est recommandé de faire tout ce qui est en votre pouvoir pour soutenir les quotidiens et les hebdomadaires de premier plan, en particulier la presse agricole et religieuse, qui s'opposeront à l'émission des billets verts. Et vous suspendrez également tout soutien financier à tous les demandeurs qui ne seront pas prêts à s'opposer à l'émission monétaire par le gouvernement. Abroger la Loi permettant de créer les billets de banque ou remettre en circulation l'émission monétaire du gouvernement reviendra à fournir au peuple de l'argent et affectera par conséquent sérieusement nos profits en tant que banquiers et prêteurs. Voyez votre parlementaire immédiatement et engagez-le à soutenir nos intérêts afin que nous puissions contrôler la*

législation.[78]

En 1881, James Garfield, le vingtième président des États-Unis, arrive au pouvoir en pleine crise économique. Il comprend clairement le cœur du problème :

> *Dans n'importe quel pays, celui qui contrôle la masse monétaire est le maître absolu de l'industrie et du commerce. Si vous comprenez que ce système est ainsi très facilement contrôlé par une poignée de personnes, alors vous n'avez pas besoin que quelqu'un d'autre vous explique les causes de l'inflation et du resserrement (monétaire).*

Quelques semaines seulement après avoir prononcé ces mots, le 2 juillet 1881, le président Garfield était victime d'un assassinat perpétré par Charles Guiteau, un autre « malade mental ». Il succombe aux deux coups de feu, le 19 septembre.

Tout au long du XIXe siècle, les banquiers internationaux « ont remplacé le saint pouvoir royal par le pouvoir de l'or saint », avec succès. Aux États-Unis, « le pouvoir de l'or saint a également progressivement désintégré les droits civiques sacrés ». Dans leur lutte acharnée qui dura plus de cent ans contre le gouvernement démocratique américain, les banquiers internationaux ont fini par l'emporter, malgré les nombreuses résistances.

Lorsque les banquiers ont brandi fièrement la « Loi bancaire nationale », en 1863, ils n'étaient alors plus qu'à quelques encablures d'atteindre leur objectif ultime : établir aux États-Unis une banque en tous points semblable à la Banque d'Angleterre. Une banque centrale privée qui pourrait contrôler complètement la création monétaire...

---

[78] Extrait d'une circulaire émise par « the Associated Bankers » de New York, Philadelphie et Boston, signée par James Buel, secrétaire, envoyée du 247 Broadway à New York en 1877 à tous les banquiers des États-Unis.

3

LA CRÉATION DE LA RÉSERVE FÉDÉRALE[79]

> « *Une grande nation industrielle est contrôlée par son système de crédit. Notre système de crédit est concentré dans le privé. La croissance de la nation, en conséquence, ainsi que toutes nos activités, sont entre les mains de quelques hommes [...]. Nous avons restreint le crédit, nous avons restreint les opportunités, nous avons contrôlé le développement, et nous en sommes venus à être l'un des gouvernements les plus mal dirigés du monde civilisé, l'un des plus complètement contrôlés et dominés, non par la conviction et le vote de la majorité mais par l'opinion et la force d'un petit groupe d'hommes dominants.* »
> Woodrow Wilson, 28ème président des États-Unis.[80]

Il n'est pas exagéré de dire qu'aujourd'hui encore, en Chine, peu d'économistes savent que la Réserve Fédérale (ou simplement la Fed) est une banque centrale privée. Elle n'a, en fait, rien de « fédéral », pas plus qu'elle n'exerce d'activité de « réserve », et l'on ne peut pas non plus la considérer comme une « banque ». La plupart des Chinois pensent que c'est évidemment le gouvernement américain

---

[79] C'est Eustace Mullins qui, le premier, a mené une enquête minutieuse et approfondie sur la Réserve Fédérale et ses ramifications. Ce chapitre est très largement inspiré de son livre *Les secrets de la Réserve Fédérale* (Le Retour aux Sources, 2010) et en résume les grandes lignes [n.d.e.].

[80] Contrairement à ce qui est généralement affirmé, que Woodrow Wilson aurait prononcé ces mots en forme de regrets, après avoir signé la loi de Réserve Fédérale, ces phrases sont extraites des discours et des promesses de campagne qu'il avait faites en 1912. Elles ont été publiées dans *The New Freedom: A Call For the Emancipation of the Generous Energies of a People* (New York and Garden City Doubleday, Page & Company, 1913). Il est intéressant de noter que Woodrow Wilson a fait, durant son mandat, l'exact contraire de ce qu'il annonçait et promettait dans sa campagne électorale, [n.d.e.]

qui imprime les dollars, alors que la réalité est tout autre : il ne dispose même pas de ce droit !

En effet, après l'assassinat du Président Kennedy, en 1963, le gouvernement des États-Unis a perdu le seul droit qu'il lui restait d'émettre de la monnaie adossée à l'argent. S'il voulait obtenir des dollars, il fallait compter sur les impôts à venir des Américains (les bons du Trésor) qu'il donnerait en garantie à la Réserve Fédérale pour que celle-ci émette « les billets fédéraux », autrement dit les dollars US. Alors, qu'est-ce vraiment que la Fed ? Quelles sont ses origines ?

Ces questions relèvent de la zone interdite dans les milieux académiques et universitaires, lesquels ont passé un accord tacite à ce sujet. Pendant que les médias se lancent dans de longs débats sur le « mariage gay » ou d'autres sujets d'importance relative, on ne parle quasiment jamais de la question qui se trouve au cœur de la vie quotidienne de chaque individu, et qui concerne chaque centime de revenu, chaque centime d'intérêt versé à l'occasion d'un crédit, à savoir : la question du contrôle de l'émission monétaire.

Ce chapitre parle de ce que l'on nous cache autour de la création de la Réserve Fédérale et que les médias dominants ont délibérément « filtré ». De fait, le 23 décembre 1913, le gouvernement démocratique des États-Unis a été définitivement assujetti au pouvoir de l'argent.

La mystérieuse Jekyll Island : là où la Fed a été conçue

Dans la nuit du 22 novembre 1910, un train quittait discrètement New York en direction du Sud. Les banquiers les plus importants du pays s'étaient donnés rendez-vous pour un voyage des plus secrets. Leur destination se trouvait à plusieurs centaines de miles, dans l'île de Jekyll, en Géorgie, une station balnéaire d'hiver achetée par un groupe d'Américains fortunés qui y avaient créé le Club de Jekyll Island, sous la direction de John Pierpont Morgan.

Les membres de ce club à l'anglaise, très fermé, dans lequel l'admission était héréditaire et non transmissible, possédaient au total 1/6e de la richesse mondiale. Le personnel de service fut amené du continent et les invités de marque n'étaient identifiés que par leur prénom, l'usage du nom de famille étant strictement interdit. On s'assura également qu'aucun journaliste ne se trouvait à moins de 80 km autour de l'île.

Voici la liste des participants à cette réunion ultra-secrète :

— Nelson W. Aldrich, sénateur, président de la Commission monétaire nationale et futur grand-père de Nelson Rockefeller ;

— A. Piatt Andrew, Secrétaire adjoint au Trésor américain ;

— Frank Vanderlip, président de la National Bank de New York ;

— Henry P. Davison, associé principal chez J. P. Morgan Company ;

— Charles D. Norton, président de la First National Bank de New York ;

— Benjamin Strong, le bras droit de J. P. Morgan ;

— Paul Warburg, immigrant allemand, arrivé en 1901 aux États-Unis. Associé principal dans la banque Kuhn, Lœb & Company, il représentait la dynastie Rothschild de France et d'Angleterre et fut le principal promoteur de la Réserve Fédérale.

Ces hauts représentants du lobby bancaire ne s'étaient pas rassemblés pour des vacances mais pour rédiger un document important : le *Federal Reserve Act*. Paul Warburg possédait une expertise hors pair dans le domaine bancaire, dont il connaissait quasiment toutes les ficelles. Lorsqu'on lui posait des questions, il ne se contentait pas d'y répondre techniquement, mais enrichissait ses propos d'éléments de culture historique.

Tous furent impressionnés par ses connaissances étendues et sa vaste érudition en matière bancaire. Naturellement, Warburg devint le principal rédacteur et interprète du document. De tous les participants, Nelson Wilmarth Aldrich était le moins au fait : il fut simplement chargé de vérifier la conformité du texte à la loi, afin que celui-ci puisse être accepté par le Congrès.

Les autres personnes présentes représentaient les intérêts de grands groupes bancaires, réunis autour de Warburg, qui proposa un programme détaillé. La cession dura neuf jours. Neuf jours de débats intenses au bout desquels ils parvinrent finalement à un consensus.

Après la crise financière de 1907, l'image des banquiers américains était devenue calamiteuse. Les membres du Congrès n'osaient même pas parler ouvertement du nouveau projet de loi soutenu par les banquiers, ce qui contraignit ces derniers à en rédiger le texte fondateur à l'abri des regards, sur une île éloignée de tout.

De plus, la dénomination de « banque centrale » était devenue, depuis le mandat du président Thomas Jefferson, synonyme de

« conspiration des banquiers internationaux anglais » et elle risquait de s'attirer les foudres du public. Paul Warburg recommanda donc qu'on utilise le nom de « Système de Réserve Fédérale » pour noyer le poisson.

Il avait cependant les mêmes fonctions qu'une banque centrale, à l'instar de la Banque d'Angleterre, avec des parts privées dont on pouvait tirer d'énormes profits. La différence avec la *First Bank* et la *Second Bank* résidait dans le fait que l'on excluait même les 20% de parts de l'État, et que la Fed serait donc une banque centrale purement privée.

Afin de mieux tromper la population sur les vrais patrons de la Fed, Warburg proposa un subterfuge :

> *Le Congrès contrôle la Réserve Fédérale ; le gouvernement aura un représentant au sein de l'administration, mais la majorité des membres du Conseil seront sous le contrôle direct ou indirect de l'Association des banquiers.*

Plus tard, il proposa une autre version :

> *Les membres du Conseil des gouverneurs sont nommés par le Président des États-Unis, mais les véritables fonctions du Conseil sont occupées par le Comité consultatif fédéral, qui se réunit régulièrement avec le Conseil des gouverneurs pour discuter de la marche à suivre. Ses membres seront choisis par les douze représentants du Conseil des gouverneurs, et ce détail sera volontairement caché au public.*

La principale difficulté consistait à dissimuler au public la volonté des banquiers new-yorkais de contrôler la Réserve Fédérale. Depuis le XIXe siècle, les agriculteurs, ainsi que les petits et gros commerçants du Middle West souffraient beaucoup des crises bancaires et abhorraient tous les banquiers de la côte Est.

Pour les parlementaires, le projet d'une banque centrale placée entre les mains de ces mêmes banquiers honnis par le peuple n'était pas défendable et même suicidaire du point de vue électoral. Warburg proposa donc une solution ingénieuse : douze banques régionales constitueraient l'ensemble du Système de Réserve Fédérale, pour donner l'illusion que les affaires ne se concentraient pas à New York.

Mais à l'exception des milieux bancaires, peu de gens savaient que l'émission de la monnaie et des crédits resterait fortement concentrée dans cette ville. La prévoyance de Warburg alla jusqu'à installer le siège de la Fed dans la capitale politique, à Washington, pour s'éloigner en apparence de New York, la capitale financière. Les banquiers de Wall Street détournaient une fois de plus l'attention du public.

La dernière source d'inquiétude de Paul Warburg émanait de la manière de choisir les douze dirigeants des banques régionales. L'expérience de Nelson Aldrich au Congrès fut mise à profit. Il rappela que les parlementaires du Middle West étaient généralement hostiles envers les banquiers new-yorkais ; afin de contourner ce contre-pouvoir, les présidents des banques régionales seraient donc nommés par le Président, afin que le Congrès ne puisse pas s'en mêler.

Cela créa une brèche dans la loi car le 8ème alinéa de l'article Ier de la Constitution stipule que le Congrès est responsable de la gestion de la politique monétaire ; en excluant le Congrès, la Fed se révélait, dès sa fondation, anticonstitutionnelle. Ce point est devenu la cible ultérieure de nombreuses attaques de parlementaires.[81]

Conçu avec beaucoup d'ingéniosité, le projet de loi simulait une authentique séparation des pouvoirs mais n'empêchait en fait nullement un fonctionnement en toute opacité : le Président nomme, le Congrès approuve, des indépendants deviennent directeurs et les banquiers sont les conseillers.

Machination dans les coulisses de la Fed…

> « Sept hommes à Wall Street contrôlent désormais une grande part de l'industrie et des ressources des États-Unis. Parmi ces sept hommes, trois, J. P. Morgan, James J. Hill, et George F. Baker, le patron de la First National Bank de New York, appartiennent au groupe Morgan, et les quatre autres, John D. et William Rockefeller, James Stillman, patron de la National City Bank, et Jacob H. Schiff, de la banque privée Kuhn, Lœb & Company, appartiennent au groupe bancaire Standard Oil City Bank… La machine centrale de la capitale étend son contrôle sur les États-Unis. »
> John Moody, fondateur du Moody's Investors Service, 1911.

---

[81] Cité dans *National Economy and the Banking System*: documents du Sénat Co. 3, n° 23, 66ème Congrès, 1ère session, 1939.

Les sept grands noms de Wall Street unirent leurs forces pour créer la Réserve Fédérale. Discrètement associés à la dynastie des Rothschild, ils mirent ainsi sur pied aux États-Unis une réplique de la Banque d'Angleterre.

La montée en puissance de la dynastie Morgan

Le prédécesseur de la banque Morgan est une entreprise britannique peu connue portant le nom de *George Peabody & Co*. Son fondateur, George Peabody, un Américain de Baltimore, s'installa à Londres en 1835 après avoir amassé une petite fortune. C'est là qu'il découvrit que la finance était une industrie prospère, et il commença en compagnie de quelques hommes d'affaires à investir dans ce qui était à la mode à l'époque : la banque d'investissement et la haute finance.

Au nombre de ses clients se comptaient le gouvernement, de grandes entreprises, ainsi que de grosses fortunes. Précurseurs des banques d'investissement modernes, Peabody et ses associés accordaient des prêts commerciaux internationaux, émettaient des actions et des obligations et géraient quantité de marchandises...

Grâce au soutien de la branche anglaise de l'entreprise *Brown Bros. & Co*, George Peabody fit une rapide percée dans les milieux financiers britanniques. Rançon de la gloire, il reçut un jour une lettre d'invitation de Nathan Rothschild. Éprouvant autant de respect que de crainte, Peabody savait qu'être invité par un homme aussi réputé dans le secteur de la banque était un honneur identique à celui d'être reçu par le Pape pour un catholique.

Nathan alla droit au but et proposa un partenariat à Peabody : devenir l'agent secret chargé des relations publiques des Rothschild. En Europe, les Rothschild ne fonctionnaient que par la ruse et la force, et beaucoup de gens les méprisaient. La noblesse londonienne avait refusé à plusieurs reprises les invitations de Nathan, estimant que leur statut social ne pouvait être associé à ce manant.

Bien que le pouvoir des Rothschild en Angleterre fût déjà grand, Nathan ne parvenait pas à surmonter les mécanismes profondément enracinés de la distinction aristocratique. Rothschild s'intéressait à Peabody pour sa capacité d'entrisme : l'homme jouissait d'une bonne image mondaine car il était modeste et aimable, et, surtout, il était de nationalité américaine, élément à mettre à profit dans le futur !

L'offre de Nathan consistait simplement à financer la totalité des frais de relations publiques dépensés par l'entreprise de George Peabody. Ce dernier ne put refuser et devint rapidement un pilier incontournable de la haute société londonienne, notamment grâce au banquet annuel des célébrations du 4 juillet, organisé chez lui, qui était un événement majeur dans les milieux aristocratiques londoniens.[82]

Les dépenses étaient colossales et le luxe des divertissements inouï, mais les invités ne se posaient aucune question sur l'origine des moyens de ce simple homme d'affaire encore inconnu quelques années auparavant. Jusqu'en 1854, George Peabody n'avait qu'une banque au capital d'un million. En l'espace de six ans, sa fortune grimpa à vingt millions et il devint un poids lourd de la banque aux États-Unis.

Pendant la crise économique provoquée par les Rothschild en 1857, alors que les banquiers anglais se débarrassèrent en masse de toutes les obligations américaines, Peabody fut pris au piège en raison d'un investissement important dans les bons du Trésor et dans les chemins de fer. Chose étrange, alors que la Banque d'Angleterre se trouvait au bord de la faillite, un ange est tombé du ciel et lui accorda en urgence un crédit d'un montant de 800 000 livres. Peabody, habituellement prudent, se met alors à acheter toutes sortes d'obligations américaines, vendues comme des titres pourris par les investisseurs.

La Panique de 1857 était différente de celle de 1837. Il a suffi d'un an pour que l'économie sorte de la récession. Grâce aux obligations américaines qu'il a acquises et à la faveur d'une astuce rappelant la bataille des obligations de l'État britannique menée par Nathan en 1815, George Peabody devint rapidement très riche. Lui qui hésitait tout d'abord à acheter de grandes quantités d'obligations américaines, faute d'informations internes exactes, échappa finalement au spectre de la faillite.

Peabody n'eut pas de descendance, et donc personne pour prendre la suite de son énorme industrie. Après mûre réflexion, il décida finalement d'inviter Junius Morgan à s'associer avec lui. Il décida également qu'à l'heure de la retraite, Junius Morgan reprendrait l'ensemble de la société, qu'il appellerait *Junius S. Morgan & Company*, toujours basée à Londres. Il avait trouvé son successeur. Plus tard, John Pierpont Morgan, le fils de Junius, reprit l'entreprise et créa une succursale aux États-Unis qu'il baptisa *J. P. Morgan & Co.*

---

[82] John Moody, *The Seven Men* (McClure's Magazine, août 1911), p. 418.

En 1869, J. P. Morgan et Drexel se rencontrèrent à Londres avec les Rothschild. La dynastie Morgan hérita de la relation privilégiée que George Peabody entretenait avec les Rothschild, et il propulsa leur coopération vers de nouveaux sommets. En 1880, J. P. Morgan commence à financer la réorganisation des activités commerciales de l'entreprise des chemins de fer. Le 5 février 1891, les Rothschild et quelques autres banquiers britanniques fondent l'organisation secrète du « Groupe de la table ronde ».[83]

Aux États-Unis se crée son équivalent, dirigé par la dynastie Morgan. Après la Première Guerre mondiale, le Conseil de la table ronde se transforma en *Council on Foreign Relations* (CFR) aux États-Unis et en *Royal Institute of International Affairs* [RIIA] au Royaume-Uni. Beaucoup de responsables importants du gouvernement américain sont issus de ces organisations.

En 1899, J. P. Morgan et Drexel se rendent à Londres pour participer à une conférence de banquiers internationaux. À leur retour, J. P. Morgan est désigné comme agent principal des intérêts des Rothschild aux États-Unis. Il ressort de cette conférence que les entreprises de J. P. Morgan à New York, de Drexel à Philadelphie, de Grenfell à Londres, ainsi que *Morgan Harjes Cie* à Paris ou MM. *Warburg Company* en Allemagne et aux États-Unis, sont désormais totalement liées aux Rothschild.[84]

En 1901, Morgan fait l'acquisition de la *Carnegie Steel Company* pour la somme astronomique de cinq cents millions de dollars et met en place la première entreprise mondiale cotée en bourse, au capital de plus d'un milliard de dollars, *United Steel Corporation*. J. P. Morgan est à l'époque considéré comme l'homme le plus riche sur terre, mais selon le rapport du *Temporary National Economic Committee*, il ne possède que 9% des actions de son entreprise. Il semblerait que le Morgan à la brillante réputation ne soit en fait qu'un lieutenant, un homme lige.

---

[83] Les véritables initiateurs du Groupe de la Table Ronde, créé en 1891, furent Cecil Rhodes, William T. Stead et Lord Esher. Cette société secrète porta d'abord, pendant une dizaine d'années, le nom de « société secrète de Cecil Rhodes ». Puis, c'est Lord Milner qui aura la haute main sur cette organisation et la rebaptisera « jardin d'enfants de Milner » et « groupe de la table ronde ».

[84] William Guy Carr, *Des pions sur l'échiquier* (Éditions Saint-Rémi, 2002).

Rockefeller : le magnat du pétrole

John Davison Rockefeller (1839-1937), le fondateur de la dynastie du même nom, est un personnage controversé dans l'histoire des États-Unis. Il a été surnommé « l'homme le plus impitoyable », à cause de sa manière de diriger la célèbre société pétrolière Standard Oil. Sa carrière dans le pétrole commence durant la Guerre de Sécession (1861-1865). Quand il crée la *Standard Oil* en 1870, les affaires marchent normalement. Le premier prêt que lui accorde la *National City Bank* de Cleveland lui inocule le virus de la compétition.

Il comprend que le raffinage du pétrole est rentable à court terme, mais que s'il ne veut pas être englouti dans le cercle vicieux suicidaire de la concurrence, il doit la contrôler. Il ne reste qu'une solution, éliminer impitoyablement les concurrents par tous les moyens. Dans un premier temps, cela consiste à inciter les sociétés intermédiaires placées sous son contrôle (sans qu'elles en soient toujours conscientes) à racheter leurs concurrentes à bas prix et en espèces.

Si les concurrents refusent, ils devront faire face à une bataille des prix jusqu'à leur soumission ou leur faillite. En cas de résistance, Rockefeller jouera son va-tout : la violence et la destruction — attaquer physiquement les ouvriers de ses concurrents, brûler leurs usines, etc. Après quelques rounds, les survivants sont peu nombreux. Le monopole suscite la colère de ses homologues mais attire également l'intérêt des banquiers new-yorkais, qui adorent la radicalité de ses méthodes.

Depuis un certain temps, les Rothschild essaient laborieusement de mettre le grappin sur les États-Unis, qui sont en plein essor, mais leurs tentatives échouent à chaque fois. Contrôler un monarque est chose plus aisée que contrôler un gouvernement démocratiquement élu. Après la Guerre de Sécession, ils déploient leur plan. Quelles sont leurs forces ?

Dans le champ de la finance, ils disposent des banques Morgan et *Kuhn, Lœb & Company*, mais dans le secteur de l'industrie, aucun candidat convenable n'a été trouvé. Quand ils tombent sur Rockefeller, les yeux des Rothschild se mettent à briller. Ils évaluent également qu'en lui faisant bénéficier d'une bonne transfusion sanguine de finance, le potentiel de Rockefeller s'étendrait bien au-delà du petit secteur de Cleveland.

En 1875, les Rothschild envoient donc à Cleveland leur plus important stratège financier sur le territoire américain, Jacob Schiff, de *Kuhn, Lœb & Company*, pour examiner les plans d'expansion de Rockefeller. Schiff apporte un soutien sans précédent à Rockefeller. Les

Rothschild contrôlent déjà 95% de la capacité ferroviaire des États-Unis grâce aux banques Morgan et *Kuhn, Lœb & Company*.

Schiff va plus loin : il met au point un système élaboré de remises à travers une entreprise bidon, la *South Improvement Company*, de sorte à offrir d'importantes réductions sur le fret à Rockefeller, provoquant la chute de plusieurs sociétés de raffinage qui n'arrivent pas à suivre.[85] Rockefeller parvient très rapidement à prendre le monopole de l'industrie pétrolière aux États-Unis et devient un véritable « magnat du pétrole ».

Jacob Schiff : le stratège financier des Rothschild

La longue relation entre les familles de banquiers juifs, Rothschild et Schiff, remonte à 1785, lorsque la première déménage à Francfort dans un immeuble de cinq étages partagé avec la seconde.

En 1865, Jacob Schiff, âgé seulement de 18 ans, part aux États-Unis après un stage à la banque Rothschild en Angleterre. Après l'assassinat du président Lincoln, Jacob travaille à la coordination des intérêts entre les différents représentants des banques européennes, qui promeuvent en commun la mise en place d'une banque privée américaine. Un autre de ses objectifs est de former ces représentants et de les installer à des postes clés au gouvernement, à la cour de justice, dans la banque, l'industrie, les médias... en attendant le moment idéal.

Le 1er janvier 1875, Jacob Schiff rejoint *Kuhn, Lœb & Company* et devient le patron de cette entreprise. Avec le soutien de la puissante famille Rothschild, la banque *Kuhn, Lœb & Company* devient l'une des banques d'investissement les plus célèbres de la fin du XIX$_e$ et du début du XX$_e$ siècle.

James Hill : le magnat des chemins de fer

Le développement des chemins de fer et de l'industrie ferroviaire en Amérique du Nord s'appuie sur d'importants soutiens financiers

---

[85] Robert Gates Sr., *The Conspiracy That Will Not Die: How the Rothschild Cabal Is Driving America Into One World Government*, (Red Anvil Press, Oakland, 2011), p. 41.

locaux, mais aussi, dans une large mesure, sur les capitaux des marchés européens. L'émission en Europe des obligations qui contrôlent la valeur du rail américain est devenue un moyen direct pour s'emparer de la bouée de sauvetage de cette industrie.

En 1873, la crise financière américaine provoquée par les banquiers internationaux n'épargna pas les obligations des chemins de fer. Quand la crise se termine en 1879, les Rothschild sont devenus les plus importants créanciers des chemins de fer américains. Ils peuvent couper à tout moment, selon leur bon vouloir, le moteur financier de n'importe quelle entreprise ferroviaire.

Dans ce genre de contexte, James Hill, qui compte sur le transport par bateaux à vapeur et sur les mines de charbon, doit obtenir impérativement le soutien des financiers s'il veut survivre dans une industrie ferroviaire très concurrentielle. Morgan est son bailleur de fonds. Avec son soutien indéfectible, il profite de la fermeture d'un grand nombre de compagnies de chemin de fer après la crise de 1873 et conclut rapidement des plans de fusion et d'expansion.

En 1893, James Hill réalise son rêve d'un chemin de fer transcontinental. Dans le contentieux lié au contrôle des lignes du Middle West (*Chicago, Burlington et Quincy Railroad*), James Hill rencontre un adversaire redoutable, *l'Union Pacific Railroad*, soutenue par Rockefeller, qui lance une attaque contre lui.

Son PDG, Edward H. Harriman, commence à acheter secrètement des actions de la *Northern Pacific* contrôlée par James Hill, et quand ce dernier est alerté et se rend compte qu'il est sur le point d'en perdre le contrôle, il ne manque qu'à Harriman 40 000 parts de l'entreprise pour gagner la bataille. James Hill s'empresse de demander de l'aide à Morgan, qui est en vacances en Europe.

Ses hommes contre-attaquent immédiatement au défi posé par Rockefeller. Des signaux d'alarme commencent à clignoter de tous les côtés à Washington car la rivalité sur les actions de la *Northern Pacific* est à son paroxysme. Le prix des actions atteint même 1000 dollars.

Une guerre entre deux fauves peut finir par éclabousser tout le monde. De sorte à minimiser les dommages collatéraux, on appelle à la rescousse les banquiers internationaux pour servir de médiateurs. Un « traité de paix » est négocié, qui aboutit à la création d'une holding, la *Northern Securities Company*, où les deux anciens rivaux contrôlent en commun le transport ferroviaire du nord du pays.

Le jour de sa création, le président des États-Unis, McKinley, meurt assassiné, et le vice-président Théodore Roosevelt lui succède. Sous l'impulsion de Roosevelt, la *Northern Securities Company* est démantelée par le *Sherman Antitrust Act*. Terriblement frustré, James Hill se tourne alors vers le Sud et acquiert la ligne de chemin de fer qui relie le Colorado au Texas. À sa mort en 1916, il avait accumulé une fortune de 53 millions de dollars.

Les frères Warburg

En 1902, Paul Warburg et son frère Félix quittent l'Allemagne et émigrent aux États-Unis. Issus d'une famille de banquiers, les deux frères sont très compétents et font partie des meilleurs experts financiers de l'époque. Les Rothschild apprécient en particulier le talent de Paul. La banque MM. *Warburg & Co.* envoie les deux frères sur le front américain où l'on a un besoin pressant de gens qualifiés.

En effet, les Rothschild poursuivent depuis une centaine d'années, avec des hauts et des bas mais sans succès décisif, le projet de création d'une banque centrale privée aux États-Unis. Cette fois-ci, Paul assumera la responsabilité du pilotage des manœuvres. Peu de temps après son arrivée, Paul rejoint *Kuhn, Loeb & Company* de Jacob Schiff, dont il épouse la belle-sœur, tandis que Félix épouse sa fille. Voici ce qu'en a dit le Colonel Ely Garrison, conseiller financier des présidents Roosevelt et Wilson :

> *Paul Warburg fut l'homme qui fit voter le Federal Reserve Act, après que le Plan d'Aldrich eut soulevé tant de ressentiment et d'opposition d'un bout à l'autre du pays. L'esprit supérieur qui a conçu ces deux plans est le baron Alfred Rothschild, de Londres.*[86]

La crise de 1907 : premières escarmouches sur la législation de la Fed

En 1903, Paul rédigea un programme d'action sur la façon de présenter aux États-Unis « l'expérience avancée » de la banque centrale

---

[86] Eustace Mullins, *op. cit.*, chapitre 3.

en Europe, puis il l'envoya à Jacob Schiff. Ce document fut ensuite transféré à James Stillman, PDG de la *National City Bank* (la future *Citibank*) de New York, et au cercle des banquiers de la ville. Tout ce petit monde trouva l'idée de Paul très claire et eut le sentiment d'entrevoir tout à coup la solution.

Dans l'histoire des États-Unis, de nombreuses forces au sein du gouvernement et de la population ont toujours combattu en commun l'idée d'une banque centrale privée. Les banquiers new-yorkais avaient mauvaise réputation, tant au sein des milieux industriels que des petites et moyennes entreprises. Les membres du Congrès fuyaient comme la peste n'importe quelle proposition des banquiers relative à la création d'une banque centrale privée.

Dans un tel climat politique, faire passer une loi établissant une banque centrale privée pouvait paraître infaisable. Afin d'inverser ce rapport de forces défavorable, les banquiers eurent l'idée de concevoir une énorme crise financière. Tout d'abord, on prépara le terrain psychologique avec une campagne de propagande sur les nouveaux concepts financiers.

Le 6 janvier 1907, un article de Paul Warburg est publié dans la presse. Il s'intitule : « Défauts et besoins de notre système bancaire ». Dès lors, Paul devient le chef de file médiatique des partisans de la banque centrale privée. Peu de temps après, Jacob Schiff déclare à la Chambre de commerce de New York :

> *Si nous n'avons aucune banque centrale qui surveille suffisamment le financement du crédit, ce pays connaîtra la plus sévère et la plus profonde crise monétaire de son histoire.*[87]

Il n'y a pas de fumée sans feu. S'appuyant sur leurs expériences de 1837, 1857, 1873, 1884 et 1893, les banquiers savaient que la surchauffe de l'économie finirait par leur être favorable. C'est aussi le résultat inévitable de l'assouplissement monétaire continu. Au sens figuré, le processus dans son ensemble peut être vu comme des banquiers élevant des poissons dans un étang. Quand ils ajoutent de l'eau dans cet étang, c'est l'assouplissement monétaire, l'injection massive d'argent dans l'économie.

---

[87] Paul M. Warburg, *Defects and needs of our banking system*, 1907.

Quand il y a de l'argent partout, alors tout le monde, attiré par l'appât du gain, travaille jour et nuit. Le travail produit de la richesse, les poissons dans l'étang s'efforcent d'absorber tous les nutriments possibles et deviennent de plus en plus gros. Lorsque les banquiers décident que le temps des récoltes est venu, ils provoquent un soudain resserrement monétaire, commencent à pomper l'eau de l'étang, et les poissons n'ont plus qu'à attendre désespérément d'être capturés.

Quand on commença à pomper l'eau et à prendre les poissons au filet, seuls quelques oligarques de la finance savaient qu'après la mise en place d'une banque centrale privée, ils contrôleraient encore plus facilement l'adjonction d'eau et son pompage, et que les récoltes gagneraient en précision. Le développement de l'économie puis sa récession, l'accumulation de richesses puis leur évaporation, sont les résultats méthodiques d'une forme d'élevage scientifique.

Morgan et les banquiers internationaux calculaient avec précision les résultats de cet ouragan financier. Tout d'abord, on provoquait des secousses dans la société américaine, afin de démontrer la vulnérabilité d'une société dépourvue de banque centrale. Ensuite, on gelait la petite et moyenne concurrence, en particulier les compagnies fiduciaires d'investissement dont se méfiaient les banquiers, et on l'annexait. (À l'occasion de ce processus, on peut aussi s'emparer de certaines grandes sociétés convoitées depuis longtemps.)

Les fiduciaires d'investissement bénéficiaient à l'époque d'une réglementation très souple et poursuivaient de nombreuses activités professionnelles que les banques ne contrôlaient pas. Cet état de fait a conduit à une absorption démesurée de capital social et à des investissements dans des industries à haut risque ou sur le marché boursier.

Quand la crise éclate en octobre 1907, environ la moitié des prêts bancaires ont été investis par les sociétés de crédit et d'investissement, en bourse ou dans des obligations à haut risque à rendement élevé. L'ensemble du marché financier était tombé dans un état d'extrême spéculation.

Pendant les quelques mois qui précédèrent la crise, Morgan « passait des vacances » entre Londres et Paris ; il n'est rentré aux États-Unis qu'après que la planification des banquiers internationaux eut été soigneusement orchestrée. Une rumeur se répand alors à New York, selon laquelle la *Knickerbocker Trust*, la troisième plus grande compagnie fiduciaire, est en faillite et que cela risque de toucher tous les New-yorkais.

Terrifiés, les gens font la queue toute la nuit devant les sociétés fiduciaires pour retirer leurs dépôts. Les banques exigent alors un remboursement immédiat. Les sociétés, pressées des deux côtés, accordent des prêts sur marge[88] assortis d'intérêts qui atteignent 150%. Le 24 octobre, les transactions boursières sont quasiment à l'arrêt. Morgan fait alors son apparition en arborant l'image du sauveur.

Quand le président de la Bourse de New York se rend, la voix tremblante, au bureau de Morgan pour lui demander de l'aide, ce dernier lui répond que si l'on ne peut réunir 25 millions de dollars avant 15h00, au moins cinquante courtiers feront faillite et l'on n'aura d'autre choix que de fermer la bourse. À 14h00, Morgan convoque en urgence les banquiers et, en seize minutes, ceux-ci parviennent à lever assez d'argent.

Morgan envoya quelqu'un à la bourse pour dire que le taux d'intérêt sur ce prêt est fixé à 10%. La bourse l'acclame. En l'espace d'une journée, les fonds de secours sont épuisés et les taux d'intérêts flambent. Huit banques et sociétés fiduciaires doivent fermer. Morgan demande la délivrance de billets comme monnaie temporaire pour faire face à la pénurie.

Le samedi 2 novembre, Morgan met en application son plan mûrement prémédité pour « sauver » la société *Moore & Schley*, qui se trouve dans une situation critique. Plombée par une dette de 25 millions de dollars, elle est proche de l'effondrement. Mais elle est aussi la principale créancière de la *Tennessee Coal and Iron Company* et, si jamais elle faisait faillite, la bourse s'effondrerait et les conséquences seraient catastrophiques.

Morgan convia les plus grands noms des cercles financiers de New York à se réunir dans sa bibliothèque. Les banquiers commerciaux sont installés dans la chambre Est, tandis que les dirigeants de la société fiduciaire sont réunis dans la chambre Ouest. Les financiers, dans un état de grande anxiété, attendent impatiemment les propositions de Morgan. Celui-ci est bien conscient des ressources minières, fer et charbon, que possède la *Tennessee Coal and Iron Company* au Tennessee, en Alabama et en Georgie.

Sa prise de contrôle renforcerait assurément le monopole de l'entreprise de Morgan, *l'US Steel Corporation*. Mais, sous la

---

[88] Procédé qui consiste à s'endetter pour acheter des actions en bourse (n.d.e.).

contrainte de la loi antitrust, Morgan ne pouvait, jusqu'à maintenant, en saisir l'occasion. Cependant, la crise va créer une rare opportunité de fusion.

Morgan pose ses conditions : (1) les sociétés fiduciaires doivent réunir 25 millions de dollars pour éviter l'effondrement et ainsi sauver la société *Moore & Schley* et l'ensemble de l'industrie fiduciaire ; (2) *US Steel Corporation* va racheter les créances de la *Tennessee Coal and Iron Company*. L'anxiété, l'irritabilité, la pression de la faillite et l'extrême fatigue de cette nuit de veille, conduisent les présidents des sociétés fiduciaires à s'en remettre à Morgan.

Après avoir mis la main sur la *Tennessee Coal and Iron Company*, Morgan, riant aux éclats, n'a plus qu'un dernier obstacle à franchir : le Président Roosevelt, qui est farouchement opposés aux monopoles. Le dimanche 3 novembre au soir, Morgan envoie quelques messagers à Washington afin d'obtenir l'approbation du Président avant l'ouverture de la Bourse le lundi matin. La Panique provoque la fermeture de nombreuses entreprises. La colère des dizaines de milliers de personnes qui ont vu s'évaporer du jour au lendemain toute une vie d'économies provoque une énorme crise de régime.

Roosevelt ne peut que recourir à Morgan pour stabiliser la situation générale et il se retrouve obligé de signer l'accord au dernier moment. La Bourse ouvre dans cinq minutes ! Elle repart à la hausse juste après la nouvelle... Morgan avala à un prix dérisoire — 45 millions de dollars — la *Tennessee Coal and Iron Company*, dont la valeur potentielle, selon John Moody, était d'au moins un milliard de dollars.[89]

Comme d'habitude, le déclenchement de la crise financière était prémédité depuis longtemps et un nouvel édifice financier éblouissant apparut sur les ruines de la banqueroute.

---

[89] Ron Chernow, *The House of Morgan* (Groove Press, 1990), p. 128.

De l'étalon-or à la monnaie fiduciaire[90] : changement de paradigme dans le monde bancaire

À la fin du XIXe siècle, les banquiers internationaux ont fait un grand bond en avant dans leur connaissance des mécanismes de l'argent. À l'origine, le mode opératoire de la Banque d'Angleterre consistait à se baser sur la dette publique pour émettre la monnaie, réaliser les emprunts du gouvernement, émettre et émettre encore de la monnaie, s'assurer que la dette ne cesse d'augmenter et, avec elle, les énormes profits des banquiers.

Avec le système de l'étalon-or, les banquiers contraient fermement l'inflation, car toute dévaluation attaquait directement leurs revenus générés par les intérêts. Gagner de l'argent en prêtant à intérêt est une méthode encore un peu primitive, dont le principal inconvénient réside dans la lenteur du rythme d'accumulation de la richesse, même en utilisant le système de réserves fractionnaires.

Bien évidemment, cela est très insuffisant pour répondre à l'appétit vorace des banquiers. En effet, l'or et l'argent augmentent lentement, ce qui revient à fixer une limite sur le montant total des crédits bancaires.

Les banquiers des XIXe et XXe siècles ont élaboré un système plus complexe et plus efficace de monnaie fiduciaire. Celle-ci se débarrasse des contraintes rigides de l'or et de l'argent pour organiser le crédit, et le contrôle de la monnaie devient plus flexible et secret. Quand les banquiers ont commencé à comprendre qu'obtenir des revenus grâce à une augmentation illimitée de la masse monétaire est de loin plus efficace que le grignotage des intérêts par l'inflation, ils sont devenus les plus farouches partisans de la monnaie fiduciaire.

Grâce à une soudaine émission de monnaie, les banquiers pouvaient dépouiller les épargnants de leurs richesses dans tout le pays. Contrairement à la vente forcée des biens d'autrui, l'inflation est un système beaucoup plus « civilisé » : il est beaucoup plus discret et

---

[90] Une monnaie fiduciaire est une monnaie dont la valeur repose uniquement sur la confiance que lui accordent les agents économiques. Ainsi, la valeur d'une pièce n'a aucun lien avec la valeur du métal qui la constitue. De même, la valeur d'un billet ne correspond pas à une contrepartie en métal physique qu'une banque garantirait. L'Euro et le Dollar sont ainsi des monnaies fiduciaires, comme la majorité des devises dans le monde d'aujourd'hui (source : *investopedia*). [n.d.e.]

provoque infiniment moins de résistance dans la population.

Sous l'impulsion des banquiers, l'économie inflationniste a été pilotée comme un jeu mathématique. L'augmentation du nombre des billets de banque en circulation, conduisant à l'inflation monétaire, fut remplacée par la théorie de l'inflation généralisée des prix. À cette époque, en plus du système des réserves fractionnaires, les banquiers disposaient ainsi d'un nouvel outil pour s'enrichir : l'inflation. Dès lors, les banquiers changèrent radicalement de discours et, de défenseurs acharnés de l'étalon-or, ils se transformèrent en ses pourfendeurs. Keynes l'a clairement exprimé :

> *En utilisant cette méthode, le gouvernement peut secrètement et imperceptiblement confisquer les biens du peuple ; même une personne sur un million ne pourrait se rendre compte de ce vol.*

Pour être plus précis, quand les États-Unis ont utilisé cette méthode, il s'agissait en fait de la Fed et non du gouvernement...

Le signal des élections présidentielles de 1912

> « *Mardi, M. Woodrow Wilson sera élu gouverneur de votre État (le New Jersey). Il ne va pas terminer son mandat. En novembre 1912, il sera élu président des États-Unis. En mars 1917, il sera réélu. Il sera l'un des plus grands présidents de l'histoire des États-Unis.* »
> Discours du rabbin Wise dans le New Jersey, 1910.

Le rabbin Wise, qui allait devenir un proche du président Wilson, a prédit précisément et avec deux ans d'avance (et même six) le résultat de l'élection présidentielle. Ce n'est pas qu'il possédât une boule de cristal, mais bien plutôt le résultat d'une planification des banquiers. Contrairement à ce que les banquiers internationaux avaient envisagé, la crise bancaire de 1907 a profondément choqué la société américaine.

La population était en colère contre les sociétés fiduciaires et craignait l'oligarchie financière de Washington. Une vague de contestation politique contre leur monopole a déferlé dans le pays. Woodrow Wilson, président de l'université de Princeton, était un militant connu pour son opposition au monopole financier. Vanderlip, président de la National City Bank déclarait :

> *J'ai écrit une lettre pour inviter M. Wilson de Princeton à un*

> *dîner et y prononcer un discours. Pour lui faire savoir qu'il s'agissait d'une occasion importante, j'ai mentionné que le sénateur Aldrich était également invité et qu'il prononcerait lui aussi un discours. La réponse de mon ami le Dr Wilson m'a surpris : il m'a fait savoir qu'il ne ferait pas de discours au même pupitre que le sénateur Aldrich.*[91]

Le sénateur Nelson Aldrich avait le bras très long. Quarante années de carrière au Congrès, sénateur pendant 36 ans, et puissant président de la Commission des finances du Sénat. Beau-père de John D. Rockefeller, il fréquentait beaucoup les banquiers de Washington. En 1908, il proposa qu'en cas d'urgence, les banques puissent émettre des devises et que les obligations des chemins de fer et du gouvernement (au niveau national, au niveau des États et au niveau local) servent de garantie.

Dans cette configuration, le risque était supporté par le gouvernement et le peuple, tandis que les bénéfices allaient uniquement aux banquiers. Les initiés ne pouvaient qu'admirer les manœuvres de Wall Street. Cette loi est appelée *l'Emergency Currency Act*, qui conduira cinq ans plus tard au *Federal Reserve Act*. Aldrich est alors considéré à l'époque comme le porte-parole des banquiers.

Woodrow Wilson, diplômé de l'université de Princeton en 1879, a poursuivi des études de droit à l'université de Virginie. En 1886, il obtient son doctorat à l'université John Hopkins et, en 1902, il devient président de l'université de Princeton. Le pédant Wilson était célèbre pour ses diatribes contre l'oligarchie banquière. Ses succès universitaires et son idéalisme ne suffisaient cependant pas à combler ses énormes lacunes en matière de théorie financière. En fait, il ne comprenait rien du tout aux pratiques concrètes du monde de Wall Street.

De leur côté, les banquiers appréciaient beaucoup de pouvoir utiliser Wilson pour avancer masqués. C'était un personnage public et un militant bien connu contre le monopole financier, qui possédait une image pure et fraîche, un diamant rare à l'état brut. Les banquiers misèrent sur lui une importante somme d'argent, et il fut soigneusement « sculpté » et « façonné » pour être mieux utilisé.

---

[91] Antony C. Sutton, *The Federal Reserve Conspiracy* (Tab Books, 1995), p. 78.

Son approche fut facilitée par un certain Cleveland Dodge, directeur de la *National City Bank* de New York, et ancien camarade de classe de Wilson à l'université de Princeton. Quand Wilson accéda plutôt facilement en 1902 au poste de président de l'université, c'était en fait grâce à l'aide du riche et puissant Dodge. Peu de temps après, ce dernier commença à faire courir le bruit à Washington que Wilson ferait un bon Président pour le pays.

Un président d'université qui n'avait que quelques années d'expérience était alors salué comme un candidat sérieux à la présidentielle. Wilson cachait sa joie, d'autant qu'il comprenait désormais le prix à payer pour devenir une vedette, à savoir pactiser discrètement avec Wall Street. En effet, grâce au parrainage des poids lourds de la finance new-yorkaise, Wilson est élu en 1910 gouverneur du New Jersey.

Même s'il continue à critiquer publiquement le monopole des banquiers, il sait désormais qu'il leur doit sa position actuelle et son avenir en politique. En remerciement, les attaques des banquiers contre lui sont étonnamment tolérantes et modérées, les deux parties faisant preuve d'une entente tacite subtile.

La réputation de Wilson augmente à mesure que les banquiers financent sa campagne présidentielle. Dodge met en place un bureau de collecte de fonds pour son ami, au 42 Broadway. Il lui crée également un compte de campagne et y dépose un premier chèque de mille dollars. Très vite, Wilson reçoit un gros financement du lobby bancaire, dont les deux tiers proviennent des sept grands noms de Wall Street.[92]

Après avoir été nommé candidat, il a du mal à calmer son excitation et, dans une lettre à Dodge, il écrit : « Ma joie est indicible ». Dès lors, il se retrouve entièrement entre les mains des banquiers. Candidat démocrate, sur ses épaules reposent les grands espoirs du parti, qui n'a plus accédé à la présidence depuis de nombreuses années et dont la soif de pouvoir est aussi forte que celle de Wilson. Le concurrent de Wilson est le président sortant William H. Taft, qui est à l'époque beaucoup plus connu, ce qui lui confère un avantage indéniable.

Quand Taft, très imbu de lui-même et ne doutant pas d'être réélu, refuse de donner son feu vert au projet de loi d'Aldrich, un événement étrange et inédit se produit : Théodore Roosevelt, le prédécesseur

---

[92] *Ibid.*, p. 83.

républicain de Taft, revient sur le devant de la scène et décide de se représenter aux présidentielles en créant un troisième parti. Pour Taft, que Roosevelt en personne avait choisi comme successeur, c'est une très mauvaise nouvelle.

En effet, Roosevelt s'était construit une solide réputation dans le public grâce à sa politique contre les monopoles, notamment par le démantèlement de la *Northern Securities*. Sa réapparition soudaine sur le devant de la scène plongea Taft dans un embarras profond.

En fait, les trois candidats avaient le soutien des banquiers, mais ceux-ci favorisaient secrètement Wilson. Outre les manigances de Wall Street, Roosevelt infligea « au passage » de lourdes pertes à Taft. Un boulevard s'ouvrait devant Wilson, qui gagna les élections sans encombre. Tout comme lors des présidentielles de 1992, lorsque Ross Perot arracha un grand nombre de voix à Bush senior et assura la victoire de Bill Clinton...

Le plan B

Les géants de la banque avaient conçu des plans très secrets à Jekyll Island. Dotés d'un instinct professionnel hors pair, ils avaient préparé en fait deux plans. Le premier était celui dont le sénateur Aldrich avait la charge. Il fallait feinter et attirer la puissance de l'opposition. Le Parti républicain était partisan du plan d'Aldrich.

L'autre plan fut appelé le plan B, qui s'avéra être la véritable direction qui serait prise. Il s'agissait du futur *Federal Reserve Act*, principale force motrice du Parti démocrate. En fait, il n'y avait pas de différence essentielle entre les deux plans, seule la formulation donnait l'illusion d'une divergence.

L'élection présidentielle tournait autour des objectifs de ce noyau de personnes et de l'élargissement de leur influence. Les relations qu'Aldrich entretenait avec Wall Street étaient bien connues, ce qui ne plaisait évidemment guère à la population. Toutes les réformes que le sénateur chercherait à entreprendre seraient vouées à l'échec. Par ailleurs, le Parti démocrate, éloigné du pouvoir depuis de nombreuses années, critiquait vertement le monopole financier.

Si l'on ajoute à cela l'image de renouveau portée par Wilson, le *Federal Reserve Act* avait plus de chances de se faire accepter en étant porté par les Démocrates. La crise de 1907 avait subtilement introduit un consensus bipartite sur la nécessaire réforme du système financier.

Dans un deuxième temps, pour mieux épouser et berner l'opinion publique, les banquiers durent sacrifier le Parti républicain au profit du Parti démocrate.

Afin de semer la confusion, les banquiers mirent au point une ruse ingénieuse : ils poussèrent les deux partis politiques à s'attaquer mutuellement, alors qu'ils soutenaient en fait le même contenu. Le Sénateur Aldrich prit la tête de cette pseudo bataille, accusant le Parti démocrate d'être hostile aux banques, clamant que toutes les politiques qui déviaient de l'étalon-or représentaient une menace non seulement pour les banques mais aussi pour le gouvernement. Le 23 octobre 1913, le magazine The Nation écrivait :

> *M. Aldrich s'est emporté sur l'émission par le gouvernement de monnaie ne reposant pas sur l'or, bien que ce fût précisément son projet avec l'Emergency Currency Act voté en 1908. Il savait aussi précisément que le gouvernement n'avait rien à voir avec l'émission de la monnaie, et que c'était la commission de la Réserve Fédérale qui la contrôlait.*

L'accusation du Parti démocrate contre le projet d'Aldrich influença l'opinion du grand public, qui se mit à penser que le sénateur soutenait les intérêts des banquiers et du monopole financier, quand la proposition de Réserve Fédérale des Démocrates cherchait au contraire à briser ce monopole.

Le Parti démocrate parvint à faire passer l'idée d'une banque centrale « décentralisée » dans des régions distinctes, aux pouvoirs séparés, avec nomination par le Président, approbation du Congrès et un rôle limité concédé aux banques, dont les interactions se borneraient à faire part de leur expertise. Wilson, qui ne comprenait rien à la finance, croyait probablement que cette proposition briserait le monopole financier de Wall Street.

Grâce aux accusations et à l'opposition, mises en scène, contre Aldrich, Vanderlip et Wall Street, le *Federal Reserve Act* du Parti démocrate gagna les faveurs du public. Faisant semblant de suivre un chemin spécifique, mais poursuivant un autre en secret, le stratagème déployé parvint à faire croire le public au miracle.

Le projet de loi de la Fed :
le rêve des banquiers devient réalité

Le plan B fut officiellement lancé à la Chambre des Représentants, le 26 juin 1913, par Carter Glass, sénateur de Virginie, lui-même banquier, trois mois à peine après l'entrée en fonction du nouveau président élu Wilson. Avec le *Glass Bill*, on évitait délibérément d'employer les mots de « banque centrale » et on les remplaçait par ceux de « réserve fédérale ».

Le 18 septembre, la proposition de loi fut adoptée par la Chambre des Représentants par 287 voix contre 85. Après avoir été transmise au Sénat, cette proposition changea de nom en *Glass-Owen Bill*, d'après un certain Robert L. Owen, également banquier de son état. La nouvelle loi fut adoptée le 19 décembre. À ce moment, les propositions des deux chambres comportaient plus de quarante différences.

Aucune loi importante ne peut passer une semaine avant Noël. En temps normal, il faut attendre l'année suivante pour en discuter. La plupart des parlementaires opposés au projet de loi rentrèrent donc chez eux les uns après les autres pour y passer les fêtes.

Paul Warburg, qui dirigeait les opérations directement sur le champ de bataille depuis un bureau temporaire ouvert au Capitale, reconnut dans le créneau qui s'ouvrait l'opportunité de sa vie et lança une guerre éclair. On vit défiler pendant des heures dans son bureau des groupes de membres du Congrès.

Le samedi 20 décembre au soir, les deux chambres se réunirent pour discuter de leurs divergences sur le texte à adopter. En cette période, l'atmosphère qui planait au Congrès laissait penser que le *Federal Reserve Act* allait passer avant Noël à tout prix. Le 17 décembre, la Maison-Blanche annonça même qu'elle avait déjà une liste de directeurs pour la Fed mais, jusqu'au 20 au soir, aucun des nombreux désaccords n'avait été résolu.

Faire passer la loi avant le 22 décembre semblait impossible. Sous la pression des banquiers, la réunion se poursuivit le dimanche 21 et on décida qu'on ne lèverait pas la séance tant qu'il subsisterait des divergences. Tard dans la nuit, les deux chambres n'étaient toujours pas parvenues à un accord sur les questions les plus importantes.

Parmi les points de discorde, on notait les questions suivantes : définir le nombre exact de banques régionales de la Fed, comment garantir la réserve et sa proportion d'or, la nature des règlements du commerce intérieur et international, la monnaie émise par la Fed pourrait-elle devenir la réserve des banques commerciales, la proportion d'obligations du gouvernement qui servirait de garantie à l'émission de la monnaie de la Fed, le traitement de l'inflation.[93]

Le dimanche 21 fut une journée stressante et, le lundi 22, le *New York Times* titra : « La proposition sur la monnaie va peut-être devenir une loi aujourd'hui ». L'article saluait l'efficacité du Congrès : « En un temps record, les deux chambres ont fait une révision conjointe de la proposition, révision qui a été achevée ce matin. » Par « matin », cet article entendait un horaire compris entre 1h30 et 4h00 ce lundi matin.

Le projet de loi qui allait affecter la vie quotidienne de tous les Américains fut mené dans une précipitation et une pression invraisemblables. La grande majorité des membres du Congrès n'avait tout simplement pas eu le temps de le lire dans le détail, et encore moins de proposer des amendements ni de réviser quoi que ce soit.

Le 22 décembre à 4h30, le dernier document fut envoyé à l'impression. À exactement 7h, on en fit la relecture finale. À 14h, le document imprimé se trouvait sur les tables des membres du Congrès, auxquels on annonça la tenue d'une réunion à 16h. À 18h précises, on soumit le dernier rapport de la conférence conjointe, et à ce moment, il ne restait que quelques parlementaires, la plupart d'entre eux étant déjà partis dîner. À 19h30, Glass entama un discours de vingt minutes, puis entra dans le vif du sujet. À 23h, le vote commença et la Chambre des Représentants adopta finalement la proposition par 298 voix pour contre 60.

Le 23, deux jours avant Noël, le Sénat adoptait le *Federal Reserve Act* à une majorité de 43 voix contre 25 (27 absents). À peine une heure plus tard, Wilson apposait la signature du Président et donnait l'aval de l'exécutif au projet de loi, conformément au plan des banquiers. Wall Street et la City étaient en liesse. Lindbergh, membre du Congrès, déclara ce jour-là devant la Chambre des Représentants :

> *Cette loi a établi le plus gigantesque trust sur Terre. Lorsque le Président (Wilson) signera ce projet de loi, le gouvernement invisible du pouvoir monétaire sera légalisé. Les gens ne le sauront peut-être pas dans l'immédiat, mais le jour où ils s'en*

---

[93] Eustace Mullins, *op. cit.*, chapitre 3.

> *rendront compte arrivera dans quelques années. Les trusts réaliseront bientôt qu'ils sont allés trop loin, même pour leur propre bien. Les gens doivent faire une déclaration d'indépendance pour se libérer du pouvoir de l'argent. Ce qu'ils pourront faire en prenant le contrôle du Congrès. Wall Street ne pourrait pas nous tromper si vous, sénateurs et représentants n'aviez fait du Congrès une imposture. Le plus grand crime du Congrès est son système monétaire. Le pire crime législatif de tous les temps est perpétré par cette loi bancaire. Le caucus et les chefs du parti ont encore agi de manière à empêcher le peuple d'obtenir des bénéfices de leur propre gouvernement.[94]*

Les banquiers émirent des critiques dithyrambiques sur cette loi, et le président de *l'American National Bank*, Olivier Sand, s'enthousiasma :

> *Cette loi monétaire aura des effets bénéfiques sur l'ensemble du pays, et sera propice aux activités commerciales. Mon avis est que ceci est le début d'une ère de prospérité générale.*

Dans une interview accordée au magazine The Independent en juillet 1914, l'initiateur de la Fed, le Sénateur Aldrich, déclara :

> *Avant le Federal Reserve Act, les banquiers de New York ne pouvaient contrôler que les fonds de la région new-yorkaise. À présent, ils peuvent dominer les réserves de tout le pays.*

Après plus d'un siècle de bataille contre le gouvernement américain, les banquiers internationaux touchaient enfin leur but. Ils obtenaient les pleins pouvoirs sur l'émission de la monnaie. La copie conforme de la Banque d'Angleterre s'installait enfin aux États-Unis.

Qui détient la Fed ?

Depuis des années, un secret est bien gardé : le nom des véritables propriétaires de la Réserve Fédérale. La Fed elle-même est ambiguë à ce sujet. Comme à la Banque d'Angleterre, les actionnaires restent strictement confidentiels. Le député Wright Patman a été, durant

---

[94] Le congressiste Charles Lindberg Sr., « Discours au Congrès », 23 décembre 1913.

quarante ans, le président de la commission parlementaire sur les services financiers.⁹⁵

Pendant la moitié de son mandat, il n'a cessé de réclamer l'abolition de la Fed et a tenté en vain de découvrir qui la détenait. Ce secret fut percé par Eustace Mullins, l'auteur des *Secrets de la Réserve Fédérale*, qui a retrouvé au terme d'un demi-siècle de recherches les premières licences d'exploitation des douze banques régionales de la réserve fédérale, dans lesquelles ont été clairement enregistrés tous les actionnaires.

La Banque de réserve fédérale de New York exerce un contrôle effectif sur l'ensemble du système. Le 19 mai 1914, un document déposé auprès du *Comptroller of Currency*, le contrôleur des finances responsable de la monnaie, indiquait qu'un total de 203 053 actions avaient été émises.

Les banques *Rockefeller et Kuhn, Lœb & Company*, toutes deux contrôlées par la *National City Bank* de New York, possédaient la plus grande quantité de parts, soit 30 000 actions à elles deux. La banque *J. P. Morgan* détenait quant à elle 15 000 parts. Quand ces sociétés fusionnèrent en 1955 pour former *Citibank*, cette dernière possédait près de 25% du capital de la Banque de réserve fédérale de New York. C'est elle qui décide en fait des candidats à la présidence de la Fed, tandis que la nomination par le Président américain et les auditions au Congrès ne sont que de simples formalités.

Ensuite, la *National Bank of Commerce* de New York, de Paul Warburg, possédait 21 000 actions. La *Hanover Bank*, présidée par Rothschild, en détenait 10 200. Enfin, la *Chase National Bank* détenait 6 000 parts, tout comme la *Chemical Bank*.

Ces six banques possédaient à l'origine 40% des parts de la Banque de réserve fédérale de New York et, en 1983, leur participation était montée à 53%. Après un ajustement, les parts étaient réparties ainsi : 15% pour *Citibank*, 14% pour *Chase Manhattan Bank*, 9% pour *Morgan Guaranty Trust*, 7% pour *Manufacturers Hanover* et 8% pour la *Chemical Bank*.⁹⁶

Le capital social de la Banque de réserve fédérale de New York, qui

---

⁹⁵ United States House Committee on Financial Services.

⁹⁶ Eustace Mullins, *op. cit.*, p. 178.

avait été souscrit, était de 143 millions de dollars, mais le mystère reste entier de savoir si ces banques ont réellement versé cette somme. Certains historiens pensent qu'elles n'ont versé que la moitié du capital en cash.

D'autres pensent qu'elles se sont contentées de rédiger un chèque, c'est-à-dire un simple jeu d'écriture sur leurs comptes à la Banque de réserve fédérale de New York. Les opérations de la Fed consistent en fait à « utiliser le papier en garantie pour émettre du papier-monnaie ». Il n'est pas étonnant que des historiens raillent la Réserve Fédérale en disant qu'elle n'est ni fédérale ni une réserve et qu'elle est encore moins une banque.

Le 15 juin 1978, la Commission sénatoriale aux affaires gouvernementales publia un rapport sur les problèmes soulevés par l'imbrication des intérêts dans les principales entreprises américaines. Ce rapport montrait que les banques citées plus haut détenaient 470 sièges dans les conseils d'administration des 130 plus grandes entreprises américaines. En moyenne, les banquiers occupaient 3,6 sièges au conseil d'administration de ces grandes entreprises. Parmi ces banques, *Citibank* occupait 97 sièges, *J. P. Morgan* 99, *Chemical Bank* 96, *Chase Manhattan Bank* 89 et *Manufacturers Hanover* 89 sièges également.

Le 3 septembre 1914, *The New York Times* publia la répartition des parts de la Réserve Fédérale :

— *National City Bank* détenait 250 000 actions, dont 47 498 parts pour James Stillman, 14 500 parts pour l'entreprise de J. P. Morgan, 10 000 pour William Rockefeller, 1750 pour John D. Rockefeller ;

— la *National Bank of Commerce of New York* détenait 250 000 actions, dont 10 000 parts pour George Baker, 7800 pour l'entreprise de J. P. Morgan, 5600 pour Mary Harriman, 3000 pour Paul Warburg, 1000 pour Jacob Schiff et 1000 pour J. P. Morgan Jr ;

— la *Chase Manhattan Bank* de George Baker détenait 13 408 actions ;

— la *Hanover Bank* était partagée entre James Stillman pour 4000 parts et William Rockefeller pour 1540.

Depuis sa création en 1914, des faits irréfutables prouvent que la Fed manipule la bouée de sauvetage des finances, de l'industrie, du commerce et de la politique. Ce fut ainsi dans le passé et, naturellement, cela se poursuit aujourd'hui. En outre, les banquiers de Wall Street ont toujours maintenu des contacts avec les Rothschild à Londres. Benjamin Strong, président de *Bankers Trust*, fut choisi comme premier gouverneur de la Banque de réserve fédérale de New York.

Sous son mandat, la Fed noua des relations étroites avec la Banque d'Angleterre et la Banque de France.[97] Il resta à ce poste jusqu'à sa mort subite en 1928. Le Congrès ordonna alors une enquête sur les relations discrètes que Strong avait toujours entretenues avec les banques centrales européennes, et dont devait naître la grande récession de 1929.[98]

Le premier Conseil de la Fed

Le président Wilson admit plus tard qu'il n'avait été autorisé à diriger qu'un seul Conseil de la Fed, toutes les autres réunions ayant été remises entre les mains des banquiers. Lorsque Paul Warburg fut nommé au Board (le Conseil des gouverneurs), le Sénat lui demanda, en juin 1914, de répondre à une question afin d'éclaircir le rôle qu'il avait joué dans la rédaction du *Federal Reserve Act*.

Il refusa catégoriquement. Dans une lettre adressée au Congrès, il déclarait que s'il était obligé de répondre à quelque question que ce soit, cela influencerait son activité au sein du *Board* et qu'il préférerait encore refuser sa nomination. *The New York Times* clama alors que Paul était un idéaliste et, dans son édition du 10 juillet 1914, critiqua le Sénat qui posait des questions à Paul sans raison.

Paul Warburg était naturellement la figure centrale du système de Réserve Fédérale et craignait plus que tout que son fonctionnement réel ne soit dévoilé. Devant son attitude rétive, le Congrès s'inclina : il se contenta de proposer une liste de questions, laissant à Warburg le choix de répondre à celles qu'il estimerait sans incidence sur ses fonctions. Paul accepta à contrecœur et exigea une réunion informelle.

La commission demanda : « Je sais que vous êtes républicain, mais vous avez soutenu la campagne présidentielle de Wilson, qui est démocrate. » Paul répondit laconiquement : « Oui ». La commission demanda : « Mais votre frère Félix Warburg soutenait Taft

---

[97] Qui étaient contrôlées à l'époque par les Rothschild [n.d.é.].

[98] Ferdinand Lundberg, *America's 60 families* (Halcyon House, 1939).

(républicain) ? » À quoi Paul répondit encore par un simple « Oui ».[99]

Fait intéressant, les trois associés de *Kuhn, Lœb & Company* soutenaient chacun un candidat différent ; par exemple, Otto Kahn soutenait Théodore Roosevelt. Paul expliqua que les associés de la banque n'interféraient pas dans les idéaux politiques des uns des autres, car « la finance et la politique sont indépendantes ». Paul Warburg passa les auditions sans encombre, et le premier conseil eut lieu. Plus tard, il devint vice-président du *Board*. En plus de Paul, les quatre membres du Conseil des gouverneurs étaient :

— Adolph Miller, économiste, de l'université de Chicago, financée par Rockefeller, et de l'université de Harvard, financée par Morgan ;

— Charles Hamlin, ancien secrétaire-adjoint au Trésor ;

— Frédéric Delano, parent de Roosevelt, banquier des chemins de fer ;

— W. P. G. Harding, président de la *First National Bank* d'Atlanta.

Le président Wilson nomma lui-même Thomas Jones, mais les journalistes découvrirent qu'il était sous le coup d'une accusation par la justice américaine, et Jones se retira de lui-même. Les deux autres membres étaient le ministre des Finances et le contrôleur des finances en charge de la monnaie.

Le Comité consultatif fédéral inconnu

Le Comité consultatif fédéral était un système de contrôle à distance conçu de manière méticuleuse par Paul Warburg pour lui permettre de manipuler le Conseil des gouverneurs de la Fed. Depuis le début, ce Comité n'a fait que réaliser parfaitement les idées de Paul, sans que personne ou presque ne se penche sur son fonctionnement. En 1913, Carter Glass, le sénateur de Virginie, se fit l'avocat et le promoteur énergique de la conception du Comité consultatif fédéral en ces termes :

Il ne peut y avoir rien de mal à cela. Quatre fois par an, le

---

[99] Eustace Mullins, *op. cit.*, chapitre 3.

> *Conseil des gouverneurs se réunit avec le Comité consultatif fédéral, et chaque membre représente sa banque de réserve fédérale régionale. Qu'y a-t-il de mieux pour protéger les intérêts du public ?*

Cependant, ni Glass, qui était également banquier, ni ses collègues n'ont jamais fourni la moindre preuve de leurs velléités de protéger les intérêts du peuple américain...

Officiellement, il était prévu que le Comité consultatif fédéral élise les douze représentants de chacune des banques régionales et organise quatre fois par an à Washington les réunions avec le Conseil des gouverneurs, à l'occasion desquelles les banquiers conseilleraient les gouverneurs. Chaque banquier représenterait les intérêts économiques d'une région particulière, et chacun disposerait du même droit de vote.

La théorie était parfaite, mais la cruelle réalité fut bien différente. On imagine difficilement qu'un petit banquier de Cincinnati fut autorisé à s'asseoir autour d'une table avec Warburg et Morgan pour leur donner des conseils en matière de politique monétaire. En effet, il suffisait que l'un des deux griffonne un ordre sur un bout de papier pour que le petit banquier se retrouve en faillite.

En fait, la survie des « petits poissons » dépendait entièrement du bon vouloir des « *big five* », les cinq géants de New York. Ces cinq géants transférèrent intentionnellement à leurs « banques satellites » leurs transactions avec les banques européennes. Ces banques satellites, en bénéficiant d'affaires dont le rendement était aussi élevé, devinrent d'autant plus serviles, et les cinq géants détenaient également des parts dans leurs banques.

On ne peut qu'imaginer les résultats des discussions sur la politique monétaire américaine entre ces petites banques « représentant les intérêts régionaux » et les cinq géants.

Bien que les « conseils » du Comité consultatif fédéral ne fussent pas obligatoirement exécutés par les gouverneurs, les cinq géants de Wall Street se rendaient quatre fois par an, sans relâche, à Washington, et probablement pas pour boire le café. Des hommes comme Morgan, occupés à l'extrême par l'administration de soixante-trois entreprises, n'y seraient pas retournés inlassablement si leurs « conseils » n'avaient pas été sérieusement étudiés.

Conclusion

> « La grande majorité des Américains ne comprend pas le mode de fonctionnement des prêteurs internationaux. Les comptes de la Réserve Fédérale n'ont jamais été audités. Elle opère en dehors du champ du contrôle du Congrès et manipule le crédit des États-Unis. »
>
> Barry Goldwater, sénateur.

> « Ils savent comment créer un mouvement de panique pour en tirer le meilleur profit. Ils savent en même temps quand il faut stopper la panique. Par le contrôle des flux financiers, ils provoquent l'inflation ou la déflation, et ils parviennent à leurs fins. »
>
> Charles Lindbergh, membre du Congrès.

> « Chaque billet d'un dollar de la Réserve Fédérale en circulation représente un dollar de dette détenue par la Fed. »
>
> Rapport monétaire de la Commission bancaire et monétaire de la Chambre des Représentants.

> « Les banques régionales de la Fed ne sont pas des structures gouvernementales, elles sont privées ; ce sont des entreprises privées, contrôlées localement. »
>
> John L. Lewis, 1982.

> « La Réserve Fédérale est l'une des institutions les plus corrompues au monde. Parmi tous ceux qui peuvent comprendre mon discours, aucun ne doit plus ignorer que notre pays est en fait gouverné par les banquiers internationaux. Certains pensent que la Réserve Fédérale est un organisme d'État. Ils ne sont pas un organisme de l'État. Ce sont des gens qui détiennent un monopole sur le crédit. Ils exploitent le peuple américain pour leurs propres intérêts et ceux d'escrocs étrangers. »
>
> Louis T. McFadden, membre du Congrès.

LA CRÉATION DE LA RÉSERVE FÉDÉRALE

> « Quand vous et moi rédigeons un chèque, notre compte doit contenir assez d'argent pour en couvrir le montant, mais quand la Réserve Fédérale émet un chèque, elle crée de l'argent. »
> Banque de réserve fédérale de Boston.

> « De 1913 à 1949, les actifs de la Fed ont grimpé de 143 millions à 45 milliards de dollars, qui sont allés directement dans les poches des actionnaires. »
> Eustace Mullins.

Pour augmenter les cours boursiers, la Fed baissait les taux d'intérêts, étendait les crédits et stimulait un marché boursier en plein essor. Lorsque les industries et les commerces s'habituèrent à cet environnement, la Fed majora les intérêts pour en finir avec la prospérité. Au moyen d'ajustements mineurs des taux d'intérêts, la Fed et ses dirigeants faisaient doucement onduler les cours boursiers, mais ils les faisaient aussi fluctuer radicalement par de brusques changements de taux.

Dans tous les cas, la Réserve Fédérale disposait d'informations de l'intérieur qui lui permettaient d'anticiper sur les changements à venir. Une capacité dangereuse de clairvoyance sur les évolutions du marché devenait l'apanage d'un petit nombre de privilégiés. Un système entièrement privé, échappant à toute régulation étatique, était né, dont le but était d'utiliser l'argent des autres pour engranger un maximum de profits.

Il y a tant de Présidents qui ont lancé des avertissements à répétition contre le pouvoir de l'argent ! Tant de sessions au Congrès et d'affaires juridiques qui ont démontré incontestablement le caractère privé de la Réserve Fédérale ! Mais combien d'Américains, combien de Chinois et d'habitants d'autres pays le savent ? C'est le côté le plus effrayant du problème.

Nous pensons que les médias occidentaux « libres et équitables » nous disent toute la vérité, mais la vérité est qu'ils ont délibérément filtré la plupart des faits. Et que dire des manuels scolaires nord-américains ? Ce sont des fondations privées appartenant aux banquiers, et qui portent même parfois leur nom, qui choisissent le « contenu sain » des livres scolaires des prochaines générations.

Avant sa mort, Wilson aurait admis qu'il avait été trompé sur la Fed. On rapporte qu'accablé par la culpabilité, il aurait déclaré : « J'ai involontairement détruit mon pays. » Et au moment même où la Fed faisait ses premiers pas, le 25 octobre 1914, la Première Guerre mondiale était déclenchée outre-Atlantique. Un nouveau moment de pure coïncidence pour les actionnaires de la Réserve Fédérale, mais surtout une perspective de nouveaux profits, comme à chaque occasion de conflit !

4

LA « SAISON DES RÉCOLTES »

> « [...] la véritable menace pour notre république est ce gouvernement invisible qui, tel une pieuvre géante, s'étend de façon louche sur nos villes, notre État et notre nation. À l'instar de la pieuvre dans la vie réelle, il opère en se cachant derrière un écran qu'il a créé lui-même. Il saisit dans ses longs et puissants tentacules nos chefs d'entreprises, nos corps législatifs, nos écoles, nos tribunaux, nos journaux et toutes les agences créées pour protéger le public. [...]
>
> « Pour éviter une simple généralisation, je dirai qu'à la tête de cette pieuvre se trouvent les intérêts de la Rockefeller-Standard Oil et un petit groupe de maisons bancaires puissantes, auxquelles on se réfère généralement en disant — les banquiers internationaux. Ce petit cercle de banquiers internationaux puissants dirige quasiment le gouvernement des États-Unis pour leurs propres objectifs égoïstes.
>
> « Ils contrôlent pratiquement les deux partis, rédigent leurs plates-formes politiques, instrumentalisent leurs dirigeants, utilisent les hommes qui se trouvent à la tête des organisations privées et recourent à tous les moyens pour placer comme candidats aux plus hautes fonctions publiques uniquement les personnes qui pourront être soumises aux ordres des grandes entreprises corrompues. [...]
>
> « Ces banquiers internationaux et les intérêts de Rockefeller-Standard Oil contrôlent la majorité des journaux et des magazines dans ce pays. Ils utilisent leurs colonnes pour obliger à se soumettre ou à se démettre les responsables publics qui refusent d'obéir aux ordres de ces cliques puissantes corrompues qui composent le gouvernement invisible. »[100]
>
> John Hylan, Maire de New York, 1922.

Faire la guerre a un coût. Plus le conflit est long et plus il faut d'argent, c'est évident. La question est de savoir qui dépense l'argent

---

[100] L'ancien maire de New York, John Hylan, dans un discours prononcé à Chicago et cité le 26 mars 1922 par le *New York Times* [dans un article intitulé « Hylan Takes Stand on National Issues » (Hylan prend position sur les questions nationales). On notera également que cet article n'est pas (plus ?) disponible dans les archives du *New York Times* — n.d.e.].

de qui ? Les gouvernements européens et américains n'ayant pas le pouvoir d'émettre leur monnaie, ils ne peuvent qu'emprunter. Pendant une guerre, la consommation de marchandises chute de façon vertigineuse, ce qui force les États belligérants à dépenser tout ce qu'ils possèdent pour se maintenir à flot, les gouvernements n'hésitant pas à tout sacrifier pour se financer auprès des banquiers.

Dans ces conditions, il n'y a rien d'étonnant à ce que les banquiers portent la guerre dans leur cœur. Ce sont eux qui planifient les guerres, les provoquent et les financent. Les immeubles luxueux des banquiers internationaux ont toujours été bâtis sur des ruines.

Un autre moyen de gagner de l'argent est de provoquer une récession. Tout d'abord, il faut étendre le crédit, puis faire éclater la bulle, attendre la frénésie spéculative du public, enfin stopper les financements pour induire une récession économique et un effondrement des actifs.

Lorsque le prix des actifs de qualité tombe à 10% de leur prix initial, voire à 1%, les banquiers les rachètent pour rien ; dans leur terminologie, ils appellent cela « tondre les moutons ». Après l'invention de la banque centrale privée, l'intensité et la portée de la « tonte des moutons » a atteint un niveau sans précédent.

Une récente tonte a eu lieu en 1997 sur les « petits dragons » et les « petits tigres » asiatiques. Est-ce que le gros mouton qu'est la Chine saura éviter de se faire tondre ? Cela dépendra de la capacité des Chinois de tirer les leçons des épisodes choquants de tontes de moutons qui ont déjà eu lieu dans l'histoire. Depuis que des banques étrangères ont fait leur entrée en Chine, le danger est réel.

Il est déjà arrivé par le passé que des banques d'État chinoises provoquent de l'inflation pour faire des profits, mais elles ne nourrissaient pas le projet malveillant de provoquer aussi une déflation pour commettre un massacre sur les richesses de la population. Depuis ses origines, la Chine n'a jamais connu de crise économique majeure, car personne n'a jamais eu ni la capacité objective ni l'intention subjective malveillante de créer une crise économique. Avec l'entrée des banquiers internationaux sur le territoire chinois, la situation a radicalement changé.

La Fed, responsable de la Première Guerre mondiale

Dans son livre *Diplomatie*, Henry Kissinger parle du

déclenchement de la Première Guerre mondiale en des termes qui peuvent laisser une impression étrange à ses lecteurs :

> *Le plus stupéfiant, lorsque la Première Guerre mondiale éclata, n'est pas qu'une crise plus simple que toutes celles qu'on avait déjà surmontées ait fini par déclencher une catastrophe mondiale, mais que ce ne soit pas arrivé plus tôt.*[101]

Le 28 juin 1914, l'archiduc Ferdinand, héritier au trône des Habsbourg se rendit en Bosnie, laquelle avait été annexée par l'Autriche en 1908. Il y fut assassiné par un jeune Serbe. Ce n'était à la base qu'un acte de terrorisme prémédité et personne n'aurait pu imaginer qu'il allait déclencher une guerre mondiale impliquant plus de trente pays et 1,5 milliard de personnes, dont plus de trente millions y perdraient la vie.

Depuis la guerre franco-prussienne, l'Allemagne et la France étaient devenues ennemies. Quand le Royaume-Uni a commencé à sortir de son splendide isolement, l'Allemagne se trouvait en position de force et la France en position de faiblesse. L'Allemagne était le pays le plus puissant d'Europe et deviendrait le fléau du Royaume-Uni si elle n'était pas contenue.

Le Royaume-Uni conclut la Triple entente avec la France et la Russie pour faire face à l'Allemagne et à l'Autriche. Deux coalitions adverses se formèrent ainsi. Les deux camps ne cessèrent de renforcer leurs armées afin d'en maintenir une bonne partie active en permanence, et c'est pour cette raison que les gouvernements respectifs s'enfoncèrent dans le bourbier de la dette :

> *Un rapport détaillé sur la dette publique en Europe montre que les paiements des intérêts de la dette et le remboursement du principal atteignaient 5,343 milliards de dollars par an. Les finances des divers pays d'Europe étaient prises au piège. Les gouvernements ne purent s'empêcher de se demander si la guerre n'était pas une option intéressante à prendre en considération, malgré les risques terribles, car la paix était coûteuse et instable. Si les préparatifs militaires ne conduisaient pas à une guerre, alors les gouvernements feraient certainement*

---

[101] Henry Kissinger, *Diplomatie* (Fayard, 1996), p. 183.

faillite.[102]

Entre 1887 et 1914, on s'en tint à une paix instable et précaire, avec des gouvernements armés jusqu'aux dents, qui, au bord de la faillite, continuaient à se regarder avec courroux. Comme dit l'adage : « Quand les canons détonent, l'argent résonne ». Le système des banques européennes, supervisé par les Rothschild qui prêtaient à tous les belligérants, contribua à cette confrontation militaire.

En 1914, il apparut cependant pour tout le monde que ces pays ne pouvaient se permettre une guerre de grande envergure. Bien qu'ils se fussent dotés d'armées modernes et que la mobilisation des conscrits fût permanente, leurs situations budgétaires ne leur permettaient pas de supporter les coûts énormes qu'engendrerait la guerre. C'est notamment ce que pensait le conseiller privé du Tsar en février 1914 :

> *Il ne fait aucun doute que la guerre exigera des dépenses qui excèdent les ressources financières limitées de la Russie. Nous devrons obtenir des crédits auprès des pays alliés et neutres, mais ils ne nous seront pas consentis gratuitement. Quant à ce qui arriverait si la guerre avait une issue désastreuse pour nous, je ne souhaite pas en débattre maintenant. Les conséquences financières et économiques d'une défaite ne peuvent être ni calculées ni même estimées, et signifieront de toute évidence l'effondrement total de notre économie nationale tout entière. Mais même la victoire nous promet des perspectives financières extrêmement peu favorables ; une Allemagne entièrement ruinée ne sera pas en mesure de compenser le coût de la guerre. Dicté pour servir les intérêts de l'Angleterre, le traité de paix ne permettra pas à l'Allemagne de rétablir suffisamment son économie pour couvrir ce que nous aura coûté la guerre, même à longue échéance.[103]*

Dans une telle configuration, où chacun mesure avec lucidité ce qu'il va perdre, un conflit à grande échelle est impensable. Si la guerre est déclarée quand même, elle ne peut être que partielle, de courte durée et de faible intensité, comme la guerre franco-prussienne de 1870 qui dura dix mois. Ce genre de guerre limitée peut soulager la tension mais

---

[102] *Quarterly Journal of Economics*, avril 1887.

[103] Cité in *Diplomatie*, de Henry Kissinger, op. cit., p. 189.

pas l'apaiser totalement. Malgré une paix instable et coûteuse, la déclaration de guerre dut malgré tout être reportée, du moins jusqu'à la création de la Réserve Fédérale.

De l'autre côté de l'Atlantique, les États-Unis étaient devenus la première puissance industrielle. Toutefois, jusqu'en 1913, leur économie devait encore emprunter à l'étranger, excluant *de facto* qu'elle devienne elle-même la principale créancière. En l'absence de banque centrale, les banquiers new-yorkais avaient donc toutes les peines du monde à accentuer la mobilisation du crédit. Par nature, les banquiers ont intérêt à soutenir les guerres sur la plus grande échelle possible car elles permettent de réaliser d'énormes profits.

Dès que fut avalisé le *Federal Reserve Act*, ils passèrent à l'action. Le 3 août 1914, la banque Rothschild en France transmit à Morgan un message lui recommandant de mettre à disposition de la France 100 millions de dollars de crédit pour qu'elle achète du matériel aux États-Unis. Apprenant la nouvelle, Wilson objecta, et son ministre des Affaires étrangères, William Jennings Bryan, condamna ce prêt en disant qu'il correspondait à « la pire des contrebandes ».

Au niveau politique et économique, les Allemands s'entendaient bien avec les Américains. À l'époque, huit millions d'États-uniens, soit environ 10% de la population totale, avaient des origines allemandes proches. Lors de la fondation du pays, l'allemand faillit même devenir la langue officielle, en raison du poids démographique et politique des immigrés germanophones. Si l'on ajoute à cela le poids des immigrés irlandais plutôt antianglais et un gouvernement américain plusieurs fois en conflit avec l'Angleterre, on comprend qu'au début de la guerre, les États-Unis soient restés en retrait.

En comparaison avec les banquiers toujours pressés, le gouvernement américain semblait faire preuve de retenue et de sang-froid. Le lobby bancaire se prononça activement pour la déclaration de guerre contre l'Allemagne, mais le gouvernement qui était résolument contre la guerre parvint à conserver une stricte neutralité.

À ce moment-là, les banquiers mirent en place une mesure temporaire en deux temps : d'abord, la vente d'obligations ; puis, l'allocation de prêts aux alliés pour qu'ils achètent du matériel américain. Dans un premier temps, Wilson accepta uniquement d'accorder des prêts aux alliés, mais, sous la contrainte des banquiers et en vue des prochaines présidentielles pour lesquelles il briguait un second mandat, il finit par se ranger entièrement sur leur position.

Le *Federal Reserve Act* fut promulgué le 23 décembre 1913 et, comme le remarquait Henry Kissinger, les conditions pour déclencher une guerre mondiale, après avoir été maintes fois reportées, étaient enfin réunies. Le 16 novembre 1914, la Réserve Fédérale devenait opérationnelle. Le 16 décembre, Davidson, le bras droit de Morgan, se rendit en Angleterre pour s'entretenir avec le Premier ministre britannique Herbert H. Asquith de la question des prêts américains.

Le 15 janvier 1915, Morgan passa un accord de crédit avec l'Angleterre d'un montant de dix millions de livres, ce qui était une somme considérable à l'époque. Personne ne s'attendait à ce que le montant total du prêt atteigne trois milliards de dollars ! La banque Morgan perçut 1% pour les frais de procédures, soit trente millions qui atterrirent dans ses poches. Morgan se « goinfra » littéralement avec la guerre : au printemps de la même année, il signait un autre accord de crédit avec le gouvernement français.

En septembre 1915, Wall Street était sur le point de devenir le centre financier du monde. Le prêt franco-anglais de 500 millions de dollars fut officiellement lancé. Le président Wilson y était fermement opposé mais son nouveau ministre des Affaires étrangères, Robert Lansing, l'avertit que sans ce prêt, *le résultat sera une limitation de la production, une récession industrielle, un capital dormant et une main-d'œuvre au chômage, de nombreuses faillites, une démoralisation financière, des troubles généralisés et la souffrance des classes laborieuses.*
[104]

Wilson en eut des sueurs froides et fit des concessions. Pour cette vente d'obligations sans précédent, les banquiers de Wall Street usèrent de toute leur habileté pour que 61 souscripteurs et 1570 organisations financières se joignent aux ventes.[105]

Ce fut une tâche des plus ardues, particulièrement pour la vente de ces obligations dans le Middle West. Les Américains ne voulaient pas entendre parler de la guerre en Europe et n'avaient donc aucune intention d'y investir le moindre dollar. Afin de dissiper l'indifférence et la méfiance, les banquiers affirmèrent que l'argent resterait aux États-

---

[104] Ron Chernow, *op. cit.*, p. 198.

[105] *Ibid.*, p. 200.

Unis.

Mais malgré une campagne de communication intense, une seule banque du Middle West, à Chicago, accepta de rejoindre le camp de Wall Street. Furieux, les épargnants locaux originaires d'Allemagne lancèrent un boycott contre cette banque. À la fin de l'année 1915, le montant des obligations invendues s'élevait à 187 millions de dollars.

Afin de tirer profit du moment le plus critique de la guerre, le gouvernement britannique annonça qu'il allait taxer les revenus tirés des intérêts sur les obligations américaines, ce qui poussa les Anglais à les vendre immédiatement et à bas prix. La Banque d'Angleterre fut bientôt saturée d'obligations américaines et le gouvernement britannique demanda immédiatement à leur agent américain, la société Morgan, de vendre la totalité de ces obligations à Wall Street.

L'acceptation d'obligations américaines par les Américains allait de soi. Ces 3 milliards de dollars en obligations se transformèrent rapidement en liquidités et l'Angleterre leva une importante somme d'argent pour soutenir l'effort de guerre. Cependant, le statut de créancier de l'Angleterre vis-à-vis des États-Unis, qui datait de plus de cent ans, disparut. Les relations financières entre les deux pays en furent bouleversées.

Pendant ce temps, la guerre continuait à se propager et à faire ses ravages. Pour la seule bataille de la Marne, les alliés ont tiré 200 000 obus. Et l'humanité fit l'expérience, ô combien tragique et douloureuse, de la guerre moderne : modernisation de la logistique, de la production industrielle et des moyens financiers…

La Fed, grande manipulatrice en temps de guerre…

C'est lorsqu'il devint le président de *Bankers Trust*, en 1904, que Benjamin Strong commença à attirer l'attention sur lui. À l'époque, Davidson, l'homme de confiance de Morgan s'inquiétait de plus en plus du pouvoir croissant des sociétés fiduciaires. Leur champ d'activité était plus étendu et moins réglementé que celui des banques commerciales ; elles pouvaient ainsi attirer les capitaux avec des taux d'intérêts plus élevés.

Afin de répondre à cette nouvelle concurrence, Davidson, sur ordre de Morgan, se lança dans l'activité fiduciaire et prit Strong comme bras droit. Pendant la tempête monétaire qui suivit, en 1907, *Bankers Trust* s'associa au sauvetage d'autres institutions financières, et c'est ce qui conféra à Strong une grande renommée.

Après la création de la Réserve Fédérale en 1913, Davidson et Paul Warburg proposèrent à Strong le poste de gouverneur de la Banque de réserve fédérale de New York. Strong accepta sans se faire prier. Dès lors, il devint une figure essentielle de la Fed. Les desseins de Morgan, Warburg, Schiff et des autres géants de Wall Street furent bel et bien mis en œuvre à la Fed. Strong s'adapta rapidement à son nouveau rôle et établit l'organisation informelle du comité directeur de la Réserve Fédérale, qui organisait des réunions régulières pour discuter des lignes d'action en temps de guerre.

En un tour de main, il manipula la politique monétaire de la Fed, et le pouvoir dispersé entre les douze banques régionales se trouva en fait centralisé à New York. La Réserve Fédérale autorisa ses 12 banques régionales à définir leur propre politique sur le taux d'escompte et les effets de commerce, selon les besoins réels de leur région. En d'autres termes, les conseils d'administration des banques de réserve fédérale avaient le droit de décider quels types d'effets de commerce pouvaient être utilisés comme garantie, et fixer leur taux d'escompte. En 1917, au moins treize types différents d'effets de commerce furent créés.[106]

Toutefois, en raison de la guerre, la Banque de réserve fédérale de New York ne fit qu'accélérer l'émission d'obligations d'État pour garantir le papier-monnaie. Étant donné que le montant de la dette nationale était de loin beaucoup plus élevé que le total des effets de commerce, et qu'elle connaissait une croissance rapide, la politique de garantie pour les autres banques régionales fut marginalisée.

Avec les « opérations *d'Open Market*[107] » de Strong, les obligations d'État furent l'unique source de garantie, et l'ensemble du système de la Réserve Fédérale fut placé sous contrôle. En raison de l'émission à grande échelle d'obligations pour financer la guerre en Europe, la masse monétaire en dollars se réduisit et le pouvoir de la banque centrale commença à devenir réalité.

Les émissions de titres du gouvernement s'accrurent énormément après l'entrée en guerre des États-Unis en avril 1917, et la dette nationale passa de 1 à 25 milliards de dollars en quatre ans (de 1916 à

---

[106] Glyn Davies, *op. cit.*, chapitre 9.

[107] Open market est un terme anglophone qui désigne le marché sur lequel s'échangent les obligations d'État et autres bons du Trésor [n.d.e.].

1920).¹⁰⁸ L'appétit de la Fed était devenu pantagruélique et les innombrables billets de banque qu'elle émettait, les *Federal Reserve Notes*, se mirent à inonder le pays.

Puis ils eurent recours aux obligations de guerre européennes, en provoquant un resserrement monétaire. Les obligations étaient garanties par les futurs impôts des Américains, avec pour résultat que, pendant la guerre, les banquiers gagnaient de l'argent, tandis que le peuple dépensait sa force et son épargne.

L'entrée en guerre de Wilson pour des raisons « morales et éthiques »

Lorsque l'ambassadeur d'Allemagne en Turquie demanda, incrédule, à ses collègues pourquoi les États-Unis entraient en guerre contre l'Allemagne, l'ambassadeur américain répondit : « Nous entrons en guerre pour des principes éthiques ». Cela provoqua l'ironie de nombre d'observateurs... Henry Kissinger a fait ce commentaire :

> *Dans sa façon d'aborder la politique étrangère, la doctrine Wilson pose que l'Amérique est dotée d'une nature exceptionnelle qui s'exprime dans une vertu sans égale et une puissance tout aussi inégalée. Les États-Unis étaient alors si sûrs de leur force et de la vertu de leurs objectifs qu'ils pouvaient envisager de se battre pour leurs valeurs à l'échelle mondiale.*¹⁰⁹

L'expérience des États-Unis est en effet hors du commun. Leurs valeurs démocratiques sont louées dans le monde entier, mais de là à clamer qu'ils participaient à la Première Guerre mondiale au nom d'idéaux et de morale, il y avait un grand pas ! Kissinger n'était certainement pas dupe, mais feignait d'y croire. Le 5 mars 1917, Walter Hines Page, l'ambassadeur des États-Unis en Angleterre écrivait dans une missive secrète adressée au président Wilson :

> *Je pense que la pression exercée par cette crise qui approche*

---

¹⁰⁸ Glyn Davies, *op.cit.*, p. 506.

¹⁰⁹ Henry Kissinger, *op. cit.*, p. 738.

> dépasse désormais la capacité de l'entreprise de Morgan en ce qui concerne les gouvernements britannique et français. La meilleure aide que nous pourrions apporter aux Alliés serait de leur accorder un crédit. Évidemment, à moins d'entrer en guerre contre l'Allemagne, notre gouvernement ne peut pas accorder directement un tel crédit.[110]

À ce moment, l'industrie lourde américaine se préparait à la guerre depuis déjà un an. L'armée de terre et la marine commençaient à acheter du matériel militaire depuis 1916. Afin d'augmenter les sources de revenus, les banquiers et les politiciens à leur solde envisagèrent des mesures supplémentaires :

> Ce conflit a contraint le gouvernement à étendre le principe de l'impôt sur le revenu. En visant l'unique grande source de revenus non-imposés jusqu'alors, la loi fiscale taxant tous les revenus fut promulguée à temps pour faire face aux exigences de la guerre.[111]

Notez qu'il s'agissait d'impôts sur le revenu des entreprises et non des particuliers. En 1916, les banquiers avaient déjà tenté de faire passer une loi visant l'impôt sur le revenu des particuliers, tentative rejetée par la Cour Suprême. Aux États-Unis, l'impôt sur le revenu des particuliers n'a jamais eu aucun fondement juridique. Le 28 juillet 2006, dans son film America : *Freedom to Fascism* [l'Amérique : de la liberté au fascisme], le célèbre réalisateur Aaron Russo, nommé six fois aux Oscars, montrait cette triste réalité à travers son objectif.

Ce documentaire choqua profondément les spectateurs lors du Festival de Cannes en 2006, car il dévoilait une vérité bien différente de celle que les médias distillaient sur le gouvernement et les puissances financières. Les distributeurs et diffuseurs restaient sceptiques, tant le contenu paraissait incroyable. Sur plus de 3000 salles de cinéma, seules cinq acceptèrent de projeter le film. Il eut cependant un impact énorme sur Internet : plus d'un million de personnes l'ont téléchargé et des milliers de personnes lui ont attribué la meilleure note possible.[112]

---

[110] Eustace Mullins, *op. cit.*, chapitre 8.

[111] Cordell Hull, *Memoirs* (Macmillan, New York, 1948), vol. 1, p. 76.

[112] http://www.youtube.com/watch?v=06ayb02bwp0/

Le 13 octobre 1917, le président Wilson prononçait un important discours :

> *Il est visiblement impératif que les réserves bancaires des États-Unis soient totalement mobilisées. Le fardeau et le privilège [des prêts aux Alliés] doivent être partagés entre toutes les institutions bancaires du pays. Je pense que la coopération des banques, à cet instant, est un devoir patriotique et que la qualité de membre du Système de Réserve Fédérale est un motif important et incontestable pour manifester son patriotisme.*[113]

Wilson, professeur d'université, était empreint d'idéalisme. Et bien qu'il fût un tantinet pédant, il était loin d'être sot. Surtout, il se rappelait qui l'avait propulsé à la Maison-Blanche, et bien qu'il ne crût pas un instant en une guerre sainte pour « sauver le monde par la démocratie », il devait renvoyer l'ascenseur. D'ailleurs, il admit plus tard que « la guerre mondiale était une question de rivalité économique ».

En fait, les États-Unis accordèrent un prêt de trois milliards de dollars aux Alliés et avancèrent pour un montant de six milliards de dollars des marchandises d'exportation. Cette somme exceptionnelle ne fut pas remboursée. Si l'Allemagne était victorieuse, les obligations des États alliés détenues par les banquiers ne vaudraient plus rien, et Morgan, Rockefeller, Paul Warburg et Schiff ne s'épargnèrent aucun effort pour engager les États-Unis dans la guerre afin de protéger leurs intérêts.

Les banquiers, les vrais vainqueurs de la guerre…

Quand les États-Unis sont entrés en guerre, le 6 avril 1917, le président Wilson confia le pays à trois hommes qui avaient été présents lors de sa campagne présidentielle : Paul Warburg, qui avait la charge de superviser le système bancaire ; Bernard Baruch, qui fut nommé président du Conseil des industries de guerre ; et Eugene Meyer, qui se vit confier la Société du financement de la guerre.

---

[113] Ron Chernow, *op. cit.*, chapitre 10.

Les frères Warburg : encore eux !

Le frère aîné de Paul Warburg, Max, était à la tête des services secrets allemands. Paul, lui, détenait le pouvoir décisionnel de la finance aux États-Unis, en sa qualité de vice-président de la Réserve Fédérale. Le troisième des frères Warburg, Félix, était un associé de première importance chez *Kuhn, Lœb & Co.*

Enfin, le quatrième frère, Fritz, présidait la bourse des métaux de Hambourg. Les quatre frères étaient les figures de proue d'une grande famille de banquiers juifs [installés à Hambourg depuis le XVIIe siècle — n. d. e.]. Concernant les frères Warburg, un rapport secret de la marine américaine déclarait, le 12 décembre 1918 :

> *Paul Warburg, New York, Allemand, naturalisé Américain en 1911, décoré en 1912 par l'Empereur d'Allemagne, vice-président de la Réserve Fédérale. À un frère qui est le chef des services de renseignements allemands.*[114]

Un autre rapport mentionnait :

> *Un jour, l'Empereur d'Allemagne (Guillaume II), furieux, avait tapé du poing sur la table en disant à Max : « Alors, comme ça, tu aurais toujours raison ? ! » Mais par la suite, il écoutait toujours attentivement les opinions de Max sur la finance.*[115]

Fait surprenant, Paul démissionna de son poste à la Fed en 1918, ce que le rapport ne mentionnait pas. Après l'entrée en guerre des États-Unis, sachant que le frère de Paul était à la tête des renseignements allemands, Paul aurait théoriquement pu être accusé d'intelligence avec l'ennemi, même si, dans les faits, personne n'aurait été capable aux États-Unis d'agir contre lui. En juin 1918, après sa démission, il écrivit une note à Wilson :

> *J'ai deux frères banquiers en Allemagne. Ils ont naturellement*

---

[114] Eustace Mullins, *op. cit.*, chapitre 8.

[115] Max Warburg, *Memoirs of Max Warburg* (Berlin, 1936).

servi leur pays au mieux, comme j'ai servi le mien.[116]

Bernard Baruch : le tsar de l'industrie américaine en temps de guerre

Baruch commença ses activités de spéculation en 1896, en fusionnant six entreprises dans le tabac pour créer la *Consolidated Tobacco Company*. Ensuite, il aida la famille Guggenheim à fusionner les industries du cuivre. Il coopéra même avec Harriman pour contrôler le système de fret de New York.

En 1901, il créa, avec ses frères, *Baruch Brothers*. Lorsqu'en 1917, Wilson le nomma président du Conseil des industries de guerre, il utilisa immédiatement son pouvoir de vie et de mort sur les industries. Ses achats annuels s'élevaient jusqu'à dix milliards. Il déterminait presque tout seul le prix d'achat du matériel de guerre du gouvernement américain. En 1935, lors d'audiences parlementaires, Baruch déclara :

> *Le président Wilson m'a écrit une lettre m'autorisant à reprendre toute industrie ou usine. Il y avait le président de la United States Steel, Judge Gary, avec qui nous avions des problèmes, et quand je lui ai montré cette lettre, il a dit, « il semblerait que nous devrions régler cela », et nous l'avons réglé.*[117]

Certains congressistes exprimèrent des doutes quant à la qualification de Baruch pour exercer une telle omnipotence sur les industries. Ils pensaient qu'il n'était pas un industriel car il n'avait jamais mis les pieds dans une usine. Il le confirma lui-même lors des audiences parlementaires, en avouant qu'il se considérait plutôt comme un « spéculateur ».

Le *New Yorker* rapporta que Baruch avait gagné en une seule journée, au cours d'une séance boursière, 750 000 dollars, en s'appuyant sur de fausses informations diffusées par Washington.

---

[116] David Farrar, *The Warburgs* (Michael Joseph Ltd., Londres, 1974).
[117] *Baruch's Testimony before the Nye Committee*, 13 septembre 1937.

La Société du financement de la guerre d'Eugene Meyer

Le père d'Eugène Meyer, qui était associé dans la banque *Lazard Frères*, était animé par ailleurs d'une inclination enthousiaste pour la fonction publique. Il possédait avec son vieil ami et associé Bernard Baruch une compagnie de mines d'or en Alaska, ainsi que quelques affaires financières. Eugene Meyer dirigeait la Société du financement de la guerre, dont l'une des missions principales résidait dans l'offre d'obligations américaines afin de soutenir l'effort de guerre. Il n'y a rien qui effrayait plus les cadres de la Société du financement de la guerre que la fausse comptabilité.

Plus tard, lorsque le Congrès ordonna une enquête sur la gestion de la Société, on découvrit à la surprise générale qu'elle modifiait presque tous les soirs et à heure fixe les livres de comptes qu'elle rendait le lendemain à l'enquêteur du Congrès pour qu'il les examine. À deux reprises, les enquêtes menées par McFadden, en 1925 et en 1930, dévoilèrent des anomalies dans de nombreux comptes :

> *Des bons dupliqués, s'élevant à 2314 paires, et des coupons également en double exemplaire, s'élevant à 4698 paires, variant en valeur de 50 à 10 000 dollars, ont été convertis en espèces le 1er juillet 1924. Certaines de ces duplications résultaient d'erreurs, d'autres de fraudes.*[118]

Il n'est pas étonnant qu'après la fin de la guerre, Eugene Meyer pût acheter *Allied Chemical & Dye Corporation* et, plus tard, le *Washington Post*. Les falsifications dans les livres de compte d'Eugene Meyer, la duplication des bons du gouvernement, d'une valeur faciale de 10 000 dollars chacun, selon le principe « un pour le gouvernement, un pour moi », lui aurait rapporté une dizaine de millions de dollars.[119]

Edward Stettinius : le fondateur du complexe militaro-industriel

---

[118] Eustace Mullins, *op. cit.*, p. 176.

[119] *Ibid.*, pp. 176-177.

Edward Stettinius était un homme méticuleux, obsédé par les détails. Il avait fait fortune dans sa jeunesse, à Chicago, en spéculant sur les céréales et les semences. Pendant la guerre, Morgan le prit sous son aile et lui confia le Département des exportations. Il était le principal responsable des achats d'armes. Durant la guerre, Stettinius devint le plus gros acheteur mondial d'armes, ses achats quotidiens atteignant dix millions de dollars en fournitures militaires, qu'il assurait et expédiait vers l'Europe.

Il ne se ménageait aucun effort pour améliorer l'efficacité des transports et de la production. Dans son bureau du 23 Wall Street, affluaient de nombreux distributeurs et fabricants d'équipements militaires. Devant presque chaque porte se tenaient des gardes. Son volume d'achat mensuel était équivalent à la valeur du PNB mondial vingt ans auparavant. Les Allemands n'avaient jamais imaginé que les Américains pouvaient modifier la courbe de la production industrielle militaire en un laps de temps aussi court…

Davidson : l'homme de confiance de Morgan

Grâce à sa contribution significative à l'empire de Morgan, Davidson, son principal associé (présent lors de la réunion de Jekyll Island), obtint en récompense le poste de président du Conseil de guerre de la Croix-Rouge américaine en 1917. Il contrôlait désormais les donations des Américains — soit 370 millions de dollars —, ce qui permit d'envoyer des équipes de la Croix-Rouge sur divers fronts.[120]

Le Traité de Versailles : une trêve de vingt ans

Le 11 novembre 1918, était signé l'armistice de l'effroyable Première Guerre mondiale. L'Allemagne, pays vaincu, dut payer des réparations de l'ordre de 32 milliards de dollars pour le principal, auxquels s'ajoutaient des intérêts annuels de 500 millions et une taxe de 26% sur les produits d'exportation.

Elle perdit 13% de son territoire continental, la totalité de ses

---

[120] Voir Antony Sutton, *Wall Street et la Révolution bolchevique* (Le Retour aux Sources, 2012) [n.d.e.].

colonies d'outre-mer, et fut interdite de posséder une armée de plus de 100 000 hommes, une flotte de plus de 6 navires de guerre et des armes offensives telles que : sous-marins, avions, chars ou artillerie lourde. Le Premier ministre britannique David Lloyd George déclara à cette occasion :

> *Nous devons faire les poches des Allemands et en extraire l'argent.*

Mais en privé il admettait :

> *Le traité que nous avons rédigé ouvre la voie à une autre guerre dans vingt ans. Imposer de telles conditions à l'Allemagne ne peut conduire qu'à deux choses : l'Allemagne ne va pas se conformer au traité et il y aura une autre guerre.*

D'ailleurs, Lord Curzon avait un point de vue semblable :

> *Cela n'apportera pas la paix, c'est seulement une trêve de vingt ans.*

Quant au Président Wilson, il déclara :

> *Si j'étais allemand, je ne pense pas que j'aurais signé cet accord.*

Que les politiciens fussent ou non pleinement conscients des conséquences désastreuses du Traité de Versailles est secondaire car c'était les « conseillers » agissant dans leur dos qui décidaient réellement ! Le groupe de banquiers qui avait accompagné Wilson à Paris se composait du conseiller financier principal Paul Warburg, de Morgan et son avocat Frank L. Polk, d'un associé principal de Morgan, Thomas Lehman, de Bernard Baruch (de la Société du financement de la guerre), ainsi que des frères Dulles (dont l'un deviendrait directeur de la CIA et l'autre ministre des Affaires étrangères d'Eisenhower).

Sir Philip Sassoon, un descendant direct des Rothschild, accompagnait le Premier ministre britannique. George Mandel, de son vrai nom Louis George Rothschild, accompagnait le Premier ministre français, Clemenceau.

Le représentant de la délégation allemande était le frère de Paul, Max Warburg.

Lorsque les banquiers internationaux se réunirent à Paris, le « père fondateur d'Israël », le baron Edmond de Rothschild, les accueillit chaleureusement et reçut les personnages importants de la délégation des États-Unis dans son luxueux hôtel particulier parisien. La conférence de paix de Paris vit un véritable défilé de banquiers internationaux. Après la moisson récoltée grâce à la Première Guerre mondiale, ils semèrent facilement les graines de la seconde.

La « tonte des moutons » et la récession agricole des États-Unis en 1921

> « Le 1er septembre 1894, nous ne renouvellerons nos prêts sous aucun prétexte. Le 1er septembre, nous réclamerons notre argent. Nous saisirons les biens et deviendrons des créanciers hypothécaires. Nous pourrons également prendre les deux tiers des fermes à l'ouest du Mississippi, ainsi que des milliers d'exploitations agricoles à l'est du Mississippi, au prix que nous fixerons... Nous pourrons aussi bien posséder les trois quarts des fermes de l'Ouest et l'argent du pays. Ainsi, les fermiers deviendront des locataires, comme en Angleterre... »
> Association des Banquiers américains, 1891, tel que retranscrit dans les archives du Congrès US, le 29 avril 1913.

Dans le jargon du petit monde de la haute finance, « tondre les moutons » signifie profiter des opportunités offertes par la prospérité puis la récession économique pour racheter les possessions d'autrui à prix cassé. Lorsque les banquiers disposèrent du pouvoir de battre monnaie, les phases de prospérité et de récession purent être contrôlées avec précision. La « tonte des moutons » équivaut à passer de l'étape du chasseur-cueilleur à l'élevage scientifique à haut rendement.

La Première Guerre mondiale a apporté aux États-Unis une grande prospérité. L'acquisition de matériel de guerre à grande échelle stimula divers secteurs de production et de services. Entre 1914 et 1920, la Réserve Fédérale a injecté beaucoup d'argent dans les circuits économiques. Les taux d'intérêts de la Fed passèrent de 6% en 1914 à 3% en 1916, et restèrent à ce niveau jusqu'en 1920.

Afin de fournir les prêts aux Alliés en Europe, les banquiers entreprirent de lever des obligations à grande échelle, par quatre fois, en 1917 et en 1918, connues sous le nom de « *Liberty Bond* », dont les intérêts oscillaient entre 3,5% et 4,5%. Le but de l'émission de ces obligations fut d'absorber l'excédent de crédit et d'argent en circulation.

Pendant la guerre, le salaire des ouvriers augmenta, de même que le prix des denrées agricoles. Globalement, la situation économique de la classe ouvrière s'améliora. Au moment de l'armistice, les agriculteurs avaient gagné beaucoup d'argent, qui échappait au contrôle de Wall Street. Par tradition, les agriculteurs du Middle West conservaient ordinairement leur épargne dans les banques locales.

Ces petites et moyennes banques étaient généralement opposées aux banquiers internationaux et ne faisaient pas partie du système de Réserve Fédérale, pas plus qu'elles ne soutenaient les prêts de guerre à l'Europe. Les grosses banques new-yorkaises attendaient depuis longtemps une occasion d'infliger une correction à ce troupeau de rustres, qui s'ajoutait à celui des agriculteurs, et elle se prépara à « tondre les moutons ». Wall Street appliqua comme technique ce que l'on pourrait appeler « lâcher la bride à dessein pour mieux récolter ensuite ».

C'est l'origine du *Federal Farm Loan Board*, le conseil fédéral aux prêts agricoles, qui visait à encourager les agriculteurs à investir leur argent durement gagné dans l'achat de nouvelles terres. Cet organisme se chargerait de l'octroi de prêts à long terme, ce que les agriculteurs souhaitaient à l'époque. Un grand nombre d'entre eux contractèrent des prêts à long terme auprès des banquiers internationaux et s'acquittèrent en sus d'une mise de fonds initiale importante. À ce stade, les agriculteurs ne savaient pas qu'ils venaient de tomber dans un piège minutieusement conçu.

En avril, mai, juin et juillet 1920, le secteur de l'industrie et du commerce bénéficia de crédits supplémentaires pour l'aider à traverser le prochain resserrement du crédit. Seules les demandes des agriculteurs furent rejetées. C'était un plan bien pensé par Wall Street : une « démolition contrôlée », ou encore une « explosion dirigée », visant à piller la richesse des agriculteurs et à détruire les petites et moyennes banques qui avaient refusé d'obéir à la Réserve Fédérale. Owen, le président de la Commission bancaire et des finances du Sénat, vint témoigner, en 1939, lors des auditions monétaires du Sénat. Il déclara :

> *Au début de l'année 1920, les agriculteurs étaient extrêmement prospères. Ils remboursaient leurs emprunts fonciers, achetaient beaucoup de nouvelles terres à la demande du gouvernement — ils avaient emprunté l'argent pour le faire — et ils ont ensuite*

> été mis en faillite par une contraction brutale du crédit et de la monnaie au cours de cette même année. Ce qui s'est produit en 1920 était exactement l'inverse de ce qui aurait dû se produire.[121]

En raison des excès de crédits induits par la guerre, le Conseil des gouverneurs de la Réserve Fédérale tint une réunion à huis clos le 8 mai 1920. Leurs discussions durèrent toute la journée. Le rapport de la réunion comportait soixante pages, qui figurent dans le document sénatorial du 19 février 1923. Les directeurs de Classe A — les membres du *Board* — y participaient, mais les directeurs de Classe B, qui représentaient les entreprises, les commerces et les agriculteurs, ne furent pas invités, pas plus que les directeurs de Classe C, qui représentaient la population américaine.

Seuls les banquiers les plus importants participèrent à cette réunion, qui eut pour conséquence un resserrement du crédit, et conduisit, l'année suivante, à une réduction du revenu national de quinze milliards de dollars. Des millions de personnes se retrouvèrent au chômage et la valeur globale des terres agricoles baissa de vingt millions de dollars. Le ministre des Affaires étrangères de Wilson résuma en une phrase la racine du problème :

> *La Réserve Fédérale devrait être la plus grande protectrice des agriculteurs, mais en fait, elle est son pire ennemi. Le resserrement du crédit aux agriculteurs est un crime prémédité.*[122]

Après avoir « tondu » les agriculteurs, les petites et moyennes banques du Middle West furent éliminées et la Fed entama un assouplissement monétaire.

La conspiration des banquiers de 1927

Avec le soutien conjoint de l'entreprise de Morgan et de *Kuhn, Lœb & Co.*, Benjamin Strong accéda à la présidence de la Banque de réserve

---

[121] *Ibid.*, chapitre 9.

[122] *Hearst Magazine*, novembre 1923.

fédérale de New York. Avec Montagu Norman, le président de la Banque d'Angleterre, il fut l'un des principaux responsables de la fièvre spéculative, en manipulant les taux d'intérêt, qui mena à la récession économique mondiale de 1929. Les deux grands-pères de Norman avaient tous deux présidé la Banque d'Angleterre. Dans son livre *La Politique monétaire*, Brian Johnson a écrit :

> *Strong et Norman, amis intimes, passaient leurs vacances ensemble dans le Sud de la France. La politique d'argent facile menée par Strong sur le marché monétaire new-yorkais, entre 1925 et 1928, se traduisit par la mise en œuvre de l'accord qu'il avait passé avec Norman et qui consistait à maintenir les taux d'intérêt à New York en dessous de ceux de Londres. Au nom de la coopération internationale, Strong refusa la main stabilisatrice qu'auraient permis des taux d'intérêts élevés à New York, jusqu'à ce qu'il fût trop tard. À New York, l'argent facile avait encouragé l'apparition du boom économique de la fin des années vingt, accompagné d'une incroyable et vertigineuse spéculation.*[123]

En 1928, les Auditions de stabilisation économique de la Chambre des représentants,[124] menées dans le cadre d'une enquête approfondie conduite par Louis Thomas McFadden, aboutirent à la conclusion suivante : les banquiers internationaux ont manipulé les flux de l'or pour provoquer des crises aux États-Unis. L'extrait qui suit de ces auditions de 1928 est assez explicite :

« PRÉSIDENT Mc FADDEN : Nous direz-vous brièvement comment ce sujet (en référence à la baisse des taux de l'été 1927) fut amené au Conseil des Gouverneurs de la Réserve Fédérale et quelles étaient les influences qui eurent un impact sur la décision finale ?

GOUVERNEUR ADOLPH MILLER : Vous posez une question à laquelle il m'est impossible de répondre.

PRÉSIDENT Mc FADDEN : Peut-être puis-je la clarifier ? D'où venait cette suggestion qui a provoqué la décision de changer les taux l'été dernier ?

GOUVERNEUR ADOLPH MILLER : Les trois plus grosses banques

---

[123] Brian Johnson, *The Politics of Money* (McGraw Hill, New York, 1970), p. 63.

[124] *The House Stabilization Hearings of 1928.*

centrales d'Europe avaient envoyé des représentants dans notre pays. Il y avait le gouverneur de la Banque d'Angleterre [Montagu Norman], M. Hjalmar Schacht [Reichsbank] et le Pr Rist, vice-gouverneur de la Banque de France. Ces messieurs étaient en conférence avec les officiels de la Banque de réserve fédérale de New York. Au bout d'une semaine ou deux, ils ont fait une apparition à Washington pendant une grande partie de la journée. Ils sont arrivés un soir et, le lendemain, ils furent reçus par les gouverneurs du Board, puis, dans l'après-midi, ils repartirent pour New York.

PRÉSIDENT Mc FADDEN : Les membres du Board étaient-ils présents à ce déjeuner ?

GOUVERNEUR MILLER : Oh oui ! Celui-ci était offert par les gouverneurs du Board dans le but de nous rapprocher tous.

PRÉSIDENT Mc FADDEN : Était-ce une réunion informelle ou des sujets d'importance y ont-ils été discutés ?

GOUVERNEUR MILLER : Je dirais qu'il s'agissait essentiellement d'une réunion informelle. Personnellement, j'ai eu une longue conversation en privé avant le déjeuner avec le Dr Schacht et également une autre conversation assez longue avec le Pr Rist. Après le déjeuner, j'ai engagé une conversation avec M. Norman, à laquelle s'est joint le Gouverneur Strong de New York.

PRÉSIDENT Mc FADDEN : Était-ce une réunion officielle du Board ?

GOUVERNEUR MILLER : Non.

PRÉSIDENT Mc FADDEN : Était-ce juste une discussion informelle sur les sujets qui avaient été discutés à New York ?

GOUVERNEUR MILLER : Je le suppose. C'était principalement des relations sociales. Ce que j'ai dit relevait essentiellement de généralités. Les chefs de ces banques centrales s'exprimaient, eux aussi, en termes généraux.

M. KING : Que voulaient-ils ?

GOUVERNEUR MILLER : Ils répondaient très franchement aux questions. Je voulais avoir une discussion avec M. Norman et nous sommes tous deux restés après le déjeuner. Nous avons été rejoints par les autres représentants étrangers et les responsables de la Banque de réserve fédérale de New York. Ces messieurs étaient tous assez préoccupés par le fonctionnement de l'étalon-or. Ils désiraient donc voir baisser légèrement le marché monétaire à New York, avec des taux plus bas, dissuadant ainsi les déplacements d'or depuis l'Europe vers ce pays. Cela aurait été grandement dans les intérêts de la situation monétaire internationale que l'on connaissait alors.

M. BEEDY : Cela a-t-il abouti à une certaine entente entre les représentants de ces banques étrangères et le Conseil des Gouverneurs de la Réserve Fédérale ou la Banque de réserve fédérale de New York ?

GOUVERNEUR MILLER : Oui.

M. BEEDY : Il n'y a pas eu de compte-rendu officiel ?

GOUVERNEUR MILLER : Non. Il y a eu plus tard une réunion du Comité chargé de la politique sur l'Open Market — le comité de politique d'investissement du système de la Réserve fédérale — qui a émis et reçu certaines recommandations. Ce dont je me souviens est que des titres, pour une valeur de quatre-vingts millions de dollars environ, furent achetés en août conformément à ce plan.

PRÉSIDENT Mc FADDEN : Y a-t-il eu une conférence entre les membres du Comité de l'Open Market et ces banquiers étrangers ?

GOUVERNEUR MILLER : Il se peut qu'ils se soient rencontrés à titre personnel, mais pas en tant que comité.

M. KING : Comment le Comité de l'Open Market arrive-t-il à ses idées ?

GOUVERNEUR MILLER : Ils s'assoient autour d'une table et ils discutent. Je ne sais pas de qui est venue cette idée. C'était l'un de ces moments où l'esprit d'émulation est au travail.

PRÉSIDENT Mc FADDEN : Vous avez donné un aperçu, ici, de négociations d'une très grande importance.

GOUVERNEUR MILLER : Je dirais plutôt de conversations.

PRÉSIDENT Mc FADDEN : Quelque chose de bien défini en est-il sorti ?

GOUVERNEUR MILLER : Oui.

PRÉSIDENT Mc FADDEN : Un changement de politique de tout notre système financier, qui a eu pour résultat une situation des plus inhabituelles à laquelle ce pays ait jamais été financièrement confronté (le boom de la spéculation boursière des années 1927-1929). Il me semble qu'un sujet de cette importance aurait dû faire l'objet d'un compte-rendu à Washington.

GOUVERNEUR MILLER : Je suis d'accord avec vous.

DÉPUTÉ STRONG : N'aurait-il pas été souhaitable que ces pouvoirs donnés au système de la Réserve Fédérale soient utilisés en vue de la stabilisation continue du pouvoir d'achat du dollar américain, au lieu d'être influencés par les intérêts de l'Europe ?

GOUVERNEUR MILLER : Je prends comme une insulte ce terme d—_influence_. Par ailleurs, stabiliser le dollar américain sans stabiliser toutes les autres devises adossées à l'or est impossible. Les devises sont liées entre elles par l'étalon-or. D'autres visiteurs éminents savent se montrer adroits dans l'art d'approcher les gens et notamment le personnel du Conseil des Gouverneurs de la Réserve Fédérale.

M. STEAGALL : La visite de ces banquiers étrangers a-t-elle eu pour conséquence que l'argent fût meilleur marché à New York ?

GOUVERNEUR MILLER : Oui, exactement.

PRÉSIDENT Mc FADDEN : Je voudrais insérer dans ces minutes les noms de tous ceux qui ont participé à ce déjeuner à Washington.

GOUVERNEUR MILLER : En plus des noms que je vous ai donnés, était présent l'un des plus jeunes cadres de la Banque de France. Je pense que tous les membres du Board de la Réserve Fédérale étaient là. Le sous-secrétaire au Trésor Ogden Mills était là, ainsi que le secrétaire-adjoint au Trésor, M. Schuneman, et également deux ou trois hommes du département d'État et M. Warren du département Étranger de lu Banque de réserve fédérale de New York. Oui, le gouverneur Strong était présent.

PRÉSIDENT Mc FADDEN : Évidemment, cette conférence en présence de tous ces banquiers étrangers ne s'est pas tenue par hasard. Qui a suggéré une rencontre avec les banquiers les plus éminents d'Allemagne, de France et d'Angleterre ?

GOUVERNEUR MILLER : Une situation avait été créée qui était nettement embarrassante pour Londres, à cause du retrait imminent d'une certaine quantité d'or que la France récupérait et qui avait été, à l'origine, acheminée et déposée dans la Banque d'Angleterre par le gouvernement français en tant que crédit de guerre. Il s'apprêtait à y avoir assurément quelques tensions en Europe, parce que la France commençait à remettre de l'ordre dans sa maison afin de retourner à l'étalon-or. Cette situation était d'une nature qui nécessitait quelque influence modératrice.

M. KING : Qui était la force motrice ayant fait en sorte de réunir ces *personnes ?*

GOUVERNEUR MILLER : C'est un détail que je ne connais pas.

DÉPUTÉ STRONG : Ne serait-il pas juste de dire que ces collègues qui voulaient l'or étaient les instigateurs de cette réunion ?

GOUVERNEUR MILLER : Ils sont venus chez nous.

DÉPUTÉ STRONG : Le fait est qu'ils sont venus chez nous, qu'ils ont participé à une réunion, qu'ils ont tenu banquet, qu'ils ont parlé, qu'ils ont obtenu que le Conseil des Gouverneurs de la Réserve Fédérale baisse le taux d'escompte pour effectuer des achats sur l'Open Market et qu'ils ont obtenu l'or.

M. STEAGALL : Est-il exact que cette action a stabilisé les devises européennes et affecté la nôtre ?

GOUVERNEUR MILLER : Oui, cette action a été menée dans cette intention. »

Les banquiers européens et ceux de la Banque de réserve fédérale de New York se réunirent donc secrètement pendant une semaine, mais restèrent à peine un jour à Washington et, qui plus est, pour des mondanités ! On le voit, la Banque de réserve fédérale de New York pilotait en fait toutes les opérations de la Fed, et le Conseil des gouverneurs à Washington n'était là que pour le décor. Cette réunion confidentielle eut comme conséquence politique un afflux d'or de 500 millions de dollars vers l'Europe. Il n'existe aucune trace de cette décision, mais elle peut se déduire de la position des sept gouverneurs.

L'éclatement de la bulle en 1929 : une nouvelle « tonte des moutons »

> « La Fed est largement responsable [de l'ampleur de la crise de 1929]. Au lieu d'user de son pouvoir pour compenser la crise, elle réduisit d'un tiers la masse monétaire entre 1929 et 1933, nous plongeant ainsi dans la récession. »[125]
>
> Milton Friedman.

---

[125] Voir « Milton Friedman, *Two lucky people: Memoirs* » [n.d.e.].

Après cette réunion secrète, la Banque de réserve fédérale de New York passa immédiatement à l'action et baissa les taux d'intérêts de 4% à 3,5%. En 1928, elle avait distribué 60 milliards de dollars au bénéfice des banques membres, et ces dernières avaient utilisé leurs billets à ordre de quinze jours comme garantie. Si l'on changeait tout cet argent en or, cela équivaudrait à six fois la quantité d'or en circulation dans le monde !

User de cette méthode pour accorder des dollars coûtait 33 fois plus cher que tout l'argent émis sur le marché avec l'achat de bons du Trésor ! Encore plus consternant, en 1929, la Banque de réserve fédérale de New York distribua à ses banques membres la somme de 58 milliards de dollars ![126]

À cette époque, la bourse de New York permettait aux traders de ne verser que 1% du prix des actions qu'ils achetaient, le reste de la somme étant fourni par des prêts bancaires. Lorsque les banques qui tenaient entre leurs mains un énorme crédit rencontrèrent les courtiers avides et affamés, ce fut le coup de foudre. Les banques pouvaient emprunter des sommes à la Banque de réserve fédérale de New York au taux de 5%, prêtées à nouveau aux courtiers à 12%, dégageant ainsi une superbe marge de 7%.

À ce moment, le marché boursier de New York ne pouvait que monter en flèche. Dès lors, aux États-Unis, du Nord au Sud et d'Est en Ouest, les gens étaient encouragés à investir toutes leurs économies dans les actions. Même les politiciens de Washington furent mobilisés par Wall Street.

Le ministre des Finances, Mellon, s'adressa à la population dans un discours officiel pour leur assurer que la bourse de New York pouvait encore largement monter ; et le Président Coolidge prononça également un discours, écrit par les banquiers et adressé à toute la nation, pour la persuader qu'acheter des actions était très sûr.

En mars 1928, quand le *Board* répondit aux questions du Sénat à propos des prêts trop élevés accordés aux courtiers, voici quelle fut sa réponse :

---

[126] *Archives du Congrès*, 1932.

> *Ce n'est pas évident de parler de cela, mais nous sommes convaincus qu'ils (les courtiers) ont tendance à être sûrs et prudents.*

Le 6 février 1929, Montagu Norman, de la Banque d'Angleterre, se rendit de nouveau secrètement aux États-Unis et la Fed commença à abandonner la politique monétaire entamée en 1927. Les banquiers anglais semblaient se préparer à un événement majeur. Le retournement économique aux États-Unis allait bientôt se produire.

En mars 1929, à l'occasion de la réunion annuelle de sa Banque d'Acceptation Internationale, le parrain de la finance Paul Warburg avertit les actionnaires :

> *Si l'on permet aux orgies de spéculation effrénée de se propager, l'effondrement ultime affectera certainement non seulement les spéculateurs eux-mêmes, mais entraînera aussi une crise générale impliquant l'ensemble du pays.*[127]

Paul avait gardé le silence durant trois années de « spéculation effrénée » et lançait tout d'un coup un avertissement sévère. Compte tenu de son influence et de son statut, le *New York Times* relaya son discours, provoquant la panique sur le marché. La dernière condamnation à mort du marché boursier datait du 20 avril 1929 ; ce jour-là, le New York Times publiait en une un message important :

> *Le Comité consultatif de la Fed se réunit à la hâte. Une atmosphère de mystère enveloppe ses débats à Washington. Des résolutions ont été adoptées par le comité et transmises au Conseil des gouverneurs, mais leur but a été jalousement gardé. Une atmosphère de profond mystère a entouré les débats, tant ceux du Board que ceux du Comité consultatif. Tous les efforts ont été faits, lors de cette session extraordinaire, pour protéger la confidentialité des débats. Des réponses évasives ont été données aux correspondants du journal.*[128]

Le 9 août 1929, la Fed augmenta ses taux d'intérêts jusqu'à 6%, suivie par la Banque de réserve fédérale de New York qui augmenta

---

[127] Eustace Mullins, *op. cit.*, chapitre 12.

[128] *New York Times*, 20 avril 1929.

ceux des courtiers, les faisant passer de 5 à 20%. Les spéculateurs furent immédiatement pris au piège et n'eurent d'autre issue que d'essayer de s'échapper de la Bourse. La situation sur le marché s'aggrava, comme un fleuve qui sort de son lit. En novembre et décembre, les ordres de vente balayèrent l'ensemble du marché boursier, et 160 milliards de dollars partirent en fumée. Un courtier de Wall Street a donné l'explication suivante :

> *En réalité, il s'agissait de la tonte calculée du public par les puissances monétaires mondiales, déclenchée par la brusque pénurie programmée de l'offre monétaire à très court-terme sur le marché monétaire de New York.*[129]

Essayant de panser les blessures dont souffrait le pays, le *New York Times* du 4 juillet 1930 déplora :

> *Les cours des matières premières sont revenus à leurs niveaux de 1913. Les salaires ont été réduits par l'excédent d'offre de main-d'œuvre que constituent les quatre millions de chômeurs. Le contrôle de Morgan sur le Système de la Réserve Fédérale s'exerce à travers son contrôle de la Banque de réserve fédérale de New York, ainsi que par la représentation médiocre et la connivence du Board de la Réserve Fédérale à Washington.*

Ces bonnes paroles n'empêchèrent pas Wall Street de continuer à éliminer toute dissidence au moyen de la crise financière : entre 1930 et 1933, 8812 banques firent faillite, dont la majeure partie avait essayé de tenir tête aux cinq grandes banques de New York.

La planification de la Grande dépression

Il ne fait aucun doute que le krach boursier de 1929 fut décidé lors de la réunion secrète tenue en 1927. À New York, les taux d'intérêts furent maintenus artificiellement bas, et ceux de Londres délibérément élevés, produisant un mouvement de l'or des États-Unis vers l'Angleterre et facilitant le rétablissement de l'étalon-or dans ce pays et d'autres de la vieille Europe.

---

[129] Col. Curtis Dall, *F.D.R. My Exploited Father-in-Law* (Liberty Lobby, 1970).

En fait, les financiers européens savaient depuis longtemps que piller les richesses par l'inflation était un moyen plus efficace de faire des profits que par le revenu des intérêts générés par le crédit. En établissant l'or et la liberté de convertir des billets dans ce métal comme pierres angulaires de la distribution monétaire, les banques limitaient leur propre capacité à se servir de l'inflation.

Une question peut alors se poser : pourquoi le secteur financier européen représentant les banquiers anglais a-t-il rétabli l'étalon-or à ce moment précis, apparemment contre son intérêt ?

La réponse vient de ce que les banquiers internationaux jouaient une partie d'échecs en plusieurs coups. La Première Guerre mondiale s'était soldée par une défaite de l'Allemagne, dont les énormes réparations de guerre ne pouvaient être assumées par les banques Rothschild ou Warburg, lesquelles cherchaient de toute façon à s'enrichir aux dépens des nations.

Le premier coup de ce jeu d'échecs consistait donc à pousser les banques allemandes à lancer l'inflation, ce hachoir à viande de la richesse, pour piller rapidement l'épargne des Allemands. C'était la première fois de son histoire que l'humanité était confrontée à l'hyper-inflation. Entre 1913 et 1918, pendant la guerre, la masse monétaire en Allemagne fut multipliée par 8,5 et le mark allemand se déprécia seulement de 50% face au dollar.

Dès 1921, la tendance de la banque centrale allemande fut de battre monnaie sans retenue ni discernement. Par rapport à 1918, l'émission monétaire fut multipliée par cinq en 1921, par 10 un an plus tard et par 72 530 000 en 1923. À partir d'août 1923, les prix atteignirent des chiffres astronomiques, un bout de pain ou un timbre coûtait cent milliards de marks. Le salaire quotidien des ouvriers devait être versé deux fois par jour car il était dépensé en une heure.[130]

Les banquiers allemands firent un massacre avec l'épargne des classes moyennes, laissant un grand nombre de personnes sans ressources, plantant profondément les graines de la haine contre les banquiers juifs et jetant les bases de l'arrivée des nazis au pouvoir. Les souffrances des Allemands furent plus profondes encore que celles des Français après la guerre franco-prussienne, et les conditions d'une guerre encore plus tragique étaient posées dès 1923. Quand il ne resta

---

[130] Glyn Davies, *op. cit.*, p. 575.

quasiment plus rien des économies des Allemands, le mark se stabilisa. Sous la régulation des banquiers internationaux, l'or des Américains devint la bouée de sauvetage de la monnaie allemande.

Au second coup d'échecs, ce fut au tour des banquiers anglais de déployer leur talent. Pendant la Première Guerre mondiale, les Allemands attaquaient fréquemment avec leurs sous-marins, ce qui clouait dans les ports les navires anglais transportant de l'or, obligeant la Banque d'Angleterre à stopper temporairement l'échange de ce métal, l'étalon-or de la livre n'en ayant que le nom.

En 1924, Churchill devint « Chancelier de l'Échiquier » (ministre des Finances britannique). N'ayant pas d'affinités avec la finance, et sous les clameurs des banquiers londoniens, il s'apprêta à rétablir l'étalon-or. Churchill voulait ainsi défendre la position d'autorité de la livre sterling dans la finance mondiale.

Le 13 mars 1925, la loi du *Gold Standard Act* fut votée. Le Royaume-Uni était affaibli à cause des efforts de guerre. Son économie moins puissante que celle des États-Unis avait perdu son statut dominant, même en Europe. Le retour à l'étalon-or allait conduire à une livre forte, mais aussi à une perte de compétitivité du commerce extérieur britannique, et dans le même temps à une baisse des prix dans le pays, une diminution des salaires, une augmentation significative du taux de chômage et encore d'autres conséquences économiques.

Le grand maître que fut John Maynard Keynes est apparu à cette époque. Lors du Traité de Versailles en 1919, il représentait le Trésor britannique et s'opposa aux conditions sévères imposés à l'Allemagne, se disant prêt à démissionner en signe de protestation. Il plaida pour l'abolition de l'étalon-or, adoptant ainsi une position incompatible avec celle des banquiers londoniens.

Quand la Commission McMillan enquêta sur la faisabilité de l'étalon-or, Keynes, peu enthousiaste, insista sur les inconvénients d'un tel système, qu'il percevait comme « une relique barbare », une contrainte pesant sur le développement économique. Montagu Norman, de la Banque d'Angleterre, ne recula pas et insista sur le fait que l'étalon-or était indispensable aux banquiers honnêtes, peu importe le poids du fardeau et à quel point l'industrie serait handicapée.

Cela n'améliora pas la crédibilité des banquiers londoniens. Les Britanniques étaient dans une situation aussi tendue que celle des États-Unis. La finance avait mauvaise réputation et, pour l'opinion publique, si elle soutenait quelque chose, c'était sûrement mauvais. Tout le monde fustigeait la vision des banquiers, accusés de ne tenir aucun compte du peuple.

La prophétie de Keynes et le plan des banquiers se réalisèrent tous deux. Après le rétablissement de l'étalon-or, l'économie s'effondra. Le taux de chômage qui était de 3% en 1920 passa à 18% en 1926. Des grèves s'ensuivirent, le chaos politique s'étendit, obligeant le gouvernement britannique à gérer une crise très grave. Et la crise, c'est toujours ce que les banquiers cherchent à provoquer !

Ce n'est qu'en organisant des crises qu'ils peuvent faire passer leurs « réformes financières » et réclamer en urgence des modifications de la loi. Ils parvinrent ainsi à faire passer le *Currency and Bank Notes Act* en 1928. Cette loi permit à la Banque d'Angleterre d'émettre une quantité considérable de billets du Trésor, et ainsi faire sauter le plafond qui lui était imposé.

En effet, la loi de 1844 limitait depuis 84 ans la création monétaire basée sur les obligations à 19,75 millions de livres, le reste des billets émis devant être garanti par les réserves d'or. Utiliser les obligations comme garantie pour émettre la « monnaie de la dette » et contourner ainsi les contraintes de l'or, les banquiers en rêvaient jour et nuit !

Quelques semaines après l'adoption de la loi, la Banque d'Angleterre émit 260 millions de livres adossées à la dette. La nouvelle loi autorisait la Banque d'Angleterre, en cas d'urgence, à émettre sans limite des livres basées sur la dette. Il suffisait que le Trésor et le Parlement approuvent.

[131] Le pouvoir quasi-illimité de la Fed d'émettre de l'argent échut finalement aussi à la Banque d'Angleterre.

Le troisième coup d'échec consista à tondre les moutons une nouvelle fois. Après la réunion secrète de 1927, cinq cents millions de dollars-or furent évacués des États-Unis, en raison de la politique de taux bas. Quand la Fed releva soudainement ses taux d'intérêt en 1929, apparurent un déficit de réserve d'or et l'impossibilité d'étendre efficacement le crédit. Le mouton robuste appelé « USA » fut ébranlé, blessé et perdit beaucoup de sang. McFadden, le président des auditions de stabilisation économique de la Chambre des Représentants, fit la description suivante :

---

[131] *Ibid.*, p. 377.

> *Un État a vendu en un jour 60 000 maisons et fermes. Dans le Michigan, à Oakland, ce sont 71 000 propriétaires et agriculteurs qui ont été contraints de partir. Cela est arrivé dans d'autres régions des États-Unis.*

Dans cette catastrophe économique sans précédent, seuls quelques initiés savaient que la plus incroyable spéculation de l'histoire des États-Unis allait bientôt s'achever ; au moment opportun, ils vendirent toutes leurs actions et acquirent des obligations d'État. Ces rares initiés entretenaient des relations étroites avec les Rothschild. Les personnes extérieures à ce cercle ne furent pas épargnées, pas même les très riches.

Ce cercle comprenait J. P. Morgan et *Kuhn, Læb & Co.*, ainsi que des « clients privilégiés » triés sur le volet, comme les banques partenaires et des industriels célèbres, des politiciens importants et des dirigeants de pays amis. Quand le banquier Morrison démissionna de la Réserve Fédérale, on put lire dans un article de Newsweek daté du 30 mai 1936 :

> *L'opinion générale est que le Board de la Réserve Fédérale a perdu un homme de valeur. Celui-ci avait vendu à Insull ses actions des services publics du Texas pour dix millions de dollars, puis, en 1929, il convoqua une réunion et ordonna à ses banques de liquider tous les prêts qu'elles avaient consentis sur leurs titres, au plus tard le 1er septembre. En conséquence de quoi, ils traversèrent la crise haut la main.*[132]

Les biens de Joe Kennedy furent multipliés par 25, passant de quatre millions en 1929 à cent millions en 1935. Bernard Baruch vendit toutes ses actions et acquit des obligations d'État. Henry Morgenthau, quelques jours avant le mardi noir (le 29 octobre 1929), se précipita chez *Bankers Trust* et ordonna que sa compagnie soit vendue dans les trois jours pour soixante millions de dollars. En pleine confusion, ses hommes recommandèrent qu'il se dégage dans un délai de quelques semaines, car il pourrait ainsi gagner encore cinq millions de dollars. Furieux, Morgenthau rétorqua : « Je ne viens pas ici pour discuter avec vous. Faites ce que je vous dis de faire ! »

Plusieurs décennies après les faits, il paraît légitime d'être admiratif devant l'intelligence planificatrice de ces banquiers ! Ils constituaient

---

[132] *Newsweek*, 30 mai 1936.

sans aucun doute le groupe sociologique le plus rusé de l'Histoire ! Ces calculs et ces combines d'une précision sans pareil, ce culot et cette absence de scrupules pour jouer avec le monde, tout cela est tout bonnement incroyable !

Encore aujourd'hui, la plupart des gens ne parviennent pas à admettre que leur sort repose entre les mains d'une poignée de banquiers. Ces derniers, quand ils eurent tondu assez de laine, estimèrent que la monnaie bon marché de Keynes pouvait devenir la nouvelle moissonneuse de richesse. Une nouvelle saison des récoltes s'ouvrait sous les auspices du *New Deal*...

5

LES DESSOUS DU NEW DEAL

> « *Lénine avait certainement raison. Il n'y a pas de moyen plus subtil et plus sûr de bouleverser la base actuelle de la Société que de corrompre la circulation monétaire. Le procédé range toutes les forces cachées des lois économiques du côté de la destruction, et cela d'une façon que pas un homme sur un million ne peut prévoir.* »
>
> John Maynard Keynes.[133]

Keynes avait pour habitude de dire que l'or était une « relique barbare ». Ce point de vue largement partagé l'est également en Chine, où il est minutieusement étudié. On peut néanmoins se poser des questions sur ce que Keynes avait vraiment derrière la tête pour se mettre à dénigrer l'or de cette manière. S'il s'opposait fermement à l'inflation, comment a-t-il pu devenir l'ennemi juré de ce métal précieux entre tous ?

De son côté, Alan Greenspan, à 40 ans, était toujours un défenseur inébranlable de l'étalon-or. Il ne commença à esquiver le sujet qu'après avoir été nommé président de la Réserve Fédérale. Alors qu'en 2002, il admettait toujours que « l'or est le moyen de paiement ultime », c'est en simple spectateur qu'il assista aux manœuvres des banquiers centraux pour réprimer le prix de l'or dans les années 1990.[134] Pourquoi

---

[133] John Maynard Keynes, *Les conséquences économiques de la paix*, (Éditions de la Nouvelle Revue française, Paris, 1920).

[134] En anglais « Gold Price Suppression » est systématiquement traduit en français par « suppression du prix de l'or ». En fait, il s'agit d'« étouffer la hausse du cours de l'or », par des ventes d'or massives à découvert, afin de maintenir le rôle du dollar en tant que devise de réserve mondiale. Mais la Chine ne l'entend pas de cette oreille, puisqu'elle souhaite faire du renminbi (le yuan), dès 2015, une nouvelle devise de réserve mondiale adossée, au moins en partie, à l'or. Cela explique certainement pourquoi les importations d'or de la Chine sont en progression constante [n.d.e.].

un tel rejet de l'or de la part des banquiers et des théoriciens à leur solde ? Et pourquoi la théorie de la monnaie bon marché de Keynes fut-elle favorisée ?

Durant les 5000 dernières années de l'humanité, quels que soient le pays, l'époque, la religion ou l'ethnie, l'or a été universellement reconnu comme la forme ultime de richesse. Cette conscience profondément enracinée ne peut être abolie par des petites phrases comme « l'or est une relique barbare », que ce soit Keynes ou n'importe qui d'autre qui les prononce.

Lorsque le peuple est pessimiste sur les politiques gouvernementales et la situation économique, il peut choisir de changer ses billets contre de l'or, et attendre que la situation s'améliore. La liberté de convertir ses billets de banque en or est la pierre angulaire la plus élémentaire de la liberté économique. C'est la base de la démocratie et de toutes les formes de liberté. Quand le gouvernement prive les gens du pouvoir de changer leurs billets contre de l'or, il les prive de leur droit le plus élémentaire.

Les banquiers sont très clairs à ce sujet : l'or n'est pas un métal précieux ordinaire. Tout au contraire, c'est probablement le sujet économique le plus sensible. L'histoire humaine a profondément souffert de ce « métal politique ». Quiconque ne gérait pas correctement la question de l'or provoquait des tourmentes financières dans le monde. Dans des conditions normales, l'abolition de l'étalon-or ne peut conduire qu'à des troubles sociaux, voire à une révolution.

Les gens n'acceptent de renoncer temporairement à leurs droits que dans des cas extrêmes, ce qui explique pourquoi les banquiers ont besoin de crises graves. Sous la menace d'une crise et d'une récession, les gens sont plus enclins aux compromis, l'unité est plus susceptible d'être brisée, l'opinion publique est plus aisément induite en erreur, la focalisation du regard social se disperse, et la stratégie des banquiers a plus de chances d'être couronnée de succès. De ce fait, la crise a été utilisée à plusieurs reprises dans l'Histoire par les banquiers comme une arme redoutable contre le gouvernement et le peuple.

La crise économique qui débuta en 1929 fut pilotée par les banquiers et selon leurs propres règles. Elle préparait le terrain à la finalisation de leur grand projet d'abolition de l'étalon-or, difficile à obtenir dans des circonstances normales, et ouvrant la voie au financement et à l'accomplissement de la Seconde Guerre mondiale dix ans plus tard.

L'argent bon marché de Keynes

John Maynard Keynes connaissait déjà le potentiel destructeur de l'inflation quand il participa pour la commission britannique à la Conférence de paix devant aboutir, en 1919, au Traité de Versailles.

Dans *Les conséquences économiques de la paix*, ouvrage paru la même année et qui le rendit immédiatement célèbre, il prévoyait une hyper-inflation extrêmement destructrice à venir en Allemagne comme conséquence principale des conditions imposées à ce pays par les vainqueurs. À partir de 1923, les faits ont magistralement vérifié ses propos. Alan Greenspan, dans *L'or et la liberté économique*, était sensiblement du même avis :

> *En l'absence de l'étalon-or, il n'existe aucun moyen de protéger l'épargne contre la confiscation à travers l'inflation. Il n'y a aucune réserve de valeur sûre. [...]*
> *Voilà le secret éculé des diatribes des partisans de l'État providence contre l'or. Le déficit budgétaire n'est rien d'autre qu'une combine pour confisquer la richesse. L'or se dresse sur le chemin de ce processus insidieux. Il se dresse comme protecteur du droit à la propriété. Si l'on saisit cela, on n'a aucune peine à comprendre l'hostilité des étatistes envers l'étalon-or.*[135]

Greenspan le disait lui-même : l'étalon-or agit comme un frein puissant contre les dynamiques inflationnistes. En cohérence avec leurs points de vue théoriques, Keynes et Greenspan auraient dû être de fervents défenseurs de l'étalon-or. Alors pourquoi le premier l'a-t-il rabaissé à une relique barbare et le second, après son ascension, a-t-il cessé de rappeler le statut de l'or comme monnaie d'échange ?

Pour Greenspan, on peut considérer que son silence relevait simplement de l'autocensure carriériste. Quand il est tombé dans les bras de la banque *J. P. Morgan* et qu'il est devenu membre de son conseil d'administration — ainsi que d'autres banques de Wall Street –, il a commencé à comprendre que le monde de la finance possédait ses propres règles.

---

[135] Alan Greenspan, « Gold and Economic Freedom », 1966, cité dans *Capitalism: The Unknown Ideal* (Signet, 1967).

Et quand les projecteurs se sont braqués sur lui, il était probablement le seul à comprendre que la Fed monopolisait le véritable pouvoir décisionnel. En 2002, lors d'une audition au Congrès conduite par le député Ron Paul, Greenspan affirma qu'il n'avait pas trahi son point de vue depuis 1966, qu'il pensait que l'or était toujours « le moyen de paiement ultime », et que la Fed ne reproduisait qu'une simulation du système de l'étalon-or.

Les origines complexes de Keynes

La situation de Keynes était différente de celle de Greenspan. Le célèbre économiste et théoricien politique américain Murray Rothbard a donné une description approfondie des traits de personnalité de Keynes. Selon lui, Keynes était extrêmement égocentrique, dédaigneux envers l'élite dirigeante anglaise, qu'il estimait surclasser, et méprisant envers la morale sociale, ce qui eut un impact direct sur son système de pensée.

La société secrète des *Cambridge Apostles* eut une grande influence sur lui. Dans les universités anglo-saxonnes américaines et européennes, les fraternités d'étudiants ne sont pas simplement, comme on pourrait le croire, des associations festives ou culturelles. Ces organisations ésotériques se fixent des missions quasi-religieuses et certaines existent depuis plus d'un siècle.

Leur noyau est composé de membres élitistes qui conservent entre eux d'étroites relations à vie et constituent ainsi des groupes d'intérêts indestructibles noyautant la classe dirigeante occidentale. Les « Apôtres de Cambridge » sont formés de douze des meilleurs élèves issus du *Trinity College* et du *King's College*. Ces personnes sont non seulement très intelligentes, mais également éminentes, car elles seront appelées à faire partie de la classe dirigeante britannique.

Ils se réunissent secrètement tous les samedis et discutent de philosophie, de beaux-arts, de politique, de commerce. Ils ont des règles et des interdictions strictes, méprisent la morale ordinaire de la société, pensent non seulement être dotés des cerveaux les plus brillants du monde mais aussi qu'ils sont nés pour le gouverner. Et ils s'inculquent mutuellement cette croyance. Voici ce que Keynes écrivait à l'un de ses Frères [Giles Lytton Strachey — n. d. e.] :

> *Est-ce de la monomanie, cette supériorité morale colossale que nous ressentons ? J'ai le sentiment que la plupart des autres [du*

> *monde extérieur aux Apôtres] ne voient jamais rien du tout — ils sont trop stupides ou trop pervers.*[136]

Dans ce cercle de Cambridge, aux côtés de Keynes et du célèbre philosophe Bertrand Russel, on comptait également le baron de Rothschild et d'autres géants de la finance. Après avoir quitté l'université, tous ceux qui avaient participé aux réunions secrètes des Apôtres de Cambridge étaient appelés « les anges » et participaient activement à la sélection des nouveaux apôtres et autres activités.

Plus jeune de quelques années que Keynes, Victor Rothschild représentait la troisième génération des héritiers au titre de baron de Rothschild et il était surtout le petit fils de celui qui avait confisqué le pouvoir d'émission de la monnaie de tout l'Empire britannique : Nathan Rothschild. Victor et Keynes étaient des défenseurs actifs du *Council on Foreign Relations* (CFR) et du *Royal Institute of International Affairs* (RIIA).

Ces deux organisations pouvaient être décrites comme « l'école du parti centriste » des politiciens américains et européens, qui fournissaient un grand nombre de cadres depuis un siècle aux groupes qui se partageaient le pouvoir. Victor Rothschild travailla pendant quelque temps chez *JP. Morgan*, suivant la tradition familiale, et il connaissait très bien le monde de Wall Street.

Il siégeait également au conseil d'administration de la *Royal Dutch Shell*, aux Pays-Bas. En outre, il a exercé de hautes responsabilités dans les services de renseignements britanniques, au MI5, et fait fonction de conseiller à la sécurité du Premier ministre, Margaret Thatcher. Son oncle, le baron Edmond de Rothschild, était connu comme le « Père d'Israël ».

Grâce à l'introduction et au soutien de Victor, ainsi qu'à son acuité personnelle, Keynes flaira rapidement que les théories de l'inflation de la dette et de la « monnaie bon marché » montraient la direction que les banquiers recherchaient avec persévérance. Keynes était rarement mal à l'aise dans ses petits mensonges politiques car il ne se sentait pas concerné par le code éthique des gens ordinaires. Il inventait régulièrement des informations pour confirmer sa philosophie économique. Comme le souligne Murray Rothbard :

---

[136] Murray N. Rothbard, *Keynes, the Man* (Ludwig von Mises Institute, 2010), p. 15.

> Les principes ne pouvaient que restreindre sa capacité à saisir les occasions au moment opportun et entraver son désir de pouvoir. Il était donc prêt à abandonner ses croyances et à changer d'avis comme de chemise, en fonction des circonstances.[137]

Keynes comprit vite que si un économiste voulait que sa doctrine devienne une école de pensée, il lui fallait obtenir des soutiens. Il devait donc réunir des gourous de la finance et de la politique, non seulement derrière lui pour le financer mais aussi sur le devant de la scène pour l'applaudir. En un mot, il fallait que des personnalités influentes le soutiennent.

Après avoir repéré dans quel sens soufflait le vent de l'Histoire, il déploya son vrai talent : son éloquence et sa force de conviction. Avec d'anciens économistes prestigieux comme Adam Smith, Ricardo et Marshall, l'université de Cambridge pouvait prétendre être le berceau mondial de la théorie économique. Keynes se trouvait dans une position très favorable pour devenir le successeur de Marshall.

En 1936, fut publiée son œuvre majeure : *Théorie générale de l'emploi, de l'intérêt et de la monnaie*. Les banquiers eurent tout de suite le coup de foudre pour cet économiste qui analysait leurs pensées avec autant de subtilité. Keynes était convaincu que sa réflexion sur la monnaie bon marché obtiendrait un grand succès auprès des banquiers et des politiciens.

Il commença par opposer deux camps antagonistes, celui de la théorie économique moderne, qu'il représentait, et celui de la théorie traditionnelle. Puis il alla un peu plus loin en affirmant que sa « bible » économique incompréhensible « ne pouvait être comprise que par des jeunes économistes de moins de trente ans ».

Cette affirmation fut immédiatement saluée par les jeunes économistes, et Paul Samuelson, fou de joie de ne pas avoir encore trente ans, se confia dans une lettre à un ami : « C'est vraiment bien la jeunesse ! » Mais ce Samuelson admit également que la *Théorie générale de l'emploi* « était un livre mal écrit, mal organisé. [...] Il abonde d'âneries et de confusions. »[138]

---

[137] *Ibid.*, p. 25.

[138] *Ibid.*, p. 38.

Les chercheurs américains s'accordent généralement à penser que si ce livre avait été écrit au fin fond du Middle West, il aurait eu des difficultés à être publié, et encore plus à entrer dans l'Histoire.

Le Président Hoover : un reflet vide dans le miroir

L'élection présidentielle coïncida avec la récession économique. 13 millions de sans-emploi et un taux de chômage de 25%, donnant des sueurs froides au président sortant, Herbert Hoover. Celui-ci ne répliqua pas vraiment à son adversaire, Franklin Delano Roosevelt, le candidat du Parti démocrate, lorsque ce dernier se mit à fustiger tout son bilan économique depuis 1928, ainsi que sa trop grande proximité avec Wall Street. Toutefois, il exposa ses pensées dans un mémorandum :

> *Quand j'ai répondu à la déclaration de Roosevelt, qui avait dit que j'étais responsable de la marée spéculative, je me suis demandé maintes et maintes fois si je devais lever le voile sur la Fed qui avait mis intentionnellement en œuvre une politique inflationniste, entre 1925 et 1928, sous l'influence des puissances européennes ; à l'époque, je m'étais opposé à une telle politique.*[139]

Le président Hoover était en effet accusé à tort. Bien qu'il fût le président des États-Unis d'Amérique, il n'avait que peu d'influence sur la politique économique et monétaire. Si la Réserve Fédérale, qui se trouvait entre des mains privées, ne coopérait pas, toute intention politique n'était que fumée, le gouvernement ne disposant pas du pouvoir de battre monnaie. En fait, Hoover tomba même en disgrâce à Wall Street car il s'écarta des décisions prises par les banquiers sur les réparations de guerre imposées à l'Allemagne.

À l'origine, le Plan Young, piloté par Morgan en 1929, visait à réduire le calendrier des réparations et à convertir la dette allemande en obligations négociables, émises à Wall Street. Il fallait tirer le maximum de profits de la vente de ces obligations. En mai 1931, donc peu de temps après la mise en œuvre de ce plan, Hoover fut rattrapé de

---

[139] Eustace Mullins, *The World Order — A Study in the Hegemony of Parasitism* (Omnia Veritas Ltd, www.omnia-veritas.com), chapitre 3.

façon imprévue par la crise financière en Allemagne et en Autriche.

Les opérations de sauvetage menées par la Banque Rothschild et la Banque d'Angleterre ne parvinrent pas à freiner la propagation de la crise. Morgan et les autres financiers de Wall Street n'acceptèrent pas de voir le plan Young mourir à mi-chemin, et l'associé de Morgan, Thomas W. Lamont, appela immédiatement le Président Hoover, le pressant de faire en sorte que le gouvernement américain accepte d'accorder un répit à l'Allemagne sur les réparations de guerre et d'attendre que la crise se calme pour qu'elle puisse reprendre ses paiements.

Lamont l'avertit également que le système financier européen était en cours d'effondrement et que cela exacerberait la récession aux États-Unis. Le Président Hoover avait déjà promis depuis longtemps au gouvernement français que tout ce qui impliquait les réparations de guerre allemandes devrait d'abord passer par l'approbation des Français. Il était inconcevable qu'un homme dans la position de Hoover trahisse sa parole. Il répondit sèchement aux banquiers :

> *J'y songerai, mais d'un point de vue politique, cette affaire n'est pas très réaliste. En restant à New York, comme vous le faites, vous n'avez aucune idée des sentiments du pays dans son ensemble vis-à-vis de ces dettes intergouvernementales.*[140]

Sur ce, Thomas Lamont répliqua sans ménagement :

> *Ces derniers temps, on entend beaucoup de rumeurs à propos d'une mise à l'écart de votre administration lors de la convention [républicaine] de 1932. Mais si vous vous conformez à nos plans, ces rumeurs disparaîtront du jour au lendemain.*[141]

Après ces menaces, Lamont fit savoir à Hoover que si les choses se passaient comme le demandait Wall Street, on ferait en sorte que le mérite ne soit attribué qu'au Président. Hoover réfléchit pendant un mois, puis s'inclina.

En juillet 1932, Lamont fut de nouveau envoyé à la Maison-Blanche

---

[140] Ron Chernow, *op. cit.*, p. 328.

[141] *Ibid.*

pour dire au Président qu'il devait encore une fois reconsidérer l'affaire des réparations allemandes.

Cette fois-ci, Hoover trouva cela intolérable et se mit à rugir de ressentiment et de frustration :

> Lamont se trompe sur tout. S'il y a une chose que le peuple américain déteste et qu'il n'acceptera pas, c'est bien ce genre de coalition contre lui. [...] J Lamont ne comprend rien à la colère qui balaie le pays. [Les banquiers] souhaiteraient que nous devenions les complices de leur « gang ». [...] Peut-être sont-ils déjà parvenus à un accord avec les Allemands, mais c'est la pire façon d'y arriver.[142]

Cette fois-ci Hoover refusa de se plier aux exigences de Wall Street et la France toucha des arriérés. L'irritation des banquiers contre lui augmenta encore quand Hoover décida de poursuivre en justice une série de scandales financiers sur le marché boursier. Exaspérées par un taux de chômage sans précédent et les diverses faillites et banqueroutes provoquées dans le pays par le marché boursier, de nombreuses forces se rassemblèrent dans un climat général de révolte contre le diktat de Wall Street.

Le président Hoover comptait sur le soutien de l'opinion publique et la division des milieux financiers pour porter son attaque encore plus loin. Il s'en prit à la bourse de New York, en disant qu'elle était un casino pour les *traders*, que le marché spéculait à la baisse avec des ventes à découvert pour faire baisser artificiellement les cours et empêcher de restaurer la confiance.

Il avertit Richard Whitney, le président de la bourse de New York, que si on ne limitait pas ces comportements spéculatifs baissiers, il ferait ouvrir une enquête par le Congrès et initierait une réglementation boursière. À cette demande, Wall Street répondit tout simplement : « Ridicule ! »

Prêt à se battre jusqu'au bout, le Président Hoover ordonna à la Commission bancaire et monétaire du Sénat de démarrer une enquête sur le comportement du marché et les ventes à découvert. Wall Street, en colère, envoya immédiatement Thomas Lamont à la Maison-

---

[142] *Ibid.*, p. 351.

Blanche pour déjeuner avec le Président et le Secrétaire d'État, afin d'interrompre les mesures d'enquête. Le Président resta impassible.[143]

Après que les enquêtes se furent prolongées jusqu'à la fin des années 1920, les scandales qui éclaboussaient Morgan, Goldman Sachs et d'autres furent révélés au monde. Lorsque la relation entre le krach boursier et la Grande dépression fut clairement établie, la vindicte populaire redoubla contre Wall Street et se déversa aussi en partie sur Hoover. Mais au final, c'est bien la carrière personnelle de Hoover qui fut ruinée. Le lobby bancaire, dans sa rage vengeresse, en avait fait son bouc émissaire pour se protéger. Celui qui le remplaça fut le grand Président du XXe siècle, Franklin Delano Roosevelt.

Qui était Franklin Delano Roosevelt ?

> « *La vérité dans ce domaine, comme nous le savons vous et moi, est que dans les centres [d'affaires] au sens large, un élément financier possède le gouvernement, et ce depuis l'époque d'Andrew Jackson.* »[144]
>
> Franklin D. Roosevelt, 21 novembre 1933.

Certaines confessions de Roosevelt font penser aux années Wilson. Si l'on part du principe que Wilson était doté d'un bel esprit et qu'il ne comprenait rien aux manigances des banquiers, alors que dire de l'expérience quelque peu superficielle de Roosevelt ? Son ascension commença par l'application d'une vieille recette, usée jusqu'à la corde mais toujours efficace, pour les prétendants à la présidentielle : dénoncer les relations du Président sortant avec Wall Street. Le 20 août 1932, Roosevelt déclarait dans un discours de campagne dans l'Ohio :

> *Nous constatons que les deux tiers de l'industrie américaine sont concentrés entre les mains de quelques centaines d'entreprises, qui ne sont contrôlées que par cinq personnes au*

---

[143] *Ibid.*, p. 352.

[144] [Lettre adressée par Roosevelt au Colonel House, après son retour de Londres, le 21 novembre 1933 — n.d.e.] *F.D.R.: His Personal Letters* (Duell, Sloan and Pearce, New York, 1950), p. 373.

> *plus. Nous découvrons que plus de la moitié de l'épargne du pays est investie dans les actions et les obligations des entreprises, et qu'elle est le jouet de la bourse américaine. Nous découvrons que moins de trois douzaines de maisons bancaires privées, et leurs auxiliaires de courtage dans les banques commerciales, déterminent les mouvements des capitaux américains. En d'autres termes, nous avons découvert que le pouvoir économique est concentré entre les mains d'un très petit nombre de personnes ; et cela est tout le contraire de l'individualisme dont parle le Président [Hoover].*[145]

Roosevelt essayait peut-être de se convaincre lui-même qu'il ressemblait au président Jackson, aimé du peuple et intraitable avec les banquiers, un brave parmi les braves, animé d'une volonté inflexible de s'opposer aux prédateurs financiers. Malheureusement, Roosevelt était encore plus impliqué avec les banquiers que son prédécesseur. Pour commencer, il descendait de l'une des plus anciennes familles de banquiers des États-Unis.

Le grand-père de FDR, James Roosevelt, créa en 1784 la Banque de New York (En 2006, elle fut accusée de manipuler le cours des obligations sur le marché des bons du Trésor). C'est le cousin de Roosevelt, George, qui s'occupa de la banque jusqu'à sa campagne présidentielle. Le père de Roosevelt, prénommé également James, était un magnat de l'industrie, diplômé de la faculté de droit de Harvard, et possédait des mines de charbon, des chemins de fer et d'autres grandes industries.

Il avait fondé la *Southern Railway Company Security*, première entreprise américaine formée par la fusion de sociétés de chemin de fer destinée à devenir un holding de participations boursières. Roosevelt, également diplômé de Harvard, exerçait en tant qu'avocat, et la banque *JP. Morgan* faisait partie de ses principaux clients. Avec un gros soutien de la part des banquiers, Roosevelt, âgé de seulement 34 ans, devint en 1916 Vice-ministre de la Marine.

Franklin Delano comptait dans sa famille un ancien président des États-Unis, Théodore Roosevelt, son cousin au 5ème degré. Un autre de ses cousins, George Emlen Roosevelt, était bien connu à Wall Street. Au moment des fusions des chemins de fer, il réorganisa au moins

---

[145] Antony C. Sutton, *Wall Street and FDR* (Arlington House Publishers, 1975), chapitre 1.

quatorze entreprises. En même temps, il émargeait au conseil d'administration d'entreprises dont la liste complète remplirait tout un fascicule.

Parmi celles-ci, *Guaranty Trust Company* de Morgan, *Chemical Bank et Savings Bank of New York*. La mère de Franklin, Sara Ann Delano, était également issue d'une famille de responsables politiques de haut niveau. Il y eut au total neuf présidents américains plus ou moins proches de sa famille. Dans l'histoire moderne des États-Unis, pas un président n'a disposé de ressources politiques et financières aussi solides que les siennes.

En 1921, Roosevelt s'installa à Wall Street où il devint administrateur et vice-président de nombreuses entreprises financières. Là, il mit à profit ses relations personnelles, politiques et bancaires, et gagna lui-même et fit gagner à ses amis un argent fou. Un jour, afin de capter les contrats de cautionnement avec l'État au profit de l'une de ses entreprises, Roosevelt écrivit très franchement à un ami membre du Congrès, James P. Maher :

> *Je vais profiter de notre vieille amitié pour vous demander si vous pouvez m'aider dans le but d'obtenir des contrats de cautionnement et de garantie d'exécution avec les autorités qui se trouvent à Brooklyn. Les besoins en cautionnement en lien avec le travail des fonctionnaires municipaux [...] sont très importants, et j'ai l'espoir que certains de mes vieux amis me feront la grâce de se souvenir de moi. Malheureusement, je ne puis soulever moi-même ce sujet avec eux au moment présent, mais comme mes amis sont aussi les vôtres, si vous aviez le temps et y étiez disposé, vous pourriez m'être d'un grand secours. Je vous assure que je saurai rapidement me souvenir de ce service.*[146]

Dans une autre lettre, concernant une affaire importante avec le ministère de la Marine, Roosevelt mentionnait :

> *Un passage dans une lettre que m'a adressée l'un de mes vieux amis du ministère de la Marine, évoquant l'attribution d'un contrat à votre société pour forger des pièces d'artillerie de 8 pouces, m'a rappelé les relations très agréables que nous avions*

---

[146] *Ibid.*, chapitre 2.

> *entretenues durant mes fonctions de Secrétaire adjoint à la Navy, et je me demandais si vous seriez d'accord pour que ma société établisse quelques contrats de cautionnement que vous êtes obligé de temps en temps de fournir au gouvernement. J'aimerais beaucoup que l'un de nos représentants passe vous voir.*[147]

Pour des affaires qui rapportaient beaucoup, Roosevelt disait que « la simple amitié ne suffisait pas ». En 1922, il participa à la création de *United European Investors Ltd*, en Europe, et en devint le président. Parmi les administrateurs et les consultants, se trouvaient Wilhem Cuno, un Allemand à l'origine de l'hyper-inflation de 1923, ainsi que Max Warburg.

Lors de l'émission par l'entreprise de 60 000 actions privilégiées, Roosevelt devint le principal actionnaire. Cette société était engagée dans toutes sortes d'affaires spéculatives en Allemagne, et quand l'hyper-inflation ruina le peuple, *United European Investors Ltd.*, alors en plein essor, profita des malheurs de cette nation.[148]

L'hyper-inflation a toujours été une « moissonneuse de richesses ». Le processus de dévaluation est l'occasion d'un transfert massif de fortune :

> *L'un des aspects les plus moralement préjudiciables de l'inflation fut la « mise à sac » de l'Allemagne, qui se produisit à l'apogée de l'inflation. Quiconque possédait quelques dollars ou livres sterling était comme un roi en Allemagne. Avec quelques dollars américains, on pouvait y vivre comme un millionnaire. Les étrangers affluèrent et achetèrent des joyaux familiaux, propriétés, bijoux et œuvres d'art, à des prix incroyablement bas.*[149]

L'hyper-inflation dans la Russie de Boris Eltsine s'est déroulée à l'identique : les immenses richesses furent pillées, la classe moyenne fit faillite, le pouvoir d'achat du dollar ou de la livre sterling fut multiplié

---

[147] *Ibid.*

[148] *Ibid.*

[149] Marjorie Palmer, *1918-1923: German Hyperinflation* (Traders Press, New York, 1967).

par un facteur de plusieurs milliers et la richesse changea de mains durant le processus de flambée du rouble. Comme le disait Keynes :

> *Par des procédés constants d'inflation, les gouvernements peuvent confisquer d'une façon secrète et inaperçue une part notable de la richesse de leurs nationaux. Par cette méthode, ils ne font pas que confisquer : ils confisquent arbitrairement et tandis que le système appauvrit beaucoup de gens, en fait, il en enrichit quelques-uns. Le spectacle de ces enrichissements ne porte pas seulement atteinte à sa sécurité publique, mais aussi à la confiance que l'on avait dans la justice de la répartition actuelle des richesses.[150]*

Quand Roosevelt critiquait sévèrement les liens entre Hoover et Wall Street et se targuait d'en être l'antithèse — une sorte de chevalier blanc au secours du peuple –, il ne faisait qu'appliquer l'habituelle démagogie politique mensongère.

L'abolition de l'étalon-or : les banquiers confient à Roosevelt une mission historique

Sous la contrainte de l'étalon-or, la Première Guerre mondiale laissa les pays européens lourdement endettés auprès des États-Unis. Sans la Fed, qui fournissait les finances nécessaires pour continuer la guerre outre-Atlantique, le conflit aurait été plus limité. Métaphoriquement, la guerre de 14-18 fut pour les banquiers internationaux une sorte de « repas gastronomique ».

À peine le festin s'était-il achevé qu'ils attendaient avec une gourmandise de vampires la prochaine occasion de faire bombance. Cependant, même avec la Réserve Fédérale, les États-Unis étaient encore trop limités par l'étalon-or pour être en état de soutenir financièrement l'effort colossal d'une nouvelle guerre mondiale. L'abolition de l'étalon-or devint alors l'urgente priorité des banquiers américains et européens.

En 1812, la *First Bank* des États-Unis fut abolie et cela entraîna des représailles de la part des Rothschild : le déclenchement de la guerre

---

[150] John Maynard Keynes, *op. cit.* [n.d.e.].

anglo-américaine en 1812. Finalement, le gouvernement américain céda, aboutissant à la création de la *Second Bank*.

En 1837, le président Jackson abolit la *Second Bank* et les banquiers se débarrassèrent de leurs bons du Trésor US à Londres, rappelèrent divers prêts et plongèrent l'économie américaine dans une grave récession, qui dura jusqu'en 1848.

En 1857, 1870 et 1907, afin de forcer le gouvernement américain à rétablir une banque centrale privée, les banquiers internationaux relancèrent à chaque fois la récession. Finalement, la Réserve Fédérale fut créée et remit le contrôle complet de la création monétaire entre leurs mains.

Le but ultime de la récession de 1929 fut d'abolir l'étalon-or, appliquer la politique de la monnaie bon marché et ouvrir une « autoroute » financière à la Seconde Guerre mondiale.

Le 4 mars 1933, Roosevelt devint le 32$_{ème}$ président des États-Unis. Au début de son mandat, il hissa une bannière qui ne pouvait coexister avec celle de Wall Street, et annonça le même jour que les banques de tout le pays, à compter du 6 mars, devraient s'arrêter pour un remaniement et ne pourraient rouvrir que lorsque les enquêtes seraient achevées.

Ce fut la première fois dans l'histoire des États-Unis que l'on prenait l'initiative de fermer l'artère financière du pays, mesure qui galvanisa immédiatement l'esprit de la population. Le plus grand système économique du monde figea pendant au moins dix jours quasiment toute activité bancaire.[151]

Roosevelt se saisit ensuite des enquêtes déjà commencées sous l'ère de Hoover pour les mener à leur terme. La famille Morgan fut particulièrement visée. Dans une série d'auditions, Jack Morgan et son associé apparurent déprimés et découragés devant le peuple américain. Roosevelt asséna un véritable coup de massue aux banquiers de Wall Street.

Le 16 juin 1933, il signa également le *Glass-Steagall Act*, conduisant l'entreprise de Morgan à être divisée en deux, la banque Morgan proprement dite et Morgan-Stanley, la première étant limitée aux activités d'une banque commerciale traditionnelle et la seconde au

---

[151] Glyn Davies, *op. cit.*, p. 512.

secteur de la banque d'investissement.

En adoptant le *Securities Act of 1933, le Securities Exchange Act of 1934*,[152] et en créant la *Securities and Exchange Commission* (SEC), chargée de surveiller le marché boursier, Roosevelt fut sans pitié avec la Bourse de New York. L'homme et sa nouvelle politique commencèrent à gagner l'opinion publique, faisant ressortir la rancœur envers les banquiers que les gens gardaient en eux-mêmes depuis longtemps. Même Morgan admit :

> *Tout le pays adore Roosevelt. Ses réalisations en une semaine après son investiture sont incroyables, nous n'avons jamais connu de processus similaire.*[153]

À la réouverture de la bourse de New York en 1933, la hausse fut phénoménale : + 15,34%. Roosevelt, en héros, déclara avec passion :

> *Les opérateurs monétaires ont fui le temple de la civilisation, nous pouvons finalement restaurer la véritable apparence de cet ancien temple sacré.*[154]

La réalité historique est cependant plus complexe que ce que les médias ont délibérément façonné dans l'esprit des gens. Une telle ardeur apparente à brider la toute-puissance des banques dissimulait une vérité moins généreuse. Après les longs jours de congés forcés des banquiers, de nombreuses banques régionales du Middle West, qui avaient résolument refusé de rejoindre la Réserve Fédérale, ne purent réouvrir.

En conséquence, un vaste marché s'effondra, lequel fit l'objet d'un remaniement par les banquiers de Wall Street. Le candidat au poste de ministre des Finances de Roosevelt était le fils d'Henri Morgan, et ce dernier possédait bien évidemment ses entrées dans le monde de Wall Street. Il avait bénéficié de nouvelles fiables avant le krach boursier et s'était entièrement retiré de la Bourse dans les trois jours, n'hésitant pas à perdre cinq millions de dollars.

---

[152] La Loi sur les valeurs mobilières de 1933 ; la Loi boursière de 1934 [n.d.e.].

[153] Ron Chernow, *op. cit.*, p. 357.

[154] *Ibid.*

Quant au poste de président de la SEC, les gens ne savaient pas s'il fallait rire ou pleurer du choix du candidat par Roosevelt. La première personne qui présida à la destinée du « gendarme de la bourse » fut Joseph Kennedy qui, comme nous l'avons vu, avait participé avant le krach de 1929 à la formation de la bulle spéculative. Joe Kennedy faisait aussi partie du cercle de Morgan. Son fils n'est autre que le célèbre président John Fitzgerald Kennedy.

C'est le député Carter Glass, déjà à l'origine du *Federal Reserve Act*, qui donna son nom au *Glass-Steagall Act* qui séparait l'entreprise de Morgan en deux entités distinctes. Parmi les 425 employés de Morgan, 25 furent choisis pour former *Morgan-Stanley*, et Morgan et Lamont reçurent 90% des actions. En fait, même après avoir découpé l'entreprise, le tout resta sous le contrôle de Jack Morgan. En 1935, la première année de l'ouverture de *Morgan-Stanley*, celle-ci gagna un milliard de dollars en émission de titres, raflant 25% des parts de marché.[155]

Les grandes entreprises qui émettaient des titres étaient attirées par la valeur de l'entreprise de Morgan, qui tenait entre ses mains la Réserve Fédérale. Toutes les grandes entreprises des États-Unis craignaient Morgan. Son audition au Congrès prit une tournure dramatique et attira la plus grande attention du peuple. Dans une ambiance de brouhaha, Roosevelt en profita pour faire passer en silence quelques lois importantes en vue de l'abolition de l'étalon-or.

Une semaine seulement après son investiture, il publia, le 11 mars, un décret interdisant la convertibilité en or dans les banques, au nom de la stabilisation de l'économie. À la suite de quoi, il ordonna que les citoyens remettent tout leur or, au prix de conversion de 10,67 dollars l'once. À l'exception des pièces rares de collection et des bijoux, toute personne qui recelait de l'or encourait dix ans de prison et une amende de 250 000 dollars.

Roosevelt fit savoir que c'était là une mesure d'urgence provisoire, mais cette loi ne fut abrogée qu'en 1974. En janvier 1934, le *Gold Reserve Act* fut adopté, fixant le prix de l'or à 35 dollars l'once. Cependant, les citoyens venaient de rendre leur or et n'avaient plus le choix de l'échanger à ce nouveau cours, dépréciant ainsi brutalement des années d'économie.

---

[155] *Ibid.*, pp. 386-390.

Seuls les « clients privilégiés » des banquiers internationaux, qui avaient obtenu des informations confidentielles avant l'effondrement de la Bourse en 1929, furent en mesure d'effectuer d'importants retraits d'argent qu'ils convertirent en or et qu'ils envoyèrent à Londres, où il se vendait à 35 dollars l'once. Ils firent un profit instantané de 69,33% !

Lorsque Roosevelt demanda au sénateur le plus érudit, Thomas Gore, son avis sur l'abolition de l'étalon-or, ce dernier lui répondit froidement : « Ne serait-ce pas du vol manifeste, Monsieur le Président ? » Roosevelt garda rancune à Thomas Gore pour sa franchise. (Ce sénateur était le grand-père du futur vice-président Al Gore.) Un autre membre du Congrès qui passa sa vie à vouloir rétablir l'étalon-or, Howard Buffet, souligna en 1948 :

Les hommes politiques, quel que soit le parti auquel ils appartiennent, s'opposeront bien évidemment à la restauration de l'or, peu importe ce qu'ils peuvent laisser entendre. Tous ceux qui se sont enrichis à l'étranger en profitant de l'inflation dont souffrent les États-Unis s'y opposeront également. Attendez-vous donc à ce que la bataille soit sanglante.[156]

Howard Buffett ne vit pas de son vivant le rétablissement de l'or comme monnaie ultime, mais il transmit cet espoir à son fils, le célèbre Warren Buffett. Ce dernier, désenchanté, pensait que le système monétaire finirait par s'effondrer. En 1997, quand le coût de l'argent atteignit son plus bas historique, les banques centrales de plusieurs pays ont dû se défaire d'une grande quantité de leur or. Au total, c'est un tiers du stock mondial d'or qui a changé de mains et le cours de l'or a retrouvé son faible niveau de 1979.

Décorréler complètement la monnaie de l'or n'est pas chose facile. C'est un long processus en trois temps. La première étape est la suppression des pièces d'or en circulation et leur échange. La deuxième est l'abolition universelle de la fonction monétaire de l'or. En 1944, le système de Bretton Woods créa le *Dollar Exchange Standard* pour remplacer le *Gold Exchange standard*,[157] réalisant cette deuxième

---

[156] *The Commercial and Financial Chronicle*, 6 mai 1948.

[157] Gold Exchange Standard = étalon de change-or (système monétaire international dans lequel les banques centrales conservent concurremment, dans les réserves publiques de change, de l'or et des devises convertibles en or, mais sans assurer la convertibilité interne — source : ancien arrêté du 18 février 1897, publié au J.O. du 2 avril 1987). Dollar Exchange Standard = étalon dollar (le nouveau système est un étalon

étape. Nixon finalisa la troisième en 1971. Le rôle de Keynes consistait à faire une publicité tapageuse ; celui des banquiers, à souffler la tempête ; celui de Roosevelt, à tromper tout le monde. Finalement, l'étalon-or fut aboli.

C'est toujours le court terme qui focalise l'attention et sur lequel se concentre le pouvoir. Keynes, dans un accès de lucidité pessimiste, reconnut un jour : « À long terme, nous serons tous morts ». Nonobstant, la vérité des comportements et de leurs conséquences restera à jamais gravée dans l'Histoire.

Voici comment les placements à hauts risques favorisèrent Hitler[158]

Dans son édition du 24 novembre 1933, le *New York Times* parlait d'un petit livre signé par un certain Sydney Warburg. Il était sorti la même année aux Pays-Bas, sous le titre *Les ressources du national-socialisme : trois conversations avec Hitler*, et fut interdit quelques jours seulement après sa mise en rayon dans les librairies. Les quelques livres qui échappèrent à la censure furent traduits en anglais.

L'exemplaire qui était exposé au British Museum fut plus tard interdit au public et aux chercheurs. L'auteur, Sydney Warburg, y est présenté comme faisant partie de l'une des plus grandes familles de banquiers des États-Unis, mais son contenu fut démenti par la famille Warburg.

Ce petit livre mystérieux expose l'histoire secrète du financement d'Adolf Hitler par les banques américaines et anglaises. Entre 1924 et 1931, Wall Street, à travers les plans Dawes et Young, avait accordé un prêt d'un total de 138 milliards de marks à l'Allemagne, qui versa seulement 86 milliards de réparations de guerre. Ces aides devaient encore se prolonger.

---

de change or dont la monnaie clef et le dollar. Toutes les autres monnaies nationales seront convertibles en dollar, lui-même étant convertible en or pour les résidents non-américains. Les taux de change seront fixes mais à l'intérieur de marges de fluctuations de ± 1 p. 100 par rapport à la parité — source : *encyclopia universalis*). [n.d.e.]

[158] Antony C. Sutton, *Wall Street et l'ascension de Hitler* (Le Retour aux Sources, 2012), chapitre 10.

Cet énorme financement par les États-Unis permit en fait à l'Allemagne de se préparer de nouveau à la guerre. Les prêts qui lui furent consentis étaient réunis à partir des fonds publics provenant de la vente des obligations allemandes à Wall Street, et les familles Morgan et Warburg en tirèrent d'énormes profits.

Mais ce processus rencontra un problème en raison des pressions exercées par la France. Des crédits accordés à l'Allemagne et à l'Autriche par les États-Unis furent gelés et une grande partie de l'argent des réparations, qui provenait en fait de Wall Street, fut versée directement à la France.

Ayant la France de plus en plus en aversion, les banquiers de Morgan, Rockefeller et les chefs de la Réserve Fédérale se réunirent en juin 1926 pour discuter de la façon de « libérer » l'Allemagne de la pression française. La réunion déboucha sur un plan : il fallait passer par la « révolution » pour se débarrasser de l'emprise des Français. Hitler était vu comme un possible leader. Porteur d'un passeport diplomatique et d'une lettre personnelle de Rockefeller et du président Hoover, « Sydney Warburg » fut envoyé pour rencontrer Hitler.

La première tentative de contact entre « Sydney » et les Nazis n'aboutit pas, le consulat américain en place à Munich étant incompétent. Mais grâce à l'aide du maire de Munich « Sydney » put enfin rencontrer Hitler. Lors de son premier entretien, Wall Street posait ses conditions à Hitler : « Une politique étrangère offensive afin d'attiser les représailles de la France. »

Hitler demanda le prix fort et répondit que la discussion serait plus facile avec cent millions de marks, soit 24 millions de dollars. « Sydney » en rendit compte à New York et les banquiers se dirent que Hitler en demandait trop, que 24 millions de dollars était une somme anormalement élevée. Ils lui proposèrent seulement dix millions. Hitler, qui n'était pas encore en position de pouvoir à l'époque, accepta cette somme au rabais.

À sa demande, l'argent fut versé dans une banque aux Pays-Bas (*Mendelsohn & Co. Bank*), puis divisé en plusieurs chèques envoyés dans dix villes allemandes. Lorsque « Sydney » rentra à New York pour faire son rapport, Rockefeller devint un grand admirateur de Hitler. Par la suite, le *New York Times* commença subitement et régulièrement à présenter les discours de Hitler et la doctrine nazie.

En décembre 1929, l'université de Harvard commença à étudier le mouvement national-socialiste allemand. Lorsque le Président Hoover promit en 1931 à la France qu'on lui demanderait d'abord son avis pour toute solution relative à la dette, il tomba immédiatement en disgrâce à Washington, et de nombreux historiens pensent qu'il y a là une relation directe avec sa défaite aux élections suivantes.

En octobre 1931, Hitler envoya une lettre à « Sydney ». Les banquiers de Wall Street convoquèrent une autre réunion, à laquelle participa Montagu Norman, le président de la Banque d'Angleterre. Deux tendances se dessinèrent, l'une conduite par Rockefeller qui soutenait Hitler, et une autre qui n'avait pas d'avis très clair.

Montagu Norman pensait que dépenser dix millions sur Hitler était suffisant, car il soupçonnait qu'il ne passerait jamais à l'action. On décida finalement de continuer à soutenir le Führer. À l'occasion d'une nouvelle visite de « Sydney » en Allemagne, quelqu'un lui fit remarquer, pendant une réunion du parti hitlérien, que la Section d'Assaut nazie et les SS manquaient de mitrailleuses, de fusils et de pistolets.

À cette époque, de grands stocks d'armes et de matériel se trouvaient en dépôt dans les pays frontaliers de l'Allemagne : en Belgique, aux Pays-Bas et en Autriche. Il suffisait donc que l'Allemagne paie pour qu'ils soient débloqués immédiatement. Hitler finit par dire à « Sydney » qu'il avait deux plans pour la conquête du pouvoir : soit par la violence, soit par les urnes. Il ajouta :

> *Pour un coup d'État, il faut cinq cents millions de marks, pour gouverner légalement deux cents millions suffisent. Qu'allez-vous décider ?*

Cinq jours plus tard, Wall Street répondit par télégramme :

> *Impossible accepter une telle somme. Ne voulons ni ne pouvons accepter. Expliquez à cette personne qu'un transfert de fonds à cette échelle en Europe fera trembler ensemble du marché financier.*

« Sydney » fit un nouveau rapport, et trois jours plus tard, Wall Street répondit de nouveau par télégramme :

> *Rapport reçu. Préparons dix millions, au maximum quinze millions de dollars. Dites à cette personne nécessité de choisir politique étrangère offensive.*

Le chemin qu'allaient emprunter ces quinze millions de dollars fut décidé par Wall Street. L'origine des fonds devait rester secrète. Cinq millions furent versés à la *Mendelsohn & Co. Bank* à Amsterdam, cinq millions à la *Rotterdamsehe Bankvereinigung* et cinq à la *Banca Italiana*.

Le 27 février 1933, la nuit de l'incendie criminel du Reichstag, « Sydney » et Hitler en étaient à leur troisième entrevue, et ce dernier annonça qu'il avait besoin d'au moins cent millions de marks pour finir de s'emparer du pouvoir. Wall Street n'accepta de donner que sept millions de dollars. Hitler demanda d'envoyer cinq millions à *la Banca Italiana* à Rome, et les deux millions restants à la *Renania Joint Stock Company* à Düsseldorf. Après la fin de sa mission, « Sydney » ne put s'empêcher de se lamenter :

> *J'ai mené ma mission jusqu'au bout dans ses moindres détails. Hitler est le dictateur du plus grand pays européen. Le monde l'a maintenant vu à l'œuvre depuis plusieurs mois. Mon opinion sur lui n'a maintenant plus aucune importance. Ses actions prouveront s'il est mauvais, ce que je pense qu'il est. Pour le bien du peuple allemand, j'espère de tout cœur me tromper. Le monde continue de souffrir sous un système qui a plié devant un Hitler pour rester sur ses pieds. Pauvre monde, pauvre humanité !*

L'Allemagne nazie financée par Wall Street

Le 30 janvier 1933, Hitler était nommé Chancelier. L'Allemagne s'était non seulement déjà sortie de l'hyper-inflation de 1923, mais en outre, elle récupérait étrangement vite de la récession sévère qui balayait encore le monde. Toujours sous la pression du coût énorme des réparations de la guerre précédente, elle parvenait néanmoins à s'équiper pour préparer la suivante et devenir la plus puissante armée d'Europe en un laps de temps record.

Cette performance est à comparer avec le sort des États-Unis, première puissance mondiale mais engluée dans le bourbier de la Grande dépression, de 1929 jusqu'en 1941, date de l'entrée en guerre et du redressement économique qui en résulta. Sans aide financière extérieure, il était matériellement impossible que l'Allemagne achève sa reprise économique et se prépare en même temps à une guerre de grande échelle en seulement six ans. Et si ces flux de capitaux venus de l'étranger n'avaient pas pour finalité la guerre ?

Il est difficile de trouver une autre explication logique : au total, Wall Street fut la plus importante source de financement de l'Allemagne nazie. Les banquiers new-yorkais commencèrent, dès 1924, au moment de l'accalmie de l'hyper-inflation, à planifier leur aide à l'Allemagne en vue d'une nouvelle guerre. Le plan Dawes, qui débuta en 1924, et le plan Young de 1929 furent établis à cet effet, en parfait accord avec le plan des économistes des affaires militaires de l'état-major général allemand.[159]

Owen Young, le président de la *General Electric* de Morgan, fut le principal soutien financier de la *United European Ltd.*, fondée en Europe par Roosevelt. C'est aussi ce même Owen Young qui fonda la Banque des Règlements Internationaux (BRI), chargée de coordonner les partenariats entre les banquiers internationaux. Selon Carroll Quigley, célèbre historien à l'université de Georgetown et mentor de Bill Clinton :

> *[La Banque des règlements internationaux] est en train de fabriquer un système financier pour contrôler le monde. Elle est elle-même contrôlée par un petit nombre de personnes, en capacité de dominer le mécanisme du système politique et économique mondial.*[160]

Entre 1924 et 1931, par l'intermédiaire des deux plans cités plus haut, Wall Street accorda 138 milliards de marks de prêt à l'Allemagne, qui ne reversa que 86 milliards au titre des réparations de guerre. La différence représente un financement énorme de la part des États-Unis — 52 milliards de marks — permettant le développement accéléré de l'industrie militaire allemande. Dès 1919, le Premier ministre britannique, Lloyd George, avait prévu que l'Allemagne ne pourrait assumer les réparations de guerre fixées par le Traité de Versailles et que ce pays serait un mauvais payeur ou qu'il déclarerait la guerre.

Au final, on a malheureusement eu les deux. Quelques années plus tard, un membre du Congrès, Louis McFadden, comparant les usines militaires ultramodernes des nazis avec les ateliers de production rouillés des États-Unis en pleine récession, ne put s'empêcher de dénoncer les banquiers de Wall Street et leurs complices de la Réserve

---

[159] Testimony before Unites States Senate, Committee on Military Affair, 1946.

[160] Carroll Quigley, *Tragedy & Hope* (MacMillan, 1966), p. 308.

Fédérale, qui subventionnaient l'économie de guerre allemande avec les économies des contribuables américains :

> *Monsieur le Président, si Dynamit Nobel, en Allemagne, souhaite vendre de la dynamite au Japon pour qu'elle soit utilisée en Mandchourie ou ailleurs, elle peut libeller en dollars ses factures relatives à ses clients japonais et les envoyer à l'infâme marché libre de l'escompte à New York, où le Conseil d'administration de la Réserve Fédérale et ses banques régionales les achèteront et s'en serviront comme garantie pour une nouvelle émission de billets de la Réserve Fédérale, tandis qu'en même temps, le Conseil d'administration de la Fed aidera Dynamit Nobel en bourrant le système bancaire des États-Unis de ses actions. Pourquoi devrions-nous envoyer nos représentants à la Conférence de désarmement à Genève pendant que le Conseil de la Réserve Fédérale et ses banques régionales font payer par notre gouvernement les dettes japonaises dues aux fabricants de munitions allemands ?[161]*

Mis à part le marché d'escompte des effets de commerce de New York, qui a fourni aux industries militaires allemandes et japonaises des financements à court terme et à faible intérêt, la Fed a également envoyé des réserves d'or américaines en Allemagne. D'importantes quantités d'or qui appartenaient aux déposants des banques américaines furent transportées en Allemagne, sans aucune garantie.

Le Conseil de la Fed et ses banques régionales s'appuyaient sur les billets de trésorerie allemands pour émettre de la monnaie américaine. Plusieurs milliards de dollars furent injectés dans l'économie allemande, un processus qui se poursuit encore aujourd'hui. Le faible prix des billets de trésorerie allemands fut décidé et prolongé à New York, et c'est le prestige du gouvernement américain qui fut pris en garantie... et les citoyens qui en payèrent les frais !

Le 27 avril 1932, la Fed transféra en Allemagne 750 000 dollars d'or appartenant aux citoyens américains. Une semaine plus tard, 300 000 dollars d'or supplémentaires partirent de la même manière en Allemagne. À la mi-mai, douze millions de dollars d'or avaient été ainsi acheminés par le *Board* de la Fed et ses banques régionales vers

---

[161] Discours de Louis T. McFadden devant la Chambre des Représentant, 10 juin 1932, Archives du Congrès.

l'Allemagne. Chaque semaine, un navire quittait l'Amérique et traversait l'Atlantique avec une cargaison d'or à destination de l'Allemagne. Toujours McFadden :

> *Monsieur le Président, je crois que les épargnants ont le droit de savoir ce que la Réserve Fédérale fait de leur argent.*[162]

Pour être juste et exhaustif, il faut noter qu'en plus du soutien massif de Wall Street, le redressement de l'Allemagne dut aussi beaucoup à la réforme du système financier impulsée par les Nazis, notamment quand la banque centrale privée allemande récupéra le pouvoir de battre monnaie. L'économie allemande fit un bond en se libérant du processus inefficace et coûteux des obligations d'État qui servaient de garantie pour l'émission monétaire. Le taux de chômage qui avait atteint 30% en 1933, se métamorphosa, en 1938, en pénurie de main-d'œuvre.

Ce n'était un secret pour personne que les entreprises américaines soutenaient le secteur technique et financier allemand. Ce soutien fut ensuite interprété par les historiens comme un « accident » ou un « manque de clairvoyance ». Cet « accident » permit d'améliorer considérablement la productivité de l'industrie militaire allemande. En 1934, la capacité annuelle de production de pétrole en Allemagne était de 300 000 tonnes de brut et de 800 000 tonnes d'essence synthétique (pétrole de charbon).

Tout le reste dépendait des importations. Après que les entreprises pétrolières américaines eurent transféré aux Allemands, en 1944, le brevet de pétrole hydrogéné, l'Allemagne fut en capacité de produire un million de tonnes de pétrole brut et 5,5 millions de tonnes d'essence synthétique.

Quand le département de la planification militaire allemand exigea des entreprises industrielles qu'elles s'équipent d'installations modernes pour mener à bien une production à grande échelle, les experts en affaires militaires et industrielles n'en comprirent tout d'abord pas le sens. Et ce n'est que lorsque deux grandes entreprises de production automobile américaines pénétrèrent le marché européen et installèrent une nouvelle usine en Allemagne qu'ils y virent plus clair.

Les meilleurs experts allemands furent envoyés à Detroit pour

---

[162] *Ibid.*

apprendre le savoir-faire de la production de modules de pipelines et leur exploitation. Les ingénieurs allemands visitèrent des usines d'avions et furent également autorisés à observer les autres installations militaires importantes. Ils apprirent beaucoup de la technologie et, finalement, utilisèrent ces techniques pour tenir tête aux États-Unis.[163]

Parmi les entreprises qui maintenaient une coopération étroite avec le système de production militaro-industriel allemand, se trouvaient *General Motors, Ford Motor Company, General Electric et DuPont*. Toutes ces entreprises étaient détenues par la Banque Morgan, la *Chase Manhattan Bank* de Rockefeller ou la *Warburg Bank of Manhattan*.

Une guerre coûteuse et une monnaie dévaluée

> « Il n'y a jamais eu de guerre plus facile à arrêter que celle qui vient de ravager ce qui subsistait du monde après le conflit précédent. »[164]
>
> Winston Churchill à Franklin Roosevelt, évoquant « la guerre inutile ».

Connaissant l'esprit malicieux de Churchill, il aurait pu dire, en paraphrasant Napoléon Bonaparte, qu'il est beaucoup plus difficile de commencer une guerre que de la terminer.[165] En effet, pour mettre fin à la Seconde Guerre mondiale, il aurait suffi que les représentants officiels des belligérants s'assoient autour d'une table et discutent. Ils auraient pu négocier les conditions de fin du conflit en répartissant les pertes et les gains de chaque partie en présence.

Mais commencer cette guerre-là fut beaucoup plus éprouvant car il fallut construire le consentement du peuple par la propagande médiatique, mécanisme long et coûteux dans une société démocratique.

---

[163] Antony C. Sutton, *Wall Street and FDR*, op. cit., chapitre 1.

[164] Cité par Patrick J. Buchanan, *Churchill, Hitler, and The Unnecessary War: How Britain Lost Its Empire and the West Lost the World* (Crown, New York, mai 2008), p. xiii [n.d.e.].

[165] « Il est facile de commencer une guerre mais il est très difficile de la terminer. » Napoléon Bonaparte à l'Ambassadeur Kourakine en 1811, cité par l'historien russe Oleg Sokolov [n.d.e.].

Cela ennuie beaucoup les banquiers. Comme le soulignait Morton à propos des banquiers internationaux :

> *Dans leurs yeux, il n'y a ni guerre ni paix, ni slogan ni déclaration, ni sacrifice ni honneur, ils ignorent ces choses qui brouillent la vue des gens.*

Napoléon Bonaparte, qui connaissait également la vraie nature des banquiers, avait vu juste :

> *L'argent n'a pas de patrie ; les financiers n'ont pas de patriotisme et n'ont pas de décence ; leur unique objectif est le gain.*

Ayant déjà considérablement souffert de plusieurs mises à sac par la haute finance, le peuple américain était prévenu et il était désormais difficile de le berner au lendemain de la déclaration de la Première Guerre mondiale et de la crise de 1929. Personne n'était plus disposé à devenir de la chair à canon pour Wall Street, ni à envoyer ses enfants sur le front en Europe. Le pays tout entier était envahi par un sentiment « isolationniste », que les banquiers détestaient tant.

En 1935, une commission spéciale dirigée par le Sénateur Gerald Nye publia un épais rapport de plus de quatre cents pages, divulguant les secrets de la participation des États-Unis dans la Première Guerre mondiale. Ce rapport énumérait les complots et les actes illégaux des banquiers et des fabricants d'armes. En y ajoutant les auditions de Morgan, qui s'étaient déroulées peu de temps auparavant, et la révélation sur les scandales du krach de 1929, tout cela fit monter dans le peuple un très fort sentiment contre la guerre.

À cette époque, le best-seller de Walter Millis, *Road to War*, provoqua un débat populaire houleux sur la question de la guerre. Conformément à l'opinion publique, les États-Unis firent voter trois lois sur la neutralité pour éviter de se faire prendre à nouveau au piège de l'engagement dans une guerre mondiale.

Concernant l'économie intérieure, le *New Deal* de Roosevelt était en place depuis déjà plus de cinq ans et l'économie américaine n'avait connu aucune amélioration notable. Le taux de chômage atteignait encore 17% et, en 1938, les États-Unis tombèrent de nouveau dans une grave récession. Roosevelt et les banquiers estimèrent que les préconisations de Keynes en faveur du super-déficit et de la monnaie bon marché représentaient la seule voie pour sauver l'économie et qu'il n'y avait que la guerre pour parvenir à ce résultat.

Après l'abolition de la convertibilité du dollar en 1933, tous les obstacles techniques sur le chemin conduisant à la guerre étaient écartés. On supprima ensuite les résistances psychologiques grâce à la propagande et aux médias.

Charles C. Tansill, un professeur d'histoire de l'université de Georgetown, pensait que les combats contre le Japon avaient été planifiés avant même que Roosevelt ne devienne président en 1933. En effet, dès 1932, la Navy avait procédé à des tests qui démontraient qu'il était possible de frapper la flotte du Pacifique à 60 miles nautiques des côtes de Pearl Harbor. En août 1940, les services de renseignements américains déchiffrèrent des codes secrets de l'armée japonaise, ainsi que des télégrammes qu'ils avaient interceptés.

Les machines à décoder fabriquées aux États-Unis furent envoyées un peu partout dans le monde, sauf à Pearl Harbor, qui était pourtant la plus grande base américaine du Pacifique. De nombreux historiens considèrent que Roosevelt savait d'avance que la marine japonaise allait attaquer Pearl Harbor.

Le 13 janvier 1943, à Casablanca, Roosevelt et Churchill annoncèrent que l'Allemagne devait se rendre sans conditions. Les partisans de Hitler en Allemagne commencèrent à se détourner du Führer, à la grande surprise de ceux qui étaient en pleines négociations. En effet, dès août 1942, l'Allemagne avait proposé aux Alliés de signer une paix sous conditions, notamment en acceptant de retourner aux frontières d'avant le 1er septembre 1939, ce qui aurait permis au régime nazi de survivre malgré tout à la défaite militaire et géopolitique d'une guerre vouée à l'échec.[166]

La déclaration intransigeante de Roosevelt porta un sérieux coup aux forces qui militaient contre la guerre à l'intérieur de l'Allemagne. Les forces allemandes qui voulaient en interne le renversement de Hitler et du régime nazi commencèrent à planifier un putsch militaire. Kissinger expliqua ainsi le mobile de Roosevelt dans la déclaration de Casablanca :

> *Le Président américain avait proposé cette ligne d'action pour diverses raisons. Il craignait qu'une discussion des conditions*

---

[166] Walter Schellenberg, *The Schellenberg Memoirs* (André Deutsch, Londres, 1956).

> *de paix avec l'Allemagne soit un facteur de division, et il voulait concentrer toute l'énergie des Alliés sur la victoire. Il désirait aussi convaincre Staline, qui livrait la dure bataille de Stalingrad, qu'il n'y aurait pas de paix séparée. Mais surtout, Roosevelt voulait empêcher l'Allemagne de se lancer plus tard dans un nouveau cycle de revendications « révisionnistes », sous prétexte qu'elle avait été amenée à mettre fin à la guerre par des promesses non tenues.[167]*

Kissinger parle évidemment avec raison mais, dans les faits, cette guerre cruelle et coûteuse fut prolongée de plus de deux ans, causant des morts et des destructions innombrables. Les Nazis firent des millions de victimes, parmi lesquelles un très grand nombre de Juifs, et si la guerre s'était arrêtée en 1943, beaucoup d'entre eux auraient très probablement survécu.

Mais une capitulation allemande prématurée aurait représenté un cruel manque à gagner pour les banquiers internationaux, qui commençaient tout juste à s'échauffer. Pourquoi lâcher une si bonne occasion de faire des profits ? En outre, au sortir de la guerre, la dette nationale américaine, qui avait été de 16 milliards en 1930, avait grimpé en 1946 à 269 milliards. Les thèses keynésiennes du financement du déficit et de la monnaie bon marché furent vérifiées dans les décombres fumants de la Seconde Guerre mondiale, qui fut à nouveau une grande aubaine pour les banquiers internationaux…

---

[167] Henry Kissinger, *op. cit.*, p. 346.

6

L'OLIGARCHIE À LA TÊTE DU MONDE

> « *Outre ces objectifs pragmatiques, les puissances du capitalisme financier avaient un autre objectif d'une portée considérable, rien de moins que de créer un système mondial de contrôle financier placé dans des mains privées, capables de dominer le système politique de chaque pays et l'économie mondiale dans son ensemble. Ce système devait être contrôlé de manière féodale par les banques centrales du monde agissant de concert, en parvenant à des accords secrets lors de fréquentes réunions et conférences privées. Le sommet de ce système était la Banque des Règlements Internationaux à Bâle, en Suisse, une banque privée, possédée et contrôlée par les banques centrales, qui étaient elles-mêmes des sociétés privées. Chaque banque centrale, entre les mains d'hommes comme Montagu Norman de la Banque d'Angleterre, Benjamin Strong de la Banque de réserve fédérale de New York, Charles Rist de la Banque de France et Hjalmar Schacht de la Reichsbank, cherchait à dominer son gouvernement par sa capacité de contrôler les prêts consentis au Trésor, manipuler les taux de change, agir sur le niveau d'activité économique de son pays et influencer les politiciens coopératifs par des récompenses économiques ultérieures dans le monde des affaires.* »[168] « *La croissance du capitalisme financier a rendu possible une centralisation du contrôle économique mondial et l'utilisation de ce pouvoir au bénéfice direct des financiers et au préjudice indirect de tous les autres groupes économiques.* »[169]
>
> Carroll Quigley, historien, université de Georgetown, 1966.

Dans nos existences, des mots comme « gouvernement mondial », ou encore « monnaie mondiale », apparaissent de plus en plus fréquemment. Sans un historique précis, ces formulations peuvent être prises pour de simples spéculations de la

---

[168] Carroll Quigley, *op. cit.*, pp. 308.

[169] *Ibid.*, p. 323.

presse ou d'esprits échauffés. En fait, un plan gigantesque est en train d'être mis en œuvre. Le plus inquiétant pour les Chinois est que ceux qui l'ont compris en Chine restent peu nombreux.

En juillet 1944, alors que l'ensemble du continent eurasiatique, des côtes normandes jusqu'en Russie, était ravagé par les flammes de la guerre, les représentants de 44 pays se réunirent aux États-Unis dans le New Hampshire, à la célèbre station balnéaire de Bretton Woods, pour discuter d'un programme économique mondial pour l'après-guerre.

Les banquiers internationaux commencèrent à mettre en œuvre leur plan prévu de longue date, à savoir contrôler la monnaie au niveau mondial. À cette époque, les banquiers avaient déjà créé deux organisations à cet effet : le *Royal Institute of International Affairs* (RIIA), en Angleterre, et le *Council on Foreign Relations* (CFR), aux États-Unis.

Plus tard, deux nouvelles branches furent ajoutées à ces deux institutions essentielles : le groupe de Bilderberg, responsable du volet économique ; et la Commission trilatérale, chargée du commandement politique. Le but ultime de ces organisations était d'établir un gouvernement mondial avec un système monétaire mondial unifié, le tout dirigé par une poignée d'individus issus de l'élite anglo-américaine, puis de percevoir l'impôt de tous les citoyens du monde et appeler cela le soi-disant « nouvel ordre mondial » !

Dans un tel système, les pays souverains doivent être privés du pouvoir de décision monétaire et économique, et la liberté économique et politique est placée sous contrôle. Ce ne sont pas des chaînes de métal qui entravent le peuple, mais la dette. Afin de tirer le maximum de profits de chaque « esclave », la gestion de l'exploitation doit passer par une étape transitoire d'élevage scientifique efficace.

Une société où l'argent liquide est remplacé par le paiement électronique, où un système unifié de radio-identification, avec implants de cartes d'identité dans le corps humain, etc. — nouveaux stigmates de l'esclavage moderne — attend l'homme dans un avenir proche ! En s'appuyant sur la technologie de la radiofréquence, les banquiers internationaux finiront par être en mesure de contrôler les peuples du monde entier, partout et tout le temps. Quand les espèces sonnantes et trébuchantes auront disparu, il suffira de tapoter sur un clavier d'ordinateur pour priver quiconque de toute possibilité d'obtenir par lui-même ses propres moyens d'existence.

Ces projets relèvent de l'horreur absolue pour tous les défenseurs de la liberté. Mais pour les banquiers internationaux, nous entrons simplement dans le royaume le plus perfectionné du « nouvel ordre mondial ». Pour les élites, leur projet n'est nullement un « complot », même s'ils ont bien conscience qu'ils doivent en passer par des mensonges flagrants pour le réaliser. La différence avec un complot traditionnel est qu'ils n'ont pas d'organe directeur visible.

Ils s'organisent selon un cercle social libre constitué de gens partageant la même vision. L'angoisse qui s'empare de ceux qui sont au courant vient de ce que cette oligarchie, unie par une même vision, accomplit son idéal aux dépens de l'humanité tout entière. Le fondateur du CFR, l'initiateur de la Société des Nations après la Première Guerre mondiale, le Colonel House, fut un opérateur important de ce plan aux États-Unis.

Le Colonel House, parrain spirituel du Council on Foreign Relations (CFR)

> « À Washington, les vrais dirigeants sont invisibles, ils exercent le pouvoir dans les coulisses. »[170]
> Félix Frankfurter, Cour suprême des États-Unis.

Le Colonel House, de son vrai nom Edward Mandel House, reçut son titre de colonel par le gouverneur du Texas, en remerciement de sa contribution aux élections locales. House naquit dans une famille de riches banquiers du Texas. Son père, Thomas, servit comme agent des Rothschild durant la guerre civile. House a poursuivi ses études en Angleterre, qu'il considérait comme sa vraie patrie à l'instar de la majorité des banquiers américains du début du XXe siècle, et entretenait des relations étroites avec les banquiers anglais.

En 1912, il publia un roman anonyme qui suscita un vif intérêt auprès des historiens : *Philip Dru, Administrateur.* Il y racontait comment un dictateur bienveillant, qui contrôle les deux principaux partis américains, met en place une banque centrale, un impôt fédéral progressif sur le revenu, un système de protection sociale, abolit les

---

[170] Ted Flynn, *op. cit.*, p. 88.

taxes protectionnistes et crée une société des nations. L'auteur fit preuve d'une incroyable clairvoyance car tout ce qui se déroule dans son livre s'est produit aux États-Unis et a rattrapé Keynes.

En fait, les livres écrits respectivement par le Colonel House et Keynes ne furent pas tant des livres prophétiques que des livres programmatiques des politiques futures. Lors de sa sortie, le roman de House suscita l'intérêt de la haute société américaine, tant par la cohérence de ses prévisions que par le fait qu'il traduisait les attentes des banquiers internationaux. Le « Colonel » devint très rapidement le parrain spirituel du cercle de l'élite.

Pour la nomination du candidat démocrate aux présidentielles de 1912, le Parti organisa une rencontre entre le Colonel House et l'un des candidats, Thomas Woodrow Wilson. Lorsque Wilson arriva à l'hôtel new-yorkais où résidait House, ils discutèrent pendant une heure, discussion qu'ils jugèrent brève mais approfondie. À un homme politique qui lui demandait si House, dans une certaine situation, l'avait représenté fidèlement, Wilson répondit :

> *M. House est ma deuxième personnalité ; il est mon moi indépendant. Sa façon de penser et la mienne ne font qu'une. Si j'étais à sa place, j'aurais fait exactement les mêmes suggestions.*[171]

House joua un rôle de coordinateur et de liaison entre les politiciens et les banquiers. Avant l'élection de Wilson, les banques de Wall Street avaient organisé un banquet durant lequel House assura aux gros bonnets de la finance :

> *Avec Wilson sur la selle de l'âne qu'est le parti démocrate, il ne va pas ruer dans les brancards...*[172]

Schiff, Warburg, Rockefeller et Morgan avaient placé beaucoup d'espoirs en House. Schiff le comparaît à Moïse, tandis que lui-même et les autres banquiers étaient des Aaron. Après son élection en

---

[171] Charles Seymour, *Intimate Papers of Colonel House* (Houghton Mifflin, 1926), Vol. I, p. 114.

[172] George Sylvester Viereck, *The Strangest Friendship in History*, 1932. [L'âne est l'emblème du Parti démocrate — n.d.e.]

novembre 1912, le nouveau président Wilson passa des vacances aux Bermudes où il lut attentivement *Philip Dru, Administrateur*. Sa politique et les lois qu'il fit passer entre 1913 et 1914 étaient une quasi-réplique du roman de House. Après que fut voté le Federal Reserve Act, le 23 décembre 1913, le banquier Jacob Schiff écrivit une lettre à House :

> *Je souhaite dire un grand merci à votre silencieuse mais fructueuse contribution au vote de cette loi monétaire.*[173]

Sa participation au lancement de la Réserve Fédérale achevée, House se tourna vers les affaires internationales. Avec ses nombreux contacts en Europe et aux États-Unis, il devint rapidement un poids lourd sur la scène mondiale :

> *House entretenait des liens puissants avec les banquiers internationaux de New York. Il était très influent, par exemple, auprès de grandes institutions financières représentées par des personnes telles que Paul et Félix Warburg, Otto H. Kahn, Louis Marburg, Henry Morgenthau, Jacob et Mortimer Schiff, Herbert Lehman. House avait des liens tout aussi puissants avec les banquiers et les politiciens en Europe.*[174]

En 1917, Wilson confia à House l'organisation de *l'Inquiry*, l'équipe chargée d'élaborer les futurs accords de paix. Le 30 mai 1919, le baron Edmond de Rothschild convoqua une réunion dans un hôtel parisien, à laquelle participèrent les membres de *l'Inquiry* et de la Table Ronde anglaise. Le principal thème de cette réunion fut la façon d'intégrer toujours davantage le pouvoir des élites anglo-saxonnes.

Le 5 juin de la même année, une nouvelle réunion au sommet décida d'une restructuration décisive des organisations déjà existantes dans le sens d'une action plus unifiée et centralisée. Le 17 juin, en tant que coordinateur, House lança *l'Institute of Foreign Affairs*.

Le 21 juillet 1921, il changea son nom en « *Council on Foreign Relations* ». 270 personnes de l'élite politique et financière s'y joignirent, dont les membres de *l'Inquiry*, les députés américains

---

[173] Charles Seymour, *op. cit.*, p. 175.

[174] Dan Smoot, *The Invisible Government* (Dan Smoot Report, 1962).

présents à la Conférence de Paix de Paris et les personnes qui avaient participé à la création de la Réserve Fédérale. Les banquiers y contribuèrent généreusement, et c'est ainsi que naquit une organisation dont l'objectif était de contrôler la société américaine et la politique mondiale.

Alors que Roosevelt était encore Vice-ministre de la Marine sous Wilson, il lut *Philip Dru, Administrateur*, qui fut pour lui une source d'inspiration. Il s'avéra que Roosevelt était un reflet fidèle du « dictateur modéré » décrit dans le livre. Après son élection, House devint immédiatement indispensable à la Maison-Blanche. Le gendre de FDR a écrit dans ses mémoires :

> *Pendant un long moment, j'ai pensé que Roosevelt avait lui-même émis beaucoup d'idées et de propositions au profit des États-Unis. Mais en réalité, il n'en fut pas ainsi. La plupart de ses idées, ses « munitions » politiques, furent concoctées à l'avance par le Council on Foreign Relations, l'organisation qui soutient une monnaie mondiale unique.*[175]

Le banquier James Warburg, fils de Paul Warburg, était le conseiller financier de Roosevelt et également membre du CFR. Le 17 février 1950, il déclara à la Commission sénatoriale des affaires étrangères :

> *Nous devrions établir un gouvernement mondial, peu importe que les gens soient d'accord ou non. La seule question est de savoir s'il doit être établi par le consentement ou par la force.*[176]

Un éditorial du *Chicago Tribune* du 9 décembre 1950 observait :

> *Les membres du Council [CFR] sont des personnes qui ont beaucoup plus d'influence que la moyenne des gens. Elles se sont servies du prestige que leur a conférés leur fortune, leur position sociale et leur éducation, afin de conduire leur pays à la banqueroute et à la débâcle militaire. Elles devraient regarder leurs mains. Elles sont couvertes de sang — du sang*

---

[175] Col. Curtis Dali, *op. cit.*

[176] David Allen Rivera, *Final Warning: A History of the New World Order* (2004), chapitre 5.

> *séché de la dernière guerre et du sang frais de celle qui est en cours [la Guerre de Corée].*[177]

En 1971, le député de Louisiane John Rarick (1924-2009) déclarait :

> *Tous les Américains soucieux d'un bon gouvernement et de la préservation et de la défense de la constitution des États-Unis et de notre système de libre-entreprise devraient connaître le Council on Foreign Relations. Il est dédié au gouvernement mondial, est financé par un certain nombre des plus grandes fondations exonérées d'impôts et exerce un pouvoir et une influence formidables sur nos existences, dans les domaines de la finance, des affaires, du travail, de l'armée, de l'éducation et des mass média.*[178]

C'est exact, le CFR exerce une influence totale sur la politique américaine. Depuis la Seconde Guerre mondiale, tous les présidents des États-Unis, à trois exceptions près, en ont fait partie. Depuis des décennies, les deux principaux partis se relayent au gouvernement sans que la politique ne change vraiment, car la quasi-totalité des hauts postes décisionnels sont occupés par des membres du CFR.

Depuis 1921, aux États-Unis, la plupart des ministres des Finances, le conseiller à la sécurité nationale d'Eisenhower, quatorze ministres des Affaires étrangères (la totalité après 1949), onze ministres de la Défense, ainsi que neuf directeurs de la CIA, en ont été ou en sont issus. Le CFR est un peu « l'école du parti centriste » de l'élite américaine.

> *Après qu'un membre a décidé une politique particulière, les grandes institutions de recherche du CFR se mettent à tourner à plein régime, apportant une variété d'arguments rationnels et judicieux, afin d'accentuer la force de persuasion de la nouvelle politique, tant au niveau politique qu'idéologique, et de confondre et minimiser d'éventuelles objections.*[179]

À chaque fois qu'un poste à responsabilité est vacant à Washington,

---

[177] *Chicago Tribune*, 9 décembre 1950.

[178] David Allen Rivera, *op. cit.*, chapitre 5.

[179] Phyllis Ward, Chester Schlafly, *Kissinger on the Couch* (Arlington House, 1975).

le CFR est le premier à être appelé par la Maison-Blanche. *The Christian Science Monitor* a affirmé que près de la moitié des membres du CFR ont obtenu des postes au gouvernement ou sont devenus conseillers. Le CFR compte plus de 4700 membres,[180] qui doivent obligatoirement détenir la nationalité américaine. Beaucoup d'entre eux ont une influence importante, ce sont des banquiers, des dirigeants de grandes entreprises, des hauts fonctionnaires, l'élite des médias, d'éminents professeurs d'université, des officiers militaires de haut rang.

Ces personnes forment le noyau dur de l'élite politique américaine. Concernant la tendance générale des médias américains, visant à « orienter l'opinion publique », un rapport du CFR de 1987 souligne que parmi ses membres on pouvait compter jusqu'à 262 journalistes et experts des médias, qui ne se contentaient pas d'interpréter la politique étrangère du gouvernement, mais la formulaient également.

Le CFR contrôle notamment les chaînes de télévision CBS, ABC, NBC, PBS, les journaux *New York Times, Washington Post, Boston Globe, Baltimore Sun, Los Angles Times,* les magazines *Times, Fortune, Life, Money Magazine, People, Entertainment weekly, Newsweek, Businessweek, US News & World Report, Reader's Digest, Forbes, The Atlantic,* et les maisons d'éditions McMillan, Random House, Simon & Schuster, Harper & Brothers, McGraw-Hill.[181]

Le Sénateur William Jenner, en 1954 :

> *Aujourd'hui, la voie vers une dictature totale aux États-Unis peut être pavée par des moyens strictement légaux, sans même que le Congrès, le président ou le peuple s'en aperçoivent. En apparence, nous avons un gouvernement constitutionnel. Mais un autre organisme représentant une autre forme de gouvernement — une élite bureaucratique — opère au sein de notre gouvernement et de notre système politique. Dans ce pays, nous avons un groupe d'action politique très bien organisé qui est déterminé à détruire notre constitution et à établir un État avec un parti unique. Et le temps travaille pour eux.*

Avec la création du CFR, le pouvoir de décision des affaires

---

[180] Chiffres de 2013 [n.d.e.].

[181] Ted Flynn, *op. cit.*, p. 89.

intérieures et extérieures échappe encore un peu plus au peuple et aux deux partis, et s'installe toujours davantage entre les mains du club de la super-élite.

La Banque des règlements internationaux (BRI) : la banque des banquiers centraux

> « Le sort de la monnaie déterminera le sort du pays. »
> Franz Pick, expert monétaire.

De même, le sort de la monnaie dans le monde déterminera le sort du monde. Bien que la Banque des Règlements Internationaux soit la plus ancienne institution bancaire internationale, elle a toujours su garder profil bas, sans attirer l'attention publique. C'est pourquoi les chercheurs et les universitaires ne lui ont consacré que peu de travaux.

Depuis sa création, des personnes distinguées venant de Londres, Washington et Tokyo se réunissent tous les mois (sauf en août et en octobre) à Bâle, en Suisse, à l'hôtel Euler, pour participer à des réunions des plus discrètes mais dont l'impact est majeur. Ces visiteurs disposent chacun de leur propre bureau personnel, doté de moyens de communication cryptés et sécurisés pour leur donner accès à leurs pays respectifs.

Une équipe de plus de trois cents personnes est à leur service : chauffeurs, cuisiniers, gardes du corps, messagers, interprètes, sténographes, secrétaires et documentalistes. Dans ses installations, se trouvent des ordinateurs puissants, un country club, des courts de tennis, une piscine... L'accès à ce club est strictement limité.

N'y sont admis que ceux qui contrôlent les taux d'intérêts nationaux, la taille du crédit, la masse monétaire et les banques centrales. On y retrouve les directeurs de la Réserve Fédérale, de la Banque d'Angleterre, de la Banque du Japon, de la Banque Nationale Suisse ou de la Bundesbank.

La BRI possède quarante milliards de dollars en cash,[182] des

---

[182] Chiffre de 2006 [n.d.e.].

obligations de différents États, plus un montant égal à 10% du total mondial des réserves de change en or. La quantité d'or qu'elle détient se situe juste derrière celle du Trésor américain.[183] Les profits engendrés par le prêt de son or permettent de couvrir toutes les dépenses et les consommations de la banque. Les réunions qui ont lieu dix fois par an visent à coordonner et contrôler toutes les activités monétaires des pays industrialisés.

Le bâtiment du siège de la BRI abrite une construction souterraine capable de résister à une attaque nucléaire, des équipements hospitaliers, trois systèmes de protection anti-incendie autonomes permettant de se passer d'appeler les pompiers des services publics conventionnels. Au dernier étage du bâtiment, est installé un restaurant luxueux pour les weekends à Bâle des super VIP. À travers les baies vitrées du restaurant, on a une vue panoramique sur les beaux paysages de l'Allemagne, de la France et de la Suisse.

Dans le centre informatique de l'immeuble, tous les ordinateurs disposent d'une ligne spéciale qui les relie au réseau des banques centrales, et les données des marchés financiers peuvent être affichées en temps réel sur les écrans. Dix-huit traders traitent sans discontinuer les transactions de prêts à court terme sur le marché monétaire européen. Une autre partie des traders, ceux qui opèrent sur le marché de l'or, est constamment au téléphone à réaliser les transactions d'or entre les banques centrales.

Il n'y a pas de risque réel entre les différentes transactions : tous les prêts et les transactions d'or ont pour garantie les dépôts des banques centrales. De plus, la BRI prélève au passage des frais de fonctionnement exorbitants. D'ailleurs, la question peut se poser de savoir pourquoi ces banques centrales confient des affaires aussi simples à la BRI quand ses tarifs sont si élevés. Une seule réponse : les transactions secrètes.

La BRI a été créée en 1930, au moment où la Grande dépression terrassait le monde. Les banquiers conçurent l'idée d'une version élargie de la Réserve Fédérale : la banque des banques centrales. Conformément aux accords de La Haye de 1930, elle fonctionne indépendamment des gouvernements, et que ce soit en temps de guerre

---

[183] En 2005 (dernière déclaration connue), la BRI déclarait posséder en propre 712 tonnes d'or, auxquelles il faut probablement ajouter les dépôts dont elle a la garde [n.d.e.].

ou de paix, elle est toujours exonérée d'impôts.

Elle ne peut accepter que les dépôts des banques centrales et perçoit une redevance substantielle sur chacune des transactions. Dans la période de turbulences et de récession des années 1930-1940, les banques centrales européennes déposèrent leurs propres réserves d'or à la Banque des Règlements Internationaux. Dès lors, une immense variété de paiements internationaux et de réparations de guerre fut réglée par l'intermédiaire de la BRI.

L'entière planification fut accomplie par l'Allemand Hjalmar Schacht, et c'est lui-même, en 1927, avec l'aide de Benjamin Strong de la Banque de réserve fédérale de New York, et de Montagu Norman de la Banque d'Angleterre, qui ourdit le krach boursier de 1929. En 1930, Schacht se mit à suivre l'idéologie nazie.

Il conçut la Banque des Règlements Internationaux dans le but de fournir une plate-forme aux banques centrales pour réaliser des transferts de fonds secrets difficiles à tracer. En fait, au cours de la Seconde Guerre mondiale, les banquiers internationaux anglo-américains ont utilisé cette plate-forme pour financer les Nazis et les aider à prolonger la guerre.

Après l'entrée en guerre des États-Unis, un grand nombre d'équipements stratégiques se retrouvèrent sous la bannière de pays neutres. Ils furent d'abord envoyés en Espagne fasciste, avant d'être transférés en Allemagne. Et beaucoup de services financiers furent réglés par la BRI.

Il s'avère que le conseil d'administration était composé de banquiers issus des deux parties belligérantes : l'Américain Thomas McKittrick, le directeur allemand *d'IG Farben* Hermann Schmitz, le banquier allemand Kurt Freiherr von Schröder, un autre banquier allemand de la *Reichsbank* Walther Funk et Emil Pauhl, ces deux derniers ayant été nommés par Hitler.

En mars 1938, pendant son occupation de l'Autriche, l'Allemagne pilla sans vergogne l'or de Vienne ; puis plus tard celui de la République tchèque et de tous les autres pays qu'elle occupait. Tout cet or fut entreposé dans les réserves de la Banque des Règlements Internationaux. Les cadres dirigeants de l'Allemagne nazie interdisaient de mentionner ce point lors des conseils d'administration de la BRI.

Avant son occupation par l'Allemagne, l'or de la République tchèque avait déjà été transféré à la Banque d'Angleterre et les forces d'occupation obligèrent la Banque de la République tchèque à demander le rapatriement de son or. La Banque d'Angleterre, sous l'égide de Montagu Norman, s'y employa et cet or fut utilisé par l'Allemagne pour acheter un grand nombre d'équipements stratégiques.

Lorsque la nouvelle fut divulguée par un journaliste britannique, elle attira l'attention de l'opinion publique. Pour vérifier les faits, le ministre des Finances américain, Henri Morgenthau, appela en personne John Simon, le ministre des Finances britannique, qui nia tout en bloc. Plus tard, on interrogea à ce même sujet le Premier ministre, Neville Chamberlain, qui nia également.

À l'origine, Chamberlain était le principal actionnaire d'*Impérial Chemical Industries*, dont *IG Farben* était un proche partenaire d'affaires. [En 1939] un certain Cochran, du Département du Trésor, fut dépêché à la Banque des Règlements Internationaux pour analyser la situation, et c'est ainsi qu'il expliqua les relations hostiles entre la BRI et les dirigeants nationaux :

> *Il règne à Bâle une atmosphère totalement cordiale ; la plupart des banquiers centraux se connaissent depuis des années et les réunions sont agréables et profitables pour tous. [...] Certains d'entre eux ont exprimé le souhait que leurs chefs d'État respectifs cessent de s'invectiver mutuellement, qu'ils aillent ensemble pêcher avec le président Roosevelt ou qu'ils se rendent à l'Exposition universelle, qu'ils surmontent leurs fiertés et leurs complexes, et qu'ils adoptent une position qui rendrait comparativement simple la solution à de nombreux problèmes politiques.*[184]

Plus tard, la Banque d'Angleterre fut obligée d'admettre que l'or tchèque avait bien été remis à l'Allemagne. On donna comme explication officielle que c'était une opération d'ordre purement technique et que l'or physique n'avait jamais quitté l'Angleterre. De fait, grâce à la Banque des Règlements Internationaux, il devenait possible d'envoyer de l'or à l'Allemagne nazie en se contentant d'une simple écriture dans les livres de comptes. On ne peut qu'admirer Hjalmar Schacht qui, en 1930, conçut avec habileté cette plate-forme financière pour soutenir la future guerre allemande.

En 1940, l'Américain Thomas McKittrick fut nommé PDG de la

---

[184] Charles Higham, *Trading With the Enemy* (Robert Hale, Londres, 1983), p. 6.

Banque des Règlements Internationaux. Diplômé de Harvard et proche de Wall Street, il avait été à la tête de la Chambre de commerce anglo-américaine, parlait couramment l'allemand, le français et l'italien, et avait mené à bien de nombreuses affaires de prêts pour l'Allemagne. Peu de temps après sa prise de fonction, il se rendit à Berlin où il tint une réunion secrète avec la *Reichsbank* et la Gestapo pour s'entretenir de la marche à suivre des activités bancaires, une fois que l'Allemagne et les États-Unis entreraient en guerre.

Le 27 mai 1941, à la demande de Morgenthau, le ministre des Affaires étrangères américain, Cordell Hull, envoya un télégramme à l'ambassadeur des États-Unis en Angleterre lui demandant de mener une enquête approfondie sur les relations entre le gouvernement anglais et la BRI, alors sous contrôle nazi. Le résultat de l'enquête rendit Morgenthau furieux.

En effet, Montagu Norman, le président de la Banque d'Angleterre, avait toujours siégé à la BRI. En fait, sur le champ de bataille, les États-Unis, l'Angleterre, et la France étaient les ennemis jurés de l'Allemagne, mais lors des réunions du conseil d'administration de la BRI, leurs relations étaient parfaitement amicales et cordiales. Cette étrange relation se poursuivit jusqu'à la fin de la guerre.

Le 5 février 1942, deux mois après l'attaque japonaise sur Pearl Harbor, les États-Unis se joignirent sans limites à la guerre contre l'Allemagne. Fait étrange, la *Reichsbank* comme le gouvernement italien acceptèrent que Thomas McKittrick conserve son poste de président de la Banque des Règlements Internationaux, laquelle ne rompit jamais ses relations d'affaires avec la Réserve Fédérale.

Le Parti travailliste anglais a toujours été sceptique sur les relations ambiguës que la Banque d'Angleterre entretenait avec la BRI, et il exhorta plusieurs fois le Trésor britannique à s'expliquer. Celui-ci répondit :

> *Ce pays possède de nombreux droits et intérêts à la Banque des Règlements Internationaux, ces arrangements sont basés sur des accords entre les gouvernements. Il n'est pas dans notre intérêt de rompre la relation avec cette banque.*

Alors que la guerre faisait rage aux quatre coins du globe, faisant vaciller tous les « pactes de non-agression » entre les nations, le ministère des Finances britannique continuait de respecter strictement les accords passés entre les banques. Toutefois, un problème se posa, en 1944, quand il apparut que l'Allemagne ennemie percevait une grande partie des dividendes de la BRI. Une telle générosité de la part de l'Angleterre fit grincer de nombreuses dents...

Au printemps 1943, Thomas McKittrick, sans se préoccuper de sa sécurité personnelle, fit des allers-retours entre les pays belligérants. Bien qu'il ne fût pas diplomate, le gouvernement américain lui a toujours accordé des visas diplomatiques. La garde personnelle de Himmler l'accompagna même à Rome ! Puis il rentra aux États-Unis via Lisbonne à bord d'un navire danois.

En avril, il se rendit à New York pour des consultations avec les responsables de la Fed. Ensuite, il se rendit dans la capitale allemande, à Berlin, afin de transmettre des renseignements financiers confidentiels sur l'attitude des hauts responsables américains.

Le 26 mars 1943, le député de Californie Jerry Voorhis proposa une résolution à la Chambre des Représentants pour enquêter sur « les raisons pour lesquelles un Américain conserve le poste de président de cette banque, qui est utilisée pour servir les desseins et les objectifs des puissances de l'Axe ».

Bizarrement, le Congrès et le ministère des Finances américain ne donnèrent pas suite à cette demande d'enquête. En janvier 1944, le parlementaire John M. Coffee introduisit une résolution similaire. Dans un éclat de colère, il s'écria :

> *Le gouvernement nazi détient 85 millions de francs-or suisses dans la Banque des Règlements Internationaux. La majorité du conseil d'administration est constituée de responsables nazis. Pourtant, de l'argent américain est déposé dans cette banque.*[185]

Beaucoup de gens se sont demandés par quel miracle la Suisse avait pu rester neutre quand tout le continent autour d'elle était à feu et à sang. Au moment où des petits pays faibles, comme la Belgique, le Luxembourg, la Norvège et le Danemark, voyaient leurs frontières allègrement violées, comment se fait-il que Hitler n'ait jamais tenté d'annexer la Suisse, pourtant germanophone aux deux tiers, conformément à la doctrine pangermaniste ? La réponse est que la Banque des Règlements Internationaux se trouvait en Suisse et qu'elle

---

[185] *Ibid.*, p. 11.

servait aux banquiers anglo-américains à financer l'Allemagne et à assurer ainsi la poursuite de la guerre.

Le 20 juillet 1944, lors de la conférence de Bretton Woods, la question de l'abolition de la BRI fut enfin mise sur le tapis. Keynes et Harry Dexter White, les deux architectes en chef, réfléchirent aux comportements suspects de la banque en temps de guerre et commencèrent à soutenir sa dissolution. Mais leur attitude changea subitement.

Lorsque Keynes frappa à la porte de Morgenthau, ce dernier fut surpris de voir son interlocuteur, d'ordinaire rationnel et irréprochable, se mettre à rougir et ne plus contrôler ses émotions. Keynes affirma du ton le plus calme possible que la BRI devait rester opérationnelle, au moins jusqu'à la création du Fonds Monétaire International et de la Banque Mondiale.

Il tenta vainement de faire accepter cette idée à Morgenthau, lequel, malgré l'énorme pression politique sur le sujet, n'en démordit pas et dit qu'il fallait l'abroger. Keynes finit par concéder qu'il fallait fermer la BRI, mais que l'on devait attendre le moment opportun. Morgenthau insista pour dire que « le plus tôt serait le mieux ».

Dépité, Keynes rentra chez lui et convoqua immédiatement une réunion d'urgence avec la délégation britannique, à deux heures du matin, puis rédigea personnellement une lettre à Morgenthau pour demander que la BRI continue de fonctionner.

Le deuxième jour de réunion, la délégation de Morgenthau adopta une résolution pour dissoudre la BRI. Lorsqu'il en fut informé, McKittrick écrivit immédiatement une lettre à Morgenthau et au ministre des Finances britannique, soulignant que la BRI aurait encore un rôle à jouer après la guerre. Mais il ajouta aussi que ses comptes ne pouvaient être rendus publics ni présentés à aucun gouvernement. Ce secret a tenu jusqu'à aujourd'hui.

Le comportement plus qu'ambivalent de McKittrick en temps de guerre n'a jamais empêché les banquiers internationaux de l'apprécier. Plus tard, il fut nommé président de la *Chase Manhattan Bank* par ses propriétaires, les Rockefeller. Finalement, la BRI ne fut pas dissoute. Après la guerre, ses activités se firent encore plus discrètes.

Elle fut surnommée le « *Core Club* », le club le plus exclusif, constitué des six ou sept banques centrales, au nombre desquelles la Réserve Fédérale, la Banque Nationale Suisse, la Bundesbank, la Banque d'Italie, la Banque du Japon et la Banque d'Angleterre, tandis que la Banque de France et les banques centrales d'autres pays restaient exclues du cercle.

Le concept principal du *Core Club* était d'exclure les gouvernements du processus décisionnel monétaire. La Banque Nationale Suisse avait toujours été une banque privée, complètement affranchie de tout contrôle gouvernemental. La *Bundesbank* agissait à sa façon, comme la Banque Nationale Suisse, et ne s'adressait même pas au gouvernement lorsqu'il fallait prendre des décisions importantes, telles que des modifications du taux d'intérêt. Son président, Karl Otto Pöhl, préférait se déplacer dans sa propre limousine qu'utiliser l'avion affrété pour se rendre aux réunions à Bâle… Bien que la Fed soit soumise à quelques procédures contraignantes du gouvernement, ni la Maison-Blanche ni le Congrès n'interfèrent en profondeur dans sa politique monétaire. La Banque d'Italie était en théorie tenue d'accepter le contrôle du gouvernement mais son directeur n'avait pas de lien avec lui.

Leurs relations étaient si tendues qu'en 1979, le gouvernement italien a même menacé d'arrêter le président de la Banque d'Italie, Paolo Baffi. Sous la pression des banquiers internationaux, toute procédure officielle fut abandonnée. La situation de la Banque du Japon est plus singulière.

Après l'effondrement de la bulle immobilière dans les années 1980, le ministère des Finances japonais s'en est pris à la banque centrale, laquelle en profita pour se libérer de l'emprise du gouvernement. Quant à la Banque d'Angleterre, elle était surveillée de près par son gouvernement, mais ses présidents successifs, sans doute grâce à des pouvoirs surnaturels, ont toujours fait partie des membres clés du *Core Club*. La Banque de France, elle, n'a pas eu autant de chance : elle était considérée comme la « marionnette » de son gouvernement et fut donc exclue du club.

Le Fonds Monétaire International et la Banque Mondiale

> *« Ils diront que le FMI est arrogant. Ils diront que le FMI n'écoute pas vraiment les pays en développement qu'il est censé aider. Ils diront que le FMI est secret et à l'abri de la transparence démocratique. Ils diront aussi que les —remèdes‖ économiques du FMI aggravent souvent les choses, en transformant les ralentissements économiques en récessions et*

> *les récessions en dépressions.*
> « *Et ils auront raison, j'étais l'économiste en chef de la Banque Mondiale, de 1996 jusqu'en novembre dernier, durant la plus grave crise économique mondiale depuis un demi-siècle. J'ai vu comment le FMI, en tandem avec le Département du Trésor américain, y a répondu. Et cela m'a scandalisé.* »[186]
>
> Joseph Stiglitz, ancien économiste en chef
de la Banque mondiale.

Joseph Stiglitz tenait ces propos plus que sceptiques contre le FMI et la Banque Mondiale, dont il était employé, juste une semaine avant la tenue de son assemblée générale, en 2000. Son président, James Wolfensohn, le fit partir en « retraite forcée ». Pour être plus précis, c'est le ministre des Finances américain, Lawrence Summers, qui le congédia. En effet, le Trésor américain possède 17% des parts de la Banque Mondiale, ainsi qu'un droit de veto et le pouvoir de nommer et de révoquer son président.

Autant dire qu'il la contrôle entièrement. Summers détestait Stiglitz, au point qu'il manigança pour qu'il ne prenne pas une retraite discrète, mais qu'il soit limogé et qu'il se sente humilié. Mais cela n'empêcha pas Stiglitz de remporter le prix Nobel d'économie en 2001 et de devenir le principal conseiller économique du Président Clinton.

Stiglitz rencontra de nombreux écueils, en raison de son attitude critique envers les banquiers qui soutenaient la mondialisation. Cependant, même si sa perception et son jugement des institutions financières internationales étaient fondées sur des informations de première main, il n'a jamais été jusqu'à reconnaître que « créer les problèmes et les utiliser » était la vraie mission de ces organismes.

Stiglitz ne croyait pas du tout dans une « théorie du complot », et de même, la plupart des économistes et employés travaillant à la Banque Mondiale et au FMI, y compris le personnel chinois, n'identifient aucune conspiration dans leur travail. En fait, au niveau opérationnel, toutes les tâches sont scientifiques et rigoureuses, chaque source d'information et chaque algorithme sont analysés de façon

---

[186] Joseph Stiglitz, « The Insider — What I Learned at the World Economic Crisis », in *The New Republic*, 17 avril 2000, p. 56.

scientifique.

Soutenir qu'il y avait un complot orientant leur travail quotidien reviendrait à les accuser injustement. Quiconque appliquerait les mêmes méthodes mathématiques et « façons de faire » en arriverait au même résultat.

Dans l'élaboration du plan global, force est d'admettre que nous sommes en face de vrais génies conceptuels ! Les détails et les opérations sont complètement transparentes, scientifiques, presque parfaites. La véritable conspiration est apparue dans les strates politiques.

Voici un cas d'école : la Pologne et l'ancienne Union soviétique, dont les effets de la transition économique furent très différents pour l'une et l'autre. Jeffrey Sachs, professeur à Harvard, Paul Volcker, ancien président de la Fed, et Anno Ruding, vice-président de *Citibank*, concoctèrent avec George Soros ce que l'on nomme communément la « thérapie de choc ». Soros résuma ainsi cette pseudo-thérapie :

> *J'ai considéré qu'il était essentiel de démontrer que la transformation politique pouvait conduire à l'amélioration économique : la Pologne était l'endroit où cela pouvait être accompli.*
> *J'ai dressé les contours généraux d'un programme économique d'ensemble. Il comportait trois ingrédients : la stabilisation monétaire, les changements structurels et la restructuration de la dette. J'affirmais que ces trois objectifs pouvaient être mieux réalisés simultanément que séparément. C'était particulièrement vrai pour la réorganisation industrielle et la restructuration de la dette. J'ai proposé une sorte d'échange macroéconomique dette contre actifs [industriels].*[187]

Au final, pendant la mise en œuvre de la thérapie de choc, le Trésor américain et les banquiers internationaux se sont engagés dans un soutien substantiel à la Pologne, une véritable « transfusion sanguine » monétaire, censée produire d'excellents résultats. Mais dans un second temps, quand le patient fut allongé sur la table d'opération et que les « chirurgiens » de l'économie l'éventrèrent, l'assistance financière, la « transfusion de sang » métaphorique, fut oubliée et le malade laissé à

---

[187] George Soros, *Underwriting Democracy* (Public Affairs, New York, 1991), p. 31 [n.d.e.].

l'agonie.

Il n'est pas étonnant que le « docteur » Jeffrey Sachs ait crié à la trahison. La Pologne donnait l'impression d'une opération réussie en apparence, mais un accident s'est produit et le traitement de choc a été abandonné.

Bien que le principe de la thérapie de choc fût à la base d'une simplicité enfantine, Sachs et Stiglitz n'ont jamais été en mesure de comprendre qu'il existait une conspiration politique globale au niveau opérationnel. Le système de Bretton Woods et ses organes, le FMI et la Banque Mondiale, avaient pour finalité d'imposer l'hégémonie mondiale du dollar. Dans cette perspective, l'abolition de l'étalon-or devait se réaliser en plusieurs étapes, selon le plan des banquiers internationaux.

(1) En 1933, Roosevelt abolissait la relation traditionnelle de change direct entre l'or et le dollar (le *Gold Standard*), qui fut remplacée par un échange indirect (le *Gold Exchange standard*). Néanmoins, sur le marché international, les détenteurs étrangers de dollars pouvaient encore les convertir en or.

(2) Le système de Bretton Woods a remplacé le *Gold Exchange standard* par le *Dollar Exchange standard*, rattachant les monnaies des autres pays au dollar, puis le dollar à l'or.

(3) Puis, seules les banques centrales étrangères purent échanger leurs dollars contre de l'or, ce qui eut pour effet d'écarter encore un peu plus l'or des monnaies en circulation.

Le FMI et la Banque Mondiale sont contrôlés par les USA, même si des Européens dirigent traditionnellement le FMI. Pour la Banque Mondiale, son gouverneur est directement choisi par le Trésor américain. Celui-ci, pour verrouiller dans tous les cas la situation à son avantage, a mis en place certaines clauses, comme l'obligation de recueillir au moins 85% des voix pour remporter un scrutin, ce qui revient à donner un droit de veto au Trésor américain, qui s'est attribué 17% des droits de vote.

De toute façon, les cas sont rares où ce seuil de 85% de voix favorables est strictement respecté. Il faut bien accroître « l'efficacité » des mécanismes décisionnels ! C'est le jeu habituel entre le processus opérationnel théorique et la praxis politique concrète.

Keynes, l'architecte en chef du système de Bretton Woods, avait en tête un concept plus « excitant » pour bâtir le futur cadre monétaire mondial : les droits de tirage spéciaux. Ces droits établissent ce que l'on appelle l'« or papier », pour remédier à la longue pénurie d'or physique. C'est probablement une « invention » sans précédent dans l'histoire de l'humanité : déterminer un papier-monnaie qui ne se dévalue jamais, équivalent à de l'or, mais qui ne se convertira jamais en or.

En 1969, lors de la grave crise des paiements en or aux États-Unis, on procéda à un « grand lancement » de ce concept, mais sans parvenir à maintenir l'engagement international de convertir les dollars en or. Après la désintégration du système de Bretton Woods, les droits de tirage spéciaux furent redéfinis par un contrat global lié aux taux de change. Jusqu'à présent, cette monnaie mondiale, conçue par Keynes dans les années 1940, n'a pas été d'une grande utilité.

La mission historique du FMI et de la Banque Mondiale s'est achevée lorsque Nixon annonça, en 1971, la fin de la relation entre l'or et le dollar américain. Néanmoins, les banquiers internationaux trouvèrent le moyen de recycler ces deux institutions : « aider » les pays en développement à accéder à la « mondialisation ». Avant que Stiglitz ne soit remercié, il eut accès à des documents confidentiels de la Banque Mondiale et du FMI.

Ces pièces montraient que les pays bénéficiaires d'aides d'urgence devaient signer jusqu'à 111 clauses confidentielles, parmi lesquelles l'obligation pour les dirigeants politiques locaux d'ouvrir un compte bancaire en Suisse ou de vendre des biens publics essentiels : eau, électricité, gaz, chemins de fer, télécommunications, pétrole, banques, etc. En échange d'un prétendu plan d'aide au développement, les États bénéficiaires s'engageaient donc à adopter des mesures économiques qui étaient en fait complètement destructrices.

Et si leurs dirigeants avaient le courage de refuser ces conditions aliénantes, leurs pays étaient inscrits sur une « liste noire » des pays interdits de prêts d'urgence sur les marchés financiers internationaux. Dès lors, on comprend mieux la fureur des banquiers internationaux contre la Chine, qui propose sans conditions supplémentaires des prêts aux pays du tiers-monde. La Chine offre à de nombreux pays désespérés une alternative de développement sans contrepartie destructrice.

Stiglitz révéla que la même prescription attendait tous les pays sans distinction. Première potion : la privatisation ou, plus précisément, la « corruption généralisée ». Les dirigeants des pays bénéficiaires n'avaient qu'à être d'accord pour vendre au rabais les actifs appartenant à l'État et recevaient une commission de 10%, versée directement sur leur compte secret en Suisse. Selon les propres mots de Stiglitz : « Vous pouviez voir leurs yeux s'écarquiller » à la perspective de toucher plusieurs milliards de dollars. En 1995, éclata en Russie la plus grosse affaire de corruption liée au processus de privatisation, mais :

> *Le point de vue du Trésor des États-Unis était que c'était merveilleux, car il voulait qu'Eltsine soit réélu. Il se moquait bien de savoir si cette élection était corrompue. Ils voulaient que l'argent aille à Eltsine.*[188]

Stiglitz n'était pas obnubilé par la conspiration, il a juste vécu cette partie de l'intérieur. Mais quand il vit que la production avait chuté de près de la moitié en Russie du fait de la corruption, et que le pays était tombé dans une grave récession économique, en tant qu'économiste doté d'une conscience et d'un sens de la justice, il fut profondément scandalisé par l'attitude ignoble de la Banque Mondiale et du Trésor américain.

Second remède : l'ouverture des marchés des capitaux. En théorie, la libéralisation du mouvement des capitaux implique qu'ils puissent entrer et sortir librement dans le cadre du commerce international et de l'investissement productif. Mais en théorie seulement... Dans le monde réel, dans des cas concrets comme les tempêtes financières qu'ont connu l'Asie ou le Brésil, la libre entrée des capitaux entraîne la spéculation sur les marchés boursiers, l'immobilier et les devises.

À l'aube de la crise économique, les capitaux spéculatifs ne faisaient qu'aller et venir. Ces capitaux spéculatifs que Stiglitz appelle « le capital fébrile » étaient toujours les premiers à fuir, et les réserves de change des pays touchés étaient asséchées en quelques jours, voire en quelques heures.

Les conditions imposées par le FMI pour tendre la main étaient le resserrement monétaire puis le relèvement absurde des taux d'intérêt, à 30%, 50%, 80%. De tels taux d'intérêt détruiraient impitoyablement la valeur de l'immobilier, la capacité de production industrielle et assécheraient la richesse accumulée par la société depuis des années.

Troisième médicament : la détermination des prix par le marché. Quand les pays touchés, plus morts que vifs, sont amenés à cette étape

---

[188] Greg Palast, *The Best Democracy Money Can Buy* (Robinson, Londres, 2003), p. 154.

par le FMI, inévitablement, ce sont les prix de la nourriture, de l'eau, du gaz et des produits indispensables au quotidien pour la population qui augmentent. Le résultat est facile à imaginer : manifestations et soulèvements populaires.

En 1998, le FMI réduisit les subventions sur l'alimentation et le carburant, déclenchant des insurrections à grande échelle. Les hausses de prix en Bolivie ou la flambée des prix du gaz en Équateur provoquèrent des troubles sociaux et des émeutes. Tout cela avait été calculé par le FMI depuis longtemps, et selon ses propres termes, on appelait cela de « l'agitation sociale ».[189]

Or, cette « agitation sociale » possède une grande utilité, les fonds s'enfuient comme des oiseaux apeurés, laissant derrière eux des actifs décotés, proies faciles pour les banquiers qui se jettent dessus comme des rapaces. Lorsque le premier président démocratiquement élu en Éthiopie accepta en période de crise l'aide de la Banque Mondiale et du Fonds Monétaire International, il fut contrait de transférer les aides européennes sur son compte de réserve au Trésor américain, générant un lamentable rendement de 4%.

En même temps, le pays devait verser 12% d'intérêts aux banquiers sur les dollars empruntés servant à nourrir la population affamée. Le nouveau président supplia alors Stiglitz de l'autoriser à utiliser ces subventions pour reconstruire son pays, mais ce dernier ne put rien y faire. Une bien cruelle épreuve pour la conscience humaine, un tourment que Stiglitz n'a apparemment pas pu endurer.

Quatrième étape : la stratégie de réduction de la pauvreté, comprendre : le libre-échange. Stiglitz fut outré par la clause sur les « droits de propriété intellectuelle », consistant à payer des « taxes » exorbitantes pour obtenir des médicaments princeps occidentaux. Cela équivalaient à signer l'arrêt de mort pour les habitants du pays, car « ils [les laboratoires pharmaceutiques] ne se soucient pas de la vie et de la mort des gens ».[190] Selon Stiglitz, le FMI, la Banque Mondiale et l'OMC ne sont qu'une seule et même institution portant des noms différents. Les conditions d'ouverture du marché, imposées par le FMI,

---

[189] « Émeutes FMI » ou « IMF riots » pour les initiés [n.d.e.].

[190] Garry Leech a très bien exposé ce mécanisme dans son livre *Le Capitalisme : un génocide structurel* (Le Retour aux Sources, 2012) [n.d.e.].

sont encore plus dures que celles de l'OMC.[191]

Les *Confessions d'un assassin financier*, publiées en 2004 par John Perkins, ajoutent le point de vue du praticien à celui de Stiglitz. En s'appuyant sur son expérience professionnelle personnelle, l'auteur du livre reconstitue de façon détaillée l'histoire complète de ces banquiers internationaux qui livrent une guerre financière non déclarée aux pays en voie de développement. Perkins avait été recruté vers la fin des années soixante par la NSA (*National Security Agency*) et, après une série de tests, il fut considéré comme un candidat aux qualités requises pour devenir un « assassin économique ».

Sa couverture était « économiste en chef » d'une société internationale d'ingénierie bien connue, ce qui lui permettait de voyager dans le monde entier pour accomplir sa tâche d'assassin économique. Quand ses activités furent mises en lumière, n'ayant pas de caractère officiel, le blâme retomba sur la cupidité de l'entreprise privée au lieu de remonter jusqu'à la NSA et aux véritables donneurs d'ordre.

Le travail de Perkins consistait à persuader les pays en voie de développement de s'endetter. Il devait parvenir à leur faire contracter des dettes beaucoup plus élevées que leurs besoins réels, afin de s'assurer qu'elles ne pourraient jamais être remboursées. Pour corrompre les politiciens, des centaines de millions de dollars pouvaient être payés à tout moment en espèces.

Lorsque la dette ne pouvait être liquidée, la Banque Mondiale et le FMI venaient demander « leur dû en chair sanglante »,[192] c'est-à-dire la revente des biens publics essentiels des pays, comme les systèmes de distribution d'eau, le gaz naturel, l'électricité, le transport, les communications, etc. Si le travail de « l'assassin financier » n'était pas assez efficace, la CIA envoyait un « chacal » pour assassiner les dirigeants du pays, et si le chacal échouait également, on déployait la machine de guerre.

---

[191] Greg Palast, « Le FMI et la Banque mondiale, rencontre à Washington — Greg Palast : reportage sur BBC Television's Newsnight », 27 avril 2001. [OMC = Organisation Mondiale du Commerce — n.d.e.]

[192] L'expression « une livre de chair » (« a pound of flesh ») qualifie une dette impossible à rembourser et apparaît dans *Le marchand de Venise* de Shakespeare, où le personnage de Shylock, un usurier juif, vient réclamer son dû sous cette forme à Antonio qui ne peut le payer [n.d.e.].

En 1971, Perkins fut envoyé en Indonésie, où il accomplit avec succès sa tâche d'assassin économique, en laissant derrière lui un pays embourbé dans une lourde dette. Ensuite, il se rendit en Arabie Saoudite pour appliquer le plan de « recyclage des pétrodollars ». Soutenu par Kissinger, sa tâche consistait à « maximiser les paiements qui seraient versés aux compagnies américaines et rendre l'Arabie Saoudite de plus en plus dépendante des États-Unis ».

Il devait également convaincre les Saoudiens de garantir le maintien de l'approvisionnement en pétrole et ainsi isoler les autres pays membres de l'OPEP qui pourraient menacer d'utiliser l'arme de l'embargo contre les États-Unis et leurs alliés. Plus tard, Perkins fut envoyé en Iran, au Panama, en Équateur, au Venezuela... à chaque fois avec des résultats brillants.

Le 11 septembre 2001 lui donna le sentiment traumatisant que les États-Unis étaient détestés à cause de gens comme lui. Perkins en développa une ferme détermination à faire éclater la vérité. Aucun des grands éditeurs de New York n'osa publier son autobiographie, car le contenu de son livre était explosif. La teneur de ses révélations se répandit rapidement dans le « milieu ».

Pour éteindre l'incendie qui menaçait, une société internationale bien connue proposa de l'engager et de lui donner un titre, mais sans fonction réelle, à condition qu'il ne le publie pas, ce qui ressemblait à une sorte de corruption légale. En 2004, l'auteur brava risques et périls pour publier son ouvrage qui, du jour au lendemain, devint un best-seller. La forme du récit autobiographique fut son dernier recours, les éditeurs s'inquiétant des représailles que provoquerait inévitablement un essai documenté.[193]

Ce club d'élites qui domine la planète

> *« En bref, —l'édifice de l'ordre mondial⦀ devra être construit de bas en haut plutôt que de haut en bas. [...] Un faux-fuyant contournant la souveraineté nationale et l'érodant morceau par morceau donnera de bien meilleurs résultats qu'un assaut frontal suranné. »*

---

[193] John Perkins, *Les confessions d'un assassin financier* (alTerre, 2005).

Richard Gardner, Foreign Affairs, avril 1974, p. 558.

Le 16 juillet 1992, Bill Clinton, fraîchement choisi par la convention démocrate pour être son candidat aux présidentielles, fit un discours de grande envergure mais très convenu sur l'unité, les idéaux, les citoyens et le pays. Seule originalité de sa prise de parole, il fit part à la fin de son discours de l'influence qu'avait exercé sur lui son mentor à l'université de Georgetown, Carroll Quigley, influence évoquée dans le même souffle que celle de Kennedy.[194]

Dans sa carrière de président, Clinton a mentionné Carroll Quigley à de nombreuses reprises. Pour quelle raison ce monsieur Quigley resta-t-il à ce point inoubliable pour lui ? À l'origine, le professeur Carroll Quigley conduisait des recherches universitaires sur le pouvoir des clubs d'élites anglo-américains, estimant qu'ils influençaient de façon décisive quasiment tous les événements majeurs dans le monde. En d'autres termes, le professeur Quigley était un maître de la « théorie du complot ».

Quigley était diplômé de Harvard, il a travaillé au laboratoire d'idées de la *Brookings Institution*, au ministère de la Défense américain, à la Navy, et s'est lié avec de nombreux agents de la CIA. Faisant partie du « cercle », il était en contact avec de nombreux dossiers top-secrets. Il n'éprouvait pas d'antipathie envers l'élite oligarchique dirigeante et ses « idéaux » pour l'avenir de la planète, mais il émit des réserves sur certaines pratiques.

Son travail, couplé à des recherches ésotériques obscures, eut la chance de ne pas subir les pressions et menaces habituelles contre quiconque se livre à ce genre d'investigation. Au cours de ses vingt années et plus de recherches, il eut à traiter de nombreux documents confidentiels et classifiés, et les historiens américains n'avaient personne pour le remplacer ni pour le contester. Ses écrits représentaient des défis, et tant que sa doctrine ne mettait pas en danger ses contemporains au pouvoir, le cercle des élites n'avait pas de raison de l'éliminer.

Selon le Pr Quigley, le *Council on Foreign Relations*, le groupe de

---

[194] Bill Clinton, « Discours de remerciement à la Convention nationale démocrate par le Gouverneur Bill Clinton de l'Arkansas », New York — NY, 16 juillet 1992.

Bilderberg, le *Royal Institute of Foreign Affairs* et la Commission trilatérale sont les organisations qui forment le noyau de l'oligarchie mondialiste. Le CFR, qui compte 4700 membres, est « l'école du parti centriste ». Ceux qui entrent par la porte de cette institution sont en bonne voie de devenir des décideurs politiques de stature internationale.

Le groupe de Bilderberg augmenta la proportion de l'élite d'origine européenne, et la Commission trilatérale, qui regroupe de 300 à 400 personnalités, augmenta la proportion de membres d'origine japonaise et asiatique.

Depuis ses débuts, les membres du CFR sont aussi membres d'autres organisations dont sont issus des poids lourds politiques bien connus dans le monde entier : l'ancien ministre des Affaires étrangère américain, Henry Kissinger ; David Rockefeller, du comité international de *JP. Morgan* ; Nelson Rockefeller ; le Prince Philippe d'Angleterre ; Robert McNamara, ministre de la Défense sous Kennedy et, plus tard, président de la Banque Mondiale ; l'ancien Premier ministre britannique, Margaret Thatcher ; l'ancien président français (et l'un des principaux concepteurs de la constitution européenne) Valéry Giscard d'Estaing ; le ministre de la Défense de George W. Bush, Donald Rumsfeld ; l'ancien conseiller à la sécurité nationale Zbigniew Brzezinski ; l'ancien président de la Fed, Alan Greenspan ; et le grand maître Keynes.

Sans oublier les banquiers internationaux, qui sont les vrais patrons en coulisses de tous ces réseaux et organisations. Les Rothschild eurent l'occasion de présider les conférences du groupe de Bilderberg, et la famille Warburg organisait des réunions pendant ses vacances d'été dans la station de Saltsjöbaden en Suède.

À l'université, Clinton écouta attentivement les instructions de son mentor. Il comprit vite que pour réussir en politique, la lutte personnelle était vouée à l'échec et qu'il fallait entrer dans le réseau concentrant le noyau du pouvoir, de sorte à « obtenir un vent favorable qui allait [le] propulser ». Effectivement, Clinton rejoignit la Commission trilatérale et le CFR en 1989. [Déjà, à l'obtention de son diplôme à l'université de Georgetown,] il se vit attribuer une bourse « Rhodes » [pour étudier à l'université d'Oxford]. [Les *Rhodes Scholarships*] sont des programmes destinés à former les futurs cadres importants du gouvernement mondial.

En 1991, alors qu'il était gouverneur de l'Arkansas, il fit une apparition à la réunion annuelle du groupe de Bilderberg en Allemagne. Cet avancement de carrière soudain dut faire des jaloux car nombre de grands gouverneurs américains souhaitaient participer depuis longtemps à cette « réunion des super-élites ».[195]

Un an plus tard seulement, le gouverneur inconnu de l'Arkansas battait même George Bush Sr et accédait à la présidence des États-Unis. Avec tout ce qu'il devait à Quigley, il n'est pas étonnant que Clinton ait gardé en permanence à l'esprit les enseignements de son mentor !

Le groupe de Bilderberg

> *« Il nous aurait été impossible de développer nos plans pour le monde si nous avions été soumis à l'exposition publique durant toutes ces années. Mais le monde est maintenant plus sophistiqué et préparé à entrer dans un gouvernement mondial. La souveraineté supranationale d'une élite intellectuelle et de banquiers mondiaux est assurément préférable à l'autodétermination nationale pratiquée dans les siècles passés. »*[196]
>
> David Rockefeller, 1991.

Le groupe de Bilderberg a été créé sur l'initiative du Prince Bernhard des Pays-Bas en 1954 et doit son nom à l'hôtel dans lequel

---

[195] Marc Fisher, Washington Post, 27 janvier 1998. [On remarquera que les chefs d'État importants du monde occidental sont souvent invités au Bilderberg juste avant leur élection. Ce fut le cas de Bill Clinton, mais aussi de Barack Obama ou d'Angela Merkel — n.d.e.)

[196] Pepe Escobar, Bilderberg strikes again, *Asia Times Online*, 10 mai 2005. [Ces mots, rapportés par Lectures Françaises (n° de juillet-août 1991) qui aurait obtenu la bande-son de ce discours enregistré à la dérobée, auraient été prononcés par David Rockefeller lors de l'ouverture de la conférence du Bilderberg de 1991 à Baden-Baden. Depuis, cette citation a été reprise en boucle par de nombreux sites et ouvrages dénonçant le nouvel ordre mondial. Toutefois, son authenticité ne peut être confirmée à 100%. Une autre citation, incontestable celle-là et de teneur similaire, est parue dans le n° du 1er février 1991 du magazine *Newsweek*, et a été reprise dans les propres « Mémoires » de David Rockefeller (p. 406). Elle dit ceci : « Ces dernières années, il y a eu une tendance dans de nombreuses parties du monde à l'émergence de la démocratie et de l'économie de marché. Cela a réduit le rôle du gouvernement, et c'est quelque chose que les gens dans les affaires ont tendance à apprécier. Mais le revers de la médaille est que quelqu'un doit prendre la place du gouvernement, et le business me semble l'entité logique pour le faire. » — n.d.e.]

s'est tenue la première réunion. Le groupe de Bilderberg est la version internationale du CFR et a été créé par des banquiers européens, des hommes politiques, des chefs d'entreprises, des gens issus des médias et d'éminents universitaires. Il est à la source de quasiment toutes les institutions de l'Union européenne, son but ultime étant de créer un gouvernement mondial.[197]

La plus grande caractéristique de cette organisation réside dans l'aura de mystère qui l'entoure. Le siège du groupe de Bilderberg est situé à l'Ouest des Pays-Bas, à Leyde, et dispose d'un téléphone mais pas de site internet.

[198] Un petit nombre de militants « complotistes », comme l'Anglais Tony Gosling ou l'Américain James Tucker, se sont creusé la cervelle pour obtenir l'adresse des réunions et des informations sur l'ordre du jour du groupe, généralement avec succès.

Tucker a espionné le groupe pendant trente ans et en a publié un livre. L'historien Pierre de Villemarest et le journaliste William Wolf avaient déjà co-publié *Faits et chroniques interdits au public,* dont les tomes 1 et 2 racontent le développement secret du Groupe de Bilderberg. Le sociologue belge Geoffrey Geuens a écrit un livre dont un chapitre est également consacré au groupe.

L'ancien vice-président de la Commission Européenne, membre du groupe de Bilderberg, Etienne Davignon, insistait pour dire qu'» il ne s'agit pas d'un complot capitaliste pour diriger le monde ». Le président de l'Institut Français des Relations Internationales (IFRI), Thierry de Montbrial, est membre du groupe depuis plus de trente ans et affirme qu'il s'agit d'un simple « club ».

Un communiqué de presse officiel du groupe de Bilderberg, en 2002, déclare que « l'unique activité du groupe tient dans l'organisation d'une réunion annuelle. On n'y propose pas de résolutions, pas plus qu'on n'y organise de votes, et on n'y proclame aucune politique ». Le groupe de Bilderberg ne serait donc qu'» un petit forum international souple et informel. Les participants au forum peuvent exprimer une variété de points de vue différents, afin d'améliorer leur compréhension

---

[197] *Ibid.*

[198] En 2008, le Groupe de Bilderberg a mis en ligne un site dédié (www.bilderbergmeetings.org) en réponse aux accusations de secret dont il faisait l'objet et y publie dorénavant la liste de ses invités — [n.d.e.].

mutuelle ».

L'économiste britannique Will Hutton a dit que les réunions du Bilderberg permettraient d'élaborer un consensus devant servir de « prélude à la politique mondiale ». Cette façon de dire les choses était proche de la vérité. Toutes les discussions qui se déroulent lors des réunions du groupe allaient devenir les futures politiques établies du G8, du FMI et de la Banque Mondiale.

Les médias dominants se sont toujours montrés dociles comme des agneaux devant le groupe. En 2005, déployant une approche rhétorique typique, le *Financial Times* tenta de minimiser le tumulte provoqué par la « théorie du complot ». En réalité, toute remise en question du groupe le plus puissant du monde est systématiquement ridiculisée et dénoncée comme participant de la « théorie du complot ». Les députés britanniques et les décideurs américains ou autres membres du groupe disent que c'est juste « un lieu de discussions », un endroit où les gens peuvent « exprimer librement leur point de vue ».

F. William Engdahl, dans son livre *Pétrole, une guerre d'un siècle : l'ordre mondial anglo-américain,* a rapporté ce qu'il s'est secrètement passé en 1973, en Suède, lors de la réunion annuelle du groupe. Les premières années qui suivirent l'effondrement du système de Bretton Woods, le statut du dollar, sa réputation et sa valeur connurent une crise sans précédent.

Après avoir été découplée de l'or, la devise nord-américaine se comportait comme un cerf-volant dont on a rompu le fil, emportée par les vents de la tourmente financière mondiale. Mais les banquiers internationaux de l'époque étaient loin d'avoir terminé leur travail préparatoire pour la future monnaie mondiale. Les pensées et les idées n'étaient pas encore tout à fait claires.

En 1969, personne ne s'enquit du « grand lancement de la monnaie mondiale des droits de tirages spéciaux ». En 1973, voyant les événements leur échapper, les banquiers internationaux menèrent des consultations d'urgence au sein d'une réunion du Bilderberg, pour essayer de contenir la situation périlleuse dans laquelle se trouvait la finance mondiale et restaurer à nouveau la confiance du public dans le dollar.

Walter Levy, un stratège financier américain, proposa un plan audacieux et surprenant : laisser la flambée des prix du pétrole atteindre 400%, car il était possible d'en tirer profit. Les grandes entreprises pétrolières et un consortium de 84 membres participèrent à cette réunion. Engdhal en conclut :

> *Ce que les puissants, regroupés dans le Bilderberg, avaient décidé de façon évidente en ce mois de mai, était de lancer un assaut colossal contre la croissance industrielle dans le monde, afin de faire pencher la balance du pouvoir une nouvelle fois à l'avantage des intérêts financiers anglo-américains et du dollar. Pour ce faire, ils décidèrent d'utiliser leur arme la plus efficace – le contrôle des flux mondiaux de pétrole. La politique du Bilderberg était de déclencher un embargo mondial sur le pétrole, pour forcer une augmentation radicale des prix mondiaux des hydrocarbures. Depuis 1945, le pétrole mondial a été fixé en dollars, selon une habitude internationale, puisque les sociétés pétrolières américaines dominaient le marché de l'après-guerre. Par conséquent, une augmentation importante et soudaine des prix des hydrocarbures signifiait une augmentation radicale équivalente de la demande mondiale en dollars pour payer les achats nécessaires en hydrocarbures.*[199]

Pour qualifier la flambée des prix du pétrole qui s'ensuivit, Kissinger évoqua laconiquement un « recyclage du flux de pétrodollars ».

La Commission trilatérale

> *« Dans ce pays, nous pouvons avoir la démocratie ou nous pouvons avoir une forte concentration de richesse, mais nous ne pouvons pas avoir les deux. »*
> Louis Brandeis, juge à la Cour Suprême des États-Unis (1916-1939).

Brzezinski fut non seulement le personnage central de la Commission trilatérale, il était surtout le conseiller « spécial » de David Rockefeller. Sur ses conseils, Rockefeller décida de « réunir les meilleurs cerveaux du monde pour résoudre les futurs problèmes ». Cette idée fut proposée pour la première fois en 1972 et fut largement

---

[199] William Engdahl, *Pétrole, une guerre d'un siècle : l'ordre mondial anglo-américain* (Éditions Jean-Cyrille Godefroy, 2007), chapitre 9.

débattue et acceptée lors de la réunion annuelle du groupe de Bilderberg de cette même année.

Brzezinski publia en 1970 son célèbre ouvrage *Between Two Ages* [« entre deux époques »], appelant à la mise en place d'un nouveau système monétaire international et à un gouvernement mondial. Ce livre fut considéré comme la bible de la Commission trilatérale. Les fondations Rothschild et Ford, dans un élan de « générosité », apportèrent un solide appui financier au fonctionnement de la Commission trilatérale.

Les principaux membres de la Trilatérale venaient d'Amérique du Nord, d'Europe occidentale et du Japon. Il s'agissait de grands banquiers, d'importants entrepreneurs, et de politiciens célèbres. Elle établit trois sièges, à New York, Paris et Tokyo, dont chacun était doté d'un président. Celui de New York fut bien évidemment David Rockefeller, et Brzezinski, son directeur exécutif.

C'est lui qui recommanda vivement Jimmy Carter, le gouverneur de Georgie, à Rockefeller, pour le faire entrer dans la Commission trilatérale. Ce fut une étape importante dans son accession, cinq ans plus tard, à la Maison-Blanche, et le début d'une relation très cordiale avec Brzezinski. De manière analogue, Clinton a suivi dans sa jeunesse les conseils de son mentor Quigley et s'est rapproché activement de la Trilatérale et du CFR, jusqu'à la réalisation de son rêve présidentiel.

La Trilatérale et le Bilderberg sont des organismes périphériques du CFR, et les décisions les plus importantes et les plus secrètes ne sont prises que dans les cercles de Londres et de Wall Street. La Trilatérale et le Bilderberg cherchent à définir « une pensée unique », « une marche coordonnée ». La mission la plus importante de la Trilatérale consiste à ne ménager aucun effort pour promouvoir les grands idéaux que constituent un « gouvernement mondial », une « monnaie mondiale » et, finalement, un axe Londres/Wall Street, qui tracerait la voie au « Nouvel ordre mondial ».

En 1975, la Commission Trilatérale s'est réunie à Tokyo et, dans un rapport intitulé *An Outline for Remaking World Trade and Finance* [un aperçu pour reconstruire la finance et le commerce mondiaux], il était observé :

> *Les trois parties [États-Unis, Europe, Japon] coopèrent au maintien de la paix, à la gestion de l'économie mondiale ; elles coopèrent à favoriser le développement économique, à réduire la pauvreté dans le monde, ce qui permettra d'améliorer les*

> *chances d'une évolution pacifique et sans heurts du système mondial.*

Ce que ne fait pas le groupe de Bilderberg mais que fait la Commission trilatérale est que cette dernière absorbe les étoiles montantes de l'économie japonaise (entrepreneurs et banquiers japonais de renom), élargissant ainsi la base de « l'élite mondiale ». Les banquiers internationaux saisissent bien l'importance d'attirer constamment du sang frais pour le futur gouvernement mondial, la monnaie mondiale et l'impôt mondial. Plus tard, à la suite de leur développement économique, d'autres pays et régions d'Asie ont également obtenu les faveurs des banquiers internationaux.

Le problème n'est pas tant de savoir si un « gouvernement mondial » est souhaitable ou non, mais de savoir qui en serait à la tête, si ce nouveau souverain serait en mesure de développer une prospérité commune et le progrès social. À en juger par les pratiques sociales des élites, au cours des deux cents dernières années, le grand public ne semble pas placer ses espoirs dans leurs promesses.

Après avoir subi de nombreuses guerres et récessions, les gens ont enfin compris plusieurs choses : il n'existe pas de liberté économique ; la liberté politique n'est qu'une façade ; et il n'y a pas non plus d'égalité économique. Le système démocratique s'est éloigné de ses fondamentaux et il est devenu malgré lui un accessoire pour les jeux d'argent « très spéciaux ». Si l'on dit que l'essence de la liberté est le pouvoir du peuple de choisir, la route vers le futur gouvernement mondial n'emprunte alors qu'une seule direction, et l'élite mondiale l'a déjà choisie pour lui.

Concluons ce chapitre en rappelant les propos tenus par le fils de Paul Warburg, le banquier James Warburg :

> *Nous aurons un gouvernement mondial, que nous le voulions ou non. La seule question est de savoir si ce gouvernement mondial sera instauré par le consentement ou par la force.*
> — James Paul Warburg (1896-1969), officier de l'OSS et membre du CFR, le 7 février 1950, devant le Sénat des États-Unis.

7

ULTIMES RÉSISTANCES

> « L'histoire relate que les banquiers ont utilisé toutes sortes d'abus, d'intrigues, de supercheries et de violences possibles pour obtenir le contrôle des gouvernements en contrôlant l'argent et son émission. »
> — James Madison, 4ème président des États-Unis.

Dans l'histoire du monde, aucun événement ne fut simultanément aussi flagrant et aussi mal couvert, avec une enquête aussi bâclée et piétinant autant les principes de la démocratie, que l'assassinat du président John Fitzgerald Kennedy. Pire ! Pendant les trois ans qui suivirent son assassinat, dix-huit témoins clés périrent, dont six furent « descendus », trois perdirent la vie dans un accident de voiture, deux se suicidèrent, un eut la gorge tranchée, un autre le cou tordu et cinq décédèrent de « mort naturelle ».

Un mathématicien anglais célèbre affirma dans le *London Sunday Times* de février 1967 que la probabilité d'une telle coïncidence était d'une sur dix mille milliards. Au total, entre 1963 et 1993, cent quinze personnes proches des témoins sont mortes dans des circonstances étranges.[200]

Une organisation à une telle échelle et une telle coordination dans l'élimination des preuves et des témoins prouvent que l'assassinat de Kennedy n'était pas une initiative personnelle, mais relevait plutôt d'une exécution publique, destinée à faire comprendre clairement aux futurs présidents qui étaient les vrais maîtres de ce pays ! En général, si le Président meurt en cours de mandat, le « public » pense unanimement

---

[200] Craig Roberts, *JFK: The Dead Witnesses* (Consolidated Press International, 1994), p. 3.

que c'est de « mort naturelle ».

S'il est abattu sous les yeux du public, on accuse le meurtrier d'être un « fou furieux » ; et si plusieurs auteurs sont impliqués, on conclut que « les meurtriers sont des fous furieux qui ont agi de concert ». Quiconque doute est ridiculisé et accusé d'être un « complotiste ». Mais les zones d'ombre autour de l'assassinat de Kennedy sont bien trop criantes et il suffit de se pencher un peu dessus pour éliminer la version officielle.

Dans ce genre de situation, brouiller les pistes en parlant de « théorie du complot » devient le seul recours. Pendant quarante ans, les rumeurs de conspiration ont circulé dans tous les sens, cachant ainsi le vrai complot. Une enquête criminelle réclame des preuves, et sans preuve, on ne peut parvenir à aucune conclusion. En quarante ans, de nombreuses preuves et de nombreux témoins ont eu le temps d'être anéantis.

Le grand public ne sera probablement jamais en mesure de découvrir le véritable assassin, mais les experts en criminologie pourraient faire des recherches sous un autre angle, et ouvrir ainsi la porte conduisant à la vérité.

Ce chapitre analyse les motivations de cet assassinat, à savoir que dans les années 1960-1970, les banquiers internationaux ont cherché à abolir les « monnaies honnêtes » que sont l'étalon-or-et-argent, provoquant une série particulièrement tragique d'événements historiques.

Le décret présidentiel « 11110 », l'acte de décès de Kennedy

Pour les citoyens américains, la journée du 22 novembre 1963 restera gravée à jamais dans leur mémoire : le président Kennedy était assassiné à Dallas, au Texas. La terrible nouvelle se répandit immédiatement dans tout le pays et le plongea dans un état de choc et de grande tristesse. Encore des années après, la plupart des gens se souviennent très bien de ce qu'ils faisaient au moment même où l'information est tombée. En revanche, qui organisa son assassinat et pour quel motif exactement est encore sujet à controverse.

La Commission Warren parvint à la conclusion que le tueur, Lee Harvey Oswald, avait agi seul. Toutefois, le doute dans cette affaire a subsisté et, pendant des décennies, la société civile a répandu toutes sortes de théories du complot. Les soupçons sont nés quand le meurtrier fut arrêté en moins de 48 heures, et qu'il fut lui-même tué à bout portant par un homme portant le nom de Jack Ruby. Des millions de personnes suivirent l'ensemble du processus quasiment en direct à la télévision. Le mobile avancé par le tueur de l'assassin [a lui-même fait l'objet de nombreux débats — n. d. e.].[201]

Un autre doute pèse sur le nombre de personnes impliquées dans l'assassinat de Kennedy. La version finale de la Commission Warren affirme qu'en 5 secondes et 6 dixièmes, Oswald a tiré trois coups de feu, dont l'un n'a pas atteint sa cible, l'un touchant le cou de Kennedy et le troisième lui portant un coup fatal à la tête. Quasiment personne ne croit qu'Oswald a pu tirer à trois reprises en un laps de temps aussi court.

Le plus surprenant est que la balle qui a touché le cou du président a atteint ensuite le gouverneur du Texas assis devant lui. Cette probabilité étant quasiment nulle, les gens l'appellent la « balle magique ». De nombreux experts estiment que plusieurs personnes ont tiré sur Kennedy depuis différents points, et qu'il y a eu plus de trois balles.

Plus tard, un officier de police qui escortait Kennedy en voiture se souvint :

> *Lorsque Kennedy était occupé à serrer les mains de la foule venue l'accueillir à l'aéroport, les services secrets de Johnson [le vice-président] sont venus nous donner des instructions concernant la sécurité. Ce qui m'a le plus surpris est qu'ils ont dit qu'on devait apporter une modification au trajet que devait emprunter le Président sur la Dealey Plaza [la scène de l'assassinat]. Si l'on avait conservé l'itinéraire initial, le tueur n'aurait peut-être eu aucune chance de l'atteindre. Ils nous ont également donné un ordre inédit. Dans des circonstances normales, nous aurions dû entourer la voiture présidentielle de*

---

[201] Lors de son arrestation, il aurait affirmé à plusieurs policiers que la mort d'Oswald épargnerait à l'épouse du Président, Jacqueline Kennedy, la souffrance de devoir endurer le procès de l'assassin de son mari. Mais plus tard, il affirma qu'il avait tué Oswald sur un coup de folie survenu au moment même. D'autres pistes signalent que Jack Ruby, qui était Juif (de son vrai Jacob Rubenstein), aurait lancé à plusieurs témoins « Jews have guts ! » (les Juifs ont des tripes !). Enfin, certains chercheurs sont persuadés qu'il y a eu conspiration et que Jack Ruby a tué Oswald sur ordre de la mafia pour l'empêcher de livrer des noms aux enquêteurs [n.d.e.].

> *nos quatre motos de la police, mais ils nous ont demandés de nous tenir tous à l'arrière, et nous ont dits qu'en aucun cas nous ne devions nous tenir plus en avant que les roues arrière de la voiture présidentielle. Ils ont dit que c'était pour que tout le monde puisse « voir sans obstruction »... Un autre de mes amis [qui escortait le vice-président Johnson] a vu [Johnson] se baisser dans la voiture, trente à quarante secondes avant la première balle, et qu'il avait même commencé à agir ainsi lorsque le convoi s'était engagé sur Houston Street. Peut-être était-il en train de chercher quelque chose sur le tapis de la voiture, mais on aurait plutôt dit qu'il avait la prémonition qu'une balle allait siffler.[202]*

Lorsque Jacqueline, la Première dame, est arrivée avec le corps de son mari à l'aéroport de Washington dans Air Force One, elle portait toujours son ensemble constellé des éclaboussures de sang. Elle avait insisté sur le fait que c'était « pour que le monde entier voie ce qu'on a fait à John ». À ce moment, Oswald, le tueur, avait déjà été arrêté par la police. Jacqueline a demandé qui « ils » étaient ?

Elle a écrit dans son testament que cinquante ans après sa mort (soit le 19 mai 2044), si son plus jeune enfant n'est plus de ce monde, elle autorisait la Bibliothèque Kennedy à rendre publiques cinq cent pages de documents sur le Président assassiné. Elle n'avait évidemment pas imaginé que son fils cadet allait perdre la vie dans un accident d'avion en 1999.

Robert Kennedy, le frère de John, célèbre défenseur des droits civiques, fut également tué sous les yeux du public pendant sa campagne à la candidature démocrate pour les présidentielles, alors qu'il allait probablement devenir Président à son tour et fêtait déjà une victoire pressentie.

La Commission Warren parut trouble à beaucoup de monde en raison de la décision d'archiver pendant soixante-quinze ans, soit jusqu'en 2039, tous les documents, dossiers et preuves, relatifs à la CIA, au FBI, à la garde rapprochée présidentielle, à la NSA (*National Security Agency*), au Conseil d'État ou aux Marines. En outre, le FBI et d'autres institutions gouvernementales ont également été soupçonnés d'avoir détruit des preuves. L'année 2003 marquait le quarantième

---

[202] Jean Hill, *JFK: The Last Dissenting Witness* (Pelican Publishing Company, 1992), pp. 113-116.

anniversaire de la mort de Kennedy et à cette occasion la radio ABC a organisé un sondage au résultat surprenant : 70% des Américains pensent que l'assassinat de Kennedy est un complot de grande envergure.

Son assassinat fut en quelque sorte une péripétie interne au pouvoir, car la famille Kennedy faisait partie du « cercle » des banquiers internationaux. Son père, Joseph Kennedy, avait fait fortune lors de l'effondrement du marché boursier en 1929, puis avait été nommé premier président de la *Securities and Exchange Commission* (SEC) par le président Roosevelt.

Au début des années 1940, il comptait au nombre des milliardaires de son temps. Sans ses origines familiales illustres, John Fitzgerald Kennedy n'aurait jamais pu devenir le premier Président catholique des États-Unis. Alors comment s'y est-il pris ensuite pour réussir à offenser et à se mettre à dos toute l'élite dirigeante qui l'avait porté au pouvoir, au point qu'elle décide de l'assassiner ?

JFK était sans aucun doute un homme ambitieux et talentueux. Il était encore presque jeune homme quand il s'assit dans le fauteuil du Président, mais il sut conserver un calme inébranlable et une subtilité tactique hors pair lorsqu'il dut affronter certains défis majeurs comme la crise des missiles de Cuba. Il prit le risque face à l'Union soviétique de déclarer une guerre nucléaire, mais parvint finalement à contenir Khrouchtchev.

On connaît également Kennedy pour le soutien énergique qu'il a apporté au programme spatial américain, qui a permis à l'Homme de faire le premier pas sur la Lune. Bien qu'il ne pût assister à ce moment historique, son charisme accompagna l'ensemble du projet. Les frères Kennedy étaient également d'ardents défenseurs des droits civiques. Lorsqu'en 1962, le premier étudiant noir tenta de s'inscrire à l'université du Mississipi, il rencontra une farouche opposition de la part de la population blanche locale et tout le pays tourna les yeux vers le mouvement des droits civiques.

Kennedy décida résolument d'envoyer quatre cents fonctionnaires fédéraux pour faire appliquer la loi et trois mille miliciens de la Garde nationale pour escorter les étudiants noirs jusque dans les amphithéâtres, provoquant un choc dans la société nord-américaine. Au fil du temps, il gagna la faveur des gens. Pendant son mandat, la jeunesse participa avec enthousiasme au *Peace Corps* et les bénévoles se rendaient dans les pays du tiers-monde pour aider au développement local de l'éducation, de la santé et de l'agriculture.

En seulement trois ans, il a accompli ou mis sur les rails de grandes choses et il est devenu un héros de sa génération. Avec une ambition aussi résolue, une détermination aussi ingénieuse, l'amour des Américains et l'estime de tout le monde en Occident, Kennedy pouvait difficilement faire figure de « marionnette » ?

Lorsqu'il voulut suivre avec une détermination croissante ses nobles aspirations pour gouverner le pays, un brusque rapport de forces s'instaura avec le puissant groupe invisible des élites qui agissait derrière lui. Lorsque ce conflit impliqua les banquiers internationaux et la question ultrasensible du droit d'émission de la monnaie, Kennedy ne savait pas encore que le jour du jugement dernier était arrivé pour lui.

Le 4 juin 1963, Kennedy signa le décret présidentiel numéro 11110, commandant au Trésor US « d'émettre des certificats convertibles en argent-métal contre n'importe quel type d'argent, lingot, pièces de monnaies en argent du Trésor, etc. »

Texte original du Décret présidentiel 11110 : Décret présidentiel n° 11110 :

AMENDEMENT DU DÉCRET PRÉSIDENTIEL N° 10289 MODIFIÉ, RELATIF À L'EXÉCUTION DE CERTAINES FONCTIONS AFFECTANT LE DÉPARTEMENT DU TRÉSOR

En vertu des pouvoirs qui me sont conférés par l'article 301 du titre III du Code des États-Unis, est ordonné Ce qui suit :

ARTICLE 1. Le Décret Présidentiel N° 10289 du 19 septembre 1951, modifié, est de nouveau amendé par les présentes - (a) En ajoutant à la fin du paragraphe 1 l'alinéa suivant (j) : « (j) L'autorité conférée au Président par le paragraphe (b) de l'article 43 de la Loi du 12 mai 1933, modifiée (31 U.S. C. 821 (b)), de délivrer des certificats-argent contre tout lingot d'argent, argent-métal ou dollars en argent étalonnés[203] du Trésor n'étant pas jusque-là détenus pour le remboursement en instance de certificats-argent, de prescrire la valeur de tels certificats-argent, et de frapper des dollars-argent étalonnés et autres monnaies secondaires en argent pour leur remboursement », et (b) En révoquant les alinéas (b) et (c) du

---

[203] Standard Silver Dollars = les pièces en argent de un dollar frappées par la Monnaie des États-Unis [n.d.e.].

paragraphe 2 du décret susmentionné.

ARTICLE 2. L'amendement apporté par le présent Décret ne sera pas rétroactif et n'affectera aucun acte déjà effectué ni aucun droit échu ou à échoir ni aucune action ou poursuite en justice engagée ou introduite dans quelque affaire civile ou criminelle que ce soit avant la date du présent Décret, mais tous ces engagements doivent se poursuivre et peuvent être exécutés de force comme si lesdites modifications n'avaient pas été apportées.

JOHN F. KENNEDY MAISON-BLANCHE, le 4 juin 1963

Les intentions de Kennedy étaient claires : reprendre à la Réserve Fédérale le contrôle de l'émission de la monnaie. Si ce plan avait été finalement appliqué, le gouvernement américain se serait débarrassé petit à petit de la situation absurde de devoir « emprunter de l'argent » à la Fed et de lui verser des intérêts exorbitants. De plus, la monnaie basée sur l'argent physique n'est pas une monnaie de dette mais une monnaie honnête basée sur les fruits du travail.

Les certificats-argent devaient permettre de réduire progressivement la circulation des « dollars » de la Fed, acculant certainement cette dernière à la faillite à terme. S'ils perdaient le pouvoir d'émettre la monnaie, les banquiers internationaux perdaient leur influence sur le riche pays que sont les États-Unis. Il s'agissait donc pour les banquiers d'une question de vie ou de mort. Mais pour y voir plus clair dans l'origine et le sens du décret 11110, il faut d'abord restituer les hauts et les bas que le dollar convertible en argent a connus.

Le statut historique du dollar-argent

L'argent physique devint monnaie légale avec la Loi monétaire de 1792 (*Coinage Act of 1792*), établissant l'Hôtel de la monnaie des États-Unis (*United States Mint*) et régulant la frappe des pièces de monnaie. Un dollar contenait 24,1 grammes d'argent, soit un rapport de 1 à 15 avec l'or. Par la suite, les États-Unis conservèrent longtemps le double système de monnaie-or-et-argent.

En février 1873, sous la pression des Rothschild en Europe, la nouvelle Loi monétaire abolit le statut de l'argent physique en tant que monnaie, l'or devenant l'unique norme. Sachant que les Rothschild possédaient la plupart des mines d'or ainsi que la logistique de son approvisionnement, en excluant l'argent-métal ils se donnaient les moyens monopolistiques de contrôler la masse monétaire de l'ensemble de l'Europe. Les mines d'argent étant plus dispersées que celles d'or, sa production et son approvisionnement se trouvaient de fait plus difficiles à contrôler.

Après 1873, les Rothschild s'arrangèrent donc pour contraindre la majorité des pays européens à abolir le statut des monnaies-argent, réalisant totalement la mise en place de l'étalon-or. Les actions menées aux États-Unis furent une étape vers cette mesure. Cette loi provoqua une vive opposition dans les États producteurs d'argent du Middle West, où les gens la baptisèrent « crime de 1873 ». Par la suite, émergea un grand mouvement de la population en faveur de l'argent.

En 1878, sous la pression des banquiers, le Congrès américain fit passer le *Bland-Allison Act*, afin de pacifier la région de New York, exigeant que le Trésor achète tous les mois entre deux et quatre millions d'argent-métal en dollars. Le ratio or/argent fut de nouveau fixé à 1/16. L'argent et l'or avaient la même capacité légale, et pouvaient être tous deux utilisés pour payer les dettes privées et publiques.

Tout comme les certificats-or, le Trésor émit des certificats-argent, et un dollar en certificat-argent avait la même valeur qu'un dollar en certificat-or, de façon à en faciliter la circulation. Plus tard, le *Bland-Allison Act* fut remplacé par le *Sherman Silver Purchase Act*, et la nouvelle loi augmenta la quantité d'argent que le Trésor devait acheter, qui passa à 4,5 millions d'onces.

Quand la Réserve Fédérale fut créée en 1913, les « certificats de la réserve fédérale » (les *Federal Reserve Notes*) commencèrent à être émis, et occupèrent une part importante de la masse monétaire jusqu'à la Grande dépression de 1929. Jusqu'en 1933, les « certificats de la réserve fédérale » pouvaient toujours être échangés contre une quantité d'or équivalente.

En 1933, parmi les monnaies en circulation, on trouvait encore les certificats-or et les certificats du gouvernement américain. Ces derniers avaient été la première monnaie américaine, émise pendant la Guerre Civile par Lincoln, les fameux *Greenbacks*. Leur tirage total fut limité à 346 681 016 dollars.

En 1960, ils ne représentaient plus que 1% de la monnaie totale en circulation aux États-Unis. À part les quatre monnaies décrites ci-dessus, il existait une petite quantité d'autres types de monnaies. Après que Roosevelt eut abandonné l'étalon-or et déclaré illégale la possession d'or, les certificats-or furent retirés de la circulation. Il ne restait en circulation que les certificats de la Réserve Fédérale, les certificats-argent et les *greenbacks*.

Compte tenu de la quantité relativement faible de certificats du gouvernement américain en circulation et de leur plafonnement, ils ne furent pas considérés comme une menace par les banquiers internationaux. En revanche, les certificats-argent leur posaient un vrai problème.

Le Trésor étant obligé d'acheter de l'argent, il en possédait déjà six milliards d'onces dans les années 1920-1930, ce qui équivalait à des réserves de deux cent mille tonnes environ. Si l'on ajoutait à cela des mines d'argent très productives dans le monde entier, et si le gouvernement le monétisait et commençait à émettre directement des certificats-argent, les banquiers internationaux allaient vivre leur pire cauchemar.

Après l'abandon de l'étalon-or en 1933 ordonné par Roosevelt pour satisfaire les banquiers internationaux, la devise américaine se retrouva de fait sous le régime de l'étalon-argent, et les trois principales monnaies en circulation pouvaient être librement converties en argent. Sans l'abolition du statut monétaire de l'argent, les grandes causes de la monnaie bon marché et du financement du déficit, chères à Keynes, auraient connu de sévères contraintes, et les rêves nourris par les banquiers de mettre en œuvre de nouveaux plans d'inflation et d'autres instruments financiers très efficaces pour piller les richesses des citoyens auraient été bridés.

Avec la Seconde Guerre mondiale et l'utilisation des déficits budgétaires à grande échelle, liée aux coûts énormes de la reconstruction de l'économie européenne et des guerres de Corée et du Viêt-Nam, l'émission d'obligations gouvernementales par la Fed devint de plus en plus massive. À partir des années 1940, les citoyens américains ne cessaient de changer leurs billets contre des pièces et des lingots d'argent, entraînant une diminution spectaculaire des réserves du Trésor. La floraison des industries électroniques et de l'aérospatiale accentua encore cette diminution. Pire, au début des années 1960, quand Kennedy entra à la Maison Blanche, les réserves du Trésor avaient chuté à 1,9 milliard d'onces. Au même moment, le cours de l'argent sur le marché augmenta, et le cours de la pièce d'un dollar en argent atteignit 1 dollar et 29 cents.

Les certificats-argent furent naturellement mis hors de circulation lorsqu'ils furent convertis en argent-métal, et l'effet de la loi Gresham, « la mauvaise monnaie chasse la bonne », se fit sentir. Cet environnement dressait la toile de fond du décret présidentiel 11110 de Kennedy. Défendre l'argent-métal, pour Kennedy, et abolir son statut de monnaie, pour les banquiers, tel fut l'enjeu du « choc de titans » entre le Président et Wall Street.

La fin de l'étalon-argent

Pour les banquiers, l'abolition du statut monétaire de l'or faisait évidemment partie de leur agenda, mais résoudre le problème que leur posait l'argent physique était d'une plus grande priorité. Compte tenu des ressources gigantesques de ce métal précieux, si les pays commençaient son développement et son exploitation à grande échelle sous l'influence des prix du marché, les objectifs monétaires deviendraient non seulement compliqués à atteindre, mais on se retrouverait en plus dans une guerre sur deux fronts entre l'or et l'argent.

Dès que l'approvisionnement en argent augmenterait, les certificats-argent ressurgiraient et entreraient de nouveau en compétition avec les certificats de la Réserve Fédérale. Si les certificats-argent l'emportaient, le gouvernement l'emporterait également puisqu'il en détenait le pouvoir d'émission, et les jours de la Fed seraient alors comptés.

Pour survivre, les banquiers internationaux devaient faire baisser le cours de l'argent. Il fallait d'abord s'arranger pour que l'industrie de l'argent ne fasse aucun profit ou très peu. Comment ? En retardant l'exploration de mines et leur exploitation pour réduire l'offre. Ensuite, il fallait encourager la consommation rapide d'argent physique dans les industries.

Le cours de l'argent étant très bas, la recherche de matériaux pour le remplacer serait de faible ampleur. On pourrait donc puiser plus rapidement dans le reste des réserves d'argent du Trésor. Lorsque ce dernier ne pourrait plus offrir d'argent physique, les certificats-argent rendraient les armes sans combattre, et l'abolition du statut monétaire de l'argent en serait la conséquence logique. L'essentiel était donc de gagner du temps.

Kennedy était bien conscient de tout cela. Il déclara aux banquiers internationaux qu'au moment approprié on pourrait songer à abroger le statut monétaire de l'argent. Mais, d'un autre côté, il prit d'autres dispositions. Malheureusement, le ministre des Finances, Douglas Dillon, ne portait pas le Président dans son cœur. Dillon était issu d'une grande famille de banquiers de Wall Street.

Bien que républicain, il avait été envoyé au cabinet démocrate de Kennedy par les banquiers internationaux, principalement pour que le pouvoir du Trésor reste entre leurs mains à travers Dillon. Pendant son mandat, sa principale fonction fut de dilapider les réserves d'argent du Trésor. Dillon ne déçut évidemment pas, il l'écoula auprès d'un grand nombre d'industriels au tarif très préférentiel de 91 cents l'once.

Selon le *New York Times* du 16 octobre 1961, la *Silver Users Association*, créée en 1947, reprit les opinions de Dillon et demanda instamment que « *le Trésor vende tout l'argent restant dans ses réserves pour satisfaire la demande des utilisateurs* ».

Le même journal, en date du 19 mars 1961, rapportait déjà :

> *Les sénateurs se sont plaints que les États-Unis vendent [l'argent] à perte. Le sénateur Alan Bible souhaiterait proposer aujourd'hui au Trésor le réexamen de la politique de vente à bas prix de l'argent sur le marché international. Ce sénateur démocrate du Nevada, dans une lettre adressée à Douglas Dillon, avait écrit que l'exploitation des mines d'argent avait pris du retard par rapport à la demande des consommateurs, et que le Trésor, en vendant à bas prix, pratiquait un contrôle irréaliste de son prix en le plafonnant. On ne pouvait résoudre la pénurie mondiale d'argent qu'avec de nouvelles et nombreuses exploitations en Amérique du Nord et en Amérique du Sud. Il déclara : « Il ne faut pas que le Trésor délivre le marché intérieur et les pays voisins de la pression intense sur son cours pour que tout cela puisse être mis en pratique ».*

Puis, dans son édition du 19 août 1961 :

> *Treize sénateurs démocrates issus des États producteurs d'argent du Middle West ont envoyé conjointement une lettre à Kennedy, demandant que le Trésor cesse immédiatement de vendre l'argent à bas prix. La vente à perte par le Trésor exerce une pression vers le bas sur les cours du marché local et international.*

Et, dans son édition du 16 octobre 1961 :

> *La vente des réserves d'argent du Trésor a ajouté un couvercle hermétique au cours de l'argent sur le marché. Les utilisateurs industriels savent qu'ils peuvent obtenir auprès du Trésor de l'argent à 91-92 cents l'once ; ils refusent donc de le payer plus cher aux nouveaux producteurs d'argent.*

Et encore, dans son édition du 29 novembre 1961 :

> *Hier, les producteurs d'argent étaient ravis d'entendre cette nouvelle : le président Kennedy a ordonné au Trésor de cesser de vendre aux industriels de l'argent non monétaire moins cher. Les industriels ont été choqués.*

Et enfin, dans l'édition du 30 novembre 1961 :

> *Le cours de l'argent a atteint son plus haut niveau depuis 41 ans, parce que mardi, le Président Kennedy a annoncé un changement dans la politique du gouvernement américain relative à l'argent, décidant que le marché allait en fixer le prix. La première étape a été que le Trésor a arrêté immédiatement de se débarrasser de l'argent qui ne soutenait plus les certificats.*

Le président Kennedy prit finalement des mesures, mais tardivement. En effet, à ce moment-là, il ne restait plus dans le Trésor que 1,7 milliard d'onces d'argent. Les mesures présidentielles envoyèrent néanmoins un message clair à tous les producteurs d'argent dans le monde : l'augmentation de la production d'argent et la stabilisation des réserves du Trésor pouvaient être régulées. Les actions des entreprises liées à ce métal précieux montèrent en flèche et Kennedy devint la bête noire des banquiers internationaux.

En avril 1963, le président de la Réserve Fédérale, William Martin, lors d'une audience au Congrès, déclarait :

> *Le Board de la Réserve Fédérale est convaincu qu'il n'y a nul besoin d'utiliser l'argent dans le système monétaire américain. Bien que certains pensent que retirer l'argent qui soutenait en partie notre système monétaire va créer une dévaluation, je ne*

peux partager ce point de vue.[204]

En règle générale, il fallait environ cinq ans entre le signal clair, donné sur le marché de l'argent, d'une hausse de son cours et l'augmentation globale de l'offre, car il fallait d'abord passer par les nouvelles explorations minières et de nouveaux équipements pour accroître l'assiette de production. Le moment critique de savoir si l'on pouvait ou non préserver le statut de l'argent-métal en tant que devise, et par la même occasion garder l'espoir de conserver au Trésor le pouvoir de battre monnaie, n'arriva donc qu'en 1966.

La bataille entre Kennedy et les banquiers internationaux concernait principalement le statut monétaire de l'argent, et encore plus la possibilité du gouvernement démocratique de conserver le pouvoir d'émettre la monnaie. Dès que l'offre d'argent retrouva un niveau conséquent, Kennedy et les États producteurs d'argent du Middle West purent promouvoir la législation visant à relever la teneur en argent des pièces de monnaie, et proposer un grand nombre d'émissions de certificats-argent.

Le 4 juin 1963, le décret présidentiel 11110 que signa Kennedy devint immédiatement un atout contre les certificats de la Réserve Fédérale. Les banquiers internationaux comprirent immédiatement ce que le Président avait en tête. En outre, ce grand chef d'État que le peuple adorait serait très probablement réélu aux présidentielles de 1964.

Dans ce cas de figure, la situation échapperait totalement et de manière irréversible à Wall Street. Se débarrasser de Kennedy était la seule option. Lorsque le vice-président, Lyndon Johnson, qui avait la faveur des banquiers internationaux, devint le 36ème président des États-Unis, à l'aéroport, le jour où Kennedy fut assassiné, il avait sous les yeux ce qui lui en coûterait s'il décevait les attentes que les banquiers avaient placées en lui...

En mars 1964, peu après sa prise de fonction, Johnson ordonna au Trésor de mettre un terme aux certificats-argent et à leur convertibilité, et abrogea dès ce moment leur émission. Le Trésor recommença à vendre aux industries ses réserves d'argent à 1 dollar 29 cents l'once et continua à faire pression sur le cours de l'argent, réprimant la puissance

---

[204] Federal Reserve Bulletin, avril 1963, p. 469.

de production, et empêchant l'augmentation de l'offre. Ensuite, pendant l'été 1965, Johnson ordonna la dilution de la pureté de la monnaie-argent, faisant un pas de plus dans l'affaiblissement du statut monétaire de l'argent physique :

> *Toutes ces nouvelles pièces de monnaie auront la même taille et porteront les mêmes dessins que leurs homologues actuelles. Elles fonctionneront dans tous les parcmètres et les machines à pièces et auront la même valeur monétaire que les pièces actuelles.*[205]

Un article publié le 7 juin 1966 dans le Wall Street Journal disait avec dédain :

> *Certes ! Mais le pouvoir d'achat de ces fameux billets a déjà été progressivement érodé par trente ans de politique inflationniste. De ce fait, il est peu étonnant que notre monnaie soit complètement décorrélée de l'or et de l'argent.*

La Fed reconnut elle-même que chaque année, il était prévu de faire baisser « scientifiquement » le pouvoir d'achat du dollar de 3 à 4%, afin que la classe ouvrière puisse « voir » une hausse des salaires. À l'été 1967, le Trésor n'avait plus d'argent disponible à la vente. La grande cause qu'était la fin de l'argent monétaire se réalisa finalement, sur l'initiative de Johnson.

Le Pool de l'or

Dans le processus d'abolition du statut monétaire de l'argent, les banquiers internationaux adoptèrent la stratégie « d'abord l'argent, puis l'or ». La principale raison de commencer par abolir l'argent est à rechercher au début des années 1960, lorsque seuls quelques pays dans le monde utilisaient encore l'argent physique comme monnaie. « Exciser l'argent » du système monétaire américain ne fut qu'un acte de chirurgie locale ; la résistance rencontrée et les conséquences restèrent limitées.

---

[205] Remarques du président Lyndon B. Johnson lors de la signature du Coinage Act, le 23 juillet 1965.

Ce fut plus difficile pour l'or, métal politique hautement sensible, reconnu universellement comme forme ultime de la richesse et chargé d'un héritage historique unique. Mal gérer les problèmes de l'or peut déclencher une crise financière mondiale. Avant d'en finir avec la bataille de l'argent, il fallut d'abord stabiliser le front de la guerre de l'or.

La politique inflationniste à grande échelle de la Fed conduisit cette dernière, dès les années trente, à augmenter la masse monétaire de façon excessive. Le maintien des monnaies-or et argent fit inévitablement monter le prix de ces deux métaux précieux. Aux États-Unis, le cours de l'argent fut contenu par le Trésor.

À l'international, il fallait un organisme agissant comme le Trésor, chargé de vendre l'or à bas prix sur le marché, pour brider toute offensive qui ferait déferler l'or dès la première attaque. L'ère des avions à réaction et des jets privés permit aux banquiers de se voir plus souvent pour discuter des contre-mesures à adopter. En Suisse, la Banque des Règlements Internationaux, devint un haut lieu de réunions lors des « weekends à Bâle ».

En novembre 1961, après des consultations rapprochées, les banquiers internationaux parvinrent à un plan brillant : créer entre les États-Unis et les sept principaux pays d'Europe un « *pool* de l'or ». Son but était de mettre en commun des stocks d'or afin de contenir le cours de l'or sur le marché londonien. Les banques centrales des pays participants se cotisèrent pour un montant total de 270 millions de dollars en or. Les États-Unis promirent en fanfaronnant de verser la moitié de cette somme.

L'Allemagne versa la deuxième contribution la plus importante, trente millions de dollars. Certes, son économie était florissante après la guerre, la Bourse de Frankfort montait de jour en jour, mais elle souffrait surtout d'un profond sentiment de culpabilité. L'Angleterre, la France et l'Italie versèrent chacune vingt-cinq millions de dollars ; la Suisse, la Belgique et les Pays-Bas, dix millions. La Banque d'Angleterre étant le véritable opérateur, elle avança la totalité de la somme sur ses propres réserves d'or, puis se fit régler en proportion à la fin du mois par les autres banques centrales partenaires.[206]

---

[206] Ferdinand Lips, *Gold Wars, The Battle Against Sound Money as Seen From a Swiss Perspective* (The Foundation for the Advancement of Monetary Education, New York,

L'objectif principal du *Pool* était qu'au cas où le prix de l'once d'or dépasserait 35,20 dollars, ne serait-ce que de quelques centimes, l'or serait attaqué de front. Le prix de 35,20 dollars comprenait les coûts du transport de l'or. Toutes les banques centrales participantes firent la promesse de ne pas acheter d'or, ni sur le marché de Londres ni en Afrique du Sud ni en Union soviétique. Les États-Unis promirent aussi de manœuvrer pour que d'autres banques centrales adoptent la même politique.

Les accords passés au sein du *Pool* étaient bien évidemment frappés du sceau du secret financier, à l'instar des réunions privées de la BRI à Bâle, dont nous n'avons pas de trace écrite, pas même une feuille de papier. Tout accord était oral, de la même façon que John Pierpont Morgan concluait des transactions importantes sur la parole et une poignée de main. Pour la haute finance, les engagements oraux se pratiquent autant, sinon plus, que les contrats écrits.

Les toutes premières années d'opérations connurent un succès au-delà de l'imagination. Le grand pays producteur d'or qu'était l'Union soviétique connut de mauvaises récoltes agricoles en automne 1963 et dut vendre beaucoup d'or pour importer de la nourriture. Au dernier trimestre de 1963, l'URSS avait vendu l'équivalent de 470 millions de dollars d'or, dépassant significativement toutes les ressources du *Pool*. En 21 mois, les « munitions » du *Pool*, ses stocks d'or, bondirent jusqu'à atteindre 1,3 milliard de dollars. Les banquiers internationaux avaient peine à croire en leur bonne fortune.[207]

Cependant, la guerre du Viêt-Nam ne cessait de s'intensifier et Johnson était de plus en plus contesté, non seulement sur la scène mondiale, mais également aux États-Unis. L'inondation de dollars et l'engagement du gouvernement américain à maintenir l'étalon-or avaient un effet pervers et les réserves d'or des États-Unis fondaient comme neige au soleil, en réponse à la demande croissante de remboursement de dollars en or.

Elles avaient baissé de 16,3% entre décembre 1964 et novembre 1967, pour s'établir à 11 500 tonnes. D'ailleurs, la France, qui était alors membre du Pool, avait changé, entre 1962 et 1966, 3 milliards de

---

2002), p. 52.

[207] *Ibid.*, p. 53.

dollars en or. En juin 1967, elle annonça qu'elle se retirait du Pool.

Bref, en novembre 1967, la situation était tendue, le Pool de l'or avait perdu un milliard de dollars, soit près de 900 tonnes d'or, et la devise américaine traversait une grave crise de confiance. Le Président Johnson devait agir. Entouré d'un aréopage de conseillers qui lui instillaient des idées, un plan lui fut présenté pour « défendre » le dollar et ainsi retrouver la popularité qu'il avait perdue.

Tout ce qu'il devait faire était d'inonder d'or la Bourse de Londres. On l'incita à croire qu'une fois que tout le monde aurait réalisé combien d'or était disponible sur le marché, la demande de conversion des dollars baisserait et les banques centrales préféreraient détenir des dollars que de l'or.

Johnson accepta cette idée folle pour laquelle la totalité des réserves d'or des États-Unis fut transférée à la Réserve Fédérale, à New York, et à la Banque d'Angleterre, à Londres, afin de les « déverser » sur le marché et infliger une bonne leçon aux spéculateurs. Non seulement il y aurait assez d'or pour faire face aux demandes de conversion, mais son cours chuterait. Une fois que la panique aurait envahi les rangs des spéculateurs, ceux-ci seraient contraints de vendre à perte, bien en dessous de 35 dollars l'once. À ce moment-là, la Réserve Fédérale et la Banque d'Angleterre reprendraient les commandes et rachèteraient l'or à tour de bras à prix cassé et le rendraient au Trésor des États-Unis à l'insu de tous. Le problème, c'est que cela n'a pas marché ainsi.

Au début de l'année 1968, pendant plusieurs semaines, l'or fut transféré secrètement et déversé sur le marché. Mais Johnson vit avec effroi que le marché absorbait tout l'or. Il s'était fait avoir. Ceux qui avaient concocté ce plan savaient que leur groupe disposait des 14 milliards de dollars nécessaires pour avaler tout cet or et c'est de bonne grâce qu'ils échangèrent leurs dollars.

Dans cette bataille, le Trésor des États-Unis aurait perdu 9 300 tonnes d'or. Très ébranlé, Johnson annonça qu'il ne se représenterait pas. La suite est connue, le système monétaire international qui était effectif depuis les Accords de Bretton Woods de 1944, fut brutalement remplacé par le marché de l'or à deux vitesses.[208]

En mars 1968, le *Pool* était au bord de l'effondrement. Le 9 mars,

---

[208] *Freemarket Gold & Money Report*, « Thinking The Unthinkable », 25 avril 1994.

Walt W. Rostow, le conseiller spécial de Johnson à la sécurité nationale, écrivait dans un mémo adressé au Président :

SUJET : La question de l'or

Walter Heller [le conseiller économique du Président Johnson — n. d. e.] m'a fait un récapitulatif de la réunion de la nuit dernière de la Commission Dillon. [...] Ils se sont rencontrés de façon informelle à New York pour passer en revue les options concernant l'or et la balance des paiements [...].

« Leurs conclusions étaient :

1. La loi fiscale est indispensable. [...]

2. Ils sont unanimement opposés à l'augmentation du prix de l'or comme moyen de répondre à la crise.

3. La plupart d'entre eux préféreraient maintenir les accords actuels du Pool de l'or, mais ils ne pensent pas qu'il sera possible de négocier avec les Européens les conditions nécessaires (spécifiquement, la proposition des certificats-or) pour renverser la situation sur le marché et ramener le calme.

4. Par conséquent, ils pensent que nous devrons mettre un terme aux activités du Pool et laisser faire le marché. Ils pensent qu'il est essentiel que nous le fassions avec nos partenaires du Pool et, de préférence, à leur demande.

5. Ils étaient quelque peu confus sur les plans spécifiques à mettre en œuvre pour amener les pays non membres du Pool à coopérer et ils suggèrent la possibilité d'utiliser le FMI dans ce but. Ils pensent aussi que nous devrons agir dans les trente jours et qu'il nous faut avoir une idée claire de là où nous voulons aller et comment nous prévoyons d'y arriver.

Remarque : comme vous pouvez le constater, ces points de vue ne sont pas très différents des nôtres. Après la réunion des banquiers centraux, ce week-end, à Bâle, nous aurons une meilleure idée de ce que les Européens ont l'intention de faire, des perspectives pour maintenir la Bourse de l'or ouverte et calme, et quel serait le moyen le plus paisible pour amener le changement. Deming [le président de la Banque de réserve fédérale de Minneapolis — n. d. e.] rentre ce soir, et Bill Martin [le président du Board de la Fed — n. d. e.] lundi.

Fowler [le ministre des Finances — n. d. e.] s'emploie à obtenir

> que le projet de loi sur la couverture. Or [chaque billet libellé en dollar devait avoir sa contrepartie en or au Trésor, à raison de 25 cents pour un dollar — n. d. e.] soit discuté au Sénat mardi prochain. Le vote de cette loi devrait aider à calmer les choses.
>
> Walt

Puis, le 12 mars, dans une autre note, Rostow écrivait :

> *Monsieur le Président :*
>
> *Voici, tel que nous le comprenons, ce que Bill Martin a découvert [après avoir assisté à la réunion de Bâle -n. d. e.] et vous transmettra.*
>
> *(1) Concernant le changement des prix de l'or, les Anglais et les Néerlandais ont tendance à caresser cette option [mettre un terme aux activités du Pool et laisser faire le marché — n. d. e.]. Les Allemands ne savent pas sur quel pied danser. Les Italiens, les Belges et les Suisses y sont fermement opposés.*
>
> *(2) Il est parvenu à un accord de principe pour soutenir le Pool avec 500 millions de dollars, et éventuellement 500 millions de dollars supplémentaires. (Au rythme du marché à Londres, ça ne durera que quelques jours.)*
>
> *(3) Les Européens réalisent que nous pourrions tous être rapidement confrontés à des choix déplaisants ; mais ils ne savent pas exactement quels sont ces choix ni ce que l'on attendra si nous devions assurer la cohésion du système. Ils sont prêts à fermer le marché de l'or à Londres et laisser flotter le cours de l'or sur le marché libre. Mais ils n'ont pas bien réfléchi aux conditions d'une collaboration intime qui sera nécessaire pour faire en sorte que ce type de système fonctionne — en particulier, comment gérer les conséquences d'un marché de l'or à deux vitesses.*
>
> *(4) À la lumière de cette situation, le Trésor, l'État, la Réserve Fédérale, le Comité des conseillers économiques et le personnel de la Maison-Blanche n'ont pas arrêté de la journée [...] pour dresser les contours d'un scénario opérationnel [...]. L'objectif principal de ce scénario serait d'obtenir certains engagements essentiels minimums de la part des autres membres du Pool de l'or avant d'annoncer sa fermeture. Sur cette base, nous pourrions passer à une conférence monétaire en ordre raisonnable.*

(5) Nous ne savons pas encore ce que pensent personnellement Joe Fowler ou Bill Martin de ce scénario spécifique. Mais nous le leur présenterons, soit tard ce soir, soit demain matin.

— Ce qui est ressorti de la réunion de Bâle est que le projet de loi fiscale des États-Unis et l'austérité du budget britannique du 19 mars sont des facteurs absolument capitaux. Joe Fowler [Henry H. Fowler — le ministre des Affaires étrangères, qui était surnommé Joe par le Président et ses proches — n.d.e.] et Bill Martin ont sérieusement passé Mills [probablement Wilbur Mills, le président de la commission parlementaire au Budget — n. d. e.] à tabac sur ce point. Ils parleront également au Comité politique républicain cet après-midi.

Mon sentiment est que nous approchons du moment de vérité ; et nous devrons convertir en action un scénario de ce genre dans les jours à venir.

Walt

Et, le 14 mars, un autre mémo de Rostow, adressé au Président, à propos de l'or :

SUJET : L'or

Vos plus hauts conseillers sont d'accord sur les points suivants :

(1) Nous ne pouvons pas continuer comme ça, en espérant trouver une solution.

(2) Nous avons besoins de réunir les pays du pool ce week-end à Washington.

(3) Nous voulons négocier les mesures suivantes :

— les règles de transition sur l'or ;

— les mesures pour maintenir l'ordre sur les marchés financiers ;

— le rendement des DTS [droits de tirages spéciaux - n. d. e.].

(4) Avec le bon ensemble de mesures transitoires, nous pourrions maintenir nos engagements de convertibilité vis-à-vis

des détenteurs officiels.

(5) Si nous n'obtenons pas cet ensemble de mesures, nous serons obligés de suspendre la convertibilité en or pour les détenteurs officiels de dollars, au moins temporairement, et convoquer immédiatement une conférence d'urgence.

(6) Cela signifierait probablement une période de chaos sur les marchés financiers mondiaux, mais ce pourrait être la seule façon de forcer les autres à un accord raisonnable à long terme qui évite une hausse du prix officiel de l'or. Nous reconnaissons unanimement qu'une hausse du prix de l'or est le pire résultat.

La décision que vous devez prendre maintenant est si le marché de l'or devrait être fermé immédiatement.

(a) Arguments pour la fermeture :

— Éviterait de perdre peut-être 1 milliard de dollars demain (nous en avons perdu 372 millions aujourd'hui) ;

— Une telle perte d'or ébranlerait un peu plus la confiance dans les banques centrales et les amènerait à venir nous demander de l'or ;

— Faciliterait l'organisation d'une réunion d'urgence du pool de l'or ce week-end ;

— Prouverait la détermination des États-Unis.

(b) Arguments contre la fermeture :

— Impliquerait que les États-Unis prennent l'initiative de jeter l'éponge ;

— Fermer le marché consoliderait la position de ceux qui pensent que le prix officiel de l'or sera augmenté ;

— Pourrait affaiblir la position de négociation des États-Unis vis-à-vis des Européens ;

— Nous solliciterait à nouveau pour proposer le Certificat-Or.

Walt[209]

---

[209] Département d'État des États-Unis, Foreign Relations of the United States, 1964-

Peu importe la mesure adoptée, aucune ne pouvait sauver le *Pool* de la faillite. Le 17 mars 1968, il toucha à sa fin. Les États-Unis exigèrent la fermeture du marché de l'or londonien durant deux semaines entières. Au moment même où la Fed menait sa guerre de l'or, la guerre du Viêt-Nam connaissait un profond revirement de situation.

Le 30 janvier 1968, les forces communistes lancèrent une vaste offensive contre trente chefs-lieux de province sud-vietnamiens. Elles s'emparèrent de plusieurs objectifs clés à Saigon et parvinrent même à s'introduire dans le périmètre de l'ambassade des États-Unis. L'ancienne capitale Hué tomba également aux mains de la guérilla. Selon Kissinger, cette apparente victoire militaire représentait en fait une erreur d'un point de vue stratégique.

Les guérilleros Viêt-Congs avaient abandonné leur tactique erratique et leur guerre de mouvement pour adopter une guerre de position contre l'armée américaine.

Compte tenu de la puissance de feu supérieure des Américains, l'infrastructure de la guérilla fut anéantie et les Viêt-Congs subirent de lourdes pertes. Néanmoins, cette défaite se transforma en victoire psychologique décisive pour Hanoï.

Si les dirigeants américains avaient intensifié leur pression sur les unités de l'armée régulière nord-vietnamienne, privées désormais du bouclier de la guérilla, on peut imaginer que la situation aurait évolué différemment.[210]

Mais Johnson, à ce moment-là, était déjà fort occupé sur le front de la guerre financière qui tournait au fiasco et préféra mettre fin à l'escalade militaire au Viêt-Nam.

Le 27 février 1968, Walter Cronkite prophétisa à la télévision la défaite des États-Unis. *Le Wall Street Journal*, qui avait jusque-là soutenu le gouvernement, prit aussi ses distances en posant la question de savoir si les événements « réduisaient en bouillie nos louables objectifs de départ ? »

D'après le *Journal*, « le peuple américain doit être prêt à accepter, s'il ne l'a déjà fait, la perspective que les efforts déployés au Viêt-nam

---

1968, Vol. VIII (Government Printing Office, Washington, 1998), documents 187, 188, 189.

[210] Henry Kissinger, *op. cit.*, pp. 607-608.

soient voués à l'échec. Puis, le 15 mars, le magazine *Time* y alla de son couplet : « 1968 a fait prendre conscience qu'une victoire au Viêt-nam, ou même un règlement favorable, n'est peut-être tout simplement pas à la portée de la plus grande nation du monde ».

Certains poids lourds du Sénat se jetèrent dans la mêlée. Manfield déclara : « Nous nous sommes trompés de lieu et de guerre ». Fulbright demanda si l'administration était « habilitée à étendre la guerre sans l'accord du Congrès et sans débat ou sans délibération au sein du Congrès ».

Le 31 mars 1968, Johnson annonça l'arrêt des bombardements sur la zone au-delà du 20ème parallèle et qu'on n'enverrait plus de renforts importants au Viêt-nam. Il déclara aussi que « l'objectif de l'Amérique au Viêt-nam du Sud n'a jamais été l'anéantissement de l'ennemi ». Quelques semaines plus tard, il annonça qu'il ne briguerait pas de second mandat.[211]

Avec le recul, il semble bien que le désengagement américain du Viêt-Nam, amorcé dès 1968, résulta de l'impact psychologique du fiasco de la bataille de l'or à Londres et de la perte de confiance financière dans les couches de l'élite dirigeante.

Les droits de tirage spéciaux

Ne comprenant généralement pas ce qui provoquait les crises monétaires, les experts rendaient généralement l'or responsable et créèrent le mythe d'une pénurie d'or physique qui engendrerait ces crises. Il suffit pourtant de se pencher un tant soit peu sérieusement sur l'histoire de l'étalon-or, pour se rendre compte que cette explication est bien éloignée de la vérité et que leur interprétation erronée, délibérée ou non, cachait un tout autre phénomène.

En réalité, c'est la création excessive de monnaie fiduciaire, une monnaie adossée à la seule confiance que l'on porte à l'économie et aux dirigeants du pays qui l'émettent, qui se trouvait à la racine du problème. Il n'y avait aucune raison que cela change avec l'invention des droits de tirage spéciaux (DTS), créés par le Trésor des États-Unis, alors dirigé par son Secrétaire Fowler et son sous-secrétaire Paul

---

[211] Henry Kissinger, *op. cit.*, pp. 606-607.

Volcker.

Cet « or papier », était destiné à compléter l'or physique, au prétexte qu'il n'y avait pas assez d'or et de devises, c'est-à-dire de dollars, sur le marché. C'était évidemment complètement faux. Souvenons-nous que la longue suite de manigances orchestrées par les banquiers internationaux leur avait permis de capter une grande partie des réserves d'or du Trésor des États-Unis, non seulement en manipulant et en faussant son prix, mais aussi en transférant les réserves d'or dans les coffres de la Banque de réserve fédérale de New York et de la Banque d'Angleterre, avant de le jeter en pâture au marché.

Ce fut le triste épisode du pool de l'or qui permit d'entraîner les principales nations européennes dans cette aventure délibérément vouée à l'échec, pendant que les banquiers internationaux raflaient l'or de la nation américaine. Seule, la France du Général de Gaulle sortit son épingle du jeu, puisqu'elle n'hésita pas à convertir massivement, à plusieurs reprises, ses réserves de change (ses dollars), en allant se présenter au guichet du Trésor américain, précipitant ainsi un peu plus l'annonce de la fin de la convertibilité du dollar en or.

En 1969, les droits de tirage spéciaux furent intégrés au système monétaire international. Voyons ce qu'en disait le célèbre économiste français, conseiller économique du Général de Gaulle, qui avait joué un rôle majeur dans les réformes économiques réalisées en France à partir de 1958, Jacques Rueff :

> *Pendant ce temps, les experts monétaires conçurent un plan ingénieux pour cacher l'insolvabilité des États-Unis en attribuant à chaque pays un quota de réserves spéciales internationales que seules les banques centrales pouvaient détenir. Mais pour éviter des effets inflationnistes supplémentaires, la quantité de DTS devait être limitée. Par conséquent, même avec l'aide des DTS, les États-Unis n'auraient pas pu s'acquitter de beaucoup plus qu'une fraction de leur dette en dollars.*[212]

Mais du côté de Wall Street, c'est avec un grand enthousiasme que

---

[212] Jacques Rueff, *The Inflationary Impact the Gold Exchange Standard Superimposed on the Bretton Woods System* (Committee for Monetary Research and Education, Greenwich, CT, 1975).

l'on accueillit cette grande réussite de l'alchimie financière moderne. Cependant, le *Wall Street Journal* oublia de préciser que les droits de tirage spéciaux étaient adossés à l'or, qu'ils ne pouvaient être dévalués, et donc que l'or restait bien le bâton de commandement. L'historien et numismate, spécialiste des sociétés disparues et expert reconnu sur les questions touchant l'or monétaire, David Hoppe, fit une merveilleuse description de ces DTS dans un éditorial :

LES USA FONT UN TRIOMPHE AVEC L'OR PAPIER et le vice-ministre des Finances Paul A. Volcker a déclaré aux journalistes avec un large sourire : « *Bon, nous avons réussi à lancer cette chose* ». Le Journal l'a accueillie comme « *une réussite majeure pour la pensée de l'école économique américaine, puisque cela a porté un coup aux supporters désuets de l'or comme seul point de référence pour la valeur monétaire et comme panacée économique* ». Le commentaire du Journal négligeait le fait que les DTS devaient être libellés en or ou définis par une certaine quantité d'or. L'or restait donc le « *point de référence* » incontesté de la valeur monétaire. De plus, il était spécifiquement noté que les DTS ne pourraient jamais être « *dévalués* ».[213]

Hoppe était convaincu que :

> [...] *le projet de DTS faisait partie des plus grosses escroqueries financières jamais perpétrées et sera un jour classé par les historiens dans la même catégorie que les autres joyaux de l'opacité humaine, comme le plan de John Law pour le Mississipi, la folie de l'assignat et la bulle des Mers du Sud. En fait, définir l'unité de DTS comme étant égale à l'or, et ensuite déclarer tout aussi solennellement qu'elle n'est pas convertible en or, ne peut frapper que comme étant une absurdité patente. Une unité de crédit ou un papier-monnaie ne peut être considéré comme étant « égal » à de l'or que s'il est convertible en or, sans restrictions, à un prix ou un taux fixé à l'avance.*[214]

En 1969, l'économiste et expert financier Melchior Palyi critiqua

---

[213] Donald Hoppe, *How to Invest in Gold Stocks* (Arlington House, New York, 1972), p. 181.

[214] *Ibid.*

vertement l'idée de l'« or papier » :

> *Cette nouvelle devise de réserve formée par les DTS ne servira qu'à encourager une expansion financière plus hasardeuse et l'inflation à l'échelle mondiale. L'adoption des DTS sera le triomphe des partisans de l'inflation. Elle supprimera le dernier obstacle sur la route d'une « devise mondiale » complètement dirigée, une devise dont l'abondance sera toujours assurée.*[215]

Le 18 mars 1969, le Congrès abrogea l'obligation de la Fed de détenir en or 25% de la valeur faciale des dollars qu'elle imprimait. Le monde approchait du jugement dernier. Bien sûr, les banquiers internationaux ne voyaient pas leurs souhaits s'accomplir à tous les coups. La notion de « monnaie mondiale » formulée par Keynes dans les années 1940, en l'occurrence sous la forme des DTS, était encore un peu trop « avant-gardiste ». Cependant, l'optimisme des banquiers internationaux n'était pas non plus totalement injustifié.

La Seconde Guerre mondiale venait juste de s'achever et le « prototype » de « gouvernement mondial » incarné par l'ONU commençait déjà à porter ses fruits. C'est à cette époque que furent créés le FMI et la Banque Mondiale, les deux organismes unifiés du contrôle monétaire. À présent, les DTS visaient, après quelques ajustements, à devenir la monnaie mondiale. La grande cause défendue par les banquiers internationaux trouvait désormais l'occasion de s'exprimer.

Malheureusement, ce plan butta sur un écueil. La version britannique du « grand programme » keynésien pour l'avenir du monde divergea de sa version américaine sur un point crucial. En effet, l'hégémonie du dollar permettait déjà aux Américains d'être en position largement dominante. Dans ces conditions, pourquoi abandonner leur monnaie et se rallier avec enthousiasme au plan de Keynes ?

Le plan échoua pour deux autres raisons : la vague violente et imprévue d'indépendantisme qui agita les pays du tiers-monde et la montée en puissance de l'Asie qui secoua les fondements de la première puissance mondiale. Les droits de tirage spéciaux ne parvinrent finalement pas à devenir la monnaie mondiale.

---

[215] Melchior Palyi, « A Point of View », in The Chicago Commercial And Financial Chronicle, 24 juillet 1969.

L'abolition de l'étalon-or

Nixon ne comprenait pas, ou ne voulait pas comprendre, pourquoi, en dépit des mesures prises par les Américains, l'or fuyait comme l'eau d'une digue qui se fissure. Le problème était que la balance des paiements des États-Unis connaissait un déficit explosif et que le pays, par conséquent, était incapable de maintenir le dollar à parité fixe avec l'or. Ce n'est pas qu'il n'y eût pas assez d'or, mais plutôt que le système bancaire américain créait trop de dollars.

John Exter, membre du *Board* de la Fed, raconta un jour au banquier suisse Ferdinand Lips un épisode décisif de la bataille de l'or :

> *Le 10 août 1971, un groupe de banquiers, d'économistes et d'experts monétaires se sont réunis de façon informelle à Mantoloking, sur la côte du New Jersey, pour discuter de la crise monétaire. Vers trois heures de l'après-midi, une grosse voiture est arrivée, avec à son bord Paul Volcker. Il était alors Sous-secrétaire au Trésor, responsable des Affaires monétaires.*
> *Nous avons discuté des diverses solutions possibles. Comme l'on pouvait s'y attendre, j'étais pour l'argent cher [augmenter les taux d'intérêts], mais cela fut rejeté à une écrasante majorité. Les autres pensaient que la Fed ne ralentirait pas l'expansion du crédit de peur que cela ne déclenche une récession [...] ou pire. Quant à augmenter le prix de l'or, comme je le suggérais, Volcker dit que cela avait du sens, mais qu'il ne pensait pas obtenir le feu vert du Congrès. Les gouvernements, en particulier les leaders mondiaux que sont les États-Unis, n'aiment pas admettre devant leurs concitoyens qu'ils ont déprécié la monnaie, peu importe la vérité. C'est trop embarrassant, et le grand public n'avait aucune idée de la crise à laquelle nous étions confrontés à l'époque. Ce n'était pas une crise nationale comme 1933, lorsque Roosevelt pouvait faire tout ce qu'il voulait.*
> *À un moment, Volcker s'est tourné vers moi et m'a demandé ce que je ferais. Je lui ai répondu que puisqu'il n'augmenterait ni les taux d'intérêt ni le prix de l'or, il ne lui restait qu'une seule option. Je lui ai dit qu'il devait fermer le guichet de l'or parce que cela n'avait aucun sens de continuer à brader notre stock d'or à 35 dollars l'once. Cinq jours plus tard, Nixon ferma le guichet de l'or [du Trésor].*
> *Le dernier lien entre le dollar et l'or était rompu. Le dollar ne devint rien de plus qu'une monnaie fiduciaire, et la Fed [et surtout les banques] était alors libre de poursuivre à volonté son expansion monétaire. Le résultat, comme l'on sait, fut une*

> *explosion massive de la dette. J'estime que la dette libellée en dollar aujourd'hui dans le monde est supérieure à 16 mille milliards de dollars.*
> *Le problème avec cette montagne de dette est qu'elle ne peut tout simplement pas être remboursée. La dette est une drôle de chose : elle doit toujours être remboursée, et si ce n'est par le débiteur, alors elle l'est pas le créancier ou, pire encore, par le contribuable.*[216]

Le 15 août 1971, la vérité fut finalement révélée au monde : les États-Unis ne pouvaient plus honorer leur engagement de conversion des dollars en or. En 1933, sous Roosevelt, les USA avaient manqué à leur parole vis-à-vis du peuple américain, mais cette fois-ci, ils se désavouaient auprès de la communauté internationale. Ce soir-là, Nixon fit un discours dans lequel il s'en prenait aux spéculateurs qui créaient des remous sur les marchés financiers. Pour défendre le dollar, il fallait renoncer « temporairement » à sa convertibilité en or.

On se pose toujours la question de savoir qui étaient ces « spéculateurs ». À l'époque, George Soros et consorts, spécialistes des attaques monétaires, étaient bien trop jeunes et le marché des changes était restreint par le système de Bretton Woods, dont la fonction première était la stabilité monétaire. Les variations de change entre les devises étant négligeables, ce type de spéculation présentait peu d'intérêt.

Quant à la conversion en or des dollars américains, elle était réservée exclusivement aux banques centrales. D'ailleurs, lorsqu'il fallut désigner le principal fauteur de troubles, on se rabattit évidemment sur le gouvernement français. Lorsque les derniers liens entre le dollar et l'or furent rompus, le 15 août 1971, par Nixon, les banquiers internationaux se frottèrent les mains.

En effet, ce jour fut celui où le monde entier entra pour la première fois dans l'ère de la « monnaie fiduciaire », ne reposant sur rien d'autre que la confiance que suscite la première économie mondiale et la crainte qu'elle inspire. Serait-ce une bénédiction ou une malédiction pour la civilisation ? Il était encore trop tôt pour le dire.

Après que l'Occident eut coupé tous les liens entre l'or et la monnaie, une ère d'expansion sans précédent du crédit se fit jour, la

---

[216] Ferdinand Lips, *op. cit.*, pp. 76-77.

création monétaire devint frénétique au fur et à mesure de la dérégulation. La dette totale des États-Unis, dette du gouvernement américain, des entreprises et des ménages, s'est envolée, pour atteindre 44 billions de dollars (44 millions de millions de dollars !) en 2006, engendrant des intérêts annuels cumulés de l'ordre de 2 200 milliards de dollars — soit 16% du PIB. Une dette de cette taille est évidemment impossible à rembourser.

L'assassin financier et le retour des « pétrodollars »

Le 6 octobre 1973, la quatrième guerre du Proche-Orient éclate entre l'Égypte, la Syrie et Israël. L'aide militaire américaine, matérialisée par des livraisons d'armes par pont aérien à partir du 14 octobre 1973, permet à l'État hébreu de débloquer une situation critique. La réaction arabe face à l'intervention américaine ne se fait pas attendre.

Réunis le 16 octobre à Koweït City, l'Arabie Saoudite et les principaux producteurs du Golfe décident d'augmenter unilatéralement de 70% le prix du baril de brut. Le 19 octobre, le président Nixon demande au Congrès d'accorder immédiatement à Israël 2,2 milliards de dollars d'aide d'urgence.

Le 20 octobre, les pays arabes de l'OPEP décident une réduction mensuelle de 5% de leur production et imposent un embargo sur les livraisons de pétrole à destination des États-Unis et de l'Europe occidentale. L'embargo ne sera levé que 5 mois plus tard mais la sanction est là. En un an, le prix du baril passe de 3 dollars à 12 dollars.

Les politiciens et les futures administrations américaines n'oublieraient pas de sitôt la leçon apprise au début des années 1970. Ce traumatisme allait servir à renforcer comme jamais les liens entre les trois piliers de la ploutocratie : les grandes entreprises, les banques internationales et le gouvernement US.

Cette joyeuse bande chercha par tous les moyens à rapatrier aux États-Unis tous les pétrodollars qui s'écoulaient vers des pays comme l'Arabie Saoudite. Les Américains décidèrent d'adopter la stratégie « diviser pour mieux régner », en essayant de provoquer des dissensions internes au sein de l'OPEP,[217] puis sa désintégration.

L'Arabie Saoudite, pays peu peuplé mais alors premier producteur mondial de pétrole, dont les coffres sont bien évidemment remplis de pétrodollars, est choisie comme cible principale. La dynastie des Saoud, la famille royale, y souffre d'un profond sentiment d'insécurité et son armée est relativement faible. Il était donc facile pour les États-Unis d'exploiter ces vulnérabilités. Ils proposent alors au souverain saoudien des conditions séduisantes pour l'amadouer, soutien politique total, protection et formation militaire, soutien technique et technologique.

Le deal était, pour les Américains, d'assurer la continuité au pouvoir de la famille royale et de faire entrer l'Arabie Saoudite dans le XX$_e$ siècle, et pour les Saoudiens d'accepter un ensemble de conditions : (1) toutes les transactions pétrolières devaient être libellées en dollars américains ; (2) l'Arabie Saoudite devait acheter des bons du Trésor américains avec ses pétrodollars ; (3) elle devait garantir approvisionnement en pétrole des États-Unis ; (4) une autorisation était requise pour toute modification du prix du pétrole ; (5) si l'Iran, l'Irak, l'Indonésie ou le Venezuela imposaient un embargo contre les USA, l'Arabie Saoudite s'engageait, d'une part, à augmenter sa production pour compenser les importations américaines et, d'autre part, à tout mettre en œuvre pour dissuader ces pays de tout embargo contre les États-Unis.

L'assassin financier John Perkins, que nous avons rencontrés au chapitre 6, fut envoyé en Arabie Saoudite, en compagnie d'autres « conseillers », pour mener à bien cette opération. Toujours sous la couverture de l'entreprise d'ingénierie qui l'employait comme économiste, sa mission consistait à « établir des prévisions sur ce qu'il pourrait se passer en Arabie Saoudite si de vastes sommes d'argent étaient investies dans ses infrastructures, et élaborer des scénarios pour dépenser cet argent.

En résumé, on [lui] demandait de faire preuve d'autant de créativité que possible pour justifier l'injection de centaines de millions de dollars dans l'économie saoudienne, à la condition que cela bénéficie aux

---

[217] Organisation des Pays Exportateurs de Pétrole. En 1973, elle regroupe, pour les pays arabes, l'Arabie Saoudite, l'Irak, le Koweït, les Émirats Arabes Unis, la Libye et l'Algérie, plus le Venezuela, l'Iran, l'Indonésie, le Nigeria et l'Équateur. [n.d.e.]

sociétés américaines de constructions mécaniques et du bâtiment. »[218]

Perkins s'aperçut « que les chèvres qui erraient dans Riyad étaient la clé symbolique : elle constituait une plaie pour les *jet-setteurs* saoudiens qui parcouraient la planète. [...] [Il fallait] remplacer les chèvres par le système de collecte des ordures et d'élimination des déchets le plus moderne du monde et les Saoudiens pourraient tirer une grande fierté de cette technologie de pointe ».[219]

En extrapolant cette idée, Perkins, qui savait pertinemment que les économistes de l'OPEP réclamaient leurs propres industries de raffinage afin d'obtenir des revenus plus élevés que ceux engendrés par le pétrole brut, proposa d'installer dans le désert de grands complexes pétrochimiques, et de construire autour d'eux d'immenses zones d'activité industrielle.

Il était bien sûr nécessaire de construire des centrales électriques permettant de générer des milliers de mégawatts, des lignes à haute tension, des pipelines, des autoroutes, des réseaux de communication, et un système de transport comprenant de nouveaux aéroports, des ports maritimes optimisés, etc.

Le plan de Perkins fut divisé en deux projets : l'un s'occupait des contrats de construction et d'installation du matériel de base ; le second, des contrats de gestion et de services à long terme. Dans les décennies qui suivirent, des entreprises comme MAIN, Bechtel, Brown & Root, Haliburton, Stone & Webster, etc., allaient se remplir les poches.

Perkins voyait encore plus loin pour rendre l'Arabie Saoudite encore plus dépendante des États-Unis. Il fallait protéger la Péninsule arabique et ainsi offrir des contrats très généreux aux sociétés américaines spécialisées dans la protection, ainsi qu'aux industries de défense et à l'armée américaine.

Toute cette activité devait induire une nouvelle vague de contrats de construction : aéroport militaire, bases militaires, bases de missiles, centre de formation du personnel, etc. Perkins ne perdait jamais de vue que sa mission était de rapatrier le maximum de pétrodollars aux États-Unis.

---

[218] John Perkins, *op. cit.*

[219] *Ibid.*

Une telle modernisation des infrastructures industrielles et des équipements urbains provoquerait un sentiment de fierté chez les Saoudiens. Les autres pays membres de l'OPEP se mettraient à envier un État devenu moderne aussi rapidement, et le même plan de développement pourrait y être transposé. Les patrons de Perkins étaient extrêmement satisfaits des capacités de planification et du talent commercial de leur recrue. Profitant de ce climat favorable, le Dr Kissinger fit un déplacement en Arabie Saoudite en 1974 pour finaliser la politique du pétrodollar. Après s'être débarrassé du parapluie percé que constituait l'or, le dollar trouva refuge dans le pétrole.

Le dernier espoir de revenir à l'étalon-or est définitivement enterré

Bien que l'étalon-or fût aboli dans le monde entier, à l'exception d'une poignée de pays comme la Suisse, et que ce métal précieux n'eût plus aucun lien avec le papier-monnaie, l'augmentation du cours de l'or tout au long des années 1970 représentait un casse-tête pour les banquiers. Empêcher le rétablissement de l'étalon-or devint leur priorité.

Le 1er janvier 1975, afin de montrer au monde que l'or n'était rien d'autre qu'un simple métal, et pour accroître la confiance dans le dollar, désormais intégralement fiduciaire, le gouvernement américain décida d'abroger l'interdiction de posséder de l'or, que Roosevelt avait promulguée en 1934.

Dans de nombreux pays, des taxes élevées frappaient l'or, ce qui décourageait les acheteurs éventuels. Certains pays avaient même imposé une taxe de 50% sur l'or. De leur côté, les Américains, après quarante années d'interdiction de détenir de l'or, ne savaient pas où en acheter. D'ailleurs, beaucoup n'avaient jamais vu une pièce d'or de leur vie. Bref, acheter de l'or était devenu une entreprise difficile.

Malgré cela quelques semaines avant le rétablissement de l'autorisation d'acheter de l'or pour les citoyens ordinaires, le gouvernement américain lança une attaque contre l'or pour faire baisser son cours.

Dans une publication de l'AIER, *Why Gold ?*, d'Ernest P. Welker, cette attaque baissière et son échec sont très bien décrits :

> *Début 1975, les États-Unis, aidés des principaux membres du*

> *Fonds Monétaire International (FMI), commencèrent une « attaque baissière » contre le marché mondial de l'or. C'était une attaque de proportion et de durée sans précédent. Son objectif prioritaire était de convaincre les citoyens des principales nations que les monnaies de papier sont meilleures que l'or. La réussite de l'opération assurerait que l'augmentation de la circulation monétaire par des émissions excessives de monnaies de papier puisse se poursuivre indéfiniment.[220]*

Certains économistes prédirent que l'or se révélerait pratiquement sans valeur en l'absence de demande officielle pour des raisons monétaires. Certains observateurs avancèrent des chiffres de l'ordre de 25 dollars l'once comme probable prix d'équilibre de l'or, basé sur la demande non monétaire.[221]

En janvier 1975, se déroula la première vente d'or aux enchères organisée par le Trésor américain. Deux millions d'onces furent vendues. En juin de la même année, une seconde vente aux enchères fut organisée, et 500 000 onces y furent vendues.

En août 1975, dans une manœuvre supplémentaire pour démonétiser l'or, les États-Unis et les principaux pays industrialisés occidentaux, regroupés sous la dénomination du G-10, décidèrent que les réserves d'or des pays du G-10 et du FMI ne devaient pas augmenter. Le FMI dut vendre cinquante millions d'onces pour en faire baisser le prix, mais le prix de l'or resta élevé et, en septembre 1979, il atteignit 430 dollars l'once, quatorze fois plus par rapport à son prix lors de la désintégration du système de Bretton Woods, en 1971.

Le 16 octobre 1979, le Trésor américain, poussé dans ses retranchements, annonça que les ventes aux enchères fixées à des dates régulières allaient dorénavant avoir lieu de façon inopinée. Mais le Trésor n'aurait jamais pensé que le prix de l'or atteindrait 850 dollars l'once. Un cours entre 400 et 430 dollars l'once aurait été plus approprié. En effet, en se basant sur un prix de 35 dollars l'once qui était clairement sous-évalué, ce nouveau prix aurait correspondu à la perte du pouvoir d'achat du dollar depuis la Seconde Guerre mondiale.

---

[220] Ernest P. Welker, WHY GOLD ?, Economic Education Bulletin (American Institute for Economic Research, Great Barrington, MA, 1981), p. 33.

[221] Ferdinand Lips, *op. cit.*, pp. 103-104.

Mais en novembre 1979, le déclenchement de la crise iranienne des otages changea l'évolution à long terme du cours de l'or. Dès le début de la crise, le gouvernement américain gela les réserves d'or de l'Iran qui se trouvaient dans la Banque de réserve fédérale de New York. Cette action eut pour effet d'inquiéter les banques centrales du monde entier : si l'or iranien pouvait être gelé, alors leurs réserves d'or à Fort Knox n'étaient pas si sûres.

Il valait donc mieux acheter de l'or et le stocker dans ses propres réserves plutôt que de le laisser à portée de main d'une puissance étrangère. L'Iran, terrifié, commença à acheter de l'or à Zurich. L'Irak entra également dans la danse et, en quelques semaines, le prix de l'once atteignit les 850 dollars.[222]

Le président Reagan, témoin de toutes ces vicissitudes, en retira la conviction que seul le rétablissement de l'étalon-or pourrait sauver l'économie américaine. En janvier 1981, il demanda au Congrès de mettre en place une Commission de l'or, chargée d'étudier la faisabilité de ce rétablissement. Visiblement, cette décision franchissait la zone interdite fixée par les banquiers.

Alors que Ronald Reagan avait prêté serment le 30 mars 1981, il fut victime d'une tentative d'assassinat, seulement soixante-neuf jours après sa prise de fonctions. Faut-il y voir des raisons similaires aux précédents assassinats de présidents américains ? La question reste entière.

Néanmoins, Reagan survécut, mais le dernier espoir de rétablir l'étalon-or fut, lui, bel et bien enterré. En mars 1982, parmi les dix-sept personnes qui formaient la Commission de l'or, quinze rejetèrent l'idée de rétablir l'étalon-or et Reagan « suivit leurs bons conseils ». Dès lors, aucun président des États-Unis n'a plus osé reprendre cette idée.

---

[222] Ferdinand Lips, *op. cit.*, pp. 103-106.

8

LA GUERRE DES MONNAIES SE DÉPLACE VERS L'ASIE

> « Nous étions comme des loups sur la ligne de crête, surplombant une harde de cerfs », dit l'un des spéculateurs [...]. Ils disent que l'économie de la Thaïlande n'est pas celle d'un tigre asiatique, mais plutôt celle d'une proie blessée. [...] « En massacrant le faible et l'infirme, nous contribuons à maintenir la meute en bonne santé. »[223]
>
> Eugene Linden, 1997.

Il est un fait que détenir un monopole permet de réaliser des profits autrement plus importants que là où s'exerce la concurrence. Cela est vrai pour tous les produits, marchandises ou services. Mais il est un domaine, monopoliste par définition, qui surpasse tous les autres et confère le plus grand pouvoir, celui de la monnaie. Traditionnellement, la création de la monnaie est le privilège du souverain, représenté dans nos sociétés modernes par l'État, qui représente lui-même la nation.

Dans les chapitres précédents, nous avons vu qu'aux États-Unis, ce pouvoir a fini par être remis, au troisième essai, entre des mains privées, c'est-à-dire principalement aux actionnaires de la Banque de réserve fédérale de New York, ou plus exactement aux « banquiers internationaux ».

On comprend mieux pourquoi ceux-ci échafaudent des plans depuis des siècles pour mettre la main sur ce monopole et ainsi accaparer l'immense pouvoir que confère la création monétaire. Au-delà des États-Unis, leur ambition est de contrôler l'émission de la monnaie dans

---

[223] Eugene Linden, « How to Kill a Tiger », in *Time Magazine Asia*, 3 novembre 1997, vol. 150, n°18, pp. 26-27.

le monde entier.

En vue de contrôler solidement cet élément clef de la stratégie financière, les banquiers internationaux ont lancé, dans les années 1970, une série de guerres monétaires. Il fallait, dans un premier temps, renforcer la confiance dans le dollar, puis asseoir le dollar comme devise de réserve mondiale. Pour y parvenir, démembrer les économies des pays en voie de développement était nécessaire, écraser les concurrents potentiels était indispensable.

Leur objectif stratégique ultime est une « désintégration contrôlée »[224] de l'économie mondiale, afin de poser les fondations d'un « gouvernement mondial », doté d'une « monnaie globale » et d'un « impôt mondial ». Ce gouvernement mondial serait dominé par l'axe « Wall Street/la City ».

Il faut noter que l'oligarchie financière internationale constitue un « super groupe d'intérêts particuliers ». Les banquiers internationaux ne sont fidèles à aucun gouvernement. Bien au contraire, ils les contrôlent tous ou tentent de les contrôler tous. Et s'ils contrôlent les gouvernements, alors ils contrôlent les États, les nations et les peuples. Ils disposent de deux instruments d'une puissance inouïe : l'armée des USA, qu'ils ont lentement phagocytée ; et le dollar, dont ils ont le monopole d'émission.

Ils échafaudent des plans redoutables et lorsque la situation est mûre, ils passent à l'attaque. La Grande Dépression de 1929 fut leur coup de maître. Elle leur a permis d'inciter ou de contraindre toujours plus de gouvernements à abandonner toujours davantage de leur souveraineté. Ils mettent méthodiquement en place des systèmes monétaires et des gouvernements régionaux.

Aujourd'hui, la Chine se trouve dans leur ligne de mire et il ne fait aucun doute qu'ils cherchent par tous les moyens à attaquer le système financier chinois. La question n'est pas de savoir si cela se produira, mais quand et comment. Évidemment, il ne faut pas s'attendre à autre chose que des conséquences désastreuses pour le peuple chinois. La tactique qu'ils adopteront contre la Chine sera peut-être semblable à l'attaque qu'ils ont mené contre le Japon, en créant d'abord une énorme

---

[224] Selon la terminologie employée par Fred Hirsch (principal conseiller économique du FMI de 1966 à 1972) et Paul Volcker (président du Board de la Fed), dans les années 1970 [n.d.e.].

bulle de valeurs mobilières, au cours de laquelle l'économie chinoise passera subrepticement « sous leur aile ».

On connaîtra d'abord plusieurs années de très forte croissance, tout comme le Japon des années 1985-1990, puis ils mettront en œuvre leur jeu de massacre généralisé. Ils lanceront une frappe financière dévastatrice, à la façon d'une frappe nucléaire, sans contact et à distance ; ils feront en sorte que le monde entier perde confiance dans l'économie chinoise ; et les fonds d'investissement nationaux et internationaux s'enfuiront.

Finalement, ils organiseront la grande braderie des actifs essentiels de la Chine et commenceront leur désintégration systématique de l'économie chinoise. C'est la condition *sine qua non*, mais aussi l'étape la plus difficile, du processus d'unification mondiale.

Toutefois, un sérieux obstacle se dresse en travers de leur route : le Parti communiste chinois qui gouverne sans partage l'Empire du Milieu. Car pour « démembrer » l'économie chinoise, il faut d'abord passer par la case « démocratisation », et comme le PC chinois ne l'entendra pas de cette oreille, ce ne sera pas chose aisée…

1973 : la guerre du Kippour et la riposte du dollar

Contrairement à l'opinion communément répandue, la 4ème guerre israélo-arabe, déclenchée par l'invasion d'Israël, le 6 octobre 1973, par l'Égypte et la Syrie, serait le fruit d'un ensemble d'événements orchestrés en secret par Washington et Londres. L'homme-lige de cette vaste manipulation était Henry Kissinger, le conseiller à la sécurité nationale de Richard Nixon.

Kissinger, dont les nombreux réseaux diplomatiques étaient très étendus, entretenait non seulement d'étroites relations avec l'État hébreu, mais était très écouté par les Égyptiens et les Syriens. Pour attiser les braises de la discorde, sa méthode était simple : il présentait systématiquement sous un faux jour à chaque partie intéressée les éléments critiques de leurs adversaires. Bref, il était passé maître dans l'art de mettre de l'huile sur le feu en donnant l'impression d'être un arbitre impartial.

Cinq mois avant le déclenchement de la guerre du Kippour, en mai de cette année-là, s'est tenue la réunion annuelle du groupe de Bilderberg, à Saltsjöbaden, en Suède, réunissant 80 personnalités du monde de la finance, des affaires et de la politique, auxquels venaient s'ajouter quatre représentants de la presse du courant dominant. Le lieu qui avait été choisi pour cette réunion n'est pas anodin, puisque Satsjöbaden n'est autre que la station balnéaire insulaire de la famille banquière suédoise Wallenberg.[225]

Kissinger participait bien sûr à cette réunion, comme les années précédentes, ainsi que le Prince Bernhard des Pays-Bas et David Rockefeller, les deux co-fondateurs du groupe, en 1954. Le Prince Bernhard qui, rappelons-le avait épousé la Reine Juliana, l'actionnaire de référence de la *Royal Dutch Shell*, préside la réunion. David Rockefeller, le très discret et véritable dirigeant du groupe de Bilderberg, président de la *Chase Manhattan Bank* et actionnaire de référence de la compagnie pétrolière Exxon, amène dans ses bagages son ami et confident Zbigniew Brzezinski. Participe également à cette réunion, le baron Edmond de Rothschild, petit-fils du « père d'Israël », son grand-père homonyme.

L'un des sujets abordés fut de trouver un remède à la faiblesse du dollar qui avait désormais perdu son statut de monnaie convertible en or, et redonner confiance dans la devise américaine pour reprendre le contrôle sur le champ de bataille monétaire et financier.

Un conférencier américain, Walter J. Levy, l'éminent expert en affaires pétrolières, y présenta les contours d'un « scénario » pour une augmentation imminente de 400% des revenus pétroliers de l'OPEP.

> *L'objectif de la réunion secrète de Saltsjöbaden n'était pas de prévenir le choc pétrolier attendu, mais plutôt de planifier la façon de gérer l'inondation très prochaine de pétrodollars, un processus que le ministre des Affaires étrangères Kissinger appellera plus tard « recyclage des flots de pétrodollars ».[226]*

Ce plan audacieux devait permettre d'atteindre plusieurs objectifs. D'abord, étant donné que depuis la généralisation des transactions pétrolières mondiales en dollars US, le prix du baril avait été multiplié par quatre, la demande mondiale de dollars avait augmenté afin de couvrir les échanges massifs de cette devise entre les pays après la

---

[225] William Engdahl, *A Century of War: Anglo-American Oil Politics And The New World Order* (Pluto Press, Londres, 2004), p. 130.

[226] William Engdahl, *ibid*.

suppression de sa convertibilité en or.

Par ailleurs, grâce au travail efficace de « l'assassin économique » quelques années auparavant, de nombreux pays d'Amérique latine et d'Asie du sud-est avaient souscrit des prêts excessifs. Dès que les prix du pétrole se mettraient à flamber, les États-Unis augmenteraient fortement leurs taux d'intérêt, et ces pays en sous-développement économique, mais riches en ressources, deviendraient un troupeau d'agneaux attendant d'être abattus.

La meilleure partie de ce plan était qu'on pouvait blâmer les autres ! Après avoir manigancé l'attaque d'Israël par l'Égypte et la Syrie, les États-Unis provoquèrent les Arabes en soutenant Israël, incitant les pays arabes, sous l'emprise de la colère, à mettre en place un embargo contre les pays occidentaux. Les prix du pétrole s'envolèrent et la colère du monde se reporta sur les pays arabes.

D'un côté, les banquiers internationaux regardaient de loin les tigres s'entretuer, et de l'autre, ils s'assuraient que les pétrodollars refluaient, et faisaient ainsi d'une pierre deux coups : sortir le dollar de sa position de faiblesse, reprenant ainsi l'initiative sur le champ de bataille financier ; et pouvoir tondre aisément dans la douleur les moutons d'Amérique latine ou d'Indonésie. Ce plan était merveilleux...

Si l'on jette un regard rétrospectif sur les actions des banquiers internationaux au cours de l'Histoire, on se rend compte qu'ils ont toujours suivi un « algorithme optimal ». Ils atteignaient au moins trois de leurs objectifs au moyen de leurs grandes opérations stratégiques, et réussissaient toujours un doublé gagnant. Les banquiers internationaux ont toujours été des maîtres en « coups combinés ». En l'occurrence, la collaboration des deux Nio,[227] Brzezinski et Kissinger, dans la mise en œuvre du plan des banquiers fut extrêmement fructueuse.

Brzezinski élaborait les plans, tandis que Kissinger, en tant que « tsar » de l'information sous l'administration Nixon, s'impliquait directement dans leur exécution. William Engdahl, dans *A Century of War*, pointe du doigt :

> *Les rapports des services secrets américains, y compris les informations interceptées des responsables arabes confirmant la*

---

[227] Deux divinités japonaises, gardiennes des temples bouddhiques et installées de chaque côté de l'entrée principale [n.d.e.].

> *montée en guerre, étaient fermement supprimés par Kissinger, qui était alors « l'éminence grise » de Nixon en matière de services secrets. Le scénario de la guerre et ses conséquences, les « démarches diplomatiques » tristement célèbres de Kissinger, étaient écrits en suivant les lignes précises des délibérations du Bilderberg, qui s'étaient tenues à Saltsjöbaden, au mois de mai, six mois avant que la guerre n'éclate. Les pays arabes producteurs de pétrole devaient devenir les boucs-émissaires de la colère mondiale à venir, tandis que les intérêts anglo-américains responsables de cette situation restaient tranquillement à l'arrière-plan.[228]*

Kissinger, alternant séduction et coercition, obtint de l'Arabie Saoudite qu'elle soit le premier pays membre de l'OPEP à coopérer avec les États-Unis, en achetant des bons du Trésor américain avec ses pétrodollars, qui étaient ainsi rapatriés. Grâce aux efforts de Kissinger, les ministres de l'OPEP acceptèrent de n'utiliser que le dollar pour les règlements du pétrole. La monnaie mondiale entra donc dans l'ère du pétrodollar. La flambée du prix du pétrole entraîna une demande croissante de dollars pour les transactions pétrolières, et la devise américaine retrouva ainsi une stature internationale.

De 1949 à 1970, le prix mondial du pétrole était resté stable à 1,9 dollar le baril. De 1970 à 1973, il augmenta progressivement à 3 dollars le baril. Le 16 octobre 1973, peu après le déclenchement de la guerre, l'OPEP augmenta le prix du pétrole de 70%, qui passa à 5,11 dollars le baril. Le 1er janvier 1974, il doubla à nouveau pour atteindre 11,65 dollars. Entre la réunion du Bilderberg de mai 1973 et janvier 1974, le prix du baril avait grimpé de 400%.

En 1974, le président Nixon, qui n'était pas informé des manigances en cours, essaya d'envoyer son ministre des Finances faire pression sur l'OPEP afin qu'elle baisse le prix du baril. Dans une note, un fonctionnaire, qui était au courant de ce qui se tramait dans les coulisses, disait :

Ce sont les patrons des banques qui ont rejeté ce conseil et poussé à un programme de « recyclage » afin de s'adapter à un prix du pétrole

---

[228] Matti Golan. *The Secret Conversations of Henry Kissinger: Step-by-Step Diplomacy in the Middle East* (Bantam Books, New York, 1976), cité par William Engdahl, op. cit., p. 136.

plus élevé. Ce fut une décision fatale...[229]

L'ère du pétrole cher entraîna une inflation à deux chiffres dans les pays occidentaux et une très forte érosion monétaire, faisant fondre à vue d'œil l'épargne des citoyens ordinaires. Pire, cette hausse de 400% du pétrole eut un terrible impact sur les pays en voie de développement. Selon Engdahl :

> La vaste majorité des économies les moins développées du monde, ne disposant pas en propre de ressources pétrolières importantes, fut soudainement confrontée à une augmentation imprévue et impossible à rembourser de 400% du coût de leurs importations en énergie, sans parler du coût des produits chimiques et des engrais dérivés du pétrole. C'est à cette époque que les commentateurs ont commencé à parler de « triage », cette idée de temps de guerre où seuls les plus forts survivent, et qu'ils ont introduit le vocable de « tiers-monde » [...][230]

> *En 1973, l'Inde connaissait un excédent commercial et son développement économique était sain. En 1974, les réserves de change de l'Inde s'élevaient à 629 millions de dollars, mais sa facture annuelle de pétrole était du double, soit 1,241 milliard de dollars. Le Soudan, le Pakistan, les Philippines, la Thaïlande, les pays africains et d'Amérique latine furent confrontés, les uns après les autres, à des déficits extérieurs abyssaux. Selon le FMI, en 1974, le déficit commercial cumulé des pays en développement atteignit 35 milliards de dollars, un chiffre astronomique pour l'époque. Après plusieurs années de forte croissance industrielle et commerciale, au début des années 1970, la baisse sévère de l'activité industrielle dans le monde entier, au cours des années 1974-1975, connut des proportions inédites depuis la Seconde Guerre mondiale.[231]*

Au cours des années 1970, de nombreux pays en développement et en voie d'industrialisation s'appuyèrent lourdement sur les prêts à faible taux de la Banque Mondiale. Mais la hausse des prix du pétrole engloutit leurs fonds. Leur processus d'industrialisation tomba au point mort et ils se retrouvèrent dans l'incapacité de rembourser les prêts de

---

[229] William Engdhal, *op. cit.*, p. 137.

[230] *Ibid.*, p. 140.

[231] *Ibid.*

la Banque Mondiale. Comment auraient-ils pu emprunter plus d'argent pour acheter du pétrole et verser des intérêts énormes ?

Les banquiers internationaux et le FMI lancèrent alors leurs filets pour attraper de nouveaux poissons. Comme d'habitude, le FMI imposa des conditions drastiques en contrepartie de son aide, obligeant les pays en voie de développement à avaler les fameuses potions du FMI, à savoir la privatisation des actifs nationaux essentiels, la libéralisation des marchés de capitaux, la marchandisation des éléments de base de la vie et des coupes sombres dans leur budget national. Ces « remèdes » mutilèrent ou achevèrent la plupart des pays du Tiers Monde qui suivirent la prescription. Ceux qui la refusèrent subirent des pertes encore plus importantes.

Paul Volcker : l'économie mondiale connaît un « effondrement contrôlé »

> « Volcker a été choisi parce qu'il était le candidat de Wall Street. En fait, c'était le prix qu'ils demandaient. Que savait-on de lui ? Qu'il était capable et brillant et qu'il était conservateur ! Ce que l'on ne savait pas était qu'il allait imposer des changements spectaculaires.
>
> Charles Geisst, universitaire, essayiste et ancien banquier.

En 1973, David Rockefeller, le président de la *Chase Manhattan Bank*, lança un nouveau « groupe de réflexion » appelé la « Commission trilatérale » dans l'objectif de renforcer les relations financières entre l'Amérique du Nord, l'Europe occidentale et le Japon. Son pilotage fut confié à Brzezinski. En toute logique, ses membres principaux étaient des banquiers, des entrepreneurs et des personnages politiques de premier plan d'Amérique du Nord, d'Europe occidentale et du Japon.

La Commission établit trois sièges, à New York, Tokyo et Paris. Le président du siège new-yorkais fut bien évidemment David Rockefeller, et Zbigniew Brzezinski, son conseiller, était le directeur exécutif. Ce dernier avait un ami, professeur à l'université de Columbia, Dean Rusk. Originaire de l'État de Georgie, il avait servi en tant que ministre des Affaires étrangères sous Kennedy et Johnson.

Il proposa à Brzezinski d'inviter le gouverneur de la Georgie,

Jimmy Carter, à rejoindre la Commission trilatérale, après avoir fait l'éloge de son esprit d'entreprise et de ses visions politiques.

Grâce à l'enthousiasme de Rusk, Brzezinski et Carter se rencontrèrent à deux reprises. Brzezinski apprécia tout de suite Carter et fut persuadé qu'il accomplirait à l'avenir de grands exploits. Il voulut le parrainer, mais, pour devenir membre de la Commission, il fallait passer par un vote, qui serait difficile à obtenir étant donné la fonction politique marginale de Carter. Brzezinski le recommanda à David Rockefeller, en louant grandement ses vertus.

Le Président exécutif de la Commission trilatérale suivit ses conseils et le nomma personnellement. C'est ainsi que le discret gouverneur de Georgie devint membre de la Commission trilatérale. Ce fut une étape cruciale dans la course de fond qui le mena à la présidentielle cinq ans plus tard. Après l'accession de Carter à la Maison-Blanche, en 1977, Brzezinski fut naturellement nommé au poste de Conseiller à la Sécurité nationale. Il était en fait là pour représenter la « régence » des banquiers internationaux, comme Kissinger l'avait fait sous Nixon.

En 1978, le siège de président de la Réserve Fédérale se libéra et David Rockefeller, qui représentait les banquiers internationaux, recommanda vivement à Jimmy Carter le nom de Paul Volcker. Le *New York Times* notait :

> *Le choix de Volcker a obtenu l'approbation des banquiers de Bonn, Francfort et de Suisse.*

La bourse de New York bondit de 9,73% et le dollar se renforça d'un coup sur les marchés internationaux. Depuis la démission d'Eugene Meyer de la Réserve Fédérale, les membres des grandes familles de banquiers internationaux s'étaient retirés dans les coulisses des marchés financiers. Ils maintenaient leur contrôle sur la Fed par une sélection rigoureuse des candidats au poste de président. Paul Volcker correspondait parfaitement à leurs attentes.

Il avait fait ses études à Princeton et Harvard, puis à la *London School of Economics*, avant de devenir économiste à la Banque de réserve fédérale de New York (1952), puis à la *Chase Manhattan Bank* (1957). En 1962, il avait rejoint le ministère des Finances où il participa à l'abolition de l'étalon-or sous Nixon.

En 1975, il est nommé président de la Banque de réserve fédérale de New York, en ayant la responsabilité des opérations globales. Le 9 novembre 1978, dans un discours qu'il prononça à l'université de Warwick, Volcker dit :

> *Une désintégration contrôlée de l'économie mondiale est un objectif légitime pour les années quatre-vingt...*[232]

Mais quelle forme cette « désintégration » allait-elle prendre ? En fait, ce sont les pays du tiers-monde lourdement endettés, puis l'Union soviétique et l'Europe de l'Est qui allaient en faire les frais. En prenant ses fonctions, Volcker mit en avant « la lutte contre l'inflation dans le monde », mais son alliance avec l'Angleterre allait rendre les prêts en dollars très chers. Les taux moyens d'intérêts étaient de 11,2% en 1979, puis montèrent d'un coup en 1981 à 20% ; les taux de base atteignirent 21,5% et ceux sur la dette de l'État grimpèrent à 17,3%.

Margaret Thatcher fut élue en mai 1979 à la fonction de Premier ministre britannique, en promettant de « débarrasser l'économie de l'inflation ». Au bout d'un mois de mandat, elle prenait la décision de faire passer en douze semaines les taux d'intérêt standards de 12 à 17%. Cela renchérit le coût des emprunts de 42%.

Du jamais vu dans les pays industrialisés en temps de paix. Margaret Thatcher gagna au même moment le surnom de « Dame de fer ». Sous la bannière de la lutte contre l'inflation, l'économie entra dans une sévère récession. Les citoyens et les entreprises durent supporter cette politique dans la douleur, tandis que les banquiers anglais et américains bénéficièrent d'un fort accroissement de leur

---

[232] Discours prononcé par Paul Volcker à l'occasion d'une commémoration de Fred Hirsch à l'université de Warwick, à Coventry, en Angleterre, le 9 novembre 1978. [Ce passage du discours, intitulé *The Political Economy of the Dollar*, dit exactement ceci : « J'étais effectivement tenté de prendre comme texte aujourd'hui l'une des dernières maximes de Fred Hirsch : "Une désintégration contrôlée de l'économie mondiale est un objectif légitime pour les années quatre-vingt...". Cette phrase capture ce qui me semble être les attitudes et les pratiques dominantes de la plupart des gouvernements en cette décennie, alors qu'ils se débattent avec deux problèmes essentiels qui gênent tant nos négociations et nos actions, non seulement en matière monétaire, mais dans toute l'étendue de l'économie internationale ». Plus loin, il dit : « En théorie, un processus de désintégration au sein du monde industriel pourrait probablement aller loin sans provoquer de dommages intolérables à notre bien-être économique. Mais il est difficile de visualiser ce processus sans qu'il ne conduise également à une concurrence intense entre les pays développés pour les marchés et les matières premières. Cette situation ne serait pas jolie-jolie ». [n.d.e.]

rentabilité.

À cette époque, des phrases et des slogans commencèrent à tourner en boucle dans les médias, appelant à des coupes sombres dans les dépenses publiques, des réductions d'impôts, la dérégulation des marchés et la destruction des syndicats... Les pays en voie de développement croulaient sous le fardeau de la dette, les gens criaient famine et beaucoup moururent. La dette des pays en voie de développement s'élevait à 130 milliards en mai 1973 ; en 1982, elle avait quintuplé et atteignait 612 milliards.

Lorsque les États-Unis et la Grande-Bretagne, sous couvert de slogans anti-inflationnistes, hissèrent soudainement leurs taux d'intérêt à 20%, les pays en voie de développement, exploités par ces prêts usuraires, seraient réduits en charpie par les banquiers internationaux. Les pays d'Asie, d'Afrique et d'Amérique latine n'avaient pas conscience de cette guerre financière qui se déroulait et ils en payèrent le prix fort.

Lors de la réunion des Nations unies du 30 septembre 1982, Le ministre des Affaires étrangères américain, George Schultz, fit remarquer que le FMI devait procéder à une surveillance stricte du remboursement de la dette des pays en voie de développement. Il exhorta ces pays à faire en sorte que leurs produits à l'exportation « attirent encore plus l'Occident ».

Par ailleurs, seul le « libre échange » pourrait les sauver ; en intensifiant la vente des matières premières, ils pourraient accélérer le remboursement de leur dette. Le Président mexicain, López Portillo, voulait utiliser les importantes ressources pétrolières de son pays pour moderniser son industrie et son économie. Mais les cercles politiques à Washington et à New York ne l'entendirent pas de cette oreille et ne pouvaient tolérer une nouvelle puissance industrielle et indépendante à leur porte.

La décision fut prise de saboter les ambitions industrielles du Mexique en lui imposant des remboursements stricts de sa dette, à des taux exorbitants. Puis, ce fut au tour du peso d'être attaqué et, à partir de février 1982, le Mexique ne put échapper à un programme d'austérité draconien pour empêcher les capitaux de fuir le pays.

La dévaluation de 30% du peso qui suivit, en renchérissant le coût de la dette des entreprises, conduisit l'industrie mexicaine à la faillite. Le Mexique qui avait connu, encore quelques mois auparavant, le plus fort taux de croissance des pays en développement avait été plongé dans le chaos et était désormais placé sur la liste des pays à haut risque par les institutions financières internationales.[233]

Devant l'assemblée générale des Nations unies, le 1er octobre 1982, López appela les nations du monde à agir de concert pour « empêcher un retour au Moyen Âge ». Il dénonça la politique de taux d'intérêt insoutenable et de l'effondrement du prix des matières premières comme étant responsable de la crise du système financier, en déclarant que c'était comme un « couteau à double tranchant qui menaçait de couper l'élan réalisé dans certains pays et d'interrompre les possibilités de progrès dans les autres ». Ensuite, sans mâcher ses mots, il mit en garde contre la possibilité d'une suspension unilatérale du remboursement de la dette des pays du Tiers Monde.

Il s'en prit sans ménagement à l'imposition arbitraire de nouvelles conditions à la dette sous Volcker et Thatcher :

> *Le Mexique et d'autres pays du Tiers Monde sont incapables de se conformer à la période de remboursement convenue sous des conditions assez différentes de celles qui prévalent maintenant [...] Nous, les pays en voie de développement, ne voulons pas devenir des vassaux. Nous ne pouvons pas paralyser nos économies ou plonger nos peuples dans une plus grande misère afin de rembourser une dette dont le service a triplé, sans que nous y ayons participé ni porté de responsabilité, et selon des conditions qui nous sont imposées [...] Nos efforts de croissance afin de vaincre la faim, la maladie, l'ignorance et la dépendance n'ont pas provoqué la crise internationale.*[234]

Malheureusement, Portillo ne fut pas entendu par les autres pays d'Amérique Latine et, seulement deux mois après son discours à l'ONU, il fut remplacé par quelqu'un de plus apprécié par les banquiers internationaux.

Le même processus qui avait plongé le Mexique dans le chaos se répéta en Argentine, au Brésil, au Pérou, au Venezuela, dans la majeure partie de l'Afrique noire, dont la Zambie et le Zaïre,[235] en Égypte et dans

---

[233] William Engdahl, *op. cit.*, p. 189.

[234] William Engdahl, *op. cit.*, p. 190.

[235] Renommé après le renversement de Mobutu « République Démocratique du Congo » [n.d.e.].

de vastes parties d'Asie. Grâce au contrôle absolu du vote au FMI par l'axe anglo-américain, cette institution devint le « gendarme » mondial pour faire exécuter le remboursement de dettes usuraires au moyen de l'austérité la plus draconienne de l'Histoire.[236]

Voici comment William Engdahl décrit cette vaste opération de pillage :

> *[...] les puissants intérêts bancaires privés de New York et de Londres rejetèrent toutes les voies de la raison. Ils s'arrangèrent pour amener la Réserve Fédérale, la Banque d'Angleterre et, ce qui est le plus important, le pouvoir du Fonds Monétaire International, à agir comme le « gendarme » international dans ce qui devait devenir l'opération organisée de pillage la plus concertée de l'histoire moderne, dépassant de loin tout ce qui avait été fait dans les années 1920.*
> *Contrairement à l'impression soigneusement cultivée dans les médias en Europe de l'Ouest et aux États-Unis, les pays débiteurs ont remboursé plusieurs fois les usuriers new-yorkais et londoniens, ces Shylock des temps modernes, avec le sang et la « livre de chair » proverbiale. Il est faux de dire que de grands pays du Tiers Monde, après août 1982, ont refusé de payer. Sous la pression du FMI, ils avaient le « couteau sous la gorge » et durent signer avec les principales banques privées, souvent conduites par Citicorp ou la Chase Manhattan de New York, ce que les banques ont appelé par euphémisme « solutions à l'endettement ».[237]*

Ce n'est qu'en signant avec le FMI une série de « conditions particulières », comme couper dans les dépenses du gouvernement, augmenter les impôts ou dévaluer la monnaie, que les pays débiteurs pouvaient obtenir des prêts. Puis la dette fut reconduite et les pays concernés durent payer également aux banquiers internationaux des « frais de service » comptabilisés dans le capital des dettes.

Le Mexique fut contraint de réduire les subventions gouvernementales pour les médicaments, la nourriture, les carburants et autres produits de grande nécessité, et le peso connut au même moment une grande dévaluation.

---

[236] William Engdahl, *op. cit.*, p. 195.

[237] *Ibid.*, p. 192.

Au début de l'année 1982, sous les mesures des réformes économiques initiées par Portillo, un dollar américain s'échangeait contre douze pesos ; en 1989, ce même dollar s'échangeait contre 2300 pesos. Les banquiers appliquaient à l'économie mexicaine leur méthode de destruction contrôlée.

D'après les statistiques de la Banque Mondiale, entre 1980 et 1986, les intérêts versés par plus de cent pays endettés auprès des banquiers internationaux atteignirent 326 milliards de dollars, chiffre qu'il faut comparer au remboursement de 332 milliards au titre du principal. Au total, pour une dette de 430 milliards en 1980, ils ont payé 658 milliards de dollars de « service ».

Malgré tout, en 1987, 109 pays étaient parvenus à rembourser 1300 milliards de dollars aux banquiers internationaux. Mais avec de tels intérêts, il était à craindre que les pays en voie de développement ne puissent jamais tout rembourser. En représailles, les banquiers internationaux et le FMI mirent en œuvre des procédures de règlement de faillite.

Les pays qui avaient accepté les « conditions particulières » furent contraints de vendre un grand nombre d'actifs essentiels tels que les compagnies d'eau, d'électricité, de gaz, de télécommunication, ainsi que les chemins de fer, le pétrole, les banques…

La létalité de la « démolition contrôlée » des économies par les banquiers internationaux apparaissait aux yeux du monde.

La World Conservation Bank pour mettre la main sur 30% de la surface terrestre

Les pays en voie de développement d'Afrique et d'Amérique latine sont enlisés depuis longtemps dans le bourbier de la dette. Pour en tirer parti au mieux, les banquiers internationaux ont commencé, dès le début des années 1960, à planifier une action d'une envergure exceptionnelle, dépassant l'imagination du commun des mortels. Il s'agissait d'un plan auquel des gens normaux n'auraient jamais osé songer, fondé sur le slogan de la « protection de l'environnement ».

Ce fut aussi le point de départ d'une stratégie globale de « combinaison de coups » assénés par les banquiers internationaux, dont il faut restituer le contexte historique pour bien en comprendre la formidable puissance.

Début août 1963, dans une célèbre université du Middle West, un sociologue ayant pris le pseudonyme de John Dœ reçut un appel téléphonique de Washington, l'invitant à participer à un programme où quinze éminents chercheurs d'universités entreprendraient des recherches secrètes. Piqué par la curiosité, John Dœ se rendit dans un endroit appelé la Montagne de Fer (*Iron Mountain*), situé dans l'État de New York, près de la ville de Hudson.

Il y avait là d'énormes équipements souterrains construits contre les éventuelles attaques nucléaires de l'Union soviétique, et des centaines de grandes entreprises américaines y possédaient un bureau temporaire pour leur siège. Parmi ces entreprises, on comptait *Standard Oil of New Jersey, Shell Oil Company, Hanover Trust Company*, etc. Si la guerre nucléaire éclatait, ce lieu deviendrait le centre des affaires des États-Unis afin de garantir la continuité du système.

Mais en temps de paix, cet endroit abritait déjà les archives confidentielles de ces entreprises. Le petit groupe de chercheurs discrètement recrutés allait se pencher sur la question suivante : si le monde entrait dans une phase de « paix durable », à quels défis les États-Unis devraient-ils faire face et quelles seraient les stratégies à adopter ? Ces recherches durèrent deux ans et demi.[238]

En 1967, ce groupe de quinze personnes avait rédigé un rapport confidentiel, dont le nom des auteurs devait rester secret selon les exigences du gouvernement. Cependant, John Dœ estima que le contenu était trop important et qu'il devait être révélé au public. Avec l'aide du célèbre écrivain Léonard Lewin, il publia chez Dial Press, en 1967, un livre intitulé *The Report from Iron Mountain*. Dès sa sortie, l'ouvrage agita la société américaine. Tout le monde essayait de deviner qui était John Dœ.

On pensait que l'élaboration de ce rapport émanait de Robert McNamara, alors ministre de la Défense et membre du CFR, et qui devint plus tard le président de la Banque Mondiale. On imaginait également que la structure organisatrice était l'Institut de recherches de Hudson, car son fondateur, Herman Kahn, était également membre du CFR.

Après la divulgation de ce rapport, Walt Rostow, le conseiller spécial pour la sécurité nationale de Johnson, prit immédiatement des

---

[238] Larry Abraham, *The Greening* (Second Opinion Pub., Inc., 1993).

mesures de « désinfection » en accusant le texte d'être un faux. De même, Henry Luce, le membre du CFR qui contrôlait le magazine *Time*, affirma que ce rapport était « un mensonge ingénieux ». D'ailleurs, le débat se poursuit encore aujourd'hui quant à la véracité de ce rapport.

Cependant, le 26 novembre 1967, le *Washington Post* en fit une recension dans sa rubrique « *le Monde des Livres* ». La présentation était rédigée par le célèbre économiste John Kenneth Galbraith, de l'université de Harvard, également membre du CFR. Dans son article, il disait disposer d'informations de première main pour attester que ce livre était authentique, car il avait lui-même été invité à *Iron Mountain* :

> *Tout comme je mettrais ma réputation personnelle derrière l'authenticité de ce document, je témoignerais de la validité de ses conclusions. Mes réserves ne se rapportent qu'à la pertinence de l'avoir révélé à un public manifestement non préparé.*[239]

Bien qu'il n'ait pas participé aux travaux ultérieurs, Galbraith fut souvent questionné sur ce programme de recherches top-secret. On lui demanda également de se taire. Néanmoins, il réitéra par deux fois dans d'autres médias ses propos sur l'authenticité du rapport publié en 1967. Qu'est-ce que ce rapport pouvait bien avoir de si surprenant pour rendre les élites aussi nerveuses ?

Il s'est avéré qu'il expliquait le « plan de développement pour l'avenir du monde ». L'objectif fondamental de ce rapport n'était pas de discerner le Bien du Mal, ni de déblatérer sur des concepts vides tels que le Droit et le Pouvoir, le Patriotisme ou la Religion ! Non, il s'agissait d'un rapport « purement objectif », qui disait explicitement :

> *La paix durable, tout en n'étant théoriquement pas impossible, est probablement inaccessible ; même si elle pouvait être réalisée, ce ne serait très probablement pas dans les meilleurs intérêts d'une société stable d'y parvenir.*
> *C'est ce qu'ils disent en substance. Derrière leur langage universitaire compétent court cet argument général : La guerre remplit certaines fonctions essentielles pour la stabilité de notre*

---

[239] Citation extraite de *News of War and Peace You're Not Ready For*, de Herschel McLandress (nom de plume de Galbraith), (Book World, Washington Post, 26 novembre 1967, p. 5). [n.d.e.]

> société ; jusqu'à ce que d'autres moyens de les remplir soient développés, le système de la guerre doit être maintenu et son efficacité améliorée. »[240]

Ce rapport soutient que le peuple, en période de guerre ou s'il existe une menace de guerre, se soumet plus facilement au gouvernement sans se plaindre. La population accepte mieux une forte pression fiscale et l'abnégation quand elle a la haine de l'ennemi et la peur d'être conquise et pillée. La guerre et sa propagande sont des catalyseurs d'émotions fortes.

Les gens peuvent se mettre à obéir de façon inconditionnelle lorsqu'ils sont plongés dans un état psychique d'agressivité permanente, enrobé de grands mots généreux comme le patriotisme, la loyauté et la victoire, pendant que ceux qui apportent des nuances critiques sont considérés comme des traîtres. En revanche, en temps de paix, les gens s'opposent instinctivement aux politiques de fiscalité élevée et détestent l'immixtion des politiciens dans leur vie privée.

L'entretien d'un état de guerre permanent est donc un facteur essentiel de stabilité politique, et donc de survie pour un pays indépendant. Sans guerre, la légitimité d'un gouvernement à diriger le peuple connaît des limites. La possibilité d'une guerre fournit au gouvernement un fondement pour détenir le pouvoir. De nombreux exemples historiques montrent que lorsque qu'un pays n'est plus sur le pied de guerre, le régime en place finit par s'effondrer.

La recherche de l'intérêt personnel ou le ressentiment contre l'injustice sociale mènent à l'insubordination et à la dissidence. La guerre est donc un facteur essentiel de stabilité du pouvoir car elle maintient la distinction entre les classes sociales et garantit l'obéissance au gouvernement.[241]

Toutefois, ce rapport rappelle que la guerre traditionnelle connaît des limites historiques car elle empêche mécaniquement la « grande cause » qu'est le gouvernement mondial de se réaliser, particulièrement en cas de guerre nucléaire, dont les conséquences sont difficiles à

---

[240] Léonard C. Lewin, *Report from Iron Mountain — On the Possibility and Desirability of Peace* (Dial Press, 1967). (En français : John Galbraith, *La paix indésirable ? De l'utilité des guerres*, Calmann-Lévy, 1968.)

[241] *Ibid.*

prédire, et ô combien risquées ! Crise de Cuba aidant, l'état d'esprit des chercheurs fut évidemment influencé et orienté par la menace persistante d'un conflit atomique avec l'Union soviétique.

Pour éviter d'en arriver là (et sauvegarder les espoirs de gouvernement mondial unifié), la question posée aux chercheurs fut : une fois atteint l'état de « paix durable », comment en sortir sans risques pour la société américaine ? En d'autres termes, ils étaient chargés de trouver une alternative à la guerre pour les États-Unis, mais qui produise les mêmes effets. Après des recherches minutieuses, les experts proposèrent une alternative à la guerre en cinq points :

(1) *Économique.* Un ersatz économique acceptable au système de la guerre nécessitera la dépense de ressources pour des objectifs complètement improductifs, à un niveau comparable à celui des dépenses militaires qu'exigent par ailleurs la taille et la complexité de chaque société. Un tel système de substitution de « gaspillage » apparent doit être de nature à lui permettre de rester indépendant de l'économie normale de l'offre et de la demande ; il doit être soumis à un contrôle politique arbitraire.

(2) *Politique.* Un substitut politique viable à la guerre doit postuler à chaque société une menace extérieure généralisée, de nature et de degré suffisants pour nécessiter l'organisation et l'acceptation de l'autorité politique.

(3) *Sociologique.* D'abord, en l'absence de guerre, de nouvelles institutions doivent être développées, qui contrôleront efficacement les segments socialement destructeurs des sociétés. Ensuite, dans le but d'adapter la dynamique physique et psychologique du comportement humain aux besoins de l'organisation sociale, un substitut crédible à la guerre doit générer une crainte omniprésente et facilement comprise de destruction personnelle. Cette crainte doit être de nature et de degré suffisants pour assurer l'adhésion aux valeurs sociétales dans toute la mesure où elles sont reconnues pour transcender la valeur d'une vie humaine individuelle.

(4) *Écologique.* Un substitut à la guerre dans sa fonction de système humain exceptionnel de contrôle de la population doit assurer la survie, si ce n'est l'amélioration, des espèces, pour ce qui est de sa relation à l'offre environnementale.

(5) *Culturel et scientifique.* Un succédané à la fonction de la guerre, en tant que déterminant des valeurs culturelles, doit établir une base de conflit socio-moral, de force et d'ampleur également

irrésistibles. Une base de substitution motivationnelle pour la quête de connaissances scientifiques doit être imprégnée pareillement d'un sens comparable de nécessité intérieure.

Répondre à ces cinq critères n'est pas évident. Les experts pensèrent d'abord à une « guerre contre la pauvreté ». Bien que la pauvreté soit un problème de taille, elle n'inspire pas assez la crainte. L'idée fut donc abandonnée. Une autre option fut l'invasion par des extraterrestres, et bien qu'elle fût assez terrifiante, elle manquait de crédibilité dans les années 1960. Elle fut également abandonnée. Finalement, tout le monde songea à « la pollution de l'environnement ».

Dans une certaine mesure, c'était une menace crédible et réelle. En redoublant d'efforts de propagande sur les méfaits de la pollution, on pourrait atteindre un effet psychologique aussi effroyable que celui de la fin du monde après la guerre nucléaire. La logique était imparable : la pollution de l'environnement est un véritable gaspillage économique. Pour y répondre, les gens tolèrent des impôts et une qualité de vie réduite ; ils acceptent aussi plus facilement l'immixtion du gouvernement dans leur vie privée.

Tout cela sous prétexte de « sauver notre Terre nourricière ». C'était vraiment un bon choix ! Pour que le problème de la « pollution de l'environnement » colonise tous les esprits et suscite une grave crise à l'échelle planétaire, les scientifiques de la « Montagne de Fer » estimèrent que cela prendrait une génération et demie, soit 20 à 30 ans. Le rapport fut publié en 1967...

Vingt ans plus tard, en septembre 1987, le quatrième *World Wilderness Congress* [« Congrès mondial de la vie sauvage »] se tenait à Denver, dans le Colorado. Deux mille représentants de soixante pays différents y participaient. Parmi eux, 1500 furent surpris de se voir remettre un document intitulé « Déclaration de Denver pour la préservation mondiale ». Dans son cinquième point, elle disait :

> *Parce que de nouvelles sources de financement doivent être mobilisées en vue d'accroître l'expansion des activités de conservation, un nouveau programme bancaire international de conservation devrait être créé pour intégrer l'aide internationale à la gestion environnementale dans des programmes communs cohérents pour les pays bénéficiaires, en se basant sur une évaluation objective des ressources et des besoins de chaque pays.*

Ce nouveau type de banque serait la *World Conservation Bank*

(WCB), la Banque mondiale pour la conservation de la nature. La différence avec les réunions précédentes du même genre, c'est qu'un grand nombre de banquiers internationaux y assistèrent et qu'elle fut dirigée par le baron Edmond de Rothschild, David Rockefeller et le ministre des Finances américain, James Baker.

Ces personnes très occupées trouvèrent néanmoins le temps de s'attarder six jours dans une conférence sur l'environnement, pour présenter et vendre la solution financière de la WCB. Edmond de Rothschild s'exprima lors de la conférence, en disant que cette banque serait un « second plan Marshall » et qu'en l'établissant, on pourrait « sauver » les pays en voie de développement du bourbier de la dette tout en protégeant l'environnement.[242]

Il faut noter que jusqu'en 1987, la dette totale des pays en voie de développement atteignait 1300 milliards. Le concept de la *World Conservation Bank* était de « remplacer la dette par des ressources naturelles », selon le principe *Debt for Nature Swap*. Le plan des banquiers internationaux était de refinancer cette dette de 1300 milliards due par les pays en voie de développement. Comment ? En transférant leurs dettes sur les comptes de la WCB.

De cette façon, les pays endettés utiliseraient leurs terres en garantie, lesquelles se trouvaient au bord de la crise écologique, et ils pourraient obtenir une extension de leurs crédits, et même se voir accorder de nouveaux prêts pour devises faibles. Les terres encerclées par les banquiers internationaux se situaient en Amérique latine, en Afrique et en Asie, et couvraient une surface de cinquante millions de km2, soit 30% de la surface terrestre !

Dans les années 1970, les pays en voie de développement qui souscrivaient des prêts auprès du FMI et des banquiers internationaux n'apportaient d'autre garantie que la confiance qui leur était accordée. Après le déclenchement de la crise de la dette, les banquiers internationaux eurent des difficultés à mettre en œuvre le règlement de faillite.

Mais dès que la dette fut déposée dans la *World Conservation Bank*, les créances douteuses se transformèrent en actifs de qualité. Étant donné que la WCB possédait des terres en garantie, dès qu'un pays en

---

[242] Quatrième conférence du World Wilderness Congress, entretien avec George Hunt : « Méfiez-vous des banquiers apportant des cadeaux ».

voie de développement se trouvait incapable de rembourser sa dette, ces terres appartenaient à la *World Conservation Bank*. Et les banquiers internationaux qui contrôlaient ces terres de grande superficie pouvaient logiquement en devenir les véritables propriétaires.

Par rapport à l'envergure des *enclosures* du XIXe siècle, celle de la WCB fut sans précédent. Avec de tels avantages, il n'est pas étonnant que les Rothschild et les Rockefeller aient pris la peine de se déplacer pendant six jours à cette réunion sur la protection de l'environnement. José Pedro de Oliveira, un haut fonctionnaire du ministère des Finances brésilien, passa une nuit blanche après avoir entendu les propositions d'Edmond de Rothschild sur la *World Conservation Bank*.

Il pensait que si cette banque accordait des prêts aux devises faibles, cela aiderait l'économie brésilienne, à court terme, à redémarrer son moteur économique. Mais à long terme, si le Brésil se retrouvait dans l'incapacité de rembourser, le trésor que représente la forêt amazonienne du Brésil ne lui appartiendrait plus. Les ressources mises en gage n'étaient pas seulement les sols, mais également l'eau et les autres ressources naturelles présentes dans le sous-sol.

Le nom de la *World Conservation Bank* sonnait probablement trop « capitaliste ». Elle fut rebaptisée *Global Environment Facility* (GEF) en 1991 ; en français, elle porte le nom de *Fonds pour l'Environnement Mondial* (FEM). Elle est gérée par la Banque Mondiale, et le Trésor des États-Unis est son principal actionnaire. Le plan des banquiers à long terme se mettait progressivement en place.

La bombe nucléaire financière : Tokyo

> « *Depuis pas mal de temps, le Japon produit plus qu'il ne consomme et les États-Unis consomment plus qu'ils ne produisent. Le Japon a accumulé des actifs financiers à l'étranger, tandis que les États-Unis ont accumulé des dettes.*
> *Ce double mouvement s'est accéléré à partir du moment où le Président Reagan a été élu sur un programme de réductions d'impôts et d'accroissement de la dépense militaire [...]. [...] le président américain [...] a poursuivi la recherche de cette supériorité militaire, quelque peu utopique, au prix de rendre la domination américaine totalement illusoire. Quant au Japon, il voulait continuer de grandir dans l'ombre des États-Unis aussi longtemps que possible.*
> *[...] Le Japon a, en effet, émergé comme le nouveau banquier du monde — prenant les dépôts du reste du monde, et prêtant et*

> *investissant dans le reste du monde.*
> *[...] Néanmoins, la perspective de l'émergence du Japon comme puissance financière dominante est troublante, non seulement du point de vue des États-Unis, mais pour le reste du monde. »*[243]
>
> George Soros, 1987.

Pendant la Première Guerre mondiale, l'Angleterre a abandonné aux États-Unis sa position de premier prêteur international et a perdu en même temps la position de domination mondiale de sa devise, la livre sterling. Les banquiers internationaux, soucieux de se prémunir contre tout concurrent potentiel en capacité d'entraver ou de détruire leur gouvernement mondial et leur monnaie unique, ont conservé cet événement en tête.

La montée rapide des pays d'Asie de l'Est, après la Seconde Guerre mondiale, a déclenché l'alerte rouge, de la City à Washington, en passant par Wall Street. Le Japon, en tant que première économie asiatique à décoller, que ce soit au niveau de la qualité de sa croissance économique, de la compétitivité de ses produits industriels à l'exportation ou de l'ampleur de l'accumulation de sa richesse, provoqua rapidement la panique chez nos banquiers internationaux.

À la fin des années 1980, Lawrence Summers, le ministre des Finances sous Clinton, mettait en garde :

> *Un bloc économique asiatique avec le japon à son sommet est en formation... cela soulève la possibilité que la majorité des Américains, qui ressentent maintenant que le Japon constitue une plus grande menace pour les États-Unis que l'Union soviétique, a raison.*

Après la guerre, le Japon a fait fortune en copiant les produits occidentaux, faisant rapidement baisser les prix et raflant finalement les marchés en Amérique et en Europe. Dans les années 1960, le Japon a commencé à utiliser des robots industriels à grande échelle dans l'industrie automobile, et le taux d'erreurs artificielles est quasiment tombé à zéro.

---

[243] George Soros, *L'alchimie de la finance* (Valor éditions, Paris, 1998), pp. 411, 412 et 415.

Après la crise pétrolière des années 1970, la production automobile américaine de grosses cylindrées fut dépassée par les voitures japonaises moins gourmandes en carburant. Dans le domaine de l'industrie automobile d'entrée de gamme, les États-Unis ont progressivement perdu leur capacité de résister à l'invasion des voitures japonaises. À partir des années 1980, l'industrie électronique japonaise a, elle aussi, fait un bond.

Des entreprises comme Sony, Hitachi ou Toshiba sont passées de l'imitation à l'innovation et n'ont pas tardé à maîtriser toutes les technologies de fabrication des circuits intégrés et des puces informatiques, en plus des processeurs centraux. Les États-Unis devaient même utiliser des puces japonaises pour fabriquer leurs missiles.

Les patrons de l'industrie américaine se disaient que ce n'était qu'une question de temps avant que Toshiba et Hitachi ne fassent l'acquisition d'IBM et d'Intel, tandis que les ouvriers américains craignaient que les robots japonais ne volent leurs emplois.

Au début des années 1980, la politique d'intérêts élevés aux États-Unis et en Angleterre restaura évidemment la confiance dans le dollar, mais matraqua un grand nombre de pays en voie de développement en Afrique et en Amérique latine.

Ces taux d'intérêts élevés portèrent également un sérieux coup à la force industrielle nord-américaine, ouvrant largement la porte à l'invasion des produits japonais sur le marché américain. Au moment où le Japon et son peuple commençaient à goûter au plaisir de pouvoir dire « non », une guerre d'étranglement financier fut lancée contre le pays par les banquiers internationaux.

En septembre 1985, ils se mirent à l'œuvre. Les ministres des finances du G5 (États-Unis, Grande-Bretagne, Allemagne de l'Ouest, France et Japon) signèrent les Accords du Plaza, à l'hôtel new-yorkais du même nom, afin d'apprécier les devises autres que le dollar dans le cadre d'interventions conjointes.

En fait, il s'agissait d'une dévaluation « contrôlée » du dollar par rapport aux autres grandes devises. Sous la contrainte de James Baker, le ministre des Finances américain, la Banque du Japon accepta d'apprécier le yen. En quelques mois après les Accords du Plaza, alors qu'on pouvait échanger un dollar contre 250 yens, la devise japonaise s'apprécia de près de 60% par rapport à la devise américaine.

En octobre 1987, lors du fameux « lundi noir », la bourse de New

York vacilla. Baker, toujours ministre des Finances, fit pression sur le Premier ministre japonais Nakasone afin que la Banque du Japon continue de baisser ses taux d'intérêts. Il fallait que le marché US semble plus attractif par rapport au Japon et que les fonds investis à Tokyo se reportent sur les États-Unis.

Baker brandit la menace que si le Parti démocrate arrivait au pouvoir, celui-ci lutterait sévèrement contre le déficit commercial des États-Unis avec le Japon, mais ajouta que si le Parti républicain restait au pouvoir, Bush favoriserait largement l'amitié américano-japonaise. Nakasone se plia à ces exigences et fit baisser les taux d'intérêts japonais à 2,5%. Le coût de la spéculation ayant été subitement réduit, les liquidités commencèrent à affluer vers la bourse et l'immobilier.

La Bourse de Tokyo enregistra une croissance annuelle de 40% et les prix de l'immobilier grimpèrent de plus de 90%. Une énorme bulle financière commença à se former. Dans un laps de temps aussi court, les taux de change connurent une évolution spectaculaire et handicapèrent gravement les producteurs japonais à l'exportation. Afin de compenser le déficit du commerce extérieur provoqué par l'appréciation du yen, les entreprises souscrivirent des prêts à faible taux pour jouer en bourse. Du jour au lendemain, le Japon devint la banque centrale du monde.

À partir de 1988, les dix plus grandes banques mondiales portaient des noms japonais. Mais l'euphorie japonaise fut éphémère. La Bourse de Tokyo avait augmenté de 300% en l'espace de trois ans après la signature des Accords du Plaza. La valeur de l'immobilier, le collatéral des prêts japonais, monta à la même vitesse.

Au plus haut de la bulle japonaise, la valeur de l'immobilier à Tokyo, rapportée en dollars, avait dépassé la valeur de tout l'immobilier cumulé aux USA. La valeur nominale de toutes les actions cotées sur le Nikkei[244] représentait plus de 42% de la valeur totale des actions dans le monde, du moins sur le papier. Mais pas pour longtemps…[245]

Certes, s'il n'y avait eu ce choc dévastateur, l'économie japonaise aurait pu réaliser un atterrissage en douceur, avec un resserrement progressif du crédit. Mais le Japon n'avait pas perçu qu'il subissait une

---

[244] Indice de la bourse de Tokyo [n.d.e.].

[245] William Engdhal, *op. cit.*, pp. 226-227.

opération intentionnelle d'étranglement financier dans le cadre d'une guerre non déclarée.

Compte tenu de la solidité financière de ce pays, les banquiers internationaux n'avaient aucune certitude de l'emporter sur le champ de bataille financier traditionnel. Pour porter un coup fatal au système financier japonais, il fallait utiliser la bombe nucléaire financière que venaient de développer les États-Unis : le marché à terme sur les indices boursiers.

En 1982, la bourse de Chicago, le *Chicago Mercantile Exchange*, avait réussi la première à développer avec succès sur ce type de marché une arme financière redoutable, destinée à contourner les instruments financiers de la bourse de New York, le *New York Stock Exchange* (NYSE).

Grâce aux produits dérivés ainsi créés, les opérateurs de marché pouvaient jouer à la hausse ou à la baisse sur l'ensemble des 500 plus grosses entreprises cotées sur le NYSE, l'indice S&P 500, sans jamais jouer ou détenir directement l'action de telle ou telle entreprise, et avec un effet de levier. Il suffisait de prendre une position à la hausse ou à la baisse sur l'ensemble de l'indice, c'est-à-dire sur la moyenne pondérée des 500 plus grosses sociétés cotées, grâce à ces nouveaux instruments « dérivés ».

Dans les années 1980, le décollage de l'économie japonaise entraîna un sentiment de supériorité chez nombre de Japonais. Lorsque les actions japonaises culminèrent à un prix si élevé que cela défiait la raison pour les observateurs occidentaux les plus sages, les Japonais pensaient qu'ils étaient uniques.

Mais à partir de la fin de l'année 1989, à peine Tokyo commença à faire tomber la fièvre spéculative que les principales banques d'investissement de Wall Street, conduites par *Morgan Stanley et Salomon Brothers*, commencèrent à utiliser leurs dérivés exotiques et autres instruments financiers.

Avec beaucoup d'argent en main, ils partirent à la recherche de cibles potentielles. Leur intervention agressive transforma la chute régulière de la bourse de Tokyo en quasi-panique, tandis que les banquiers de Wall Street faisaient un malheur en vendant à découvert les actions japonaises.[246]

Rapidement, les compagnies d'assurances japonaises, qui étaient les plus gros investisseurs à Tokyo, s'intéressèrent à ces nouveaux instruments financiers. Pour elles, les Américains devaient avoir un pois chiche dans la tête pour placer autant d'argent dans une spéculation sur un krach boursier japonais qui, selon elles, ne pouvait se produire.

Comme les banquiers d'investissement américains payaient cash contre une promesse qui ne valait rien aux yeux des Japonais, les compagnies d'assurance japonaises acceptèrent de parier contre les Américains sur la direction que prendrait le Nikkei. Les Américains pariaient sur une baisse, les Japonais sur une hausse.

En dehors du ministère japonais des Finances personne ne connaissait la quantité exacte de ces « promesses » non réglementées et secrètes qui étaient vendues par les compagnies japonaises. Toutefois, l'ensemble des options négociées de gré à gré dans le monde était estimé entre 10 et 75 milliards de dollars, et la plupart d'entre elles étaient des options à terme sur le Nikkei.

Le 29 décembre 1989, le Nikkei atteignit un sommet historique, à 38 915 points. C'est à partir de ce moment que les « *put warrants* », les options à terme pariant sur une baisse, commencèrent à montrer leur puissance. Le 12 janvier 1990, les Américains sortirent de leurs manches des *Nikkei put warrants*, pariant sur une baisse de l'indice japonais, qui firent leur apparition sur le NYSE.

Sur la foi des promesses qu'ils avaient achetées auprès des compagnies d'assurance japonaises, les banquiers d'investissement de Goldman Sachs vendirent à leur tour ces promesses au Royaume du Danemark, lequel promettait de payer les investisseurs si le Nikkei chutait. En fait, le Royaume du Danemark « louait » sa réputation à *Goldman Sachs*, afin d'apporter une note de respectabilité à ces instruments dérivés.

Ils se vendirent si bien que *Salomon, Paine Webber et Bankers Trusts* se ruèrent sur le marché avec des instruments financiers similaires. Les promesses que les assureurs japonais avaient faites revinrent les hanter. Le même mois où ces options avaient été émises,

---

[246] *Ibid.*, p. 227.

le Nikkei commença à chuter.[247]

Dès 1992, la bourse japonaise avait perdu 60% de sa valeur. Le krach se propagea aux banques, aux compagnies d'assurance et à l'industrie manufacturière. Les entreprises japonaises qui pouvaient auparavant lever des fonds à des coûts deux fois moindres que leurs concurrentes américaines, se retrouvaient désormais incapables de financer leurs projets de développement. Le Japon entra alors dans une longue récession.

Dans son livre, *The Financial Defeat*, l'économiste japonais Yoshikawa Mototada affirme que l'appauvrissement du Japon, au cours des années 1990, fut proportionnellement comparable à celui de la Seconde Guerre mondiale. William Engdahl évalua la perte financière du Japon :

> *Aucun pays dans le monde n'a soutenu plus loyalement et plus énergiquement les déficits budgétaires et les dépenses excessives de l'ère Reagan, au cours des années 1980, que ne l'a fait l'ancien ennemi des États-Unis, le Japon. Même l'Allemagne n'a jamais été d'un tel soutien aux demandes de Washington. Mais tel que cela a été perçu par les Japonais, la loyauté de Tokyo et ses achats généreux de la dette du Trésor américain, d'immobilier et autres actifs, fut récompensée au début des années 1990 par l'une des débâcles financières les plus dévastatrices de l'Histoire mondiale.[248]*

Durant l'été 2006, le nouveau ministre des Finances américain, Henry Paulson, s'est rendu en Chine. Et quand les gens l'entendirent prononcer qu'il « souhaitait le succès de la Chine », ils ne purent s'empêcher de frissonner. On ne sait pas si son prédécesseur, James Baker, avait dit la même chose au Premier ministre japonais Nakasone en lui serrant la main.

Soros et les pirates de la finance

---

[247] Gregory Millman, *Vigilante Economics: How Wall Street Shattered Tokyo and London gave Frankfurt Woe* (The Alicia Patterson Foundation, 1992).

[248] William Engdahl, *op. cit.*, pp. 225-226.

Depuis longtemps, les médias dépeignent George Soros comme un « chevalier solitaire » ou un génie de la finance « anticonformiste ». Le personnage est enveloppé d'un certain mystère et de nombreuses légendes. Paul Krugman a dit un jour à son sujet que les gens dont le nom formait un palindrome ne pouvaient pas être ordinaires.

On considère généralement qu'à ses débuts, Soros agissait en franc-tireur, qu'il était une sorte de pirate de la finance et pouvait lancer à lui tout seul des défis à la Banque d'Angleterre, qu'il avait le pouvoir de secouer le deutschemark ou de balayer le marché financier asiatique… Il n'y a sans doute que les simples d'esprit pour croire en de telles fables.

Les fonds Quantum de Soros, qui balayèrent les marchés financiers mondiaux, étaient enregistrés dans les Caraïbes, dans une île des Antilles néerlandaises où l'on ne paye pas d'impôt, le paradis fiscal de Curaçao, où l'on peut garder secret le nom des investisseurs de ces fonds et dissimuler les traces des mouvements de capitaux. C'est également le plus gros centre de blanchiment d'argent des narcotrafiquants.

Selon la loi américaine sur les opérations de bourse, un fonds de couverture (ou *Hedge Fund*) ne peut réunir plus de 99 investisseurs qualifiés[249] de nationalité américaine. Soros fit donc en sorte qu'aucun super-riche participant à ses fonds spéculatifs ne soit américain.

Dans la gestion de ses fonds offshore, Soros ne faisait même pas partie du conseil d'administration mais participait aux opérations en tant que « conseiller en investissement ». En outre, il choisit également d'assumer son rôle de consultant sous le nom de son entreprise basée à New York, *Soros Fund Management*. Si le gouvernement américain lui demandait de fournir des détails sur le fonctionnement des fonds, il pouvait prétendre n'être qu'un conseiller et ainsi se soustraire au contrôle des autorités.

Au conseil d'administration de *Quantum Fund NV*, se trouvaient Richard Katz, ancien directeur de la banque londonienne *NM*

---

[249] Un « investisseur qualifié » est une personne individuelle habilitée par le régulateur des marchés financiers (la SEC aux États-Unis ou l'AMF en France) à investir dans les instruments financiers complexes. Les critères sont stricts et se basent sur les connaissances en matière d'opérations boursière du candidat, le volume d'opération qu'il réalise dans l'année, ainsi que sa surface financière [n.d.e.].

Rothschild & Sons et de *Rothschild Italia S.p.A.* à Milan ; Nils Taube [décédé en 2008], associé dans *St. James Place Capital*, dont le principal opérateur était Rothschild ; William Lord Rees-Mogg [décédé en 2012], chroniqueur au *London Times*, également associé dans *St. James Place Capital* contrôlé par les Rothschild ; Edgar de Picciotto, l'un des personnages les plus controversés des banques privées suisses.

On comptait parmi les amis de Picciotto, Edmond Safra, qui possédait la *Republic National Bank of New York*. Ce dernier, surnommé « le banquier des riches » fut au centre d'une histoire rocambolesque impliquant le détournement d'argent russe à travers plusieurs établissements bancaires new-yorkais. Au cœur du scandale, se trouvait la *Bank of New York* et vraisemblablement la mafia russe. Safra fut pendant un temps accusé d'être lié au trafic de drogue et à l'Irangate, la vente d'armes illégale aux contras nicaraguayens.[250]

On pouvait également compter dans le cercle de Soros, Marc Rich (décédé en 2013), un célèbre spéculateur suisse, et Saul Eisenberg (décédé en 1997), marchand d'armes et agent du Mossad. Les relations personnelles que Soros entretenait avec les Rothschild firent de lui l'homme de paille du groupe financier le plus secret et le plus puissant de la planète.

Comme nous l'avons vu au fil des chapitres précédents, les Rothschild ont été par le passé les souverains de la City, les fondateurs d'Israël, les ancêtres des réseaux de renseignement, les mentors des cinq plus grandes familles de Wall Street, les décideurs du cours de l'or et, jusqu'à aujourd'hui, les véritables opérateurs de l'axe Londres/Wall Street.

Personne ne connaît le montant réel de leur fortune. Les Rothschild, et les autres banquiers internationaux, ont mis Bill Gates et Warren Buffett sur le devant de la scène pour mieux se cacher derrière, mais leur fortune en Suisse ou sommeillant dans des comptes offshore de tous les paradis fiscaux que compte la planète dépasse de très loin celles des deux « hommes les plus riches du monde ».

Les relations entre George Soros et les élites sont multiples. Il a

---

[250] Bien qu'il fût blanchi par les autorités américaines de cette dernière accusation, sa banque hébergeait bien les fonds en provenance des trafics de drogue du général panaméen Noriéga (voir *The Observer*, 29 octobre 2000, « The Strange Case of Edmond Safra ») [n.d.e.].

investi cent millions de dollars en fonds privés dans le groupe Carlyle, acteur majeur du complexe militaro-industriel, auquel participait également la famille Bush et l'ancien ministre des Finances américain, James Baker. Dans les années 1980, Soros et des politiciens nord-américains comme Brzezinski ou Madeleine Albright co-fondèrent le *National Endowment for Democracy* (NED), qui fut en réalité établi en *joint-venture* entre la CIA et des capitaux privés.

Sous les instructions des banquiers internationaux, Soros fit éclater crise après crise sur les marchés financiers mondiaux ; promoteur acharné de la « désintégration contrôlée » de l'économie mondiale pour préparer le terrain à la « monnaie mondiale » et au « gouvernement mondial » sous contrôle de l'axe Londres/Wall Street, tous ses hauts faits reflètent les intentions stratégiques de ses parrains.

Au début des années 1980, les banquiers internationaux réalisèrent essentiellement la « démolition contrôlée » des économies des pays en voie de développement. Vers le milieu et la fin des années 1980, ils réussirent à freiner l'expansion des forces financières japonaises. Après que la situation fut placée sous contrôle en Asie, l'Europe redevint le théâtre de préoccupation des banquiers internationaux.

Ruiner l'Europe de l'Est et l'Union soviétique devint leur priorité. Soros, qui portait cette grande responsabilité, se transforma en philanthrope et créa diverses fondations en Europe de l'Est et dans l'ancienne URSS. Ces fondations furent créées sur le modèle de *l'Open Society Institute*, sa fondation mère à New York, prônant le concept de liberté individuelle jusqu'à l'irrationnel.

Par exemple, il finança la *Central European University*, ouverte aux jeunes issus de régimes socialistes et où on leur enseignait que le concept de souveraineté de l'État était mauvais et anti-individualiste, que le libéralisme économique était la panacée, et qu'une approche rationnelle des phénomènes sociaux relevait du despotisme. L'idéologie de cette école visait à façonner « les hommes et le gouvernement » et reçut bien sûr le soutien du CFR. Le célèbre critique américain Gilles d'Aymery fit une description précise des véritables intentions de Soros et des « généreux » donateurs qu'étaient les organisations internationales :

> *[...] derrière le voile de la légitimité et de la préoccupation humanitaire, on peut trouver ces mêmes personnes et organisations puissantes, comme l'Open Society Institute de Soros, la Fondation Ford, l'Institut des États-Unis pour la Paix, the National Endowment for Democracy et beaucoup d'autres,*

> qui financent et utilisent un dédale d'ONG bien connues, comme Human Rights Watch, Amnesty International, the International Crisis Group, etc., de même que des entités plus obscures [...]. Mais, parmi tous ces gens, brillant comme l'étoile du berger, se trouve George Soros qui, à l'instar de la pieuvre géante de Jules Verne, étend ses tentacules sur toute l'Europe de l'Est, l'Europe du Sud-Est, le Caucase, ainsi que les républiques de l'ancienne Union soviétique.[251]

Par la coordination de ces organisations, Soros pouvait non seulement façonner mais aussi créer les informations dans les médias, l'agenda public et l'opinion publique, contrôler le monde et ses ressources, et promouvoir l'idéal de perfection du système unique fabriqué aux États-Unis. Dans le processus de sortie du communisme des pays d'Europe de l'Est, Soros joua un rôle inestimable.

En Pologne, sa fondation réussit à s'emparer de l'État et eut une influence directe sur les trois premiers présidents postcommunistes. Soros et l'ancien président de la Réserve Fédérale, Paul Volcker, le vice-président de Citibank, Anno Ruding, et le professeur de Harvard, Jeffrey Sachs, concoctèrent ensemble pour l'Europe de l'Est et l'ancienne Union soviétique la « thérapie de choc » (voir chapitre 5).

La Pologne, la Hongrie, la Russie, l'Ukraine furent sévèrement pillées l'une après l'autre. La seule différence avec l'Afrique et l'Amérique latine résidait dans la puissance militaire de la Russie et des pays d'Europe de l'Est, suffisante pour empêcher les États-Unis de dormir, mais qui n'évita pas à ces pays de subir malgré tout une razzia organisée d'envergure. Une première dans l'histoire de l'humanité ! Pour détruire efficacement un pays, rien de tel que de commencer par ébranler son moral.

« L'arc de crise » : le blocage de la monnaie européenne

Les troubles se succédèrent, et tandis qu'une vague retombait, une autre se soulevait déjà. Après que les objectifs stratégiques de « démolition contrôlée » de l'Europe de l'Est et de l'ex-URSS eurent été atteints, la France et l'Allemagne, pivots de la vieille Europe, qui

---

[251] Gilles d'Aymery, « The Circle of Deception : Mapping the Human Rights Crowd in the Balkans », 23 juillet 2001.

avaient toujours été exclues du noyau du pouvoir, commencèrent à s'agiter.

Après avoir perdu le bloc communiste, cette grande menace extérieure, ils voulurent créer l'euro et rivaliser avec les États-Unis et l'Angleterre. Dès que l'euro fut créé, il entama sûrement et ardemment l'hégémonie du système du dollar. Les conflits monétaires entre l'axe Londres/Wall Street et l'alliance franco-allemande s'intensifièrent.

L'origine du problème vient de la disparition du système de Bretton Woods, en 1971, qui produisit de graves perturbations dans le système monétaire mondial. Avec le système de Bretton Woods de l'étalon-or indirect, les taux de change entre les principales devises mondiales étaient très stables et il n'y avait pas de problèmes spécifiques liés aux déséquilibres commerciaux et financiers. Mais après 1971, la capacité de crédit du système bancaire diminua, conduisant automatiquement à l'austérité, à la récession et à la baisse de la consommation. Avec la baisse des importations, le déficit commercial disparut.

Lorsque les gens commencent à épargner, le capital des banques se met à croître, l'échelle de production s'élargit, la balance commerciale devient favorable et la richesse totale de la société augmente. Ce beau cycle naturel et son système de contrôle ont été vérifiés à maintes reprises avant 1971 par la pratique sociale humaine.

Les graves déficits n'avaient nulle part où se cacher ; on n'avait pratiquement pas besoin de couvrir les risques monétaires ; les instruments financiers dérivés n'avaient pas de conditions d'existence. Sous la contrainte de l'or, tous les pays devaient accumuler honnêtement des richesses en travaillant dur ; c'est aussi la raison fondamentale pour laquelle les banquiers internationaux détestaient l'or.

Après avoir perdu l'or, le système monétaire international fut naturellement plongé dans le désordre. La crise du pétrole créa une demande croissante de dollar, et la cherté du crédit permit au dollar de regagner petit à petit une certaine stabilité. De leur côté, les pays européens qui étaient contraints de suivre ces montagnes russes monétaires vivaient mal cette situation.

C'est alors qu'à la fin des années 1970, le Chancelier allemand, Helmut Schmidt, rencontra le président français, Giscard d'Estaing, afin de discuter de la création du système monétaire européen (SME) et d'éliminer l'instabilité des taux de change lors des transactions commerciales entre les pays européens. En 1979, le système commença à fonctionner. Les résultats furent encourageants et les pays européens manifestèrent leur intérêt à s'y joindre. Ce système allait hanter les élites de l'axe Londres/New York, angoissées par la possibilité d'une monnaie unique en Europe.

Encore plus inquiétant, à partir de 1977, l'Allemagne et la France commencèrent à intervenir dans les affaires de l'OPEP, aidant ces pays à s'industrialiser, à la condition que les pays arabes promettent de leur fournir du pétrole sur le long terme et que les revenus du pétrole soient déposés dans le système bancaire européen. Londres s'opposa fermement au plan de la France et de l'Allemagne, et comme ses efforts échouèrent, le Royaume-Uni refusa de rejoindre le SME.

À l'époque, les idées de l'Allemagne allaient plus loin encore car elle songeait déjà à une réunification.

Finalement réunifiée après 1989, elle se mit à dominer complètement le continent européen avec sa nouvelle puissance et se rapprocha de la Russie pour entretenir avec elle des relations bénéfiques.

Pour mieux faire face au plan franco-allemand, les conseillers de Londres/Wall Street proposèrent de créer un « arc de crise ». Il s'agissait de stimuler les forces radicales de l'Islam, plonger les pays du Moyen-Orient producteurs de pétrole dans la tourmente, avec des vagues pouvant s'étendre jusque dans les régions soviétiques du Sud de l'URSS à forte densité musulmane, attaquer les perspectives de coopérations entre l'Europe et le Moyen-Orient, entraver la marche de la monnaie unique en Europe, et contenir l'Union soviétique.

Par ailleurs, les États-Unis préparèrent leur future intervention dans le Golfe, faisant d'une pierre deux coups. Brzezinski, le conseiller à la Sécurité nationale, et Cyrus Vance, le ministre des Affaires étrangères américain, firent du bon travail car de sérieux troubles éclatèrent au Moyen-Orient.

En 1979, l'Iran faisait sa révolution et le monde connut sa seconde crise pétrolière. En réalité, le monde n'avait jamais réellement souffert de pénurie d'approvisionnement en hydrocarbures. La suspension de l'offre des trois millions de barils par l'Iran pouvait être compensée par la production de l'Arabie Saoudite et du Koweït, deux pays sous contrôle états-unien.

Les oligarques du pétrole et de la finance de Londres/Wall Street laissèrent le cours du baril flamber, notamment pour stimuler la demande de dollars. D'une main, ils contrôlaient l'industrie pétrolière et de l'autre, l'émission du dollar, et parfois leur main gauche bougeait tandis que la main droite obtenait plus de profits, parfois c'était le contraire, grâce au travail alternatif des deux mains !

Une autre brillante idée de Brzezinski fut de jouer la « carte de la Chine ». En février 1978, les États-Unis et la Chine établirent officiellement des relations diplomatiques. Peu de temps après, la Chine réintégra les Nations unies. Cette astuce irrita beaucoup l'Union soviétique, qui se sentit d'un coup cernée par l'ennemi, l'OTAN à l'Ouest, les États-Unis à l'Est, et « l'arc de crise » au Sud. L'Union soviétique prit peur et interrompit ses relations déjà fragiles avec l'Allemagne.

Après la chute du mur de Berlin en 1989 et la célébration allemande de la réunification, l'année suivante, Wall Street en conçut une grande amertume. David Hale, un économiste américain entretenant des liens avec le ministère des Finances de Bush, mit en garde, en janvier 1990, sur les « dangers » stratégiques pour les marchés financiers américains si l'unité allemande devait réussir :[252]

> En effet, lorsque l'histoire financière des années quatre-vingt-dix sera écrite, les analystes considéreront peut-être la chute du mur de Berlin comme un choc financier comparable au tremblement de terre de Tokyo longtemps redouté. La destruction du Mur symbolisait un soulèvement qui pourrait finir par détourner des centaines de milliards de capitaux vers une région qui n'a pas seulement été un élément mineur sur les marchés mondiaux du crédit pendant soixante ans. [...]
> Les Américains ne devraient pas non plus se consoler du fait que l'Allemagne elle-même n'a été qu'un modeste investisseur aux États-Unis ces dernières années. Le plus gros investisseur aux États-Unis depuis 1987 a été la Grande-Bretagne (plus de 100 milliards de dollars en offres publiques d'achat), et les Britanniques n'auraient pu faire ses gros investissements sans accéder à l'excédent d'épargne des Allemands.[253]

Si l'Angleterre est devenue le premier investisseur direct aux États-Unis, c'est donc en s'appuyant sur les économies des allemands. Ainsi, par ricochet, les États-Unis parvinrent à capter une grande part de la

---

[252] William Engdahl, op. cit., p. 211.

[253] David D. Hale. The Weekly Money Report. Chicago, Kemper Financial Services, 29 janvier 1990, in William Engdhal, op. cit., p. 252.

richesse allemande.

Les sentiments de Londres étaient encore plus intenses, et certains conseillers de Thatcher allèrent jusqu'à dire que le « quatrième Reich » était né. Un rédacteur du *Sunday Telegraph* exprima les pensées de la faction de Thatcher en ces termes :

> *Supposons qu'une Allemagne unie devienne un géant bienveillant, que se passera-t-il alors ? Supposons qu'une Allemagne unie montre à la Russie comment devenir un géant bienveillant, que se passera-t-il alors ? [...] En vérité, ce pourrait être une dangereuse menace, et non l'inverse. Car comment sur terre une défense efficace pourrait-elle s'opposer à une Allemagne unie qui a l'intention de suivre les règles ? L'Allemagne va devenir très puissante et, ainsi que Lord Acton nous l'a enseigné, le pouvoir corrompt [...]. L'Allemagne est merveilleusement bien placée, enfin, pour être l'agent principal qui ramènera le royaume slave dans le concert des nations.*[254]

Durant l'été 1990, Londres créa une nouvelle agence de renseignements pour mettre à niveau ses activités de renseignements en Allemagne. Un ancien des services secrets américains avait recommandé à ses homologues de recruter des agents dans l'ancienne Allemagne de l'Est et de développer un réseau d'espions américains à Berlin.

L'Allemagne, reconnaissante envers la Russie pour le soutien qu'elle lui avait accordé dans sa réunification, fut déterminée à aider la Russie à reconstruire son économie effondrée. Voici comment le Chancelier allemand envisageait l'avenir de la nouvelle Europe : un chemin de fer modernisé qui ferait la liaison entre Paris, Hanovre et Berlin, puis Varsovie et Moscou ; une monnaie unique ; une économie en harmonie ; plus de guerres en Europe, seulement un avenir de rêve. Mais ce n'était pas le rêve des banquiers internationaux, qui réfléchissaient aux moyens de défaire le deutschemark et l'idéologie européenne, et d'empêcher la reconstruction allemande d'être un succès.

Au début des années 1990, sous la planification de l'axe

---

[254] Peregrine Worsthorne, dans son éditorial intitulé « The Good German », *Daily Telegraph*, 22 juillet 1990.

Londres/Wall Street, George Soros se mit à critiquer les situations de la lire et de la livre. En 1990, le gouvernement britannique rejoignit de façon inattendue le « mécanisme de taux de change européen », malgré l'opposition de la City. Voyant le système de l'euro prendre forme petit à petit et devenir un risque majeur pour l'axe Londres/Wall Street, les banquiers internationaux planifièrent d'étrangler le système de l'euro dans son berceau.

Dès sa réunification en 1990, l'Allemagne dut faire face à d'énormes dépenses imprévues et décida de relever ses taux d'intérêt pour surmonter la pression inflationniste. La situation du Royaume-Uni, qui avait rejoint le système de taux de change européen la même année, ne fut pas meilleure. L'inflation y fut trois fois plus forte, les taux d'intérêt atteignirent 15% et la bulle économique des années 1980 fut sur le point d'éclater.

À partir de 1992, le Royaume-Uni et l'Italie furent confrontés à une double pression, le déficit budgétaire venant s'ajouter à l'inflation. Leurs monnaies avaient tendance à être surévaluées et les spéculateurs, emmenés par Soros, y virent une opportunité et lancèrent une attaque générale le 16 septembre 1992. La somme totale de la vente à découvert de livres sterling atteignit plus de 10 milliards dollars.

À 19h00, l'Angleterre annonça qu'elle rendait les armes. Soros gagna 1,1 milliard de dollars dans cette affaire et la livre sterling et la lire sortirent du système monétaire européen. Par la suite, Soros voulut attaquer le franc français et le deutschemark, mais malgré la somme de quarante milliards de dollars qu'il misa, il n'en tira aucun avantage ou profit. L'empire financier le soutenait néanmoins à bout de bras quoi qu'il advienne.

La tentative d'étranglement des monnaies asiatiques

Sur le front de l'Extrême orient, l'axe Londres/Wall Street s'était déjà attaqué à l'économie japonaise, jugée trop agressive, puis à l'économie des anciens pays du bloc soviétique. Le rêve d'une Europe unifiée de l'Allemagne et de la France fut également temporairement arrêté, tandis que l'Amérique Latine et l'Afrique étaient depuis longtemps dans leur poche.

Sûrs d'eux, les banquiers internationaux portèrent alors leurs regards au-delà des quatre mers et se rendirent compte que le modèle économique de l'Asie du Sud-Est était en plein essor, ce qu'ils ne voyaient pas d'un bon œil. En effet, les gouvernements de ces pays mettaient en œuvre des politiques de développement efficaces, fondées sur un taux d'épargne très élevé et un investissement massif dans la mobilisation des ressources nationales et l'exportation.

À partir des années 1970, ces politiques constructives propulsèrent ces pays du Sud-Est asiatique vers une prospérité économique sans précédent, et ces mesures devinrent extrêmement populaires. Le niveau de vie et d'éducation progressèrent ; et la pauvreté diminua rapidement.

Ce modèle attirait de plus en plus de pays en voie de développement car il s'éloignait du Consensus de Washington (1989), lequel, sous couvert de mettre en place le libre-échange, vendait en réalité de la « démolition contrôlée » supervisée par les banquiers internationaux.

Ces derniers, pour reprendre la main, déclenchèrent une guerre d'étranglement des devises asiatiques, dont les objectifs étaient les suivants : casser le « modèle de développement asiatique », créer une forte dépréciation de leurs monnaies par rapport au dollar, baisser les prix des importations américaines pour maîtriser l'inflation, et vendre à des prix très bas les principaux actifs des pays asiatiques aux entreprises européennes et américaines, tout cela pour accélérer la mise en œuvre de la désintégration contrôlée.

Un autre objectif de taille était de stimuler la demande de dollars en Asie. Pour les pays asiatiques qui avaient fait l'expérience de la crise financière, les réserves de dollars représentaient un trésor dans les moments critiques. La leçon qui leur serait infligée devait leur inculquer de ne jamais abandonner l'idée d'une réserve en dollars pour une autre devise.

En décembre 1994, Paul Krugman publiait dans Foreign Affairs un chef-d'œuvre intitulé *The Myth of Asia's Miracle [Le mythe du miracle de l'Asie]*. En résumé, cet article alertait sur le fait que les économies asiatiques allaient droit dans le mur, que leurs investissements pour améliorer la productivité ne suffisaient pas et qu'elles ne devaient pas se contenter de songer à une croissance de grande envergure. Toutes ces mises en garde faisaient sens, mais il faut dire que les pays asiatiques partaient de loin.

La clef de leur développement se trouvait dans le contrôle de paramètres simples, comme l'espace et le temps, dans le cadre d'une planification autonome et adaptée au contexte, faisant valoir ses points forts et remédiant aux points faibles. Cette approche est toute naturelle dans les pays qui connaissent une croissance rapide et se résout rapidement lors du processus de développement. L'attention des banquiers se concentra d'abord sur la Thaïlande.

À partir de 1994, sous la double pression de la dévaluation du RMB et du yen, les exportations thaïlandaises furent affaiblies, et le baht, lié au dollar, fut entraîné par celui-ci jusqu'à un niveau très bas : la crise avait déjà pris forme. Au moment même où les exportations baissaient, un grand nombre de capitaux spéculatifs étrangers affluaient, ne cessant de pousser à l'augmentation des prix de l'immobilier et des cours de la bourse. Pendant ce temps, alors que la Thaïlande disposait de 38 milliards de dollars de réserves de change, sa dette extérieure atteignit 106 milliards de dollars.

À partir de 1996, les sorties nettes s'élevaient à 8% du PIB. Afin de lutter contre l'inflation, la banque de Thaïlande dut augmenter les taux d'intérêt, et cette mesure aggrava la situation du pays, qui n'avait plus qu'une porte de sortie : prendre rapidement l'initiative de dévaluer le baht. Les banquiers internationaux estimèrent que les pertes de la Thaïlande étaient surtout dues au fait que leur dette libellée en dollars s'était renchérie.

Ses réserves de change avaient déjà baissé de dix milliards de dollars environ, mais cette perte allait être rapidement accrue grâce à la détermination du marché financier international. En effet, les pirates de la finance estimèrent que le gouvernement thaïlandais ne s'en sortirait pas sans combattre s'il voulait préserver le baht. Plus tard, l'évolution des choses démontra l'acuité de leur jugement.

La situation était différente de l'offensive contre le Japon, la même année, car les finances et les réserves de change du Japon étaient solides. Attaquer directement la monnaie japonaise était comparable à essayer de casser une pierre avec des œufs. Les banquiers internationaux introduisirent de nouvelles armes financières : l'attaque « à distance » et « loin des yeux », un peu comme un porte-avion américain enverrait une escadrille aérienne couler une armada de navires japonais avant même qu'un seul obus ne soit tiré. L'offensive des pirates financiers contre la Thaïlande et d'autres pays asiatiques fut principalement dirigée contre leurs devises. Au moyen de contrats à termes, ils balayèrent en six mois l'Asie du Sud-Est et la Corée.

La Thaïlande connut coup sur coup deux défaites, la première dans son corps à corps avec les pirates de la finance, et la deuxième en se faisant prendre au piège du FMI. La confiance aveugle qu'elle avait à l'égard de cet « organisme international » la conduisit, *in fine*, à laisser des étrangers décider de la sécurité du pays. C'est essentiellement par leur dette extérieure que les pays en voie de développement sont entrés dans la crise.

Gérer un pays ou un foyer est en fait la même chose, une dette élevée conduit inévitablement à la fragilité économique. Dans une situation où l'on ne contrôle pas l'environnement financier extérieur, la survie est souvent une question de chance. Or, dans les faits, les banquiers internationaux manipulent la tendance géopolitique internationale.

Ils peuvent ainsi inverser subitement l'environnement financier de manière défavorable alors qu'il paraissait auparavant très fiable, et, à partir de là, augmenter le fardeau de la dette des pays en voie de développement. Les pirates financiers attaquent aussi parfois violemment sans trop de planification mais en profitant des opportunités qui se présentent. Leur taux de réussite est, convenons-en, assez grand.

La deuxième raison de la défaite financière de la Thaïlande vient de ce qu'elle n'avait aucune conscience des risques. Surtout, elle n'était pas préparée psychologiquement à la guerre que l'énorme puissance se trouvant au cœur de l'axe Londres/Wall Street allait mener contre elle sans jamais la déclarer. Les autres dirigeants asiatiques n'étaient pas mieux préparés et répétèrent les mêmes erreurs que celles qui conduisirent à la double défaite financière de la Thaïlande, se trompant sur la direction prise par l'ennemi et livrant ainsi leurs pays aux pirates financiers et au FMI.

Les loups solitaires suivent chacun leur propre logique, mais quand ils chassent en meutes, ils appliquent le principe de la division du travail. Très vite, Soros, accompagné de Citibank, Goldman-Sachs et d'autres grands groupes bancaires coordonnèrent leurs actions prédatrices. Les « proies » blessées qui gisaient à terre se laissèrent achever par le FMI dans une vente aux enchères qui faisait saliver les entreprises européennes et américaines.

Quand les banques d'investissement achètent une entreprise, la découpent et revendent les meilleurs morceaux à d'autres entreprises, elles gagnent au passage des centaines de millions de dollars. Selon le même schéma, découper et vendre aux enchères les actifs essentiels d'un pays souverain est une entreprise dix fois ou cent fois plus lucrative...

Quand les pays asiatiques tentèrent d'établir leur propre fonds monétaire asiatique, à l'instigation du Japon, pour renflouer les pays en difficulté de la région, le projet rencontra une vive opposition de la part des pays occidentaux. Plusieurs grands pontes mirent tout en œuvre pour décourager le processus. Le vice-ministre des Affaires étrangères américain, Strobe Talbott, déclarait :

> *Nous pensons que l'institution appropriée pour s'occuper d'un problème comme celui-ci doit être transrégionale et internationale, plutôt qu'une [institution] régionale nouvellement créée, parce que le problème a lui-même des ramifications qui vont bien au-delà des frontières de cette région.*[255]

Dès qu'il eut obtenu des informations sur le Fonds Monétaire Asiatique, le vice-ministre des Finances américain, Lawrence Summers, prit des mesures immédiates et s'y opposa farouchement. Son argument était que ce fonds asiatique créerait un encouragement inutile pour les pays asiatiques à reporter les ajustements préconisés et n'ajouterait pas grand-chose au système existant centré sur le FMI.[256] Il soulignait que cette méthode régionaliste risquait de réduire les ressources mises à disposition lors des prochaines crises et d'affaiblir la capacité à faire face aux crises transcontinentales.

Le premier directeur-général adjoint du FMI, Stanley Fischer, déclara que les fonds régionaux ne pouvaient pas agir comme le FMI, c'est-à-dire exiger que les pays concernés entreprennent des réformes économiques globales en échange d'une aide.

Bien que le Japon fût un fervent défenseur de ce Fonds Asiatique, il dut se soumettre à la pression de l'axe Londres/Wall Street. Dans un premier temps, le ministre des Finances japonais, Hiroshi Mitsuzuka, déclara avec diplomatie que le fonds monétaire asiatique projeté serait complémentaire au FMI et aux autres institutions internationales, et non un concurrent. Qu'il travaillerait en étroite collaboration avec le FMI.

Le nouveau concept de Tokyo était un « fonds monétaire sans fonds », qui servirait d'organisme de secours capable de dresser des plans à l'avance pour mobiliser des fonds et aider les pays touchés par

---

[255] Déclaration faite par Strobe Talbott à l'ambassade des États-Unis à Canberra, en Australie, le 6 novembre 1997 [n.d.e.].

[256] Stanford Journal of East Asian Affairs, Volume 3, n° 1, printemps 2003, pp. 95-96 [n.d.e.].

les attaques des spéculateurs internationaux. Lorsqu'il fut présenté à la réunion annuelle de la Banque mondiale et du FMI, ce projet de fonds monétaire asiatique mit en alerte les États-Unis et les pays européens, qui y décelèrent une concurrence au FMI.

Finalement, le Premier ministre Ryutaro Hashimoto déplora :

> *Nous ne sommes pas arrogants au point de penser que nous pouvons endosser le rôle de locomotive de l'Asie.*[257]

Il ajouta que le Japon continuerait dans la mesure de ses possibilités à aider les pays asiatiques touchés, mais que ce n'était pas son rôle de sortir l'Asie du bourbier économique. Le vice-premier ministre de Singapour, Lee Hsien Loong, pensait même que remplacer le FMI par un Fonds Monétaire Asiatique ferait courir des « risques moraux ».

Pourtant, ce n'était guère que du bon sens que les pays asiatiques organisent leur propre fonds monétaire pour parer aux temps de crise. Et le vrai risque consistait à endurer l'opposition de l'axe Londres/Wall Street. Le Japon, en tant que première économie de la région, manquait décidément d'audace et de courage pour conduire les pays asiatiques hors de la situation critique et de la tutelle du FMI.

L'absence de leadership laissa les autres pays désemparés. Mais ce qui rendit tout le monde perplexe fut le point de vue de Singapour. En quoi y avait-il un quelconque « risque moral » à se donner les moyens de s'aider soi-même et d'aider les pays voisins à se défendre contre le pillage ? S'il existait un risque moral, quel pays cela concernait-il ?

Le Premier ministre malais, Mahathir bin Mohamad, analysait la crise de façon plus approfondie :

> *Si le négoce des devises doit être autorisé, alors il devrait être transparent et régulé. Il est ridicule qu'au moment où l'on exhorte les gouvernements et toutes les autres entreprises à l'ouverture et à la transparence, on autorise le négoce des devises à se faire dans un secret presque absolu. Nous ne savons qui ils sont, de combien de capital ils disposent, combien ils ont*

---

[257] Réponse du Premier ministre japonais en février 1998, après une réunion du forum économique Asie-Pacifique, à Vancouver, à la demande faite par les États-Unis et l'Asie d'augmenter les importations du Japon auprès de ses voisins asiatiques, afin de soutenir leurs revenus [n.d.e.].

> *emprunté, quelle devise ils détiennent, à qui ils vendent et à qui ils achètent. Combien d'impôts payent-ils sur les profits qu'ils ont réalisés sur leurs pays cibles, et à qui ? Assurément, ces pays ne collectent d'eux aucun impôt.*[258]

Il pensait que dans le système actuel du négoce des devises, personne ne savait si l'argent provenait de sources légitimes ou du blanchiment d'argent :

> *Qui sont ces banquiers qui peuvent mettre à la disposition de leurs clients des milliers de milliards de dollars ? Quelle est la ressource en capital de ces banques ? Combien d'argent y-a-t'il été investi et par qui ? Comment ces banques peuvent-elles devenir plus riches que la plupart des pays dans le monde ?*[259]

Quand les financiers attaquent la devise d'un pays, ils font automatiquement baisser la valeur des actifs cotés en bourse. Ce sont leurs opérations sur le marché des changes qui provoquent la dévaluation des devises des pays de l'Asie du Sud-Est. « Et tant qu'elles ne seront pas régulées, tant qu'ils auront des milliers de milliards de dollars à leur disposition, leur capacité d'attaquer et de porter préjudice aux économies perdurera […] »[260]

Après avoir tenu ces propos, Mahathir bin Mohamad essuya immédiatement les foudres des médias occidentaux. Ses paroles acerbes étaient sans doute jugées inconvenantes lors des rencontres diplomatiques, mais il avait posé toutes les questions que les Asiatiques avaient sur le cœur.

Une firme sud-coréenne, partenaire des États-Unis pendant la guerre froide, fut terrassée par la crise financière. Elle demanda de l'aide auprès de son ancien partenaire, sans imaginer que le refus serait aussi rapide et catégorique. Pour les banquiers internationaux, la relation intime avec la Corée du Sud n'était plus qu'une épave rouillée de la guerre froide. Le gouvernement américain commença à débattre

---

[258] Discours de Mahatir bin Mohamad, The Finance Ministers of Asean and Asean Plus Six And The Conference On Financial Initiatives For The 21ᵉʳ Century, Putra World Trade Center, Kuala Lumpur, 1ᵉʳ décembre 1997 [n.d.e.].

[259] *Ibid.*

[260] *Ibid.*

sérieusement de la question, et la ministre des Affaires étrangères américaine, Madeleine Albright, ainsi que le conseiller à la Sécurité nationale, proposèrent de secourir leur petit frère.

Mais le ministère des Finances américain qui représentait Wall Street y opposa un refus catégorique, allant même jusqu'à dénoncer la mauvaise compréhension de l'économie qu'avait Albright. Finalement, Clinton se rangea sur l'avis du ministre des Finances Robert Rubin. Pour ce dernier, cette crise ouvrait grand la porte de l'économie coréenne, au bon moment, et il ordonna au FMI d'imposer des conditions plus strictes que d'habitude à la Corée du Sud. Jolie façon de traiter cet ancien allié !

Sous la pression du ministère des Finances américain, le FMI ajouta à son aide des conditions telles que la résolution immédiate en faveur des États-Unis des différents commerciaux. Les Coréens pointèrent du doigt le FMI qui imposait ces conditions déraisonnables. De son côté, Joseph Stiglitz, alors économiste en chef de la Banque Mondiale, pensait que le Trésor US avait tout fait pour contraindre la Corée du Sud en crise à une libéralisation complète et rapide du marché des capitaux financiers.

En tant que conseiller économique de Clinton, il était fermement opposé à ce comportement irresponsable et pensait que cette ouverture n'aiderait en rien à sécuriser les intérêts américains, mais plutôt ceux des banques de Wall Street.

Le gouvernement sud-coréen fut contraint d'accepter les conditions draconiennes du FMI, notamment permettre aux étrangers de détenir une part plus importante de l'économie, laquelle avait été, jusque-là, relativement protégée.

> *L'investissement étranger sur les marchés de capitaux seront libéralisés et les procédures d'investissement étranger direct seront simplifiées et rendues plus transparentes. D'ici à fin 1997, les entités étrangères seront autorisées à acheter 50% des parts des sociétés coréennes cotées, puis 55% à partir de fin 1998, pavant la voie à la prise de contrôle par les étrangers d'entreprises coréennes. Les banques étrangères pourraient être autorisées à former des coentreprises et installer des*

filiales.[261]

Les banquiers lorgnaient depuis longtemps sur les entreprises coréennes et n'attendaient que la signature de ces accords par la Corée pour se jeter sur leur proie ; ils avaient cependant sous-estimé la force de la conscience nationale coréenne, qui rendit difficile la gouvernance du pays par des puissances étrangères. Isolés et dans une position sans issue, les Coréens se mirent les uns après les autres à faire don de leur or et de leur argent-métal à leur pays.

Quand on a épuisé toutes ses réserves de change, les deux moyens de paiement que sont l'or et l'argent sont toujours les bienvenus auprès des créanciers étrangers. L'étonnement des banquiers internationaux s'accrut encore lorsqu'ils constatèrent que la Corée du Sud n'envisageait pas la faillite de ses grandes entreprises ni de ses banques, et que les entreprises occidentales ne seraient donc pas en mesure de les acquérir.

Lorsque la Corée du Sud surmonta le pic de la crise au cours du printemps 1998, les recettes à l'exportation rebondirent rapidement, et le gouvernement qui avait bien vu le jeu de Wall Street rejeta résolument la potion amère du FMI. Toutes les grandes entreprises qui avaient entamé un règlement de faillite le gelèrent ; le gouvernement élimina sans hésiter du système bancaire entre 70 et 150 milliards de créances douteuses et en reprit le contrôle. Le FMI fut dès lors exclu de la reconstruction du système bancaire coréen.

Les banquiers internationaux et le Trésor américain en conçurent beaucoup d'amertume. Mais cet épisode permit à la Corée de comprendre encore plus clairement la nécessité absolue d'une économie gouvernée au niveau national. L'acquisition par Microsoft de la plus grande société coréenne de logiciels tomba à l'eau, et huit sociétés locales de logiciels coréennes sortirent victorieuses.

Le plan de rachat de l'entreprise d'automobiles KIA par Ford fut abandonné, cassant le rêve de Ford. Le programme de reprise de deux grandes banques locales par des banques étrangères fut interrompu, et le gouvernement coréen en assura lui-même la gestion temporaire. Sous la direction totale du gouvernement, l'économie coréenne connut une forte reprise. L'ironie du sort est que la Corée du Sud fut brandie comme

---

[261] *Reuters*, 5 décembre 1997.

exemple typique d'un sauvetage réussi par le FMI, qui claironna ce mensonge sur tous les toits.

En 2003, la Thaïlande remboursa en avance douze milliards de dollars de dette et échappa dès lors au racket du FMI. Le Premier ministre thaïlandais, Thaksin Shinawatra, prononça devant un immense drapeau national que la Thaïlande « ne sera plus jamais une proie blessée », et ne mendiera plus jamais « d'aide » auprès du FMI.

Le gouvernement thaïlandais alla même jusqu'à encourager les entreprises thaïlandaises à refuser de rembourser leur dette auprès des banquiers internationaux, en représailles au pillage perpétré par les banques en 1997. En septembre 2006, il y eut un coup d'État militaire en Thaïlande, et Thaksin Shinawatra démissionna.

Petite fable sur l'avenir de la Chine

Un certain Mahathir se rendit à la police locale pour déclarer un larcin, affirmant que le voleur était sans doute le récidiviste Soros. Le policier Greenspan répondit en rigolant :

> « Il ne faut pas blâmer uniquement le voleur, il faut aussi chercher des raisons de votre côté. Qui a permis à votre serrure de céder aussi facilement ? »

Mahathir, mécontent, rétorqua :

> « Pourquoi ce bandit ne va-t-il pas cambrioler la Chine et l'Inde ? »

Le policier Greenspan répondit en soupirant :

> « Les murs de l'Inde et de la Chine sont trop hauts, ce n'est pas facile pour Soros de les escalader. Et puis, s'il tombe et qu'il meurt, n'en serais-je pas responsable ? »

Soros-le-voleur, qui se trouvait à côté, avait tout entendu et ricana :

> « Creuser des trous dans leurs murs résoudrait sans doute le problème ? »

Le policier Greenspan regarda rapidement autour de lui et

chuchota :

> « Nous avons déjà envoyé Paulson en Chine. J'ai entendu dire qu'au début de l'année 2006, nous pourrons ouvrir quelques grands trous. »

Soros-le-voleur, enchanté, attrapa son téléphone portable et envoya un texto à l'un de ses associés :

> « Les gens y sont idiots, l'argent y coule à flot, dépêche-toi d'aller en Chine ! »

9

L'OR, TALON D'ACHILLE DU DOLLAR

> « Si tous les prêts bancaires étaient remboursés, il n'y aurait plus le moindre centime en dépôt en banque, ni la moindre pièce ou le moindre billet en circulation. C'est une pensée déconcertante. Nous sommes totalement dépendants des banques commerciales. Il faut toujours quelqu'un qui emprunte chaque dollar que nous avons en circulation, en espèces ou en crédit. Si les banques créent assez d'argent synthétique, nous prospérons ; sinon, nous mourons de faim. Nous n'avons absolument aucun système monétaire permanent. Lorsque l'on a une vision complète du tableau, l'absurdité tragique de notre impuissance est presque incroyable, mais c'est bel et bien la réalité. C'est le sujet le plus important que les personnes intelligentes peuvent étudier et sur lequel elles peuvent réfléchir. Son importance est telle que notre civilisation actuelle pourrait s'effondrer à moins qu'il ne soit amplement compris et que l'on remédie à ses défauts très vite. »[262]
>
> Robert Hemphill, Banque de réserve fédérale d'Atlanta.

La nature de la monnaie peut être divisée en deux catégories : la monnaie endettée et la monnaie non endettée. La monnaie endettée est jusqu'à aujourd'hui le principal système monétaire légal des pays développés. Pour l'essentiel, il a été constitué par la monétisation de la dette du gouvernement, des entreprises et des particuliers. Le dollar en est l'exemple le plus typique. Les dollars sont créés en même temps que la dette, et détruits lorsque celle-ci est remboursée.

Chaque dollar en circulation est une reconnaissance de dette, et cette reconnaissance génère quotidiennement des intérêts, qui augmentent avec les intérêts composés.[263] Vers qui ces intérêts

---

[262] Irving Fisher, *100% Money* (Pickering & Chatto Ltd., Set Only edition, Forward, 1996), disponible en français, Omnia Veritas Ltd, www.omnia-veritas.com.

[263] C'est-à-dire les intérêts sur les intérêts [n.d.e].

astronomiques retournent-ils ? Vers le système bancaire qui a créé ces dollars. Les intérêts générés par ce dollar endetté se situent en dehors de la masse monétaire initiale, nécessitant inévitablement la création de nouveaux dollars, endettés, pour ajuster la masse monétaire.

Autrement dit, plus les gens empruntent de l'argent, plus il faut en créer. La dette et la monnaie se trouvent dans la même impasse et la conclusion logique est la suivante : la dette ne cesse d'augmenter, jusqu'à ce que l'on renonce complètement à la monétisation de la dette ou que les intérêts qu'elle génère écrasent le développement économique, conduisant à l'effondrement de tout le système.

La monétisation de la dette est l'un des facteurs potentiellement déstabilisateurs les plus graves de l'économie moderne. C'est grâce aux découverts que le futur répond aux besoins du présent. Un dicton chinois dit : « Manger en avril les grains récoltés en mai ».

Un autre type de monnaie est la monnaie-argent qui représente la monnaie non endettée. Elle ne dépend ni d'une quelconque promesse ni de quelque dette que ce soit. Elle est le fruit du travail et fait partie intégrante de l'évolution des pratiques sociales depuis des milliers d'années.

Elle ne nécessite pas d'être placée sous la contrainte d'un quelconque gouvernement, elle peut traverser les époques et les frontières. C'est le moyen de paiement ultime. Parmi toutes les monnaies, les monnaies d'or et d'argent représentent la possession réelle, tandis que la monnaie papier n'est qu'une « reconnaissance de dette ». Toutefois, la valeur conférée à l'or est tout à fait particulière.

Le renminbi (RMB) se situe quelque part entre la monnaie-argent et la monnaie papier. Si le yuan existe de nos jours en tant que monnaie endettée, il reflète toujours pour bonne part la mesure des marchandises et des services produits par le passé. L'émission du RMB ne repose pas sur la dette nationale et ne se fait pas à travers une banque centrale privée. Ainsi, la Chine se passe de verser d'énormes prébendes à des intérêts privés. Selon cette perspective, le RMB se rapproche plus de la monnaie-argent-et-or.

En même temps, sachant que le RMB n'est pas soutenu par l'or et l'argent, il possède les caractéristiques de la monnaie papier, et doit s'appuyer sur le pouvoir coercitif de l'État pour garantir sa valeur. Bien comprendre le système occidental de la monnaie papier, en particulier la nature inhérente au système du dollar, est une condition préalable pour les futures réformes du RMB.

Le système de réserves fractionnaires : source d'inflation

> *L'activité bancaire a été conçue dans l'iniquité et est née dans le péché [...] Les banquiers possèdent la Terre. Reprenez-la leur, mais... laissez-leur le pouvoir de créer l'argent et de contrôler le crédit et, d'un coup de crayon, ils créeront assez d'argent pour la racheter. Ôtez-leur ce pouvoir et toutes les grandes fortunes comme la mienne disparaîtront. Elles devraient disparaître. Cela nous donnerait un monde meilleur et plus heureux où vivre. Mais si vous voulez perpétuer les esclaves des banquiers et payer le prix de votre propre esclavage, laissez-les donc continuer à créer l'argent et à contrôler le crédit. [...] Toutefois, tant que les gouvernements légaliseront de telles choses, il faudrait être fou pour ne pas être banquier. »*[264]
> Sir Josiah Stamp, directeur de la Banque d'Angleterre (1928-1941) et deuxième fortune de l'Empire britannique.

Les premiers banquiers étaient en fait les orfèvres qui conservaient notamment l'or de déposants, commerçants et voyageurs, auxquels ils remettaient un reçu, un certificat, qui permettait de retirer la même quantité d'or ou de pièces d'argent chez d'autres orfèvres. Leur réseau s'étendait jusqu'en Orient et c'est notamment lors des Croisades que leur activité s'est développée. Ces certificats, qui sont en fait les ancêtres des billets de banque, devinrent petit à petit un agent essentiel dans les échanges.

Au fil du temps, les orfèvres s'aperçurent que 10% environ des dépôts qu'ils conservaient n'étaient jamais réclamés. Il fallait donc faire fructifier cette richesse qui dormait dans leurs coffres. Par ailleurs, ils calculèrent avec précision le moment où le reste de l'or placé en dépôt chez eux serait réclamé. Il ne leur restait donc plus qu'à prêter plus d'argent que ce que leurs réserves d'or pouvaient couvrir.

Ils étaient si avides de faire des profits dans cette entreprise fondamentalement frauduleuse qu'ils proposèrent même de payer des

---

[264] Sir Josiah Stamp, discussion informelle devant 150 professeurs d'histoire, d'économie et de sciences sociales de l'université du Texas, dans les années 1920. Source : *The Legalized Crime of Banking*, de Silas W. Adams (Meador Publishing Company, Boston, 1958, Omnia Veritas Ltd, www.omnia-veritas.com), chapitre VII [n.d.e.].

intérêts aux déposants, afin de pouvoir « prêter » leur argent. Ces « prêts » étaient toutefois fourbes, puisque les déposants, en possession des reçus, avaient l'impression que leur argent était en sécurité dans les coffres des orfèvres et les échangeaient donc comme équivalents à de l'or.

C'est ainsi que l'or qui se trouvait dans les coffres des orfèvres était couvert par deux reçus ou plus. Un reçu authentique avait pour origine un dépôt d'or stocké dans les coffres, tandis que les reçus contrefaits, passant pour d'authentiques reçus, avaient été imprimés et prêtés par les orfèvres. Ils circulaient en tant que substituts de ces mêmes onces d'or.[265]

Cependant, il n'y avait pas de raison d'attirer les soupçons des déposants si l'on prenait soin de ne pas émettre trop de certificats. L'expérience démontra que l'émission de certificats pour un montant dix fois supérieur aux stocks d'or jamais réclamés ne représentait pas de véritable danger. Ainsi, pendant des centaines d'années, les orfèvres imprimèrent en toute confiance des certificats contrefaits parce qu'ils savaient que la loi ne serait pas sévère avec eux.

Ce n'est qu'à la fin du XVIIe et au XVIIIe siècle que ces problèmes furent soumis aux tribunaux. D'un côté, des déposants poursuivaient les banquiers qui prêtaient leur or à autrui sans leur autorisation, et de l'autre, les banquiers affirmaient qu'ils avaient le droit d'administrer comme bon leur semble l'or des déposants. L'affaire judiciaire classique, entendue devant la *House of Lords*,[266] en 1848, est celle de Foley c/Hill et Autres. Voici la réquisition de Lord Cottenham :

> *L'argent, lorsqu'il est versé sur un compte bancaire, cesse totalement d'être l'argent du mandant ; il est alors l'argent du banquier, qui est lié à un équivalent en payant une somme similaire d'argent à celle qui a été déposée chez lui lorsqu'on lui réclame. [...] L'argent placé sous la garde du banquier est, tout bien considéré, l'argent du banquier, qu'il peut utiliser à sa guise ; il n'est coupable d'aucun abus de confiance en le faisant travailler ; il n'a pas de compte à rendre au mandant s'il s'engage dans une spéculation hasardeuse ; il n'est pas obligé*

---

[265] J. Milnes Holden, *The History of Negotiable Instruments in English Law* (The Athlone Press, Londres, 1955), pp. 70-71 [n.d.e.].

[266] La Chambre haute du système parlementaire britannique [n.d.e.].

de le conserver ou de le gérer comme étant la propriété du mandant ; mais il est, bien sûr, responsable de son montant, parce qu'il est lié par contrat.[267]

Selon la jurisprudence britannique, la décision de Lord Cottenham allait faire prendre un tournant majeur à l'histoire de la finance : les déposants qui avaient durement gagné l'argent qu'ils déposaient dans les banques n'étaient plus juridiquement protégés, ce qui portait gravement atteinte aux droits de la propriété.

C'est à la jurisprudence Foley que l'on doit le système frauduleux des réserves bancaires fractionnaires et les inflations désastreuses des deux derniers siècles. Ce système de réserves fractionnaires allait permettre aux banques, contre le dépôt d'une certaine somme à la banque centrale, de prêter de l'argent à hauteur de dix fois le montant de ces réserves ainsi constituées. Et, comme nous l'avons vu, prêter de l'argent équivaut à créer de la monnaie.

Au XVIIIe siècle, les orfèvres, devenus de fait banquiers, se mirent à proposer deux sortes de services différents : les dépôts purs et le placement de l'épargne. La différence entre les deux résidait dans la propriété de l'or. Dans le premier cas, les déposants avaient la propriété absolue de l'or qu'ils déposaient, et les banquiers devaient leur promettre qu'ils pouvaient à tout moment récupérer leur or en échange de leurs reçus.

Dans le second cas, les déposants perdaient temporairement la propriété de l'or qu'ils avaient déposé et, pendant ce laps de temps, les banquiers effectuaient des investissements qui pouvaient être risqués. Ce n'est qu'après retour sur investissement que les déposants pouvaient reprendre possession de leur or.

Le premier cas correspondait théoriquement à une existence factuelle de l'or par rapport aux certificats, tandis que le second cas correspondait à une reconnaissance de dette, assortie d'un délai. Évidemment, ces reconnaissances de dette n'étaient généralement pas acceptées contre le paiement de marchandises.

Comme nous l'avons vu au début de ce livre, lors de la Bataille de Waterloo, en 1815, les Rothschild avaient été informés de son issue vingt-quatre heures avant les officiels anglais, ce qui leur donna la

---

[267] Murray N. Rothbard, *op. cit.*, p. 92.

maîtrise du marché obligataire britannique ainsi que de l'émission de la monnaie de l'Empire.

Peu de temps après, ils exercèrent également un contrôle sur l'émission de la monnaie de la France, de l'Autriche, de la Prusse et de l'Italie, et ils fixèrent le cours mondial de l'or pendant près de deux cents ans. Les Rothschild, Schiff, Warburg et d'autres familles de banquiers juifs, établirent des réseaux bancaires et constituèrent en fait le premier système financier international, ainsi que le centre mondial de compensation, la banque d'acceptation internationale.

Il suffisait de rejoindre leur réseau pour que les chèques des autres banques puissent circuler d'un pays à l'autre. [Avec d'autres grands noms de Wall Street, notamment J. P. Morgan et John D. Rockefeller, tous deux de confession protestante, *n. d. e.*] Ils créèrent petit à petit un cartel bancaire. Les directives fixées par ces banques devinrent les « conventions internationales » de l'industrie financière, toujours appliquées dans le monde d'aujourd'hui.

Le cartel bancaire était non seulement la force motrice du système de réserves fractionnaires, mais également son plus grand bénéficiaire. Lorsque ce « super groupe d'intérêts particuliers » accrut encore son pouvoir, ils se liguèrent pour mettre au point leurs propres règles du jeu politique et législatif.

En 1913, quand le cartel des banques internationales parvint finalement à créer un super modèle bancaire basé sur un système de réserves fractionnaires — la Réserve Fédérale — l'argent de tout le système de réserves intégrales qui se trouvait entre les mains des concurrents fut expulsé par de la « mauvaise monnaie ». Les certificats-or et -argent émis à l'époque par le gouvernement américain furent appelés les « survivants » du système de réserves intégrales.

Ils s'appuyaient à 100% sur l'or et l'argent du gouvernement américain. Une once d'or ou d'argent avait son équivalent en billet. Même si les dettes du système bancaire étaient remboursées, le marché aurait toujours des réserves pleines de dollars-argent et -or en circulation.

L'économie pourrait continuer à se développer, comme c'était le cas avant la création de la Réserve Fédérale, en 1913.

Mais à partir de 1913, les « dollars de mauvaise qualité » expulsèrent petit à petit les « dollars de bonne qualité » d'or et d'argent des réserves intégrales. Les banquiers internationaux qui voulaient créer un système financier mondial monopolistique de réserves fractionnaires atteignirent leur objectif, et parvinrent même à exclure le gouvernement du domaine de l'émission de la monnaie.

Ils firent leur possible pour diaboliser l'or et l'argent, et dans les années 1960, ils réussirent à abolir le dollar-argent. En 1971, ils mirent fin à ce qu'il restait de la relation entre l'or et le dollar. Dès lors, le système de réserves fractionnaires avait bouclé la boucle du monopole.

Voici comment le dollar endetté a été contrefait

Dans une brochure, la Banque de réserve fédérale de New York disait ceci :

> *La monnaie ne peut être compensée ou échangée contre de l'or du Trésor ou tout autre actif utilisé comme garantie. La question de savoir exactement quels actifs « garantissent » les billets de la Réserve fédérale a peu d'importance autre que comptable [...] Les banques créent la monnaie en se basant sur la promesse des emprunteurs de rembourser (reconnaissance de dette) [...] Les banques créent la monnaie en « monétisant » les dettes privées des entreprises et des particuliers.*

Et, dans une autre brochure, de la Banque de réserve fédérale de Chicago :

> *Aux États-Unis, ni le papier-monnaie ni les dépôts bancaires n'ont valeur de marchandises. Intrinsèquement, le dollar n'est qu'un bout de papier et les dépôts bancaires ne sont que des écritures comptables. Les pièces ont bien une valeur intrinsèque en tant que métal, qui est généralement bien inférieure à leur valeur faciale.*
> *Alors, qu'est-ce qui rend ces instruments — chèques, papier-monnaie et pièces — acceptables en paiement de toute dette et pour les autres utilisations monétaires ? C'est principalement la confiance qu'ont les gens de pouvoir échanger une telle monnaie contre d'autres actifs financiers et des biens et des services réels à chaque fois qu'ils le décident.*[268]

Autrement dit, c'est la monétisation de la dette qui permet de créer

---

[268] *Modern Money Mechanics*, Banque de réserve fédérale de Chicago.

des dollars, tandis que la valeur nominale du dollar doit être imposée par un agent extérieur. Alors, comment la dette a-t-elle pu se transformer en dollars ? Afin de comprendre ce processus en détail, il faut prendre une loupe pour observer les mécanismes de la monnaie américaine. Le lecteur non versé dans la finance devra peut-être lire ce qui suit à plusieurs reprises pour bien saisir le processus de création de la monnaie par le système de Réserve Fédérale et les institutions bancaires.

Cela relève d'un quasi-secret commercial que garde jalousement l'industrie financière. Étant donné que le gouvernement ne détient plus le pouvoir de battre monnaie, mais qu'il ne peut émettre que des obligations, puisque la dette nationale est utilisée comme garantie par la Réserve Fédérale, ce n'est qu'en passant par la Fed et d'autres banques commerciales qu'on émet la monnaie, de sorte que la source du dollar provient de la dette nationale. Quatre étapes sont nécessaires dans ce processus.

(1) La première étape est l'approbation par le Congrès de l'ampleur de l'émission des obligations d'État. Le Trésor programme la dette pour qu'elle se transforme en différents types d'obligations : les billets du trésor (*T-bills* ou *Treasury bills*) à échéance d'un an ou moins ; les bons obligataires à moyen terme (*T-notes*), valables de deux à dix ans ; et les bons du trésor (*T-bonds*) dont l'échéance peut atteindre jusqu'à trente ans.

Ces obligations, à des fréquences différentes et à des moments différents, sont vendues aux enchères sur le marché libre. Puis le Trésor envoie toutes les obligations invendues à la Fed, qu'elle accepte toutes et, à ce moment, elle les enregistre comme actif dans ses livres en tant que titres. Puisque la dette nationale est utilisée en garantie des futurs impôts encaissés par le gouvernement américain, elle est considérée comme l'actif le plus fiable au monde.

Après que la Fed a inscrit ces titres dans la colonne « actif », elle crée une somme équivalente qu'elle inscrit dans la colonne « passif », qui représente les chèques que la Réserve Fédérale imprime. Cette étape clef ne part de rien. Ces « chèques en blanc » ne sont adossés à aucune monnaie. C'est une étape dont la conception est raffinée et le camouflage complet, dont l'existence permet au gouvernement de mieux contrôler l'offre et la demande lors de la vente des obligations aux enchères.

La Fed touche des intérêts sur l'argent prêté, le gouvernement obtient facilement de la monnaie, mais il n'y a pas beaucoup de traces révélant l'impression de monnaie. Les tours de passe-passe de la Fed permettent d'équilibrer les livres de comptes, les actifs de la dette nationale et les passifs monétaires s'équilibrent. C'est vraiment cette étape simple mais cruciale qui crée la plus grande injustice au monde.

Les futurs impôts des gens qui sont tenus en garantie par le gouvernement permettent à la banque centrale privée de fixer la masse monétaire, c'est-à-dire l'argent qui sera créé par les banques commerciales. Et le gouvernement est redevable d'une somme énorme d'intérêts sur de l'argent créé à partir de rien. Cette injustice se détaille en trois points.

— Les futurs impôts des contribuables ne devraient pas servir de garantie, car l'argent n'a pas encore été gagné ; la garantie ne peut que conduire inévitablement à la baisse du pouvoir d'achat et à la dévaluation de la monnaie, nuisant à l'épargne.

— Les futurs impôts des contribuables doivent encore moins servir de garantie quand il s'agit d'une banque centrale privée ; dans une situation où les banquiers n'ont sorti aucun argent de leur poche, ils utilisent comme par enchantement l'engagement des citoyens à payer leurs futurs impôts… c'est-à-dire obtenir quelque chose pour rien.

— Le gouvernement doit payer des intérêts énormes sans raison apparente, et ce paiement des intérêts devient au final le fardeau du peuple. Les citoyens sont obligés de mettre en gage leur avenir et doivent en outre payer immédiatement des impôts pour rembourser les intérêts que le gouvernement doit aux banques commerciales. Plus on émet de dollars, plus lourd est le fardeau des intérêts supporté par le peuple, et cela endette les générations futures qui ne seront jamais en mesure de payer !

(2) La deuxième étape du processus de la monétisation de la dette survient après que le gouvernement fédéral a reçu et approuvé les chèques de la Réserve Fédérale. Ces certificats magiques retournent à la Réserve Fédérale, puis deviennent subitement des dépôts du gouvernement avant d'être déposés sur les comptes de la Réserve Fédérale.

(3) La troisième étape survient lorsque le gouvernement fédéral commence à dépenser de l'argent. Les petits et gros chèques constituent la « première vague » de devises qui jaillit dans l'économie. Les entreprises et les personnes qui reçoivent ces chèques les déposent sur leur propre compte dans des banques commerciales, comptabilisés en tant que dépôts des banques commerciales.

Sur le plan comptable, ces dépôts représentent le passif de la banque, puisque cet argent appartient aux déposants et que tôt ou tard il faudra leur rendre, mais ils constituent également les actifs de la banque, qui peuvent être utilisés pour accorder des crédits. Les livres comptables sont donc équilibrés, la même quantité d'actifs s'équilibre avec la même quantité de passif. Cependant, les banques commerciales créent également de l'argent à l'aide du coefficient multiplicateur basé sur les réserves fractionnaires.

(4) La quatrième étape représente les dépôts bancaires qui sont de nouveau séparés en réserves bancaires. À ce stade, ces dépôts qui étaient des actifs ordinaires des banques sont déjà devenus des « fonds de réserves » produisant de l'argent. Sous le système des réserves fractionnaires, la Fed autorise les banques commerciales à ne retenir que 10% des dépôts comme fonds de réserves et à prêter les 90% restants.

Il existe cependant un problème, car après que 90% des dépôts ont été prêtés, que se passe-t-il si les déposants d'origine signent des chèques ou ont besoin de liquidités ? En fait, quand les prêts sont émis, ils ne proviennent pas des dépôts originaux, ils ne sont que des écritures comptables, c'est-à-dire de l'argent scriptural créé sur du vent.

Cet « argent neuf » correspond à la création monétaire par les banques commerciales. C'est ainsi que la seconde vague de monnaie jaillit dans l'économie. Lorsque la seconde vague de monnaie retourne dans les banques commerciales, cela induit encore plus de vagues de création « d'argent neuf ».

Si l'augmentation de la masse monétaire, générée par les répercussions de l'émission d'obligations et de la création de la monnaie par les banques commerciales, est plus importante que les besoins de l'économie, se crée un déséquilibre entre l'offre et la demande, qui ne peut être compensé que par l'inflation, entraînant une baisse du pouvoir d'achat, réduisant à son tour la demande.[269]

Entre 2001 et 2006, les États-Unis ont ajouté à leur dette la somme de 3000 milliards de dollars endettés, dont une partie conséquente est directement entrée en circulation. En ajoutant à ceci le rachat de la dette de l'État et le paiement des intérêts durant plusieurs années, le dollar a

---

[269] Les espèces, pièces de monnaie et billets de la Réserve fédérale, ne représentent que 10% environ de la masse monétaire totale [n.d.é.].

connu une dévaluation importante et le prix d'un grand nombre de produits de base, de l'immobilier, du pétrole, de l'éducation, des soins de santé, et des assurances, ont fortement augmenté.

Cependant, la plupart des obligations d'État émises ne sont pas directement entrées dans le système bancaire, mais ont été achetées par les banques centrales étrangères, les institutions américaines non financières et des particuliers. Dans ce type de situation, les acheteurs dépensaient des dollars qui existaient déjà, aucun nouveau dollar n'étant créé.

Ce n'est que lorsque la Fed et les institutions bancaires américaines achètent la dette américaine que de nouveaux dollars sont créés, et c'est par ce mécanisme complexe que les États-Unis parviennent à contrôler temporairement l'inflation.

Cependant, la dette qui se trouve entre les mains de banques non-américaines arrive tôt ou tard à échéance. En outre, des intérêts sur cette dette doivent être payés tous les six mois (bons du Trésor à 30 ans). C'est à ce moment que la Réserve Fédérale est obligée de créer de nouveaux dollars.

C'est essentiellement le système de réserves fractionnaires et la monétisation de la dette qui sont responsables de l'inflation à long terme. Sous le régime de l'étalon-or, le nombre de billets de banque émis dépassa progressivement les réserves d'or, conduisant à la désintégration de l'étalon-or. Dans le cadre du système de Bretton Woods, cela conduisit inévitablement à l'effondrement du système de la convertibilité en or.

Dans le système de la monnaie fiduciaire, cela conduit inexorablement à une hyper-inflation, avant d'aboutir à une sévère récession mondiale. Sous le régime de la monnaie endettée, les États-Unis ne seront jamais en mesure de rembourser la dette nationale, la dette des entreprises et celle des particuliers, car son remboursement signifierait la fin du dollar.

La dette des États-Unis ne pourra pas être réduite, et suite à l'effet « boule de neige » des intérêts composés associés à la demande monétaire naturellement croissante, elle continuera à augmenter, et ce, de façon exponentielle.

Une dette américaine « intarissable » et les « reconnaissances de dette » des peuples asiatiques

Dans les années 1980, l'émission en grande quantité de bons du Trésor américain, assortis d'intérêts élevés, attira une foule d'investisseurs individuels et d'établissements non bancaires, ainsi que des banques centrales étrangères. Il y eut peu de création de nouveaux dollars à cette époque-là, car le pays utilisait ceux qui étaient versés en échange des obligations émises.

Dans les années 1990, en raison de la défaite des principales devises compétitives, les obligations libellées en dollar étaient toujours recherchées. En raison de la dévaluation générale des devises des pays du Tiers Monde, les prix à l'importation des marchandises courantes paraissaient extraordinairement bas, et les États-Unis connurent, pendant un temps, une forte croissance et une faible inflation.

Depuis 2001, les formidables dépenses pour mener la « guerre contre la terreur » et l'expiration successive d'un grand nombre d'obligations d'État de diverses maturités émises dans les années 1980, ainsi que le paiement croissant des intérêts, ont forcé les États-Unis à émettre davantage de bons du Trésor pour remplacer ceux arrivés à échéance.

Entre 1913 et 2001, les États-Unis ont accumulé près de 6000 milliards de dollars de bons du Trésor. Mais, entre 2001 et 2006, en seulement cinq ans, les États-Unis ont accru de près de 3000 milliards de dollars la quantité de bons du Trésor. Ils avaient déjà atteint la somme cumulée de 8600 milliards de dollars et augmentaient au rythme de 2,25 milliards de dollars par jour.

Le paiement des intérêts du gouvernement fédéral des États-Unis se classe au troisième rang des dépenses gouvernementales, derrière celles de la santé et de la défense nationale, somme annuelle qui atteint 400 milliards de dollars et monopolise 17% des recettes financières.

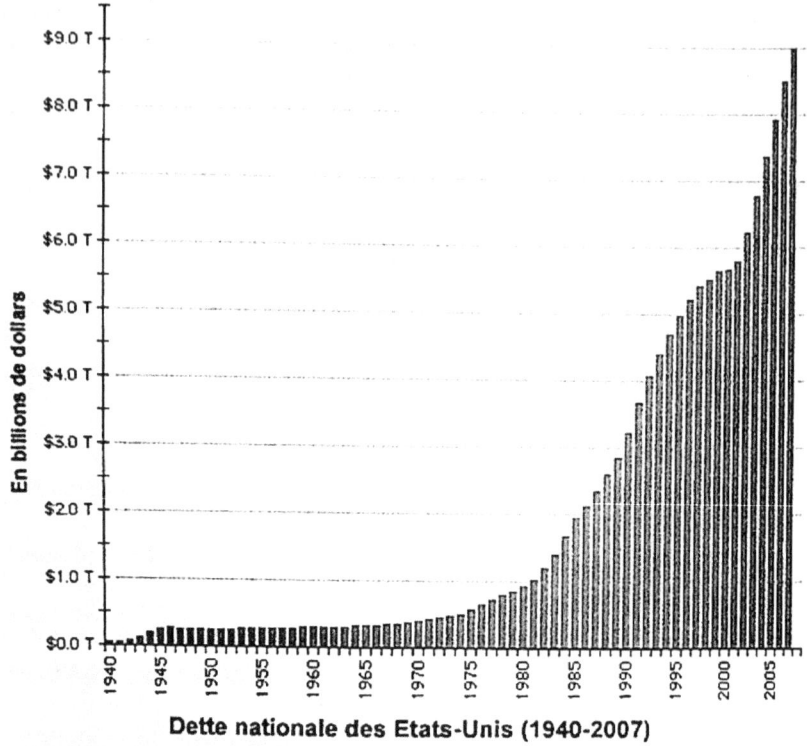

Dette nationale des Etats-Unis (1940-2007)
Source: U.S. National Debt Clock

Entre 1982 et 1992, l'émission de la devise américaine était encore dans un état de « croissance modérée », avec une augmentation annuelle de 8%. Mais de 1992 à 2002, l'émission monétaire américaine a pris une « voie express », atteignant 12%. À partir de 2002, en raison de « la guerre contre la terreur » et des besoins de stimulation de l'économie qui était au bord de la récession, et alors que les taux d'intérêt étaient proches du point le plus bas de l'après-guerre, l'émission monétaire américaine a atteint une vitesse stupéfiante de 15%.

En fait, si l'on regarde la pente de l'émission des obligations d'État américaines, tout semblait déjà inéluctable. Dans l'histoire de l'humanité, aucun pays n'a mis aussi gravement son futur à découvert. Les États-Unis ne se sont pas contentés d'engager la richesse future de leur peuple, mais également celle des peuples des autres pays. Toute personne qui connaît l'investissement en bourse peut facilement prévoir le résultat de la pente d'une telle courbe.

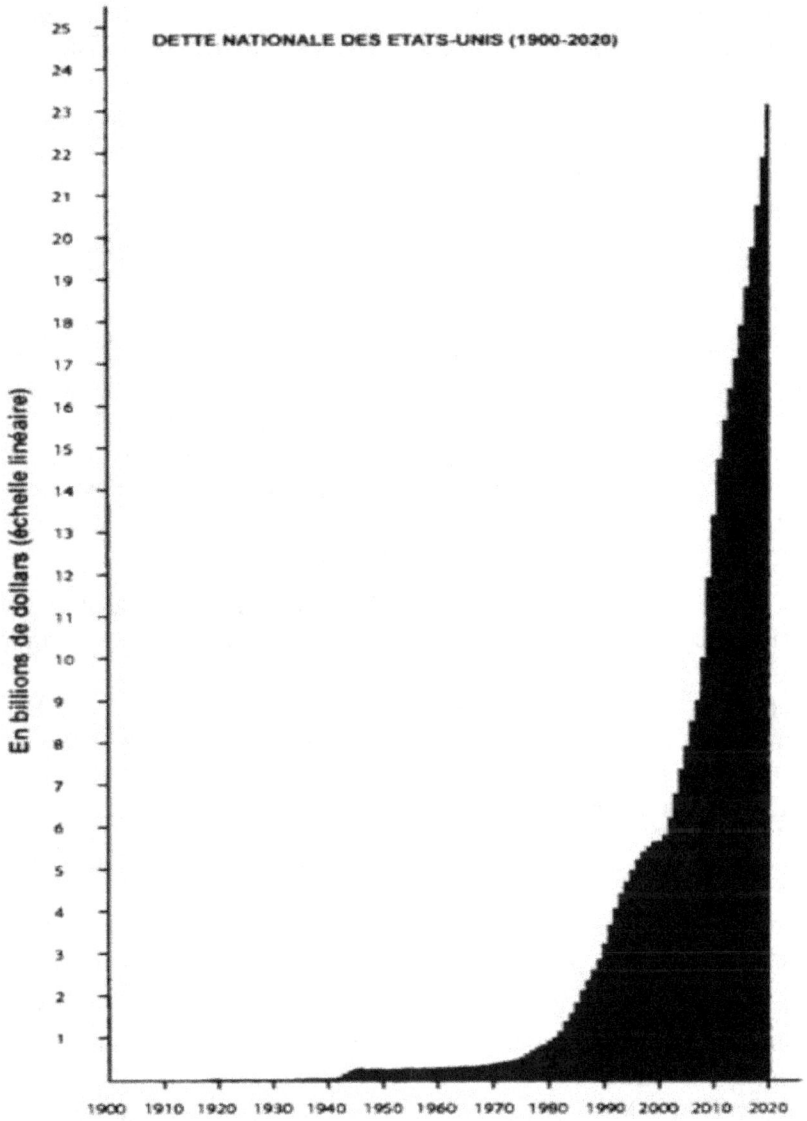

Après les attentats du 11 septembre 2001, dans le but de sauver les marchés boursiers et obligataires, Alan Greenspan a rapidement réduit les taux de 6% à 1% sans tenir compte des conséquences, ce qui conduisit à la flambée du crédit américain et permit au dollar d'inonder le monde entier. Il devenait clair que le dollar n'était qu'un papier imprimé sur fond vert. Partout dans le monde, les détenteurs de dollars se sont précipités presque tous en même temps sur l'immobilier, le pétrole, l'or, l'argent et les produits de base.

Il en résulta que le prix du baril a grimpé de 22 à 60 dollars, et les cours de l'or, de l'argent, du platine, du nickel, du cuivre, du zinc, du plomb, du soja, du sucre, du café et du cacao ont progressé de 120 à 300% par rapport aux cours de 2002. Mais les économistes jurent encore aujourd'hui que l'inflation n'était que de 1 à 2%, ce qui rappelle le dicton de Mark Twain :

> *Il y a trois sortes de mensonges : les mensonges, les sacrés mensonges et les statistiques.*

Plus inquiétant encore, le montant total des obligations des États-Unis a atteint la somme gigantesque de 44 mille milliards de dollars ($44 000 000 000 000 !), incluant les obligations fédérales, les obligations des États et les obligations locales, la dette internationale et la dette privée. Réparties entre chaque américain, ces dettes s'élevaient à près de 150 000 dollars par personne, une famille de quatre personnes étant débitrice sur le papier de près de 600 000 dollars.

Quant à la dette privée, le plus impressionnant était le nombre faramineux de prêts hypothécaires et le montant total des crédits immobiliers et autres crédits à la consommation. Si l'on calcule prudemment le taux d'intérêt à 5%, il faudrait payer chaque année la somme totale de 2200 milliards de dollars d'intérêts sur une dette de 44 000 milliards de dollars, soit presque la recette annuelle totale du gouvernement fédéral des États-Unis.

Près de 70% de cette dette a été créée après 1990. Les États-Unis sont actuellement dans l'impasse pour lancer une guerre de taux d'intérêt élevés comme au début des années 1980 et prendre ainsi en otage les pays du Tiers Monde.

Étant eux-mêmes déjà lourdement endettés, toute politique de taux d'intérêts élevés équivaudrait à un suicide économique. La monétisation de la dette et le super-amplificateur de certaines réserves ont sévèrement mis à découvert la richesse future du peuple américain.

En 2006, le montant total de l'impôt sur le revenu versé par les Américains n'est pas resté longtemps dans les caisses du gouvernement fédéral et a été immédiatement transféré dans le système bancaire pour payer les intérêts sur les obligations libellées en dollar. Pas un seul dollar de l'impôt sur le revenu n'a été utilisé pour les dépenses du gouvernement.

Les dépenses d'éducation de toutes les régions ne pouvaient compter que sur les recettes de la taxe foncière locale ; les dépenses de construction et d'entretien des routes n'étaient couvertes que par les taxes sur l'essence ; les dépenses de la guerre furent imposées sur la société américaine.

En d'autres termes, les impôts des trois cents millions d'États-uniens sont indirectement perçus par les banquiers depuis des décennies, et doivent être exploités continuellement d'année en année. Le problème est que le gouvernement américain n'a pas l'intention de rembourser les obligations d'État. Le gouvernement américain a toujours émis de nouvelles obligations pour rembourser celles arrivées à échéance. La Banque de la réserve fédérale de Philadelphie souligne :

> *Un nombre élevé et croissant d'analystes [...] considèrent désormais la Dette Nationale comme quelque chose d'utile, voire une véritable bénédiction. Dans la « Nouvelle Économie », un déficit fédéral accroissant la dette est souvent considéré comme étant souhaitable, non seulement pour encourager le redressement après une récession, mais pour stimuler également la croissance économique.*[270]

C'est vrai si l'on pense pouvoir mener une vie luxueuse en comptant sur le crédit et l'endettement perpétuel, sans jamais devoir rembourser cet argent. Cette vision des choses, qui ressemble à un « mouvement perpétuel économique », est maintenant très populaire aux États-Unis. Les économistes qui considèrent que l'on peut vivre agréablement en s'appuyant sur des dettes croissantes ne se distinguent pas sur le fond de ceux qui disent qu'un pays peut s'enrichir simplement en créant de la monnaie.

Ces esprits fins ont pourtant accusé « l'épargne excédentaire » des pays d'Asie ou d'autres régions d'être à l'origine du déséquilibre de la structure économique mondiale. Cette façon de donner des leçons alors qu'on profite de la situation trahit la dégénérescence choquante de leur moralité.

Comment peut-on parler d'épargne excédentaire des pays asiatiques ? Existe-t-il seulement des épargnes excédentaires ? En achetant des bons du Trésor américain, l'épargne qu'ils avaient durement accumulée depuis des décennies a été absorbée dans la

---

[270] *The National Debt, Series for economic education*, Federal Reserve Bank of Philadelphia.

« grande expérience » du « mouvement perpétuel économique », et ce avec une ampleur sans précédent dans l'histoire de l'humanité.

La demande de bons du Trésor US, de la part des économies « orientées vers l'exportation » des pays asiatiques, fait penser au drogué qui ne peut s'empêcher de prendre des produits nocifs pour sa santé. Et les États-Unis, comme les *dealers*, sont bien heureux de donner une reconnaissance de dettes aux peuples asiatiques sous forme d'obligations d'État qui n'auront pas besoin d'être remboursées.

Un jour ou l'autre, les pays asiatiques se rendront compte que pour un simple retour nominal de 5% des obligations d'État, le risque réel encouru par une forte dévaluation irréparable des actifs libellés en dollars est un investissement non rentable.

L'ancien ministre de Finances américain, Lawrence Summers, avait déclaré que si la Chine arrêtait d'acheter une certaine quantité moyenne de milliards de dollars d'obligations américaines par semaine, l'économie américaine se retrouverait en grande difficulté, mais la Chine le serait également si ses exportations vers les États-Unis baissaient. En fait, les deux parties sont prises au piège dans un état « d'équilibre de la terreur financière ».

Le monopole des produits financiers dérivés

Les intérêts composés sur la dette américaine représentent une somme annuelle d'au moins 2000 milliards de dollars. Ils nécessitent de fait une création monétaire correspondante, suffisante pour provoquer une inflation importante. Mais, chose étrange, l'inflation aux États-Unis ne semble pas se produire. Comment les banquiers internationaux accomplissent-ils leurs tours de magie ?

L'astuce est d'avoir un endroit pour absorber la grande quantité de monnaie supplémentaire émise, induisant l'inflation du marché des produits financiers dérivés de cette dernière décennie. Il y a vingt ans, le montant de la valeur nominale des produits financiers dérivés était proche de zéro.

En 2006, la taille totale de ce marché avait atteint 370 000 milliards de dollars, équivalant à plus de huit fois le PIB mondial. La rapidité de sa croissance et son ampleur dépasse l'imagination. Mais quelle est la nature des produits financiers dérivés ? Ils sont comme le dollar : ce sont des dettes ! Des paquets de dettes, des conteneurs, des entrepôts, un Himalaya de dettes !

Ces dettes sont considérées comme des actifs et inondent les portefeuilles des fonds spéculatifs. Ces dettes entrent même dans les comptes des compagnies d'assurance et des fonds de pension dans la colonne « actif ». Ces dettes sont échangées, rallongées, compressées, étirées, enroulées, inondées et desséchées, c'est un festin de dettes et aussi un gigantesque casino.

Derrière ces formules mathématiques complexes, il existe de nombreuses options. Chaque contrat est un pari, et chaque pari connaîtra des gagnants et des perdants. Comme il s'agit d'un pari sur des centaines de milliards de dollars, ce casino doit avoir des banquiers pour joueurs. Qui sont-ils ? Les cinq plus grandes banques des États-Unis, qui ne sont pas seulement des acteurs de poids, mais qui accaparent également des monopoles.

Le Trésor américain montre dans son rapport du second trimestre 2006 sur les marchés des instruments dérivés des banques commerciales, que 97% du total des instruments dérivés de 902 banques étaient possédés par les cinq plus grandes banques des États-Unis, JP Morgan Chase et Citigroup représentant à elles deux 94% de leurs revenus. Parmi toutes les catégories des instruments financiers dérivés des banques, les instruments sur les taux d'intérêt représentaient 83%, soit une valeur totale de 98 700 milliards de dollars US.[271]

Parmi les instruments, la couverture sur taux d'intérêt (*Interest rate swap*) prédomine. À une échéance prédéterminée, il permet d'échanger les flux de trésorerie à taux d'intérêts variables contre des flux de trésorerie à taux d'intérêts fixes, dont la transaction n'implique pas de principal (le capital initial). Son objectif essentiel est de simuler l'opération d'obligations à taux fixe à long terme à moindre coût.

Les deux entreprises semi-publiques (*Government-sponsored Enterprises* ou GSE) qui utilisent le plus cet outil sont Freddie Mac et Fannie Mae, les deux géants nord-américains du crédit hypothécaire. Ces deux énormes entreprises de la finance utilisent l'émission d'obligations pour financer les prêts immobiliers à taux fixe sur 30 ans, complétés par des *Interest rate swaps* afin de se couvrir contre un risque futur de fluctuation des taux d'intérêt.

Parmi les 98 700 milliards de dollars d'instruments dérivés sur taux

---

[271] Rapport du Trésor américain, OCC's Quarterly Report on Bank Derivatives Activities, deuxième trimestre 2006.

d'intérêt, JP Morgan Chase arrive en tête, avec 74 000 milliards. Dans le secteur financier, utiliser un effet de levier de 1/10 pour faire des investissements est déjà très risqué, mais utiliser un effet de levier de 1/100 est carrément suicidaire...

Le célèbre fonds de couverture des années 1990, *Long Term Capital Management*, dirigé par deux prix Nobel d'économie, créa le modèle mathématique de couverture de risque le plus sophistiqué au monde, utilisant le matériel informatique le plus avancé. Et utiliser cet effet de levier ferait tout perdre à la moindre faute d'attention et pourrait pratiquement provoquer l'effondrement de l'ensemble du système financier mondial. L'effet de levier des instruments dérivés sur intérêts de JP Morgan Chase, considérée comme la première au monde, atteignit 626/1.[272]

Quelle boule de cristal permettait à JP Morgan Chase de prendre des risques incroyables avec un tel courage, pour prévoir les fluctuations des taux d'intérêts que seuls Greenspan et la Fed connaissaient ? Il n'y a qu'une seule réponse raisonnable : la banque JP Morgan Chase est elle-même l'un des plus gros actionnaires de la Banque de réserve fédérale de New York, qui est elle-même une société privée à part entière.

JP Morgan Chase peut non seulement obtenir avant les autres les informations sur la fluctuation des taux d'intérêts, mais elle est en outre l'un des décideurs directs de ces changements, tandis que le comité de la Fed à Washington n'est que l'organe exécutif, alors que le monde pense que les fluctuations des taux d'intérêts sont votées par la Fed lors de réunions régulières. Bien sûr, le processus de vote est réel, mais le personnel habilité à voter est choisi dès le début par les banquiers.

C'est pourquoi la banque JP Morgan passe des paris qu'elle est sûre de gagner. C'est comme si JP Morgan Chase contrôlait artificiellement la pluie et qu'elle vendait par ailleurs des assurances contre les inondations. Elle sait évidemment quand les inondations arrivent, et même dans quelle région. Einstein a dit un jour « Dieu ne joue pas aux dés ». JP Morgan Chase, tout en jouant au commerce monopolistique des instruments financiers dérivés, ne joue pas non plus aux dés.

Dans le sillage de la croissance explosive de la taille du marché des instruments financiers dérivés, la réglementation gouvernementale s'est

---

[272] Adam Hamilton (The JPM Derivatives Monster, Zeal Research, 2001).

laissée distancer. Un grand nombre de contrats dérivés furent vendus en dehors du marché officiel, de gré à gré. Dans le système comptable, il était difficile de faire l'analogie entre les négociations des transactions commerciales classiques et les produits dérivés.

Sans parler du calcul des impôts et la comptabilisation des actifs et passifs. En raison de l'ampleur de l'effet de levier, les risques étaient difficiles à contrôler et la réglementation gouvernementale inconsistante. Les marchés financiers étaient assis sur une bombe à retardement.

C'est vraiment en raison de l'épanouissement du marché spéculatif que ce dernier absorba les chiffres énormes créés par le paiement des intérêts de la dette américaine. Tant que l'énorme quantité de dollars émis, s'ajoutant aux dollars revenant de l'étranger, est contrainte d'entrer dans ce marché à rotation à grande vitesse et ne fuit pas trop vers d'autres marchés, l'indice de mesure de l'inflation restera miraculeusement sous contrôle. Mais quand le marché des dérivés financiers s'effondrera, nous ferons l'expérience de la pire crise financière et économique mondiale.[273]

Les GSE : une deuxième Réserve Fédérale

> *Comprendre les risques encourus par Fannie Mae et Freddie Mac (F-F) [...] est important selon deux optiques. D'abord, les investisseurs devraient avoir conscience de ces risques. Bien que de nombreux investisseurs supposent que les obligations de F-F sont effectivement garanties par le gouvernement des États-Unis, le fait est que cette garantie est seulement implicite. [...]*
> *Une deuxième raison de comprendre ces risques est que les bonnes décisions de politique publique dépendent d'une telle compréhension. Pour réduire le potentiel d'une crise financière, les risques doivent être atténués. Fannie Mae et Freddie Mac encourent cinq sources principales de risques liés à leur activité : le risque de crédit, le risque de remboursements anticipés, le risque de taux d'intérêt lié à une durée déséquilibrée entre les actifs et les passifs, le risque de liquidité et le risque opérationnel. Un sixième risque, que l'on appelle le risque politique, est lié à la possibilité de révisions régulatrices*

---

[273] L'auteur, Hongbing Song, écrivait ces lignes prophétiques en 2006... [n.d.e.].

> *ou statutaires qui pourraient affecter grandement ceux qui détiennent la dette ou les actions de ces entreprises.*[274]
> William Poole, Président de la Banque de réserve fédérale de St. Louis, s'exprimant sur les risques encourus par les GSE.

Parmi les GSE, les deux plus grandes entreprises qui opèrent sous licence du gouvernement sont des sociétés de crédit immobilier, Fanny Mae et Freddie Mac (F&F). Ces deux sociétés se chargent de développer le marché de revente des crédits immobiliers. Les obligations adossées aux hypothèques qu'elles émettent, les MBS (*Mortgage Backed Securities*), atteignent un total de 4000 milliards de dollars.

En fait, la majeure partie des 7000 milliards de dollars de crédits immobiliers accordés par le système bancaire américain a été transmise à ces deux entreprises. Ces entreprises ont transformé en obligations MBS les hypothèques liées à ces crédits immobiliers, qui étaient ensuite revendus à des banques d'investissement de Wall Street et à des banques centrales asiatiques.

Il existe un écart entre toutes les MBS émises et les crédits immobiliers achetés aux banques, constituant une source de profit pour les deux sociétés. Selon les statistiques de 2006, 60% des banques nord-américaines détenaient des fonds obligataires de ces deux entreprises, dépassant au total plus de 50% du capital de ces banques.[275]

En tant que sociétés cotées, F&F sont des entreprises à but lucratif, et détenir des crédits hypothécaires est, pour elles, une activité des plus rentables. Les taux d'intérêts étant variables, elles assument elles-mêmes les risques de crédit et le remboursement anticipé des hypothèques. Lorsqu'en 2002, la Fed démarra le long processus de relèvement des taux d'intérêts, F&F commencèrent à détenir directement un grand nombre de prêts hypothécaires immobiliers, représentant à la fin de l'année 2003 la somme de 1500 milliards de dollars.

Assumant la responsabilité d'obligations si énormes, les institutions

---

[274] GSE Risks, Federal Reserve Bank of St. Louis, Review, mars/avril 2005 (vol. 87, n°2, Part 1), p. 85.

[275] Fannie Mae, Freddie Mac and the need for GSE reform, now, Office of Federal Housing Enterprise Oversight (OFHEO).

financières évitent soigneusement les risques, et leur stratégie la plus importante est de faire coïncider la durée des actifs et des passifs sur leurs bilans, faute de quoi le risque lié à la fluctuation des taux d'intérêts serait difficile à contrôler. Il faut éviter d'avoir à soutenir une dette à long terme pour des financements à court terme.

La méthode traditionnelle est d'émettre des obligations remboursables avant échéance, permettant de synchroniser la durée des actifs et passifs, et verrouiller en même temps le différentiel entre taux d'intérêts. On évite ainsi les fluctuations de taux et le remboursement anticipé des prêts hypothécaires.

Cependant, en réalité, ces deux entreprises émettent surtout des obligations à long terme à taux fixe et des billets d'escompte à court terme pour se financer. Leurs financements à court terme doivent lever, chaque semaine, trente milliards de dollars, ce qui les place dans une situation à haut risque.

Afin d'éviter le risque de fluctuation des taux d'intérêts, F&F doivent adopter des stratégies de couverture complexes, jonglant avec leur endettement et des instruments financiers dérivés liés aux taux d'intérêt (les *Interest rate swaps*), afin de produire une dette à court terme à taux fixe et assurer leurs flux de trésorerie futurs.

Elles doivent également se protéger contre le risque lié aux remboursements anticipés des prêts hypothécaires. Pour ce faire, elles disposent d'un autre instrument qui est l'option sur *swap* de taux d'intérêt, les *Swaptions*.

En outre, elles utilisent aussi la stratégie de la couverture dynamique imparfaite (*imperfect dynamic hedging*) pour gérer le risque lié aux taux d'intérêts, qui est avantageuse en termes financiers lorsque la volatilité des taux est modérée. Tout semblait inattaquable, les coûts étaient faibles, tout était parfait.

Avec une forte volonté de recherche du profit et sous la combinaison des divers investissements de F&F, les deux sociétés gagnaient beaucoup d'argent sur les obligations MBS qu'elles émettaient elles-mêmes. À entendre cela, cela ne semble pas rationnel, car quel sens y a-t-il à émettre ses propres obligations à court terme et acheter ses propres obligations à long terme ?

Les choses étranges suivent leur propre logique. Fannie Mae et Freddie Mac étaient des GSE ayant le monopole du marché de revente des prêts immobiliers assortis d'une garantie indirecte du gouvernement. Par « garantie indirecte », on entend que le gouvernement fournissait à ces deux GSE une certaine quantité de crédits pouvant être utilisés dans des cas d'urgence.

En outre, la Fed pouvait accorder des réductions à Fannie Mae et Freddie Mac sur les obligations, signifiant par-là que la banque centrale pouvait monétiser directement les obligations. En près d'un demi-siècle, mis à part la dette d'État américaine, il n'y avait aucune entreprise dont les obligations étaient aussi privilégiées. Lorsque le marché s'aperçut que détenir leurs obligations équivalait quasiment à détenir des dollars en espèces, leur crédibilité passa juste après la dette d'État américaine.

C'est pourquoi les intérêts de toutes leurs obligations à court terme étaient à peine supérieurs aux obligations nationales. Compte tenu de l'existence d'une source de financement bon marché, en achetant ses propres obligations à long terme, il y avait encore de la place pour l'arbitrage.

Il n'est pas exagéré de dire que les obligations de ces deux GSE exerçaient dans une certaine mesure la fonction d'obligations du Trésor, elles étaient réellement devenues une seconde Réserve Fédérale, fournissant au système bancaire américain beaucoup de liquidités, notamment lorsqu'il est inopportun de se manifester auprès du gouvernement.

C'est la raison pour laquelle après les dix-sept hausses consécutives de taux opérées par la Fed, le marché financier était toujours inondé de liquidités. Celles qui avaient été aspirées par la Fed passèrent de nouveau par les crédits immobiliers des GSE et retournèrent sur les marchés financiers.

Cette situation fait songer au film chinois *La guerre des tunnels*, dans lequel les agresseurs japonais ne cessent de pomper l'eau d'un puits avant de la verser dans le tunnel d'un village, où se cachent les habitants. Mais, ils ne parviennent jamais à l'inonder, car les combattants chinois reversent toute l'eau dans le puits par un passage souterrain, donnant l'impression aux agresseurs que ce tunnel est sans fin et qu'il ne pourra jamais être comblé.

Les GSE achetaient l'arbitrage des MBS pour les obligations à court terme. Ajouté à cela, les banquiers internationaux proposaient des financements à très faible coût à partir du marché du yen puis, avec un effet de levier puissant, achetaient les options de la dette américaine, créant artificiellement des obligations américaines à long terme (obligations d'État et MBS à 30 ans), réduisant ainsi le rendement à long terme.

Dans ce contexte, les inquiétudes du marché concernant l'inflation à long terme semblaient dénuées de fondement. Les investisseurs étrangers hésitèrent un instant, puis retournèrent sur le marché des obligations à long terme américaines, de sorte que les économies d'autres pays puissent financer encore le « test de mouvement perpétuel de l'économie », et que les gens aient toujours envie de poursuivre la fête.

Alors que les GSE continuaient à fournir de l'alcool pour les festivités du carnaval, leur propre capital chuta involontairement à un niveau de danger extrême de 3,5%. Sous le fardeau d'une dette qui se chiffrait en milliers de milliards de dollars, et avec la sévère agitation sur les marchés internationaux des taux d'intérêt, le montant de leur capital devint si faible qu'il empêcha Greenspan[276] de dormir. Cela rappelle le fonds *Long Term Capital Management* qui avait le modèle de couverture des risques le plus complet et le plus sophistiqué.

Pourtant, la crise de la dette russe allait ruiner ce fonds spéculatif, qui fut recapitalisé à hauteur de 3,6 milliards de dollars en 1998, sous la supervision de Greenspan. Alors, la stratégie de couverture de F&F, reposant très lourdement sur des instruments financiers complexes, pourrait-elle résister à des événements imprévus ?

La faiblesse des GSE provenait de graves lacunes dans la prévention des changements subits des taux intérêts à court terme. Le président de la Banque de réserve fédérale de St Louis, William Poole, s'inquiétait de leur capacité de résistance aux chocs d'intérêts. En s'appuyant sur les statistiques de la fluctuation du cours au jour le jour, sur 25 ans, des Bons du Trésor, il exposa :

> *La première chose à noter dans ces chiffres est la fréquence de changements importants. Dans cet exemple, la variation du cours des bons du Trésor dans 0,75% des cas environ est plus grande en valeur absolue que les écarts courants de 3.5%, plus de 16 fois le nombre d'exceptions que l'on pourrait attendre d'une répartition normale des variations de cours. Je répète : il y a 16 fois plus de variations de cours supérieures aux écarts courants de 3,5% que ce à quoi on peut s'attendre dans une*

---

[276] Alan Greenspan, le prédécesseur de Ben Bernanke à la présidence du Board de la Réserve Fédérale [n.d.e.].

> *répartition normale. Sur la base de 250 jours de cotation par an, une variation du cours des obligations de cette ampleur ou plus grande en valeur absolue se produit en moyenne deux fois par an au lieu d'une fois tous les huit ans. La répartition normale offre une image excessivement trompeuse du risque de variations de cours importantes. Des variations vraiment très importantes de 4.5% ou plus des écarts courants — celles qui peuvent briser une société utilisant de forts effets de levier — ne se produisent que 7 fois sur un million dans des conditions de répartition normale, mais il y a 11 variations de ce type dans les 6573 observations quotidienne de ce tableau.[277]*

Puis il conclut :

> *Selon ce critère, une couverture incomplète des chocs moins probables de taux d'intérêt à long terme n'est pas une stratégie de gestion du risque adéquate pour les GSE. Les ratios de capital qui ne sont pas testés contre des événements extrêmes n'atténuent pas de façon adéquate le risque lié aux taux d'intérêt encouru par ce type d'institutions.[278]*

Si des pirates de la finance attaquaient brutalement le dollar ou que des terroristes lançaient une attaque nucléaire ou chimique contre les États-Unis, le cours de l'or continuerait à augmenter et d'autres situations d'urgence se produiraient. La dette d'État américaine subirait un choc sévère, et quand les GSE rencontreraient un problème, des milliers de milliards de dollars d'obligations pourraient en quelques heures perdre leur liquidité.

La Fed ne pourrait même pas arriver à temps pour sauver la situation. Finalement, 60% des banques américaines pourraient s'effondrer, le marché aux 370 000 milliards de dollars d'instruments dérivés très vulnérables s'écroulera alors comme des dominos et les marchés financiers mondiaux s'affoleront.[279]

Tous les gros risques des marchés des produits financiers dérivés

---

[277] William Poole, GSE Risks, Federal Reserve Bank of St. Louis, Review, mars/avril 2005, 87 (2, Part 1), p. 88.

[278] *Ibid.*, p. 90.

[279] Une fois encore, rappelons que l'auteur écrivait ces lignes prophétiques en 2006... [n.d.e.]

réfractés par les GSE ne sont que la pointe émergée de l'iceberg. Robert Kiyosaki, l'auteur de *Père Riche, Père Pauvre* (Un monde différent, 2001), décrivait dans un article intitulé *Le penchant pour la dette* le sentiment de prospérité éprouvé par les gens avec tout ce capital fébrile qui circule dans le monde d'aujourd'hui :

> *Le problème que je vois est que les entreprises ne sont pas acquises avec de l'argent ou des fonds propres, elles sont acquises par de la dette. Et autant que je le sache, quelqu'un devra, un jour, rembourser cet argent.*
> *L'empire espagnol a fini par s'effondrer en raison de son penchant dispendieux pour la guerre et la conquête. Je m'inquiète de ce que le monde moderne sera lui-même conquis parce qu'il a développé un penchant dispendieux pour la dette. Alors, quelle est ma recommandation ? Pour l'instant, profitez de la fête, ne buvez pas trop et tenez-vous près de la sortie.*[280]

Dans son livre *Père Riche, Père Pauvre,* Kiyosaki utilise la métaphore d'un casino coloré et bourdonnant, où les dollars pariés portent le nom d'« argent louche[281] ». De la fumée s'élève dans un coin du casino, et les gens qui n'ont pas trop bu se réveillent et se dirigent calmement vers la petite porte de sortie. Au début, les flammes, c'est-à-dire l'inflation, sont à peine visibles, peu de gens sont au courant.

Puis la fumée commence à envahir la salle, les joueurs regardent autour d'eux et certains parlent à voix basse. Le patron du casino, craignant que son établissement ne se vide, se met à crier pour rendre les jeux plus excitants. La plupart des gens reprennent leur place autour des tables. Alors que les petites flammes deviennent grandes et que les gens s'agitent, certains se mettent à courir, beaucoup restent perplexes.

Le patron crie que les flammes sont normales, qu'elles peuvent même stimuler le secteur des casinos, et que tout est sous contrôle. Cependant, de plus en plus de gens se pressent vers la sortie. À ce moment, le plus angoissant, ce sont les cris...

Lorsqu'une catastrophe survient, chacun cherche sa propre échappatoire. Selon Kiyosaki, la sortie de secours du casino en flammes

---

[280] Robert Kiyosaki, « A Taste for Debt », in Yahoo Finance Experts Column, 27 octobre 2006.

[281] Funny money. On pourrait dire également « monnaie de singe » [n.d.e.]

est l'or et l'argent. Dans l'article *Parier sur l'or, pas sur la monnaie de singe*, il fait remarquer :

> Mon pari est que l'or est bon marché et que son cours se corrigera à mesure que le pétrole augmentera et que des pays comme la Russie, le Venezuela, les pays arabes et l'Afrique deviendront plus réticents à accepter des dollars américains. Cela fait déjà un moment que l'on nous permet de payer les biens et services des autres pays avec de la monnaie de singe, mais le monde semble de moins en moins prêt à l'accepter en paiement. [...]
> Ma stratégie reste la même qu'elle a été pendant des années : je parie sur la monnaie authentique, c'est-à-dire l'or et l'argent. Je continue également à emprunter de la monnaie de singe pour acheter de l'immobilier. [...]
> Maintenant, vous savez pourquoi j'achète plus d'or et d'argent à chaque fois que leur cours baisse dans l'environnement économique actuel. Quel investisseur intelligent ne dépenserait-il pas joyeusement de la monnaie de singe pour acheter de la monnaie authentique ?[282]

La devise reine assignée à résidence...

> « L'or est soumis à un grand nombre de facteurs d'instabilité, provoqués notamment par l'action de gouvernements puissants. [...] Si vous avez remarqué ce qu'il s'est passé au cours des vingt dernières années dans les politiques gouvernementales vis-à-vis de l'or, personne n'en a vendu lorsque son cours s'est envolé à 800 dollars l'once. Cela aurait été une bonne affaire et aurait eu un effet stabilisateur s'ils l'avaient fait. Mais les gens vendent l'or quand il descend très bas ; le gouvernement britannique vend de l'or, maintenant qu'il semble avoir touché le fond. [Tout comme la Suisse ! [n.d.a.]. Cet élément — les gouvernements qui vendent lorsque son cours est bas ou ne vendent pas lorsqu'il est haut — le déstabilise. Les gouvernements devraient [...] acheter bas et vendre haut.[283]

---

[282] Robert Kiyosaki, « Bet on Gold, Not on Funny Money », in Yahoo Finance Experts Column, 24 juillet 2006.

[283] Lors d'une conférence organisée par le Conseil Mondial de l'Or, le 19 novembre 1999 à Paris, Robert Mundell, professeur à l'Université de Columbia et lauréat du prix Nobel d'économie en 1999, fit cette remarque durant la session questions/réponses

— Robert Mundell, 1999.

Le facteur d'instabilité auquel Mundell fait référence fait partie intégrante de la stratégie globale de diabolisation de l'or, à partir de 1980, par les banquiers internationaux. Leurs actions sur le cours de l'or obéissaient à une disposition technique rigoureuse, vraiment superbe, un plan de génie difficile à percevoir, capable sur une période de vingt ans de réussir à réprimer son cours. Une première dans l'histoire de l'humanité !

Beaucoup de gens n'ont pas compris quand le Trésor britannique annonça dans un tollé général, le 7 mai 1999, que la Banque d'Angleterre s'apprêtait à vendre 415 tonnes d'or, 58% de ses réserves. Cette vente fut la plus importante au Royaume-Uni depuis les guerres napoléoniennes. Cette nouvelle sensationnelle fit chuter le cours de l'or à 280 dollars l'once. Deux mois plus tard, il atteignait son cours le plus bas depuis vingt ans, à 252,80 dollars.[284]

On ne peut que s'étonner de ce type de décision. Si l'intention était de faire fructifier ses réserves, la Banque d'Angleterre aurait pu vendre son or à 800 dollars l'once en 1980, puis acheter les bons du Trésor US à trente ans dont le taux de rendement, à l'époque, était de 13%. En procédant ainsi, le Royaume-Uni aurait gagné la bagatelle de 75 milliards de dollars !

Mais la Banque d'Angleterre insista pour vendre en 1999 son or à son cours le plus bas de 280 dollars l'once, puis acheta les bons du Trésor US à un taux de rendement inférieur à 5%. Il n'est pas étonnant que Mundell se perde en conjectures… La Banque d'Angleterre avait-elle oublié comment faire des affaires ? Bien sûr que non.

Depuis sa création, en 1694, elle a assisté à toutes sortes de tempêtes et domine encore les marchés financiers. On peut vraiment l'appeler l'ancêtre de l'industrie financière moderne. La Réserve Fédérale n'est

---

après son discours sur le système monétaire international au tournant du millénaire, in Ferdinand Lips, op. cit., p. 125. [En 2004, Nicolas Sarkozy, alors ministre des Finances, pousse la Banque de France à vendre une partie de ses stocks d'or. Ainsi, entre 2004 et 2009, la France a vendu 589 tonnes d'or, soit un cinquième de ses réserves… au cours le plus bas ! — n.d.e.]

[284] Ferdinand Lips, op. cit., p. 215.

qu'une écolière face à elle, et laisser entendre qu'elle ne comprend plus les affaires est tout simplement impensable.

En fait, la Banque d'Angleterre viola les lois de base du commerce car elle avait peur ! Elle n'avait pas peur que le cours de l'or continue de baisser et que cela conduise à la dépréciation de ses réserves ; au contraire, elle craignait que l'or augmente ! Parce que l'or enregistré sur les comptes de la Banque d'Angleterre a disparu comme l'air, et que l'or inscrit sur les comptes à créditer ne pourra jamais être payé…

Le banquier suisse Ferdinand Lips a dit autrefois que si les Anglais se rendaient compte que leur banque centrale traitait avec autant de légèreté la richesse qu'ils ont accumulée depuis des centaines d'années, des têtes passeraient sur le billot. En fait, plus précisément, si le monde était au courant de la façon dont les banques centrales manipulent le cours de l'or, le plus grand crime financier de l'Histoire serait enfin mis au jour.

Où est passé concrètement l'or de la Banque d'Angleterre ? Il fut d'abord loué aux *bullion banks* (Les banques spécialisées dans le négoce des métaux précieux). Il faut savoir que l'euro et le yen représentaient la gale aux yeux de l'axe Londres/Wall Street, et que l'or était le mal latent. Avec le retour de l'or, tous les systèmes de monnaies fiduciaires rendraient les armes.

Bien que l'or ne soit plus la monnaie mondiale, il constitue toujours le plus grand obstacle au pillage des richesses des peuples par les banquiers internationaux à travers l'inflation. Et, bien qu'il soit silencieusement mis à l'écart du système monétaire et « placé en résidence surveillée », son statut historique et sa symbolique de prospérité exercent toujours un attrait considérable.

À la moindre agitation dans le monde, les gens se ruent automatiquement sur l'or pour y trouver un refuge solide. Même les banquiers, qui trompent l'opinion publique, ne croient pas vraiment qu'ils arriveront un jour à détrôner cette devise reine ; ils ne peuvent que tenter de « l'assigner à résidence pour toujours ». Pour y parvenir, il faut montrer au monde que cette devise reine est en fait d'une grande faiblesse et qu'elle est incapable de protéger l'épargne et de fournir des indicateurs de stabilité — et même d'éveiller l'intérêt des spéculateurs.

Par conséquent, le cours de l'or doit être strictement contrôlé. Toutefois, les banquiers internationaux reçurent une bonne leçon, en 1968, avec le fiasco du pool de l'or.

Cette expérience fut suffisamment amère pour qu'ils ne rééditent pas l'erreur d'utiliser leurs réserves d'or pour faire face à l'énorme demande du marché. En 1980, la mise en place de taux d'intérêt de 20% réprima temporairement le cours de l'or et, une fois la confiance revenue dans le dollar, ils commencèrent à utiliser de nouvelles armes : les instruments financiers dérivés.

Selon *L'Art de la guerre*, de Sun-Tzu, il vaut mieux conquérir les cœurs que capturer une ville. Les banquiers comprenaient bien cela. Que ce soit l'or, le dollar, les actions, les obligations ou l'immobilier, le stade suprême de ce jeu est la confiance. Et les instruments dérivés sont des armes de destruction massive (ADM) de la confiance !

Après avoir réussi à faire exploser la « bombe nucléaire des produits financiers dérivés » pendant le krach boursier en 1987, cette ADM fut de nouveau utilisée sur le marché financier de Tokyo en 1990, et sa létalité rendit les banquiers internationaux fous de joie. Malheureusement pour eux, une bombe nucléaire a un impact intense mais de courte durée. Et face à la menace chronique et à long terme de l'or, il faut mettre au point des armes sapant encore davantage la confiance, et élaborer une attaque mixte de type « cocktail ».

Ils créèrent un monstre qui finirait non seulement par écraser tous les volumes d'or physique, mais ouvrirait la porte à une manipulation du cours de l'or sans précédent sans avoir à mettre en jeu de l'or physique. Cet instrument avec lequel il est possible de faire bouger le cours de l'or à des niveaux dingues sans jamais posséder d'or physique s'appelle « effet de levier à travers des dérivés ».[285]

Au début des années 1980, des opérateurs de Wall Street créatifs trouvèrent un moyen pour que l'or qui dormait dans les réserves des banques centrales rapporte de l'argent. Celles-ci louaient leur or, jusqu'alors improductif, et percevaient un intérêt de 1 à 2%. Cet or était ensuite prêté à des sociétés minières, au taux de 3 à 4%, qu'elles pouvaient ensuite revendre au comptant ou sur le marché à terme, et ainsi trouver des financements très bon marché.

Il faut bien comprendre que dans ces opérations aucun or physique n'était échangé, seulement des titres de propriété, de l'or virtuel. Tout le monde y gagnait : les banques centrales percevaient un revenu constant, les sociétés minières pouvaient se financer à bon compte et les banquiers d'investissement spécialisés dans les transactions sur métaux

---

[285] *Ibid.*, p. 149.

précieux, les *bullion tankers*, touchaient de grosses commissions aux deux bouts de l'opération.

Ainsi, les *bullion bankers* tenaient entre leurs mains les futurs rendements des mines d'or, qui servaient de garantie aux futurs remboursements aux banques centrales de l'or qu'elles avaient « prêté ». Ajouté au fait que tout ce petit monde, les dirigeants des banques centrales et les *bullion bankers*, était bien souvent constitué des mêmes personnes, les contrats de location d'or pouvaient être étendus à l'infini.

Mais rapidement, tout ce business devint une machine spéculative explosive et de nouveaux instruments furent créés : ventes au comptant différées, contrats à terme, contrats à terme à volume variable, couvertures en delta neutre, *puts et calls*,[286]. Toute cette fièvre spéculative, dans laquelle furent entraînées les compagnies minières entraîna irrémédiablement la baisse du cours de l'or.[287]

Qui étaient les acteurs sur ce marché ? D'abord, tout le gotha bancaire de New York, Goldman Sachs, J. P. Morgan Chase, les négociants d'or. S'y ajoutaient de grandes banques internationales, telles que la Deutsche Bank, la Société Générale, UBS et le Crédit Suisse.

Parallèlement, tous ces *bullion bankers* empruntaient de l'or aux banques centrales au taux très faible de 1%, puis le revendaient sur le marché, afin d'acheter des bons du Trésor US offrant un rendement de 5%. Ce type d'opération portait le nom de « *Gold Carry Trade* » (c'est-à-dire une opération spéculative sur écart de rendement à partir de l'or).

Ainsi, les ventes d'or stocké dans les banques centrales déprimèrent le cours de l'or, permettant de réaliser de gros bénéfices, tout en stimulant les demandes d'obligations américaines et permettant de faire baisser les taux d'intérêt à long terme. Il s'agissait d'un plan merveilleux où l'on pouvait faire d'une pierre plusieurs coups.

Cependant, ce jeu commença à prendre fin en septembre 1999, lorsque les banques centrales, après des années de spéculation et de ventes d'or à découvert, commencèrent à se réveiller. Quinze banques

---

[286] Les puts et les calls sont réciproquement des paris à la baisse ou à la hausse sur une valeur donnée, en l'occurrence, ici, sur l'or [n.d.e.].

[287] *Ibid.*, p. 150.

centrales européennes, dont la Suisse, limitèrent leurs ventes et la location d'or pour une période de cinq ans. Cependant, toute cette spéculation irresponsable avait ruiné des compagnies minières et des pays entiers.

En effet, de nombreux producteurs d'or avaient touché des avances sur leurs futurs revenus. Les réserves minières souterraines avaient été pré-vendues. Les producteurs d'or australiens vendirent même leur production sept ans à l'avance. Le gros producteur ghanéen Ashanti acheta 2500 contrats de produits dérivés financiers sur les conseils de Goldman-Sachs et de seize banques.

En juin 1999, ses actifs financiers en couverture de risque sur ses comptes atteignirent 290 millions de dollars. Les critiques soulignèrent que les producteurs d'or de l'époque menaient des spéculations financières dangereuses.

Dans le sillage du lancement par les producteurs d'or de la « révolution des couvertures de risques », la société Barrick Gold fut pionnière en la matière. L'échelle de couverture de risque de la société avait depuis longtemps dépassé la fourchette raisonnable de contrôle des risques. Il n'est pas exagéré de dire que sa stratégie était un pari financier fou.

Dans son action unilatérale de vente à découvert massive d'or, Barrick Gold lança une course invisible, dont le résultat fut l'autodestruction du marché. Les rapports annuels de Barrick Gold induisaient systématiquement les investisseurs en erreur, vantant leur stratégie complexe de couverture de risques afin de pouvoir toujours vendre l'or à un prix supérieur au marché.

En fait, une partie de l'or que Barrick Gold vendait sur le marché provenait des *bullion bankers* qui l'avaient loué à diverses banques centrales. Avec les recettes de la vente de cet or, la société acheta des obligations du Trésor, dont les profits générés par les écarts de rendement furent la véritable source des effets merveilleux produits par ce que l'on appelle les « outils de couverture de risques complexes ». Ceci constituait une fraude financière typique.

Attaqué de toutes parts, le cours de l'or ne cessa de baisser, en accord avec les intérêts de tous les participants à la manœuvre. Sachant que les producteurs avaient verrouillé le prix de l'or, lorsqu'il baissa, les divers actifs comptables utilisés dans les ventes d'or à découvert s'apprécièrent. Ainsi, les producteurs d'or devinrent malgré eux les complices de la baisse de l'or.

Bill Murphy, le président du GATA,[288] la commission d'action antitrust sur l'or, a dévoilé l'existence d'un « cartel de l'or », dont l'objectif est d'étouffer le cours de l'or. En faisaient partie le gouvernement des États-Unis, dont le Trésor et la Fed, diverses autres banques centrales, notamment la Banque d'Angleterre, emmenées par la Banque des Règlements Internationaux, et des *bullion banks*, JP Morgan Chase, Goldman-Sachs, Deutsche Bank et Citibank.

La motivation de cette « cabale » était de soutenir le dollar et de maintenir les taux d'intérêt au plus bas. Pour faire baisser l'or, les *bullion banks* vendaient à découvert de l'or en quantité massive, tandis que les banques centrales alimentaient de façon clandestine le marché en or physique.

En juillet 1998, devant la Commission bancaire de la Chambre des Représentants, Greenspan déclara :

> *Les contreparties privées ne peuvent pas non plus restreindre l'offre d'or, une autre matière première dont les dérivés sont souvent échangés de gré à gré, où les banques centrales sont prêtes à louer leur or en quantité croissante si son cours devait monter.*[289]

Autrement dit, Greenspan reconnaissait publiquement qu'en cas de nécessité, le cours de l'or était sous le contrôle complet des banques centrales.

En mars 1999, la guerre du Kosovo était déclenchée, introduisant de subtils changements. L'attaque aérienne de l'OTAN ne produisit pas l'effet prévu. Le cours de l'or, soutenu par un pouvoir d'achat important, entama une hausse explosive. Dès que son cours ne fut plus contrôlé, les *bullion bankers* durent le racheter sur le marché à un cours très élevé, pour le rendre aux banques centrales.

Si cette « marchandise » venait à se raréfier, que les mineurs, extracteurs et producteurs fassent faillite ou qu'il n'y ait pas assez de réserves souterraines, les banquiers internationaux subiraient de lourdes pertes, et les comptes des réserves d'or des banques centrales accuseraient d'énormes déficits. Et... si les gens apprenaient la vérité...

---

[288] Gold Antitrust Action Committee [n.d.e.]

[289] Alan Greenspan, président de la Fed, auditions parlementaires du 24 juillet 1998.

des têtes commenceraient à tomber !

En pleine panique, la Banque d'Angleterre finit par se précipiter sur la ligne de front, le 7 mai 1999. Si son action pouvait suffire à faire reculer les acheteurs, le cours de l'or baisserait naturellement à la satisfaction de tous, et l'on vendrait les créances douteuses liées à l'or, à l'insu du public. C'est la raison pour laquelle lorsque les banques centrales vendent de l'or, les gens ne savent jamais qui est l'acheteur.

Bien que la guerre du Kosovo prît fin le 10 juin 1999, les banquiers qui avaient eu des sueurs froides pensaient que ce jeu était allé trop loin. Si l'on ajoute à cela que les investisseurs sur le marché international de l'or réclamaient que les banques centrales, qui manipulaient le cours de l'or, soient poursuivies en justice, on comprend que les politiciens de plusieurs pays se sont mis à examiner cette affaire de près.

Les gros ennuis semblaient imminents. En septembre 1999, quinze banques centrales européennes conclurent l'Accord de Washington, acceptant de restreindre pendant cinq ans leurs ventes et leurs locations d'or. La nouvelle se répandit et les taux d'intérêts sur les prêts d'or passèrent de 1 à 9% en quelques heures. Les producteurs d'or qui effectuaient des ventes à découvert, ainsi que les instruments financiers dérivés des spéculateurs, enregistrèrent de lourdes pertes.

L'année 1999 fut un tournant stratégique important dans la bataille de l'or, comme la bataille de Stalingrad lors de la Seconde Guerre mondiale. À partir de là, les tentatives de réprimer le cours de l'or n'obtinrent plus de succès décisifs. Le système de la monnaie fiduciaire, avec le dollar à sa tête, battait en retraite face à la puissante attaque de l'or, jusqu'à l'effondrement final prévisible.

À l'extérieur du principal champ de bataille de contrôle du cours de l'or, les banquiers internationaux ouvrirent un deuxième front, une guerre entre l'opinion publique et les milieux scientifiques. Les banquiers internationaux obtinrent une grande victoire en lavant systématiquement le cerveau des milieux économiques. Lorsque de nombreux économistes contemporains demandèrent, perplexes, quelle était l'utilité de l'or, les banquiers internationaux durent se sentir soulagés, tout semblait revenir sous leur contrôle.

Les gens demanderont naturellement : quel est le problème avec la monnaie fiduciaire ? Ne vivons-nous pas sous un système de monnaie fiduciaire depuis plus de trente ans ? L'économie ne se développe-t-elle pas comme d'habitude ? John Exter, ancien vice-président de la Banque de réserve fédérale de New York et de la Citibank répondit ainsi :

> *Dans un tel système, aucun pays n'aurait jamais à en payer un autre avec une monnaie ayant une bonne valeur de réserve. Ils ne voient aucun besoin de discipline de convertibilité. [...] Nous sommes censés payer notre pétrole avec des dollars papier, peu importe combien nous en imprimons. [...] Ils ignorent le souhait des gens à avoir une monnaie dotée d'une bonne valeur de réserve comme l'or. En fait, ils refusent de dire que l'or est une monnaie et ils affirment arbitrairement que c'est une marchandise ordinaire comme le plomb ou le zinc, qui ne jouent aucun rôle dans le système monétaire. Ils ont même suggéré que ce n'est pas l'affaire du Trésor d'en détenir et qu'il devrait le vendre progressivement sur le marché. S'étant ainsi débarrassés de l'or, ils ont ensuite arbitrairement défini la valeur de la monnaie papier.*[290]

Keynes et Friedman ont toujours été sur la même ligne que John Exter. Ils ont choisi d'ignorer la convertibilité entre l'or et les billets, croyant pouvoir tromper les lois de la nature, créer de la richesse à partir de rien, éliminer la conjoncture, assurer le plein emploi et une prospérité éternelle... Certains économistes formulent des prescriptions pour orienter les tendances politiques, mais sans parier tout leur argent sur le marché.

Des hommes d'influence tel que John Law (1671-1729), qui en savent beaucoup sur l'économie, ont déterminé capricieusement les politiques de la monnaie, des finances, de l'impôt, du commerce, des prix et des revenus, en nous assurant que c'était pour notre bien. De cette façon, ils ont réajusté les paramètres de notre économie.

La plupart des économistes de nos jours sont des disciples de Keynes, y compris les lauréats des prix Nobel, tels que le célèbre auteur Paul Samuelson. Son matériel pédagogique est rempli de formules mathématiques et d'une grande variété de graphiques multicolores.

Cependant, lorsqu'on en arrive à son point de vue sur l'or, l'analyse devient superficielle et ne propose aucune profondeur historique. Samuelson est un exemple typique du monde universitaire du XXe siècle, où les économistes ont délibérément choisi de passer à côté des recherches sur l'histoire de la monnaie, à moins qu'ils n'aient eu

---

[290] John Exter, « The International Means of Payment », in Inflation and Monetary Crisis (ed. G. C. Wiegand, Public Affairs Press, Washington, DC, 1975), p. 137.

quelque raison inavouée d'agir ainsi.[291]

Samuelson dit dans son célèbre livre sur le « niveau du libre-échange », comme il appelle le marché à deux niveaux :

> *En dehors du club du FMI, l'or a finalement été entièrement démonétisé. Son prix s'établit librement par l'offre et la demande, exactement comme le prix du cuivre, du blé, de l'argent ou du sel. [...]*
> *Un cheik du Moyen-Orient peut gagner un paquet s'il achète à 55 dollars et revend à 68, mais il peut perdre sa chemise s'il achète à 55 dollars et doit revendre à 38,50 ou même à 33 dollars.*[292]

Paul Samuelson était convaincu que dès que l'or serait expulsé du système monétaire, il ne resterait que quelques industries qui en demanderaient, comme les joailliers. C'est pourquoi, le 15 août 1971, Nixon ferma le guichet de l'or. Après la chute du système de Bretton Woods, l'or n'étant déjà plus une monnaie, qui d'autre en aurait encore besoin ?

En 1973, quand ce grand professeur publia sa théorie macroéconomique, il croyait fermement que le prix de l'or à 75 dollars l'once en 1972 ne pourrait être maintenu et qu'il tomberait probablement à moins de 35 dollars. Le professeur en resta abasourdi lorsque, sept ans plus tard, son cours grimpa à 850 dollars l'once. Heureusement, Samuelson n'était pas gestionnaire d'un fonds spéculatif à Wall Street, sinon il aurait perdu bien plus que sa chemise.

L'alerte de 2004 : la banque Rothschild cesse de fixer le cours de l'or

En économie, l'origine du pouvoir ainsi que la forme finale de l'hégémonie se reflètent dans la capacité de fixer les prix et de répartir les richesses de façon à se favoriser au détriment des autres. La bataille pour le pouvoir de décider des prix est aussi violente que pour accéder

---

[291] Ferdinand Lips, *op. cit.*, pp. 86-87.

[292] Paul E. Samuelson, *Economics* (McGraw-Hill, New York, 1973), p. 722.

au trône. Elle est jalonnée de ruses et de stratagèmes.

Il est rare que les prix se définissent naturellement, dans un cadre concurrentiel transparent d'opérations sur un marché « libre et non faussé » ; en fait, il s'agit toujours d'un rapport de forces entre parties dominantes qui essaient d'assurer leurs propres intérêts, et il n'y a là aucune différence essentielle avec la guerre. Comprendre le phénomène de la définition des prix suppose d'appliquer la grille de lecture de la guerre pour parvenir au plus près de la vérité.

Formuler les prix, renverser les prix, les tordre, les manipuler, sont les résultats de batailles acharnées où tous les coups sont permis. Si aucun facteur humain ne sert de référence en toile de fond, il devient impossible de comprendre le lieu de la formation des prix. En revanche, il est relativement facile de comprendre comment des gens s'assoient à la place du patron et donnent des ordres tandis que d'autres ne peuvent qu'obéir. Les patrons, en contrôlant d'autres patrons, contrôlent indirectement les masses.

Est-ce aussi simple et intuitif ? Plus on remonte dans la pyramide du pouvoir, moins il y a de personnes. Le pouvoir de fixer les prix obéit à ce schéma pyramidal, et contrôler le prix d'un produit se fait du haut vers le bas. En ce qui concerne l'or, celui qui contrôle le plus gros négociant mondial d'or, contrôle son prix.

Les Rothschild ont conquis le pouvoir de contrôler le prix de l'or depuis l'époque des guerres napoléoniennes. Plus récemment, le système de contrôle du prix de l'or a été perfectionné le 12 septembre 1919 : ce jour-là, les représentants de cinq consortiums se réunirent à la banque NM. Rothschild et fixèrent son prix à 4 livres, 18 shillings et 9 pence, soit environ 7,5 dollars.

Bien qu'en 1968, son prix fût désormais libellé en dollars, le mode de fonctionnement général ne changea pas. Les représentants qui participèrent à la première formulation du prix de l'or étaient, mis à part Rothschild, Mocatta & Goldsmid, Pixley & Abell, Samuel Montagu & Co. et Sharps Wilkins. Rothschild devint par la suite le président permanent et le coordonnateur.

Depuis 1919, les cinq représentants se réunissaient deux fois par jour pour discuter des cours d'ouverture et de clôture de l'or physique. Le président suggérait un prix d'ouverture, qui était immédiatement transmis à la salle des marchés, puis le président demandait ensuite qui voulait acheter telle quantité d'or, et selon l'accord final des deux parties, le président déclarait que le prix avait été finalisé, c'était le

« *London Good Fix* ».

Ce système a fonctionné jusqu'en 2004. Le 14 avril 2004, Rothschild annonçait soudainement qu'il se retirait du système de fixation du prix de l'or. Cette nouvelle étonnante rendit perplexes les investisseurs du monde entier. Le président de la banque, David Rothschild expliqua :

> *Le revenu que nous tirons du marché des matières premières à Londres a chuté en pourcentage de nos revenus totaux de chacune des cinq années écoulées.*
> *Nous avons conclu que ce n'est plus un domaine central d'activité et avons, en conséquence, décidé de nous retirer de ce marché.*[293]

Le Financial Times déclara haut et fort à sa une, le 16 avril :

> *Cette relique barbare, ainsi que Keynes l'appelait, se réduit en poussière. Alors même que la vénérable NM. Rothschild a quitté le marché de l'or et que la Banque de France [...] repense ses réserves métalliques, la fin de l'or en tant qu'investissement se rapproche un peu plus.*[294]

Comme par coïncidence, le groupe AIG annonça le 1er juin qu'il allait se retirer de la fixation du prix de l'argent, se rétrogradant lui-même au rang de commerçant ordinaire. Ces deux affaires parurent étranges vues de l'extérieur. Serait-il possible que Rothschild considère l'or comme étant peu important ?

Dans ce cas, pourquoi ne pas s'être retiré au moment où le cours de l'or était à son plus bas, en 1999, au lieu de partir au moment où l'or et l'argent étaient au mieux de leur forme ? Une interprétation de ce retrait est l'anticipation par la banque NM. Rothschild que les prix de l'or et de l'argent allaient inévitablement échapper à tout contrôle, ce qui dévoilerait mécaniquement l'existence d'un complot pour contrôler le cours de l'or et désignerait les manipulateurs comme les ennemis du monde.

En abandonnant le plus tôt possible toute relation avec l'or, au cas

---

[293] *BBC News*, 15 avril 2004.

[294] *Financial Times*, « Going, Going, gold », 16 avril 2004.

où les cours de l'or et de l'argent connaîtraient un problème dix ans plus tard, personne ne pourrait accuser les Rothschild. Il ne faut pas oublier que les Rothschild disposent depuis longtemps du réseau de renseignement stratégique le plus efficace au monde. Leurs informations restent hors de portée des gens ordinaires.

La prévoyance, le monopole des ressources financières, ainsi que la capacité à collecter des données de manière performante et de les analyser, leur a permis de tenir entre leurs mains le sort du monde entier pendant presque deux cents ans. Annoncer soudainement qu'ils allaient se retirer de leur cœur de métier, qu'ils avaient exploité pendant plus de deux cents ans, était un événement pour le moins singulier !

Le talon d'Achille économique de la bulle du dollar

En 2007, les prix internationaux du pétrole ont grimpé en flèche. L'axe Londres/Wall Street a déclaré que le développement économique de la Chine en portait la responsabilité, mais il ne s'agissait là que d'inciter le monde à critiquer la Chine, et à couvrir le boom pétrolier pour stimuler la demande de dollars.

Les rumeurs se révélèrent finalement non fondées, tout comme en 1973, lorsque les banquiers avaient planifié de laisser le cours du baril grimper de 400% pour stimuler la demande de dollars, tandis qu'ils faisaient porter la responsabilité de la flambée sur l'embargo des pays du Moyen-Orient. Compte tenu de la nature du dollar qui prolifère inévitablement, la question du nucléaire au Moyen-Orient est revenue sur le tapis.

La guerre avec l'Iran risque d'être difficile à éviter, soit à cause d'une action militaire unilatérale d'Israël, soit parce que les États-Unis contraindront l'Iran à utiliser mines et missiles pour bloquer le détroit d'Ormuz, coupant la principale voie d'acheminement du pétrole mondial. Ainsi, le cours du baril pourrait facilement dépasser les 100 dollars[295] et la demande mondiale de dollars augmenterait à nouveau, mais cette fois-ci, le coupable serait l'Iran.

---

[295] Le cours du Brent était de 53,63 dollars le baril en janvier 2007. Il a franchi la barre symbolique des 100 dollars en février 2011. En août 2013, il est monté jusqu'à 118,89 dollars le baril [n.d.e.].

Dans l'idéal, il faudrait dissocier l'émission du dollar de toute activité malveillante. Depuis les années 1970, l'or étant en résidence surveillée, le marché mondial des titres cotés et celui des produits de base en ont profité. À partir du début des années 1980, la Bourse qui montrait de piètres performances depuis dix ans, monta constamment pendant 18 ans, et le marché des produits de base s'est étendu.

Dès 2001, ce marché a suivi un développement fantastique et, au même moment, la Bourse, le marché obligataire, les biens immobiliers et le marché des instruments financiers dérivés ont connu une montée synchronisée. En apparence, on voyait la valeur des actifs libellés en dollar augmenter, mais en fait, l'expansion explosive de l'endettement était liée aux intérêts à payer.

S'il suffisait naguère de remplir le réservoir des marchés financiers ou celui des produits de base pour absorber l'excédent de dollars, aujourd'hui, même après que tous les réservoirs ont été inondés de dollars, ils débordent encore.

Le problème est de savoir où trouver un si grand réservoir ? Les génies de Wall Street ont commencé à parler du concept de capacité illimitée du marché des instruments financiers dérivés. Ils passent leur temps à inventer des centaines de milliers de nouveaux instruments financiers, et ne se concentrent pas tant sur la monnaie, les obligations, les produits, les indices, le crédit, les taux d'intérêts, que sur la création d'un nouveau jeu fantaisiste et hasardeux sur lequel parier.

En théorie, ils peuvent créer des instruments dérivés financiers avec les tremblements de terre, les éruptions volcaniques, les inondations, les sécheresses, les ravages de la grippe ou d'autres épidémies, les accidents de la route, bref les funérailles des cent prochaines années à venir, de chaque jour, chaque heure, chaque minute, et en faire ouvertement des transactions sur les marchés financiers.

En ce sens, le marché des instruments dérivés est en effet sans limites. Cela fait un peu penser au point culminant de la bulle technologique en 1999, quand les analystes de Wall Street promirent d'attribuer une adresse IP à chaque grain de sable sur Terre. Les ancêtres de ces gens-là avaient connu l'époque de la bulle des mers du Sud, et s'étaient inquiétés de la trop grande quantité d'argent sur Terre et du manque de bons projets dans lesquels investir.

Des personnes avaient alors suggéré de drainer les eaux de la Mer Rouge pour voir combien de trésors avaient été enfouis sous l'eau lorsque le pharaon poursuivit Moïse et les Hébreux. Quand la fièvre atteint une telle température, la crise financière est proche. L'or qui a été longtemps et systématiquement diabolisé comme une « relique barbare » et un « vrai dragon » pour la monnaie, est comme un sage ayant traversé de nombreuses épreuves : il ne se précipite pas pour se répandre, il s'assoit sur le banc de touche et attend son heure.

Malgré la calomnie, le ridicule, la répression, les insultes, les sarcasmes et tous les moyens utilisés par les « pseudo empereurs de la monnaie », l'or rayonne toujours, alors que le dollar fort appartient déjà au passé. En Chine, les gens perçoivent de nouvelles possibilités. En fait, l'esprit du peuple chinois ne manque pas d'intuition sur ce qu'est la richesse réelle. Les gens appellent les activités en rapport avec l'argent, la finance.

En chinois, le mot finance est composé du caractère « or » et du caractère « fusion » qui veut aussi dire « fondre », « s'accorder ». L'endroit où ils déposent leurs richesses est appelée la banque. En chinois, le mot banque est constitué du caractère « argent » — dans le sens de l'argent physique — et d'un caractère qui sert à désigner une profession, littéralement la « profession de l'argent physique ».

Au-delà de la Chine, lorsque le monde reconnaîtra que la nature de la monnaie de la dette n'est qu'une reconnaissance de dette, que la richesse du dollar n'est qu'une reconnaissance de dette terriblement exagérée, et rien d'autre qu'une promesse de richesse illimitée, que ces reconnaissances de dettes ont toujours été dévaluées, et qu'en plus la vitesse de la dévaluation dépend de la cupidité de ceux qui les impriment, le grand public qui ne comprend rien à la finance finira par utiliser son bon sens et son intuition pour sauvegarder ses richesses, l'or et l'argent, dans son arche de Noé.

Les banquiers internationaux, armés jusqu'aux dents avec leurs instruments financiers dérivés, finiront par rencontrer l'océan de la guerre du peuple.

Le prix tenace de l'or qui continuera de grimper poussera impitoyablement à la hausse les taux d'intérêts de la dette à long terme. Sachant que les banquiers internationaux vendent à tous vents sur les marchés financiers des dizaines de milliers de milliards de contrats de couverture sur taux d'intérêts, pour s'assurer que les taux d'intérêts à long terme n'augmenteront pas, une fois que les intérêts de la dette à long terme seront dans une situation où ils auront montré que leurs prix ont été imposés par celui de l'or, les banquiers internationaux seront exposés à des risques extrêmes créés par leur propre cupidité.

Les premiers à être touchés par l'augmentation de l'or seront les *leaders* sur les marchés des instruments dérivés, les *interest rates swaps*, cette immense bulle de 74 000 milliards de dollars (d'après les données des banques commerciales américaines).

Les GSE qui détiennent seulement 3,5% de fonds propres seront dans une situation critique, le cours de l'or montera subitement et violemment, les fluctuations des taux d'intérêts sur la dette seront anormalement sévères et concentrées, la ligne de défense de couverture sur les taux d'intérêts des GSE sera faible et les premières à être dépassées, les obligations à court terme des GSE (4000 milliards de dollars !) perdront leurs liquidités en quelques jours.

Au même moment, la banque JP Morgan Chase connaîtra aussi une situation critique, en tant qu'opératrice qui essaya de réprimer le prix de l'or et les taux d'intérêts à long terme, et principale joueuse du monopole du marché des instruments financiers dérivés et du marché des instruments dérivés de l'or.

Le marché des instruments financiers dérivés connaîtra d'abord l'effondrement, puis une panique de liquidités sans précédent. Lorsque les investisseurs terrifiés essaieront ensemble de se débarrasser de leurs contrats de couverture, tous ces instruments dérivés en forte croissance, adossés aux devises, aux obligations, aux matières premières ou aux actions, seront soumis à un électrochoc et les marchés financiers feront éclater une panique de liquidités de plus grande ampleur.

Afin de sauver les ruines d'un marché financier désespéré, la Fed, comme le Fleuve Jaune qui déborde, accroîtra l'émission de dollars pour les « victimes de l'inondation », et lorsque des dizaines de milliers de milliards de dollars se précipiteront dans les systèmes financiers, tels un tsunami, l'économie mondiale tombera en pleine confusion.

Trente ans après le complot des banquiers internationaux pour abolir l'étalon-or, les États-Unis avaient placé 80% de leurs économies à découvert. Jusqu'à aujourd'hui, ils doivent tous les jours continuer à aspirer deux milliards de l'épargne des citoyens du monde pour que cette « machine au mouvement perpétuel économique » continue de fonctionner.

La dette américaine et ses taux d'intérêts ont déjà dépassé de loin la capacité de croissance de l'économie mondiale. Lorsque l'excès d'épargne de tous les pays sera aspiré, ce sera l'effondrement du système financier mondial. La question n'est pas de savoir si ce jour de basculement catastrophique arrivera, mais plutôt quand et comment.

La bulle du dollar semble géante en apparence, mais son point d'acupuncture mortel est la confiance, et l'or est le point de percée de cette confiance.

10

L'IMPLOSION DE LA DETTE AMÉRICAINE ET LA CRISE MONDIALE DES LIQUIDITÉS

Début août 2007, une crise soudaine de liquidités balayait la planète. Les marchés boursiers de divers pays ont connu de grandes turbulences. Le marché des obligations a presque été paralysé et les banques centrales ont injecté d'énormes sommes d'argent dans le système bancaire au bord de l'effondrement afin de restaurer la confiance dans le marché.

Les 9 et 10 août, en deux jours, les banques centrales en Europe, aux États-Unis, au Canada, en Australie et au Japon ont injecté un total de 302,3 milliards de dollars, ce qui fut la plus grande action concertée des banques centrales mondiales après les événements du 11 septembre 2001.

La panique sur les marchés n'en fut pas freinée pour autant et, le 17 août, la Fed fut contrainte de baisser soudainement le taux d'escompte d'un demi-point (à 5,75%) pour que les marchés financiers reprennent pied. En 2007, c'était déjà le second « tremblement de terre » majeur, l'occurrence précédente remontant au 27 février. L'interprétation de ces deux chocs sur les marchés financiers fait consensus dans les milieux universitaires et les médias : le problème des *subprimes* constituait le foyer du séisme.

Cependant, les avis ont divergé sur les développements à venir. La plupart des observateurs pensaient que la proportion de *subprimes* sur les marchés américains n'était pas excessive, que leur sphère d'influence était limitée et que ces « turbulences » étaient exagérées. Avec une injection massive de capitaux par les banques centrales, la panique se calmerait bientôt.

L'économie réelle des États-Unis ne devrait pas souffrir

excessivement du choc, ni entrer en récession. Cependant, une autre partie des analystes estima que la crise des *subprimes* n'avait dévoilé jusqu'à présent que la partie émergée de l'iceberg, et qu'une réalité de plus grande ampleur ferait surface peu à peu.

Les *subprimes* seront le premier domino à tomber, ce qui déclenchera une série plus forte, plus destructrice de séismes financiers sur d'autres marchés, et le résultat final sera que l'excès de liquidités dans le monde se transformera en crise de liquidités soudaine. Autrement dit, l'âge de glace du monde économique arrivera peut-être de façon inattendue, et les espèces économiques mal préparées pourraient s'éteindre.

Passons la crise au peigne fin

Faisons une lecture au ralenti des turbulences déclenchées en août 2007 sur les marchés financiers internationaux et de la technique d'injection de fonds de sauvetage par la Réserve Fédérale. Peut-être y découvrirons-nous des indices de l'intensité sismique ?

Le 1er août, la Suisse lançait une alerte sur les crédits, disant que la liquidité mondiale « s'évapore aussi rapidement que l'eau dans le désert ». Ce même 1er août, la banque Bear Stearns plaça deux de ses fonds spéculatifs sous le régime de protection de la faillite.

Toujours le 1er août, Michaël Perry, le directeur d'IndyMac, institution de crédit immobilier, envoya un courriel à ses employés : « Malheureusement, les marchés privés secondaires (à l'exception des GSE et de Ginnie Mae) continuent d'être affolés et non liquides ».

Le 3 août, la société de notation *Standard and Poor's* avertit qu'elle allait rétrograder Bear Stearns dans son classement ; le marché boursier américain prenant connaissance de cette information enregistra une très forte baisse.

Le 4 août, Freddie Mac s'inquiéta que d'autres problèmes liés aux *subprimes* ne surviennent : « Ces prêts n'auraient pas dû être accordés au départ ».

Le 5 août, Reuters s'inquiéta du fait que l'ampleur des prêts *subprimes* continue de miner Wall Street.

Le 6 août, « pollués » par les *subprimes* américains, les fonds de placement de Francfort annoncèrent l'arrêt de leur rachat.

Le 7 août, *Standard & Poor's* déclassa 207 types différents de prêts immobiliers dans la catégorie ALT-A.

Le 8 août, la question des *subprimes* se propagea au marché des prêts ALT-A, et la probabilité de défaut grimpa brusquement ; à la même date, des fonds de couverture de Goldman Sachs, représentant un total de 10 milliards de dollars, perdirent 8% en une semaine.

Le jeudi 9 août, le « Desk » de la Réserve Fédérale injecta 24 milliards de dollars dans le système bancaire américain. Cela fut effectué en deux opérations d'égal montant, l'une à 8h25 et la seconde 70 minutes plus tard, à 9h35. Le vendredi 10 août 2007, le « Desk » intervint sur le marché à trois reprises (8h25, 10h55 et 13h50) injectant un total de 38 milliards de dollars. Les opérations de la Fed suivaient de près deux injections encore plus importantes effectuées par la BCE à Francfort.

Le jeudi matin, la BCE avait injecté dans les institutions financières européennes près de 95 milliards d'euros, opération qui fut suivie d'une autre relativement plus petite, le vendredi, de 61 milliards d'euros. Les choses n'étant toujours pas stabilisées en Europe, la BCE procéda à deux nouvelles injections de liquidités la semaine suivante, 47,7 milliards d'euros le lundi et 25 milliards d'euros le mardi.

Fait intéressant, les injections d'urgence de capitaux par la Fed du vendredi 10 août utilisaient des MBS, des titres garantis par des créances hypothécaires, mais pas d'opérations repo,[296] comme c'est le cas lors d'un achat de « garantie mixte » dans des circonstances normales. En des termes plus simples, l'injection temporaire de capital de la Fed dans le système bancaire correspondait à l'ouverture par les opérateurs de marché d'une reconnaissance de dette à trois jours sur le marché obligataire, ensuite remise à la Fed en échange de liquidités.

La Fed qui émet les dollars estima qu'une simple reconnaissance de dettes ne suffisait pas, qu'il fallait une garantie, telle que les obligations d'État émises par le Trésor. Puisque les recettes fiscales de l'État servaient de garantie, il suffisait donc que le gouvernement américain continue d'exister pour qu'il y ait toujours des recettes fiscales. Les

---

[296] Un « repo », dont le nom juridique français est « pension livrée », est le surnom mondialement utilisé qui a été donné aux États-Unis aux repurchase agreements, ou « accords de rachat » ou « opérations de pension », importants instruments financiers du marché monétaire (source : Wikipedia) [n.d.e.].

bons du Trésor US restant la plus sûre des garanties.

À côté des obligations d'État, les obligations émises par des GSE pouvaient également convenir, car ces organismes étaient garantis par le gouvernement américain. Ainsi, les MBS émises par Fannie Mae et Freddie Mac pouvaient encore servir de garantie !

Le 10 août, le marché était en plein mouvement de panique, connaissant une pénurie extrême de liquidités, mais la Fed était toujours tenace et demandait de prendre seulement les MBS en garantie, affirmant que les opérateurs sur le marché obligataire pouvaient sortir des MBS de leurs coffres et les remettre à la Fed. Ainsi, la Fed inscrivait dans ses registres qu'elle avait reçu plusieurs feuillets de reconnaissances de dettes de la part des opérateurs, d'une valeur de 38 milliards de dollars, limitées à trois jours, et dont la garantie étaient des MBS de même valeur.

Ensuite, elle inscrivait qu'elle avait versé 38 milliards de dollars en espèces aux opérateurs, indiquant au final qu'au bout de trois jours, ces derniers devaient racheter les MBS, restituer à la Fed 38 milliards en espèces assortis des intérêts produits pendant ces trois jours. Et si au cours de ces trois jours, les MBS avaient reçu des paiements d'intérêts, cet argent retournait aux opérateurs.

Ce qu'on entend par « injection de la Fed » est limité dans le temps à trois jours (la plupart du temps, un seul jour). Cette action temporaire sert à gérer le pic de la panique sur les marchés ; en d'autres termes, il s'agit d'une aide d'urgence et non d'une aide destinée à soigner la cause du problème. Généralement, au cours des journées de bourse, les trois sortes d'obligations étaient « avalées », et rarement uniquement des MBS. Alors pourquoi le 10 août la Fed a-t-elle agi si différemment de son habitude ?

Sa propre explication est que les obligations d'État sont un havre de paix, or, ce jour-là, les investisseurs ont déserté le marché. Afin de ne pas occuper les ressources, elle s'est littéralement gavée de MBS. Les médias ont ajouté que les investisseurs (particulièrement les investisseurs étrangers) ne devaient surtout pas s'imaginer par là que personne n'achèterait plus d'obligations.

Cette dernière phrase est la clef du problème, elle n'est pas seulement la source de la crise de liquidités apparue à ce moment-là sur les marchés internationaux, elle est aussi la clef qui nous guide vers la compréhension de toute la crise des *subprimes*. Pour comprendre pourquoi les MBS et les liquidités sont si intimement liées, nous devons d'abord comprendre l'essence du processus de titrisation.

La titrisation et l'excès de liquidités

De nombreuses innovations financières mondiales eurent lieu dans les années 1970, après la suppression du système de Bretton Woods. Auparavant, le cœur du système financier était l'or, et toutes les devises en circulation devaient être soumises à ce test de la loi de fer économique qu'est la conversion entre l'or et la monnaie-papier.

Le système bancaire ne pouvait pas et n'osait pas se lancer librement dans la création de monnaie endettée à partir de la dette d'autrui, et la dette restait d'ailleurs modeste sous la stricte supervision de l'étalon-or. L'inflation dans les principaux pays restait négligeable, les déficits budgétaires et commerciaux à long terme n'avaient nulle part où se cacher, et les risques de changes étaient proches de zéro.

Trente ans seulement après le découplage de l'or et du dollar, le pouvoir d'achat du dollar avait chuté de plus de 90%. On peut se demander ce que la baisse du pouvoir d'achat ou bien l'inflation apportent comme bénéfices à la société ? Et qui seront de nouveau les plus grands perdants de ce genre de « richesse » sociale ?

Keynes l'avait expliqué clairement :

> *Par des procédés constants d'inflation, les gouvernements peuvent confisquer d'une façon secrète et inaperçue une part notable de la richesse de leurs nationaux. Par cette méthode, ils ne font pas que confisquer : ils confisquent arbitrairement et tandis que le système appauvrit beaucoup de gens, en fait, il en enrichit quelques-uns. »*[297]

Et Greenspan disait également dès 1966 :

> *En l'absence d'un étalon-or, il n'existe aucun moyen de protéger l'épargne contre la confiscation par l'inflation. Il*

---

[297] John Maynard Keynes, *op. cit.*, p. 235.

*n'existe aucune réserve de valeur fiable.*²⁹⁸

L'École autrichienne compare l'une des sources de l'inflation, le système de réserves fractionnaires, à un criminel « qui vole en imprimant de la fausse monnaie ». Sous le système des réserves fractionnaires, il y aura forcément des problèmes d'inflation à long terme.²⁹⁹

L'inflation va produire deux conséquences importantes, l'une étant la baisse du pouvoir d'achat, l'autre la redistribution des richesses. Si la masse monétaire augmente trop fortement, les marchandises coûteront évidemment plus chers. Tous ceux qui ont expérimenté le yuan-or émis massivement par Tchang Kaï-Chek en 1949, avant sa fuite de la Chine continentale, comprendront ce simple raisonnement.

Cependant, les économistes d'aujourd'hui pensent qu'il n'y a pas de lien entre la monnaie et l'augmentation des prix. Ils déploient beaucoup d'efforts pour essayer de prouver au peuple qu'il se trompe sur ce qu'il pense de la hausse des prix.

Que l'inflation produise une redistribution des richesses n'est pas si intuitif ! Sous le régime des réserves fractionnaires, les chèques créés à partir de rien par les banques équivalent à imprimer de faux billets. Les premiers à détenir cette fausse monnaie se rendent d'abord dans un restaurant luxueux pour un grand repas, car étant les premiers utilisateurs, les prix sont encore à leur niveau d'origine et ces billets ont le même pouvoir d'achat qu'auparavant.

Après que le propriétaire du restaurant a accepté ces billets et qu'il a lui-même acheté quelque chose avec, un vêtement, par exemple, il devient le second bénéficiaire. À ce stade, les prix n'ont pas encore connu de changement. Mais au fur et à mesure que les billets changent de mains, le marché, avec la masse croissante de cette fausse monnaie en circulation, discernera petit à petit une augmentation progressive des prix. Les plus malchanceux sont ceux qui n'auront même pas l'occasion de voir la face des faux billets.

Les prix des marchandises ayant déjà augmenté, l'argent entre leurs

---

[298] Ayn Rand, Alan Greenspan, *op. cit.*, p. 35.

[299] Murray N. Rothbard, *The Case Against the Fed* (Ludwig von Mises Institute, 1994), pp. 39-40.

mains n'aura cessé de perdre du pouvoir d'achat avec la montée des prix. En d'autres termes, les gens qui reçoivent ces faux billets en premier sont avantagés, et ceux qui les reçoivent en dernier ou jamais sont les grands perdants. On le voit, le processus de l'inflation opère bien une redistribution des revenus et de la richesse.[300]

Après 1933, les billets fédéraux et les dépôts bancaires ne pouvaient plus être échangés contre de l'or par les Américains et, après, 1971, le dollar n'était plus échangeable contre des lingots d'or par les banques centrales et les gouvernements étranger.[301] Le dollar se mua en reconnaissance de dette.

L'émission du dollar endetté débarrassée des entraves de l'or était comme un cheval fou qui s'enfuit au galop ; le dollar d'aujourd'hui n'est plus le dollar sonnant et trébuchant qu'il a été, il poursuit sa dévaluation inexorable en gravissant la pente vertigineuse de plus de trente années de dollars de reconnaissances de dette. Dans les années 1970, le secteur bancaire américain avait déjà commencé l'échange de gré à gré de titres de créances garantis par des prêts hypothécaires.

Le seul frein venait de ce que le placement direct de tous ces prêts était difficile. Pour faciliter les transactions, comment standardiser les droits de créance dont le montant, les conditions, l'échéance et la réputation différaient ? Les banquiers pensèrent très vite aux obligations, véhicules classiques pour toutes sortes d'instruments financiers.

C'est en 1970 que Ginnie Mae a développé le premier titre garanti par une hypothèque (MBS), qui permettait à de nombreux prêts d'être rassemblés et utilisés comme nantissement d'un titre qui pouvait être vendu sur le marché secondaire. Ainsi, de nombreuses dettes hypothécaires ayant des conditions proches furent collectées, puis des certificats normalisés furent créés, avant d'être revendus aux investisseurs, les intérêts et les risques de la dette leur étant également transférés.

Plus tard, la *Federal National Mortgage Association* (Fannie Mae) commença à émettre des MBS normalisés. Il faut dire que le MBS est une invention majeure et a permis d'accroître considérablement le

---

[300] *Ibid.*, p. 49.

[301] *Ibid.*, p. 132.

nombre de prêts immobiliers accordés aux Américains. Les investisseurs pouvaient échanger facilement ces obligations, et les banques ôter de leurs bilans les créances hypothécaires difficiles à écouler à long terme. Elles réalisaient ainsi des bénéfices après avoir transféré les risques et pouvaient se mettre à la recherche d'autres personnes prêtes à acheter un bien immobilier.

Du point de vue de l'industrie financière, il s'agit d'une situation gagnant-gagnant : les banques résolvent le problème de liquidité des crédits immobiliers et, en même temps, les investisseurs accroissent leur choix d'investissement ; les personnes qui veulent acheter une maison obtiennent plus facilement un crédit, et celles qui veulent vendre leur maison la vendent plus rapidement. Cependant, le côté pratique a un coût.

En se servant des MBS, le système bancaire a été libéré d'une situation critique où il était coincé depuis une trentaine d'années, et il transféra les risques à la société dans son ensemble. Parmi ces risques, il y a bien sûr celui de l'inflation. Lorsqu'une personne signe un contrat de prêt immobilier avec sa banque, celle-ci va reporter cette reconnaissance de dette à l'actif de son bilan et inscrit en même temps une dette équivalente à son passif (l'argent qu'elle a prêté).

Du point de vue économique, ces passifs sont équivalents à de la monnaie. En d'autres termes, quand la banque accorde un prêt, elle crée de la monnaie, et le système de réserves fractionnaires permet au système bancaire de créer de l'argent sur du vent. Et, dans le cas qui nous intéresse cet argent est transféré sur le compte des sociétés immobilières.

Grâce à ce processus, le système de réserves fractionnaires permet aux banques de créer de la monnaie en toute légalité, par un simple jeu d'écriture, c'est ce que l'on appelle l'argent scriptural, qui représente environ 90% de la masse monétaire totale. Les sociétés de crédit immobilier sont les premières à créer cette monnaie, ce qui explique que leur richesse augmente à une vitesse surprenante.

Lorsqu'elles se mettent à dépenser cet argent, cette « fausse monnaie » change de main, conduisant à une augmentation des prix qui se diffuse dans toute la société. C'est grâce à l'effet de levier des réserves fractionnaires que le système bancaire peut créer de la monnaie endettée.

Cette création monétaire dépasse largement le taux de croissance réelle de l'économie, ce qui est la véritable source de l'excès de liquidités. Le principe même de cette « monnaie bancaire » se matérialise par un « reçu » délivré par les banques. Sous l'étalon-or, ce reçu correspondait à un actif en or, tandis que sous le système de la dette pure, cela correspond à une reconnaissance de dette.

Les MBS améliorent considérablement l'efficacité des « chèques » émis par le système bancaire, mais créent inévitablement de graves problèmes d'excédent monétaire. Cet excédent, s'il n'est pas reversé dans le marché obligataire, continuera inévitablement à gonfler la bulle immobilière ou, pire encore, viendra alimenter la demande de biens de consommation, poussant les prix à la hausse.

Avec les MBS, une autre idée audacieuse fut mise en pratique : les ABS, ou Asset Backed Securities, titres adossés à des actifs. Les banquiers pensaient que puisque les MBS offraient des garanties en capital et intérêts, par extension, toutes sortes d'actifs à flux de trésorerie futurs pouvaient être titrisés de la même façon : créances sur le crédit automobile, les prêts aux étudiants, les prêts aux entreprises, les loyers des usines de construction automobile ou aéronautique, et même les brevets ou les revenus sur les droits d'auteur.

Wall Street a un dicton : « S'il y a des flux de trésorerie dans le futur, il faut en faire des valeurs mobilières. » En fait, la quintessence de l'innovation financière est que tant qu'il existe assez de découverts, on peut générer immédiatement des liquidités. Au cours des dernières années, le marché des ABS a augmenté rapidement, doublant de taille depuis le début des années 2000, atteignant, aujourd'hui [en 2007] 19 800 milliards de dollars.[302]

Les obligations ABS et MBS peuvent être utilisées en garantie pour des prêts bancaires. Toutes les MBS émises par Fannie Mae et Freddie Mac peuvent même servir de réserves bancaires, et même de garanties pour les opérations de repo à la Fed. Une création monétaire d'une telle ampleur ne peut conduire, à terme, qu'à une gigantesque bulle des actifs. Si l'on dit que l'inflation implique un transfert de richesse progressif, alors les banques se trouvent au cœur de cette rapine, les prêts rayonnent autour, et l'on peut facilement désigner ceux qui grignotent imperturbablement le « fromage » des citoyens.

---

[302] Federal Reserve Board, Flux financiers, 6 juillet 2007.

Subprimes et ALT-A : les déchets hypothécaires toxiques

Après avoir épuisé le gros des ressources immobilières des Américains ordinaires, les banquiers se sont tournés vers un public plus marginal : les six millions d'Américains pauvres, incapables d'accéder au crédit, ainsi que les hispaniques immigrés de fraîche date.

Le marché américain du crédit immobilier peut se décliner en trois niveaux : le marché des prêts de qualité ou *Prime market* ; le marché des prêts alternatifs considérés comme étant plus risqués ou *ALT-A market* ; et le marché des prêts à très haut risque ou Subprime market.

Le marché *Prime* accorde des crédits aux emprunteurs solides, dont les revenus sont stables et peuvent supporter un endettement raisonnable, avec des taux fixes traditionnels à quinze ou trente ans. Le marché *Subprime* vise les personnes ne remplissant théoriquement aucun critère permettant l'obtention d'un crédit, sans preuves de revenus et souvent avec de lourds passifs. Le marché des prêts ALT-A couvre l'énorme zone grise se situant entre les deux.

La taille totale du marché *Subprime* représentait 2 000 milliards de dollars environ, dont la moitié concernait des personnes sans revenus fixes certifiés. Évidemment, c'était un marché à très haut risque, dont le taux de rendement était également élevé, avec des taux d'intérêts de 2 à 3% supérieurs aux taux de base. Les sociétés de crédit qui évoluaient sur le marché *Subprime* firent preuve d'un grand esprit d'innovation et lancèrent toute une gamme de nouveaux produits de crédits.

Parmi les plus connus : les *interest-only loans*[303] ; les ARM (*adjustable rate mortgages*), à taux révisables à trois ans ; les prêts à taux révisables à cinq, voire sept ans ; et les options ARM dont les taux peuvent être ajustés au choix. La caractéristique commune à ces prêts est que le paiement mensuel est faible et fixe pendant les premières années de remboursement, mais après un certain temps, les paiements

---

[303] Ce sont des prêts immobiliers où, pendant une durée fixée à l'avance, l'emprunteur ne paye que les intérêts sur le capital. À la fin de cette période, l'emprunteur peut soit conclure un interest-only mortgage, soit rembourser le capital, soit convertir le prêt en crédit immobilier classique. L'interest-only mortgage est un prêt hypothécaire où, pendant une durée de 5 à 10 ans, l'emprunteur ne paye que les intérêts, puis, à l'issue de cette période, le prêt se transforme automatiquement en crédit immobilier classique [n.d.e.].

augmentent.

Les deux raisons pour lesquelles ces nouveaux produits sont recherchés sont les suivantes : les gens pensent que les prix de l'immobilier augmenteront toujours, et qu'il suffit de vendre au moment opportun leur maison pour que le risque soit « contrôlable » ; la seconde raison est qu'ils pensent que la rapidité de la hausse des prix de l'immobilier augmentera de la même façon que les intérêts.

Le nom complet des prêts ALT-A est « prêts alternatifs de catégorie A », se référant aux personnes dont les antécédents de crédits sont corrects, voire bon, mais qui n'ont pas de revenus fixes, d'épargne ou d'actifs certifiés. Ils sont malgré tout considérés comme lucratifs et plus sûrs que les prêts *subprimes*, car les emprunteurs n'ont pas d'antécédent de défaut de remboursement et leurs taux d'intérêts sont plus élevés de 1 à 2% que le *Prime market*.

Mais les ALT-A sont-ils vraiment plus sûrs que les *subprimes* ? Ce n'est en fait pas le cas. À partir de 2003, en pleine ferveur de la bulle immobilière et de recherche de profits élevés, les structures de prêts ALT-A perdirent toute rationalité. De nombreux emprunteurs ne pouvaient justifier aucun revenu, et un simple chiffre, souvent exagéré, inscrit sur une ligne du contrat, suffisait à obtenir le prêt. C'est pourquoi les prêts ALT-A ont été appelés par les initiés les « prêts trompeurs ».

Les sociétés de crédit introduisirent des instruments de crédit encore plus risqués. Par exemple, le prêt sans capital, dont le plan de remboursement est réparti sur des mensualités pendant trente ans, mais pouvant générer des intérêts très faibles la première année, de 1 à 3%, et avec seulement les intérêts à rembourser, pas le principal. Ensuite, la seconde année, en fonction des taux du marché, on fait varier ces taux d'intérêts, en promettant que le montant total mensuel n'augmente pas de plus de 7,5%.

Les prêts à taux révisables accordent aux emprunteurs des mensualités à des taux plus bas que la normale, et la différence de montant sera automatiquement ajoutée au principal, ce que l'on appelle l'amortissement négatif. Par conséquent, après chaque mensualité, l'emprunteur doit encore plus d'argent à la banque. Les taux de ce genre de prêts, après une certaine période, fluctuent en ligne avec les prix du marché.

De nombreuses personnes ayant souscrit un crédit de qualité pensent que les prix de l'immobilier vont augmenter rapidement, et qu'ils sont donc arrivés au bon moment avec du cash en main. D'autres personnes ayant souscrit un crédit de qualité moyenne achetaient des maisons bien au-delà de leurs capacités réelles.

Mais tout le monde croyait fermement que les prix continueraient à augmenter, si bien qu'en cas de difficultés à rembourser les intérêts, ils pourraient revendre immédiatement la maison pour rembourser le crédit, encaissant au passage un bénéfice, ou contracter un nouveau crédit, garanti par le différentiel de valeur de leur bien immobilier, pour pourvoir à leurs besoins courants.

Même en cas d'augmentation plutôt rapide des taux d'intérêt, il restait une protection : l'augmentation des mensualités limitée à 7,5%. Avec un risque si faible, pourquoi passer à côté d'une si bonne affaire ?

Selon les statistiques, parmi les prêts hypothécaires accordés en 2006, au moins 40% étaient des ALT-A ou des *subprimes* et représentaient une valeur totale de 400 milliards de dollars, soit plus qu'en 2005. Entre 2003 et 2006, la somme totale des prêts immobiliers a dépassé 2 000 milliards de dollars.

En 2007, le taux de défaut de paiement de plus de soixante jours sur les prêts subprimes était supérieur à 15%, se rapprochant de façon inquiétante vers un nouveau record historique de 20%. 2,2 millions d'emprunteurs *subprimes* allaient être expulsés de leurs maisons par les banques. De son côté, le taux de défaillance des ALT-A était de 3,7% environ et avait doublé au cours des quatorze derniers mois. Si la plupart des économistes considéraient que les risques liés aux ALT-A étaient négligeables, c'est parce que jusque-là, leur taux de défaillance comparé à celui des *subprimes* ne sautait pas aux yeux.

Pourtant les risques potentiels se révélèrent très élevés. En effet, les prêts ALT-A contiennent deux bombes à retardement potentielles car dès que les taux d'intérêt augmenteront et que les prix de l'immobilier baisseront, le marché implosera automatiquement.[304]

Parmi les emprunts sans remboursement du capital emprunté cités plus haut, l'augmentation des mensualités ne pouvait dépasser 7,5% après un réajustement des intérêts en fonction des taux du marché. Cette dernière ligne de protection donna un faux sentiment de sécurité à de

---

[304] En 2006, l'auteur, Hongbing Song, était consultant pour Fannie Mae et Freddie Mac. Il connaissait donc bien les mécanismes de ces prêts immobiliers et les risques énormes qu'ils véhiculaient. Ce qu'il a écrit en 2007, c'est passé exactement comme il l'avait prédit [n.d.e.].

nombreuses personnes. Mais il y eut deux exceptions, ces deux fameuses bombes à retardement.

La première était le remaniement des taux tous les 5 ou 10 ans, où les mensualités des emprunteurs étaient automatiquement réactualisées, les sociétés de crédit recalculant ces mensualités en fonction du nouveau montant du principal. Les emprunteurs voyaient donc leurs mensualités substantiellement augmenter et faisaient l'amère expérience du « choc de remboursement[305] ».

Compte tenu de l'amortissement négatif, le montant total du prêt des particuliers ne cessait d'augmenter et leur seul espoir était que les prix de l'immobilier ne cessent d'augmenter eux aussi, de sorte à pouvoir vendre leur maison et sortir du pétrin, sans quoi ils perdraient tout.

La seconde bombe était le quota maximum de crédit. Les emprunteurs qui avaient choisi l'option du crédit à amortissement négatif, étaient confrontés au fait que leur dette cumulée ne pouvait dépasser 110 à 125% du montant initial du prêt. Une fois cette limite atteinte, une réactualisation automatique de leur prêt serait déclenchée. Cette bombe à retardement était suffisante pour les endetter à vie.

La tentation était effectivement grande de profiter de faibles taux d'intérêt et de mensualités peu élevées la première année, et beaucoup d'emprunteurs choisirent l'option qui proposait des mensualités les plus faibles possibles. Par exemple, avec des intérêts mensuels de 1000 dollars, il était possible de choisir de rembourser seulement 500 dollars, et les 500 dollars restants étaient automatiquement ajoutés au principal. Cette rapide accumulation affolait les emprunteurs en raison du quota maximum de crédit, leur faisant courir le risque de sauter avec la bombe de la réactualisation de leur crédit, cinq ans plus tard.

Étant donné que ces prêts étaient dangereux, pourquoi la Fed ne s'en est-elle pas préoccupé ? En fait, Greenspan est venu en aide, par deux fois. La première fois, en 2004. Il pensait alors que les sociétés de crédit et les gens qui vendaient leur maison manquaient de courage, car ils n'étaient pas particulièrement friands des produits de crédit à taux variables à haut risque (la fameuse option ARM). Greenspan observa :

Les consommateurs américains pourraient être bénéficiaires si

---

[305] En anglais, Payment Shock [n.d.e.].

> les prêteurs proposaient plus de produits hypothécaires alternatifs au crédit immobilier traditionnel à taux fixe. Dans la mesure où les ménages sont repoussés par la crainte d'un choc de remboursement mais qu'ils sont prêts à gérer leurs propres risques liés aux taux d'intérêt, le crédit immobilier traditionnel à taux fixe peut s'avérer être une méthode coûteuse pour financer une maison.[306]

Comme prévu, Fannie Mae, New Century et consorts, ainsi que les agences immobilières ordinaires s'enhardirent ; la situation dépassa toutes les limites du raisonnable et les prix de l'immobilier connurent une hausse fulgurante. Seize mois plus tard, Greenspan s'exprimait ainsi devant la Commission économique du Congrès :

> L'effervescence apparente du marché de l'immobilier a pu se répandre sur le marché du crédit hypothécaire. L'augmentation spectaculaire de la fréquence des crédits à remboursement des seuls intérêts, de même que l'introduction d'autres formes relativement exotiques de crédits à taux ajustable, sont des développements particulièrement préoccupants. Certes, ces véhicules financiers ont leur utilité propre. Mais dans la mesure où certains ménages peuvent utiliser ces instruments pour acheter une maison qui ne leur serait pas accessible autrement, leur utilisation commence à s'ajouter aux pressions sur le marché.[307]

Les CDO adossées aux subprimes : un concentré de déchets toxiques

Le montant total des deux types de prêts toxiques que sont les *subprimes* et les ALT-A s'élevait à 2500 milliards de dollars. Les banques cherchèrent un moyen de sortir ces actifs toxiques de leurs bilans, faute de quoi les gigantesques pertes potentielles les auraient obligées à se recapitaliser ou, pire, à se déclarer en faillite.

---

[306] Alan Greenspan, Understanding household debt obligations. At the Credit Union National Association, Governmental Affairs Conference, Washington, D.C., 23 février 2004.

[307] Alan Greenspan. Commission économique mixte du Congrès des États-Unis, 9 juin 2005.

Les banquiers trouvèrent une solution : la titrisation, c'est-à-dire la transformation de ces actifs hautement toxiques en titres pouvant être échangés sur le marché. Mais quels gogos pourraient-ils bien acheter de tels titres ?

Voici comment les banquiers procédèrent. D'abord, les MBS seraient découpés en plusieurs tranches selon le risque de défaut de paiement qui pouvait se produire, puis regroupées dans une CDO,[308] une obligation garantie par de la dette. Les tranches seniors, les moins risquées, représentaient 80% ; les tranches mezzanine, comportant un risque intermédiaire, 10% ; et les tranches ordinaires, présentant le risque le plus élevé, 10% également.

Chacune des tranches était soigneusement « emballée » dans un joli « papier cadeau » et seul le ruban qui ficelait le paquet différait : un ruban doré pour les tranches seniors, un ruban d'argent pour les tranches mezzanine et un simple fil de cuivre pour les tranches ordinaires.

Habillés ainsi par les banques d'investissement de Wall Street, ces déchets toxiques étaient devenus des véhicules d'investissement de premier choix. Mais encore fallait-il obtenir le sésame magique des agences de notation pour commercialiser ces instruments sur le marché. Les banquiers sont donc allés frapper aux portes des agences de notations, *Moody's et Standard & Poor's*. Avec la plus grande désinvolture, les banques d'investissement expliquèrent combien les tranches seniors étaient fiables et protégées des risques.

En se servant des statistiques des dernières années, elles démontrèrent à quel point la proportion de défauts de paiement de cette tranche était faible, puis, au moyen d'un modèle mathématique conçu par des experts, elles prouvèrent que la probabilité d'un futur défaut de paiement était également insignifiante. Certes, les tranches mezzanine et ordinaires comportaient bien quelques risques, mais elles offraient un rendement plus élevé.

Enfin, ils développèrent d'autres arguments en exposant que la hausse constante du marché immobilier permettait aux emprunteurs de se refinancer à tout moment, car ils pouvaient facilement revendre leur maison, rembourser leur crédit et même réaliser un bénéfice au passage.

---

[308] Collateralized Debt Obligation.

Moody's et Standard & Poor's regardèrent attentivement les chiffres présentés, puis testèrent minutieusement le modèle mathématique représentant les futures tendances. Tout semblait irréprochable et tout le monde savait à quel point l'immobilier était en plein essor. Dans la mesure où l'emballage de ce nouvel instrument était impeccable, *Moody's et Standard & Poor's* se laissèrent convaincre.

Et puis, les banques d'investissement sont les principales clientes de ces agences, tout ce petit monde évoluant dans la même frénésie des marchés financiers, et il était hors de question de « décevoir » d'aussi bons clients. Bref, d'un coup de stylo, les tranches seniors des CDO obtinrent la notation AAA.

Les banques d'investissement venaient de réaliser un extraordinaire tour de passe-passe, que l'on peut comparer à ces commerçants peu scrupuleux qui récupèrent les huiles usagées des McDonald's et qui, après une simple filtration, transforment les déchets en magot, les emballent et les revendent à des propriétaires de restaurant pour faire sauter des légumes ou frire des beignets.

Il restait encore une étape à franchir avant de pouvoir commercialiser leurs déchets toxiques. Les banquiers d'investissement créèrent un Fonds Commun de Créances,[309] afin de séparer le risque porté par les CDO vendus aux investisseurs et le risque porté par les établissements ayant cédé ces actifs dans cette opération de titrisation.

Pour échapper à la réglementation gouvernementale et fiscale, cette entité fut enregistrée aux îles Caïman. Ensuite, à travers elle, ils achetèrent les actifs toxiques qu'ils transformèrent en CDO, de sorte que les banques d'investissement puissent contourner légalement les risques de cette entité. Et qui retrouvait-on parmi ces banques d'investissement ? Lehman Brothers, Bear Stearns, Merrill Lynch, Citigroup, Wachovia, Deutsche Bank et Bank of America.

Bien sûr, les banquiers d'investissement ne voulaient pas conserver les déchets toxiques des tranches mezzanine et ordinaires sur le long terme. Promouvoir les CDO de la tranche senior, notés AAA, en usant de leur talent marketing était un jeu d'enfant. Les acheteurs étaient de grands fonds d'investissement et des institutions d'investissement étrangères, dont des fonds de pension, des fonds d'assurance, des fonds

---

[309] Special Purpose Vehicule (SPV).

d'éducation et divers fonds sous tutelle du gouvernement.

Mais les tranches mezzanine et ordinaires n'étaient pas aussi faciles à écouler. Malgré tous les arguments développés par les banquiers d'investissement, *Moody's et Standard & Poor's* ne pouvaient approuver ces déchets toxiques concentrés.

Alors, comment éliminer ce sujet brûlant qu'étaient les déchets toxiques concentrés ? Les banquiers d'investissement eurent une idée brillante : créer un fonds de couverture ! Les banquiers d'investissement sortirent une partie de l'épargne privée pour créer un fonds de couverture indépendant, puis ils sortirent les déchets toxiques concentrés de leurs bilans, pour les remettre au fonds de couverture indépendant, qui les racheta à un prix élevé, prix qui fut enregistré dans les actifs du fonds de couverture comme prix d'entrée. Ainsi, les banques d'investissement accomplirent sur le plan juridique un travail qui délimitait strictement les risques liés à ces déchets toxiques concentrés.

Il faut dire que depuis 2002, dans un environnement financier favorable grâce aux très faibles taux d'intérêt fixés par la Fed, le terrain était fertile pour une vague rapide d'expansion du crédit. Les prix de l'immobilier doublèrent en cinq ans. Les emprunteurs *subprimes* pouvaient facilement obtenir des fonds pour maintenir leurs mensualités. Il s'ensuivit un taux de défaillance des prêts *subprimes* beaucoup plus faible que prévu.

Assortis de taux d'intérêt élevés et présentant alors des risques relativement faibles, leurs rendements élevés attirèrent l'attention. Le marché des CDO étant désert, comparé au volume de transactions sur d'autres marchés de valeurs mobilières, les déchets toxiques changeaient très peu de mains.

Il n'y avait donc pas de véritable information disponible sur leurs prix pour servir de référence. Dans ce contexte, les autorités de la réglementation permirent aux fonds de couverture d'utiliser les résultats du modèle mathématique en tant que normes d'évaluation des actifs. Ce fut pour eux une excellente nouvelle...

Leurs calculs montraient des rendements si élevés qu'il était difficile d'en faire la publicité. En effet, ceux-ci s'étageaient de 20 à 100%. Toutefois, ces CDO de déchets toxiques eurent soudain la cote à Wall Street et devinrent en vogue. À tel point, que l'on finit par se les arracher. De plus en plus d'investisseurs demandèrent à se joindre aux fonds de couverture et, grâce à cet afflux important d'argent, les fonds de couverture devinrent une machine à cash pour les banques d'investissement.

Les caractéristiques de base des fonds de couverture étaient les opérations à haut risque et à fort levier financier. Si l'on restait les bras croisés, la quantité de déchets toxiques s'accumulait, et pour honorer la « réputation » des fonds de couverture, il fallait utiliser au maximum l'effet de levier. Alors, les gérants des fonds de couvertures demandèrent des crédits aux banques commerciales et offraient en garantie les CDO toxiques qui se vendaient sur le marché.

Les banques commerciales avaient beaucoup entendu parler de ces CDO et elles les acceptèrent facilement en garantie. Bien sûr, toute cette émission de prêts continuait de créer de l'argent neuf. Il faut noter que c'était déjà la énième fois que le système bancaire utilisait une partie de la dette hypothécaire pour créer de la fausse monnaie.

Le ratio de levier des fonds de couverture de garantie par la dette hypothécaire était de 5 à 15 fois supérieur ! Lorsque les fonds de couverture obtinrent l'argent des banques, ils pouvaient acheter encore plus de CDO pour leurs propres banques d'investissement, qui accomplirent en sautant de joie du « raffinage » de déchets toxiques en les transformant en obligations.

Le raffinage de MBS en CDO, fonçant à toute allure sur la voie rapide de l'autoroute de la titrisation d'actifs. Les institutions de crédit immobilier obtinrent encore plus d'argent pour attraper dans leurs filets de plus en plus de « clients *subprimes* ».

Les sociétés de crédit étaient responsables de la production ; les banques d'investissement, ainsi que Fannie Mae et Freddie Mac, étaient responsables de la transformation et de la vente ; les sociétés de notation étaient les bureaux de supervision ; les fonds de couvertures se chargeaient de l'entreposage et du commerce de gros ; les banques commerciales fournissaient des crédits ; et les fonds de pension, les fonds sous tutelle du gouvernement, les fonds pour l'éducation, les fonds d'assurance et les investisseurs des structures étrangères devinrent les consommateurs finaux de ces actifs toxiques.

Les sous-produits de ce processus sont l'excès mondial de liquidités et le fossé croissant entre les riches et les pauvres. Une chaîne parfaite de production de déchets toxiques fut ainsi formée. Les statistiques du Trésor se décomposaient ainsi :

Émission de CDO :

— Premier trimestre 2007 : 200 milliards de dollars ;
— 2006 : 310 milliards de dollars ;
— 2005 : 151 milliards de dollars ;
— 2004 : 100 milliards de dollars.

Les CDO synthétiques : des déchets toxiques concentrés de grande pureté

À des fins publicitaires et en l'absence de toute déontologie, la confiance des investisseurs fut stimulée. Les banques d'investissement avaient conservé quelques concentrés de déchets financiers. Pour essayer de recycler ces actifs toxiques en avantages économiques, ces banques eurent une autre idée. Pour Wall Street, tant qu'il y aura des flux de trésorerie, il faudra trouver un moyen pour en faire des valeurs mobilières.

Les déchets toxiques qui se trouvaient entre les mains des banques d'investissement n'avaient pas encore rencontré de problème majeur de défaut de paiement et le flux généré par les intérêts mensuels était stable. Mais l'on pouvait s'attendre à de probables risques dans le futur.

Alors, comment se couvrir ? Tout simplement en s'assurant sur les défauts de paiement à venir. Ce fut l'invention des CDS ou *Crédit Default Swaps*, un titre par lequel on transfert le risque du crédit en versant une prime initiale.[310]

Avant d'introduire un tel produit, les banques d'investissement devaient d'abord élaborer un système théorique pour expliquer son caractère nécessaire et raisonnable. Ils séparèrent les revenus d'intérêts des CDO en deux modules : l'un servait à couvrir les coûts supportés par les fonds, l'autre couvrait les risques de défaut de paiement. Il était nécessaire ensuite de transmettre ces risques de défaillance à d'autres personnes et pour cela il fallait verser une somme initiale — la prime.

Si des investisseurs acceptaient de supporter le risque des CDO, ils toucheraient les primes versées par les banques d'investissement. Selon les investisseurs, ces flux de trésorerie générés par ces primes

---

[310] Le CDS a été inventé par Blythe Masters, de JP Morgan, en 1994 [n.d.e.].

d'assurance ne sont pas vraiment différents des flux de trésorerie provenant d'obligations ordinaires. C'était bien là le principal contenu des contrats CDS. Dans ce processus, les investisseurs portant le risque n'ont pas besoin de sortir de fonds ni d'avoir quelque lien que ce soit avec des actifs d'assurance.

Ils supportent simplement les risques potentiels des CDO et touchent pour cela une prime. En raison de l'asymétrie de l'information, et des prospectus de 250 pages écrits dans un charabia d'experts que même les investisseurs les plus pointus étaient incapables de comprendre, il était difficile de juger avec précision les risques réels de défaillance. L'appât du gain étant plus fort que tout, beaucoup de personnes furent attirées par les hauts rendements en ignorant les risques potentiels.

À cette époque, bien que les déchets toxiques concentrés fussent en théorie entre les mains des banques d'investissement, les risques de défaillance furent transmis à d'autres intervenants. Jusqu'ici, les banques d'investissement étaient parvenues à des résultats époustouflants et, la cupidité humaine n'ayant pas de limites, des dangers terribles allaient s'accumuler sur les marchés financiers.

En mai 2005, un groupe de super génies de la finance de Wall Street et de la City parvint à développer un nouveau produit CDS : le CDO synthétique, un déchet toxique concentré de haute pureté. Le coup de génie des investisseurs fut d'intégrer les primes d'assurance aux CDO, puis de les emballer dans divers papiers cadeaux selon les facteurs de risque, pour retourner frapper aux portes de *Moody's et de Standard & Poor's*.

Dans un premier temps, ce fut en vain. Communiquer sans obtenir les notations est contre-productif, car cela inquiète les banques d'investissement. Lehman Brothers était un expert mondial en CDO synthétiques et vint à la rescousse. Sous son commandement, les scientifiques financiers réglèrent en juin 2006 la tranche ordinaire des CDO, la plus toxique des déchets toxiques. Leur innovation consistait à accumuler dans un Pool, un groupe de fonds, des flux de trésorerie générés par la tranche ordinaire des CDO synthétiques.

Dès qu'un défaut de paiement apparaîtrait, le Pool activerait sa fonction d'urgence consistant à rétablir les flux de trésorerie. Cette méthode esthétique mais pas vraiment utile a joué un rôle considérable dans l'augmentation des crédits pour les tranches ordinaire des CDO synthétiques. Finalement, *Moody's* accorda la note « AA » à ce déchet toxique concentré de haute pureté.

L'attractivité des CDO atteignit un pic si élevé que tous les investisseurs eurent l'illusion que des anges étaient descendus sur terre. Auparavant, pour investir dans les CDO ou pour obtenir des flux de trésorerie, il fallait investir de l'argent réel, et supporter les risques qui pouvaient survenir.

Maintenant, il n'y avait plus besoin de toucher à son argent en le mettant sur le marché (ou ailleurs) pour créer de la richesse. Aussi longtemps que l'on supportait un peu de risque, on obtiendrait un flux de trésorerie stable. Comparé au CDS, c'est un choix encore plus attrayant, et ce produit d'investissement obtint la notation « AAA » de *Moody's et de Standard and Poor's*.

Ne pas avoir besoin de sortir de l'argent pour obtenir des flux de trésorerie stables, couplé à un risque extrêmement faible, car ce sont des produits CDO notés AAA : le résultat n'est pas difficile à imaginer. Un grand nombre de fonds sous la tutelle du gouvernement, des fonds de pensions, des fonds d'éducation, des gestionnaires de fonds d'assurance, ainsi qu'une foule de fonds étrangers se joignirent au festin avec enthousiasme.

En ne dépensant pas un seul centime de leurs propres fonds, cela augmenterait les profits, sans parler des bonus qu'ils toucheraient en fin d'année. En plus des CDO synthétiques, les banques d'investissement devinrent également friandes des fonds de couverture à haut risque et haut rendement, et créèrent sur mesure pour les fonds de couverture un autre produit CDO : le zéro-coupon.

Sa plus grande différence avec les autres CDO synthétiques réside dans le fait que les autres instruments n'ont pas besoin d'investir dans les fonds pour obtenir des flux de trésorerie. Son inconvénient fatal est qu'il doit assumer tous les risques tout le temps, avec la possibilité de perdre tous les investissements, tandis que le zéro-coupon investit dans la valeur nominale d'une partie des fonds, sans retour de flux de trésorerie. Mais lorsque l'échéance du CDO arrive, on peut récupérer le total de la valeur nominale à condition de se débarrasser des pertes et des coûts liés aux défauts de paiement.

Les fonds de couverture commencent par perdre de l'argent en investissant une partie des fonds, mais s'il n'y a pas de défauts de paiement, alors les profits sont énormes. Cette vision du « si » induit qu'il est difficile de résister aux fonds de couverture.

Les banques d'investissement comprennent clairement les intentions des gestionnaires de fonds de couverture pour concevoir ce genre de produit. Le rôle des banques d'investissement est de stimuler et d'utiliser la cupidité des autres, car elles sont elles-mêmes presque invincibles, et les fonds de couverture dépendent de leur bonne étoile.

L'imagination innovatrice de la finance de Wall Street semble être infinie. Mis à part les CDO, les CDS et les CDO synthétiques, ils inventèrent aussi les CDO2, les CDO3 et les CDON. Les statistiques de l'agence *Fitch* montrent que le marché des dérivés de crédit atteignit la somme astronomique de 50 000 milliards de dollars.

De 2003 à 2006, ce marché explosif augmenta de 1500% ! [En 2007], les fonds de couverture [étaient] déjà devenus le principal marché des instruments dérivés de crédit, représentant à eux seuls 60% de part de marché. En outre, les statistiques de la BRI montrent qu'au quatrième semestre de 2006, furent émis pour 92 milliards de dollars de CDO synthétiques ; au premier semestre de 2007, 121 milliards.

Les fonds de couverture représentaient 33% des parts du marché. Qui était le pilote de ce marché de déchets toxiques concentrés de haute pureté ? Aussi surprenant que cela puisse paraître, c'était les « fonds conservateurs » des fonds de pension et des investisseurs étrangers. Et ces fonds avaient réellement investi dans la tranche CDO ordinaire la plus toxique.[311]

Les agences de notation complices de la fraude

De tous les MBS, environ 75% ont été notés « AAA », 10% ont obtenu la note « AA », 8% ont eu « A » et seulement 7% ont reçu la note « BBB » ou moins. La réalité est qu'au cours du quatrième trimestre 2006, les défauts de paiement des prêts *subprimes* ont atteint 14,44% et, au premier trimestre 2007, ils avaient encore augmenté, atteignant 15,75%.

À la suite des 2 000 milliards de dollars de réajustement des taux d'intérêts, en 2007 et 2008, qui suscitèrent une ampleur sans précédent de « mensualités affolantes » sur le marché des *subprimes* et des ALT-A, un taux encore plus élevé de défauts de paiement apparut inévitablement. À partir de la fin de l'année 2006, jusqu'au milieu de

---

[311] Gillian Tett, « Pension Funds left Vulnerable after Unlikely Bet on CDOs », in *Financial Times*, 6 juillet 2007.

l'année 2007, plus d'une centaine d'organismes de crédit subprimes furent contraints de fermer.

Et ce n'était que le début... Le rapport de l'enquête de *l'US Mortgage Bankers Association* affirma qu'au final il y aurait probablement 20% des prêts *subprimes* qui conduiront à des saisies et des ventes aux enchères et que 2,2 millions de personnes perdraient leur maison.

Standard & Poor's, Moody's et les autres agences de notation induisirent gravement en erreur de nombreux investisseurs, et les autorités de régulation poursuivirent les agences de notation les unes après les autres en justice. Le 5 juillet 2007, *Ohio Police & Fire Pension Fund*, le troisième plus grand fonds de retraites américain risqua de grosses pertes car 7% de ses investissements étaient placés sur le marché des MBS. Le ministre de la Justice de l'Ohio, Marc Dann expliqua :

> *Les agences de notation touchaient de l'argent à chaque fois que ces regroupements de subprimes étaient créés et qu'une mise sur le marché était effectuée.*
> *[Les agences] ont continué de donner la note AAA à ces choses. [Elles font donc] partie des gens qui ont aidé et encouragé cette fraude permanente.*

Moody's répliqua en disant que ces accusations étaient ridicules :

> *Notre rôle est très important mais extrêmement limité sur le marché du crédit. Nous émettons des opinions raisonnées qui se tournent vers l'avenir à propos des risques de crédit.*
> *Nos opinions sont objectives et ne sont pas liées à des recommandations d'achat ou de vente.*
> *Notre avis est objectif nous ne forçons personne à acheter et vendre.*[312]

La logique de Moody's était que rédiger une critique de film ne signifiait pas forcer les gens à aller le voir. En d'autres termes, « nous n'avons aucune obligation de résultat ». Or, les investisseurs, bouillonnants de colère, croyaient que pour un produit complexe et aux

---

[312] Katie Benner & Adam Lashinsky, « Subprime Contagion ? », in Fortune, 5 juillet 2007, p. 152.

prix opaques, ils pouvaient accorder leur confiance aux évaluations des agences de notation. Comment dénier ainsi toute responsabilité ?

S'il n'y avait pas de note « AAA », comment les nombreux fonds de pension, fonds d'assurance, fonds d'éducation, fonds sous tutelle de l'État et fonds d'investissement étrangers pourraient-ils souscrire ? Tout est basé sur la note « AAA » et s'il y avait un problème lié à cette note, alors le danger pourrait surgir à n'importe quel moment pour les centaines de milliards de dollars de placement impliqués par les fonds.

En fait, la notation des actifs a validé la règle du jeu de cette gigantesque partie de casino. [En 2007], l'une des cinq grandes banques de Wall Street, Bear Stearns, a subi d'immenses pertes dans deux fonds de couvertures.[313] Avant cet incident, de nombreux investisseurs et l'autorité de régulation avaient commencé à enquêter sur la question de la tarification des fonds de couverture et des banques d'investissement.

Le *Financial Accounting Standard Board* exigea que l'on calcule le prix de sortie des actifs avec des prix équitables, et pas leur prix d'entrée. Ce qu'on appelle le prix de sortie est le prix de vente des actifs sur le marché, alors que le prix couramment utilisé par les banques d'investissement et les fonds d'investissement était calculé avec des formules mathématiques internes.

Parce que les transactions sur les CDO étaient toutes récentes, on manquait d'informations fiables sur les prix du marché. Si des investisseurs avaient demandé les prix des CDO à cinq courtiers, il est fort probable qu'ils auraient obtenu cinq prix différents. Wall Street avait l'intention de maintenir le marché opaque afin de générer de très gros profits grâce aux commissions sur les ventes.

Lorsque l'on gagne de l'argent, on est évidemment aux anges, mais dès qu'un incident surgit, il n'y a plus personne. Dans ces circonstances, la société occidentale montre alors son vrai visage. Ainsi en furent les relations entre Bear Stearns et Merrill Lynch. Les deux fonds spéculatifs de Bear Stearns ont rapporté qu'ils « avaient parié sur le mauvais cheval dans les *subprimes*, entraînant des pertes énormes ».

L'interprétation correcte est qu'ils ont malheureusement fait le pari d'assumer les risques des déchets toxiques concentrés de haute pureté,

---

[313] Sa faillite, en 2008, fut le prélude de la déconfiture de la gestion de risque des banques d'investissement de Wall Street, en septembre 2008, et de la crise financière mondiale qui a suivi, en 2008 et 2009 [n.d.e.].

les CDO synthétiques, et qu'ils se sont trouvés du mauvais côté de l'histoire. La partie qui leur a transféré les risques est peut-être l'un de leurs investisseurs. Au 31 mars 2007, les actifs contrôlés par les deux fonds de couverture de Bear Stearns atteignaient plus de 20 milliards de dollars, qui perdirent, début juillet, 20%. En c'est ainsi que les créanciers ont cherché à désinvestir.

Merrill Lynch, l'un des plus grands créanciers, sonna l'alarme dans plusieurs cas de recouvrement de créances restés infructueux. Cette banque annonça effrontément qu'elle allait commencer à vendre les 800 millions de dollars d'obligations hypothécaires de Bear Stearns. Merrill Lynch avait dit dans le passé, avant que Bear Stearns annonce un plan de recapitalisation des fonds de couverture, qu'elle ne vendrait pas ces actifs.

Quelques jours plus tard, Merrill Lynch rejeta le plan de restructuration de Bear Stearns. Cette dernière proposa également un plan d'urgence d'1,5 milliard de dollars, mais n'obtint pas l'approbation des créanciers. Au même moment, Goldman Sachs, JP Morgan Chase et Bank of America rachetaient les parts des fonds correspondants.

La panique se déclencha au cours des adjudications : un quart seulement des obligations avait fait l'objet d'une enquête, et leur prix n'était que de 85 à 90% de leur valeur nominale. C'était la quintessence de la notation « AAA » de Bear Stearns. Si même ces actifs de qualité perdaient au moins 15%, sans même penser à ces BBB dont personne ne se souciait, alors les déchets toxiques CDO ne pouvaient être qu'effroyables.

La totalité des pertes promettait d'être gigantesque. La dure réalité secoua Bear Stearns et ébranla tout Wall Street : les CDO, représentant une valeur totale de 750 milliards de dollars, restèrent dans le bilan des banques commerciales. Leur astuce consistait à transférer ces CDO sur des lignes hors-bilan pour calculer leurs prix en interne et non en se basant sur les prix du marché. Les banques de Wall Street n'avaient qu'une conviction : ne pas procéder à des adjudications !

Cela risquait d'exposer en plein jour les prix réels des CDO, et les gens verraient que le prix réel de cette bulle d'actifs n'était pas celui que la finance avait publié — 120 ou 150% de leur valeur nominale — mais plus probablement 50%, voire 30%. Une fois que les prix du marché seraient exposés en pleine lumière, des fonds de diverses importances placés dans les CDO ne pourraient que réexaminer leurs comptes d'actifs ; les grosses pertes seraient difficiles à couvrir et une crise financière sans précédent balaierait le monde.

Le 19 juillet, les deux fonds de couverture subordonnés à Bear Stearns n'avaient plus aucune valeur, les 20 milliards de dollars d'actifs étaient partis en fumée en quelques semaines. Le 1er août, les deux fonds de couverture annoncèrent leur dépôt de bilan. Qui exactement détenait ces déchets toxiques ?

Voilà une question très sensible à Wall Street. Selon les statistiques, à la fin de l'année 2006, les fonds de couverture en détenaient 10%, les fonds de pension 18%, les sociétés d'assurance 19%, les sociétés de gestion d'actifs 22%. Bien sûr il y avait aussi les investisseurs étrangers, qui avaient apporté une nouvelle vigueur au marché des MBS, des CDS et des CDO. À partir de 2003, parmi les produits d'investissement structurés lancés en Chine par les institutions financières étrangères, combien furent contaminés par ces déchets toxiques ? Nul ne le sait.

La Banque des règlements internationaux avait récemment prévenu que le problème des *subprimes* apparaissait de plus en plus, mais qu'on ne savait pas encore clairement comment il infiltrerait le marché du crédit. Ce « pas encore clairement » implique-t-il que le marché des CDO peut s'effondrer ? Les prêts *subprimes* et ALT-A, ingrédients des CDO, CDS et CDO synthétiques, atteignirent au moins 3000 milliards de dollars.

On comprend mieux pourquoi la BRI mettait en garde contre une probable grande dépression comme celle des années 1930. La BRI estimait également que dans les quelques mois qui suivraient, le cycle du crédit connaîtrait des changements.

Selon le point de vue des fonctionnaires de la Fed, les décideurs n'avaient pas identifié les inquiétudes des marchés financiers sur le marché des *subprimes*, ni prévu l'impact sur l'économie. Ben Bernanke déclara en février 2007 que les *subprimes* étaient une question clef, mais qu'il n'y avait pas d'indicateurs montrant une probable propagation à tout le marché, lequel semblait dans l'ensemble en bonne santé. Par la suite, autant les investisseurs que les fonctionnaires évitèrent de parler des risques élevés des *subprimes*.

Éviter le problème ne le résout pas pour autant. Les gens dans la vraie vie pouvaient sentir l'imminence de la crise. Quand les fonds de pensions perdent de l'argent, l'âge de la retraite est repoussé. Quand les compagnies d'assurance perdent de l'argent, les primes augmentent. Quand des fonds gérés par le gouvernement subissent de lourdes pertes, les citoyens voient les amendes de circulation augmenter...

En bref, la règle affinée par la finance de Wall Street est que les banquiers sont toujours les grands gagnants et qu'ils peuvent encaisser des bonus astronomiques ; les grands perdants seront toujours les contribuables et les étrangers qui paieront la facture.

Mais peu importe qui gagne ou qui perd, l'inflation et l'énorme dette engendrées par le système bancaire à travers son processus d'innovation produiront un nouveau partage tranquille de la richesse, creusant encore un peu plus le fossé entre les riches et les pauvres. La meilleure assurance pour un monde de plus en plus déséquilibré.

L'implosion de la dette et la crise des liquidités

La crise américaine des *subprimes* est dans son essence même une crise typique d'implosion de la dette. En produisant en même temps des prêts hypothécaires et de la monnaie à partir de rien (et non pas en prêtant de l'épargne à d'autres personnes, comme le croient les gens ordinaires), on crée en fait une avance sur le travail à accomplir dans le futur en fabriquant de la monnaie et en la faisant circuler.

Le phénomène se décompose en deux parties : l'augmentation de la masse monétaire produite par les nombreux prêts immobiliers, conduit inévitablement à une inflation galopante des prix de l'immobilier ; la banque centrale, pour faire face à l'inflation, augmente les taux d'intérêts.

Ces deux effets combinés eurent pour conséquence d'accentuer la pression des mensualités sur les emprunteurs jusqu'à ce qu'ils se retrouvent en défaut de paiement. La chute des prix de l'immobilier a été la conséquence logique : les investisseurs se sont retirés du marché, plus personne ne voulait des MBS et des CDO ; et, sur les marchés obligataire et monétaire, une soudaine crise des liquidités est apparue.

Ce resserrement monétaire ébranla de nouveau le marché des CDS. Ceux qui avaient acheté ces contrats, généralement les grandes banques d'investissement de Wall Street, réclamaient d'énormes indemnités pour tous ces défauts de paiement ; et les vendeurs des CDS, essentiellement le géant américain de l'assurance, AIG, mais aussi Fannie Mae et Freddie Mac, prirent soudainement conscience des sommes colossales qu'ils devraient verser aux « assurés ».

Ce retournement de situation conduirait rapidement à un nouveau et gigantesque transfert de richesse vers les banquiers internationaux. En effet, le modèle de la plupart des investisseurs et la direction qu'ils prenaient étaient similaires, et les ventes d'actifs se transformèrent en panique.

C'est le cycle vicieux du développement économique fondé sur une monnaie endettée : la dette crée de la monnaie, la monnaie stimule la cupidité, la cupidité active l'augmentation de la dette, la dette implose, l'implosion déclenche un resserrement monétaire, et le resserrement monétaire conduit à la récession !

De nombreux analystes pensent que les *subprimes* sont seulement un problème isolé, et qu'il ne sera pas excessif comparé à la taille du marché financier américain. Ce point de vue met de côté le problème de structure et de forme du marché financier, qui n'est ni développé, ni indépendant. D'un point de vue vertical, les *subprimes* montrent une énorme structure de pyramide inversée.

En bas de la pyramide, 400 à 500 milliards de dollars constituent les créances douteuses des *subprimes*, soutenant 750 milliards de dollars de CDO, avec encore au-dessus 50 000 milliards de CDS. Au-dessus des CDS, il y a des CDO synthétiques, des MBS, des CDO promis en garantie aux banques commerciales avec un levier de 5 à 15 fois plus élevé et de la « fausse monnaie » soutenant la liquidité. L'inversion de cette pyramide ajoutera au marché des instruments dérivés les 100 000 milliards de dollars du marché des *swaps* sur taux d'intérêt.

La liquidité passera de l'inondation au resserrement brutal, les MBS et le financement des dettes à long terme des États-Unis deviendront une source intarissable de problèmes, et si les taux d'intérêt continuent de grimper, alors les 100 000 milliards de dollars du marché des *swaps* sur taux d'intérêt connaîtront une implosion encore plus assourdissante.

La corrélation entre la dette et sa structure pose une question essentielle : quand 2,2 millions de personnes criblées de dettes risquent de se retrouver sans toit, peut-on raisonnablement s'attendre à ce qu'elles remboursent encore leurs emprunts pour la voiture, les études, les cartes de crédit et leurs autres dettes ? La caractéristique de base de la dette est de créer un lien entre le meilleur aujourd'hui et... le pire demain !

Ces obligations et ces instruments dérivés du système bancaire, entremêlés de garanties, étaient émis à un rythme effréné, sous des formes toujours plus innovantes. Si un acteur majeur tombe, il entraînera irrémédiablement les autres dans sa chute, tel un jeu de dominos. Des millions de personnes tomberont en même temps.

Qui peut les sauver ? L'innovation financière a créé un risque systémique d'une ampleur sans précédent. En 1998, la crise boursière menaçait un certain capitalisme de long terme aux États-Unis. La Fed a alors convoqué les plus grands créanciers pour réfléchir à des contre-mesures.

Mais de nos jours, si le marché connaît une implosion de la dette, sachant que les défauts de paiements toucheraient d'innombrables investisseurs, et que ces transactions, non réglementées, se font de gré à gré, une redoutable réaction en chaîne pourrait se produire, et l'ensemble du système serait paralysé.

De façon métaphorique, sur le marché financier traditionnel, où les risques sont concentrés, le risque est gros et la cible est clairement définie. Dès qu'il y a une hémorragie, les médecins des banques centrales appliquent des mesures efficaces pour l'arrêter. Mais lorsque le risque est fragmenté et se trouve dans des centaines de milliers de mains, comme sur le marché financier moderne, dès que le sang coule beaucoup, il est quasiment impossible d'enrayer l'hémorragie, car le médecin n'a aucune idée de par où il faut commencer.

En ce sens, l'injection sans précédent de capital par la Fed et les banques centrales européennes depuis août 2008 confirme la gravité du problème. Elles n'ont pas réagi de manière excessive. Sans le sauvetage des banques centrales, il ne serait pas exagéré de dire que les marchés financiers du monde d'aujourd'hui seraient en ruine.

EMPRUNTS-LOGEMENT : REACTUALISATION DES TAUX D'INTERÊT
(Première réactualisation en milliards de dollars US)

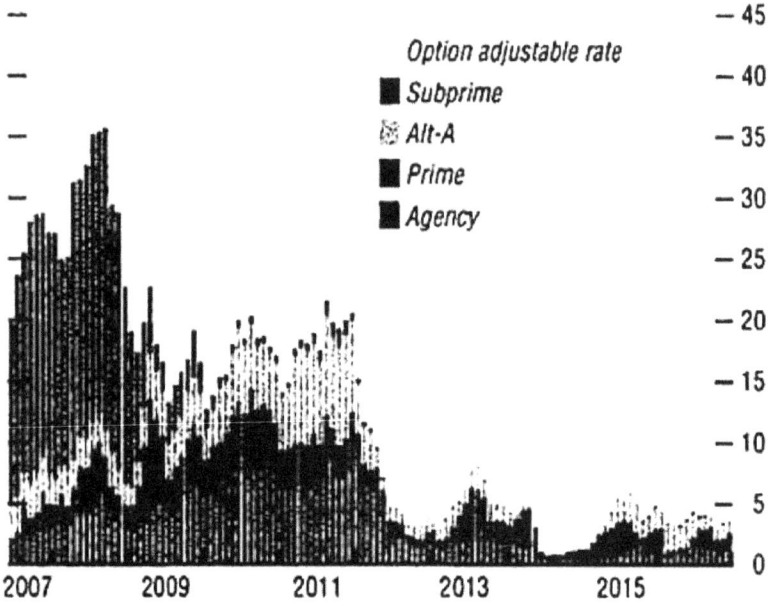

Source: Credit Suisse.

Le graphique ci-dessus correspond au calendrier des réactualisations des emprunts-immobiliers aux États-Unis. En abscisse, les mois, à partir de janvier 2007 ; en ordonnée, la réactualisation de la dette immobilière des ménages américains. Sur ce graphique, nous pouvons clairement voir pourquoi, fin février 2007, est apparu le premier tremblement de terre majeur sur les marchés financiers mondiaux, et en août le second. Le troisième est susceptible de culminer à la fin de l'année 2007. Les répliques ultérieures continueront pendant de nombreuses années.

Quel avenir pour les marchés financiers ?

Bien que les banques centrales contrôlent temporairement la crise, le problème fondamental de l'implosion de la dette n'a pas connu le moindre répit. Les 750 milliards d'évaluation d'actifs toxiques dans le système bancaire américain n'ont pas encore été exposés. Fin 2007 et début 2008, apparut le problème encombrant de la réactualisation des prêts *subprimes*. Probablement un autre tremblement de terre en préparation.

Après une série continue de séismes, il est peu probable que les consommateurs américains auront toujours envie de s'endetter. Le cœur du problème réside dans le fait que c'est une monnaie endettée qui conduit l'économie mondiale. Rembourser la dette implique un resserrement monétaire.

Comme les marchés financiers exigent des rendements élevés auxquels la croissance économique réelle a des difficultés à répondre, les marchés financiers ne peuvent ignorer l'augmentation rapide de la masse monétaire, et encore moins l'arrêter ou y renoncer. Cependant, l'implosion de la dette des *subprimes* montre que la capacité de découvert a consommé tout son potentiel. En 2006, 1900 milliards de dollars de prêts hypothécaires sont venus s'ajouter à l'ensemble, et l'échelle des instruments dérivés de la dette a augmenté en conséquence.

Comme nouveaux substituts à la dette, les génies de Wall Street sont en train de développer en urgence les « obligations de la mort » (*death bonds*). Le concept des *death bonds* est de racheter l'assurance-vie de personnes malades et âgées contre une fraction de leur police. Puis les banques d'investissement projettent de « sécuriser » ces polices en les regroupant par centaines ou par milliers dans des obligations vendues aux investisseurs.

Ceux-ci se substitueront à l'ancien assuré et continueront de verser les primes des assurances en question, mais toucheront la somme restant à verser quand la personne mourra.[314] Les investisseurs trouveront des gens qui ont souscrit une assurance-vie et leur suggéreront qu'étant donné que leur police sera dépensée par d'autres personnes après leur mort, pourquoi ne pas toucher maintenant l'argent alors qu'ils sont encore en vie ? Cet argument attirera certainement beaucoup de monde.

Et, de leur côté, les investisseurs auront intérêt à ce que l'assuré meurt le plus vite possible. Et la banque d'investissement prélèvera au

---

[314] Jenny Anderson, « Wall Street Pursues Profit in Bundles of Life Insurance », New York Times, 5 septembre 2009. « Plus le possesseur de la police meurt tôt, plus le bénéfice sera élevé ». Dans l'exemple donné par l'article de Jenny Anderson, un assuré touchera, par exemple, 400 000 dollars pour une police d'un million, selon son espérance de vie. Donc, si l'investisseur paye 100 000 dollars de primes avant que l'individu meure, le profit obtenu se montera à un demi-million de dollars [n.d.e.].

passage 5 à 6% de frais... Toutefois, ce marché semble ne pas avoir le potentiel des emprunts immobiliers *subprimes*...

Une autre idée est d'étendre considérablement la durée de la dette hypothécaire, en passant de trente à quarante ou cinquante ans. Cela peut améliorer la taille de la dette, et fournir assez de liquidités au marché. Mais cela doit se faire sur une échelle assez importante et en augmentation rapide afin de remplacer la paralysie temporaire du système d'exploitation de la dette. Dans le cas contraire, aucune force ne pourra arrêter la grave récession à venir.

11

REGARDER LOIN DEVANT

> « *Tout comme la liberté, l'or n'a pas sa place là où on le sous-estime.* »
>
> Lot Myrick Morrill

En 1850, Londres était sans aucun doute le soleil du système financier mondial. En 1950, New York prit sa place au centre de la richesse du monde. En 2050, qui revendiquera le trône hégémonique de la finance internationale ?

L'expérience de l'histoire humaine montre que les pays ou les régions qui accroissent leur productivité créent d'énormes richesses. Afin de protéger leur fortune de l'usurpation par les monnaies diluées par autrui dans le commerce, ces régions ont cultivé une force motrice interne pour stabiliser au maximum la pureté de la monnaie, tout comme la livre-or forte au XIX$_e$ siècle ou le dollar-or et argent au XX$_e$ siècle.

La richesse du monde a toujours automatiquement afflué vers les endroits qui étaient en mesure de protéger sa valeur. La monnaie stable et forte a considérablement encouragé la répartition rationnelle des ressources et la division du travail dans la société, créant une structure économique plus efficace et ainsi plus de richesses.

À l'inverse, lorsqu'une nation puissante et prospère commence à descendre la pente, la productivité de la société ne cesse de s'affaiblir, et les énormes dépenses du gouvernement ou les coûts de la guerre vident progressivement les caisses. Le gouvernement commence toujours par déprécier la monnaie pour tenter d'échapper à l'endettement et piller les richesses des citoyens.

Dès lors, la monnaie ne peut pas chercher d'autres endroits pour s'abriter, et c'est irréversible. La stabilité de la monnaie est un premier signe de prospérité ou de décadence. Lorsqu'en 1914, la Banque d'Angleterre annonça qu'elle arrêtait la convertibilité entre la livre et l'or, la gloire de l'Empire britannique fut reléguée au passé. Lorsque Nixon ferma le guichet de l'or en 1971, les brillantes industries américaines passèrent de la floraison au déclin.

La puissance de l'Angleterre se dissipa rapidement dans les fumées de la Première Guerre mondiale, quand les États-Unis eurent la chance d'échapper à une nouvelle grande guerre, ce qui leur permit de maintenir leur prospérité pendant un certain temps. Mais la grande maison d'apparence luxueuse s'est déjà vidée petit à petit à cause de la dette. Historiquement, on sait que toute manipulation pour dévaluer la monnaie d'un pays et essayer de tromper les capitaux aboutit à la fuite des richesses.

Les monnaies : unités des poids & mesures du monde économique

L'argent représente les « poids & mesures » les plus élémentaires, centraux à toute économie. Le rôle de la monnaie est similaire aux mesures les plus importantes du monde physique, telles que les kilogrammes, les mètres, les secondes... Un système monétaire qui subirait de sévères fluctuations quotidiennes serait ridicule et dangereux comme le seraient le kilogramme, le mètre et la seconde s'ils changeaient sans cesse.

Si la règle entre les mains d'un ingénieur changeait de longueur tous les jours, comment pourrait-il construire un immeuble de dix étages ? Même s'il ne devait que le réparer, qui oserait y vivre ? Si les normes des chronomètres des compétitions sportives variaient à tout moment, comment les athlètes pourraient-ils comparer leurs résultats obtenus sur différents sites d'épreuves ? Si un commerçant vendait des produits et que la norme des kilos sur la balance rétrécissait tous les jours, comme si les poids n'arrêtaient pas de changer, qui serait prêt à lui acheter quoi que ce soit ?

De nos jours, l'un des problèmes fondamentaux de l'économie est l'absence de normes rationnelles et stables de « poids & mesures » monétaires, empêchant le gouvernement de mesurer avec précision l'ampleur des activités économiques. Les entreprises ont des difficultés à déterminer si les investissements à long terme sont judicieux, les gens ont perdu tout cadre de référence concernant la planification à long terme de la richesse. Sous le contrôle arbitraire et aléatoire des banquiers, la monnaie dans l'économie a gravement déformé la répartition rationnelle des ressources du marché.

Lorsque les gens calculent leur investissement dans des actions, des obligations, des biens immobiliers, des lignes de production ou le rendement des placements dans le commerce de marchandises, ils sont incapables de calculer le taux de rendement réel, car il est difficile d'estimer la baisse du pouvoir d'achat de la monnaie.

Après 1971, date où le dollar américain se sépara de l'or, son pouvoir d'achat diminua de 94,4%. Le dollar d'aujourd'hui vaut 5,6 cents par rapport au dollar du début des années soixante-dix. Les « foyers aux 10.000 RMB » (expression utilisée à partir des années 1970 en Chine pour désigner les foyers dont les revenus ou l'épargne dépassaient 10.000 renminbis par an) des années 1980 étaient des signes de prospérité. En 1990, il s'agissait du revenu moyen des ménages urbains. Mais à présent, les familles qui gagnent 10.000 RMB par an se rapprochent du seuil de pauvreté.

Les économistes s'inquiètent uniquement du niveau d'inflation des prix des produits de base, mais nul ne prête attention à l'énorme inflation des actifs. Ce type de système monétaire est un châtiment cruel pour les épargnants. C'est la raison pour laquelle, bien que les marchés des actions et de l'immobilier soient très dangereux, ne pas investir le serait encore plus.

Lorsque les gens achètent des maisons, le prêt qu'ils sollicitent auprès des banques n'est qu'une reconnaissance de dette, il n'y a pas tant d'argent sur le compte de la banque. Mais au moment de la production de la dette, on crée de l'argent à partir de rien, et cette reconnaissance de dette est immédiatement monétisée par la banque, augmentant automatiquement la masse monétaire, et cet argent pousse les prix des biens de consommation à la hausse, et en particulier les actifs.

Par conséquent, en l'absence de prêts immobiliers, les prix des maisons ne pourraient atteindre un niveau si élevé. Les banques prétendent aider les gens à financer leur logement, mais le résultat est inverse. Les prêts immobiliers des banques équivalent à mettre à découvert trente ans de revenus des citoyens.

L'argent des trente prochaines années a donc été affecté dans le présent et a été monétisé. Avec une telle montée en flèche de la masse monétaire, ce sont les prix de l'immobilier, le marché des actions et des obligations qui ont toutes les raisons d'augmenter également...

Après avoir mis à découvert les économies des trente prochaines années des citoyens, les prix de l'immobilier ont atteint un tel niveau que l'accession à la propriété devient difficile pour les gens ordinaires. Afin « d'aider » les gens à pouvoir s'endetter plus pour soutenir les prix de l'immobilier, les banquiers, en Angleterre et aux États-Unis, ont tenté une grande innovation : « l'endettement immobilier à vie ».

L'Angleterre a lancé des prêts immobiliers à cinquante ans, tandis que les États-Unis et le Canada tentent l'hypothèque sur 45 ans. Si la tentative est couronnée de succès, une nouvelle bulle monétaire de l'endettement éclatera et les biens immobiliers connaîtront un « printemps florissant ». Les gens qui auront emprunté aux banques seront enchaînés à un endettement à vie, et ceux qui n'auront pas acheté de maison connaîtront un sort encore pire car ils finiront par être si pauvres que les chaînes de la dette ne voudront même pas les compter parmi leurs clients.

Et si le festin de cinquante ans de dettes ne suffit plus à calmer l'appétit des banquiers, il est à craindre qu'un jour des « prêts intergénérationnels » ne soient inventés, où les parents achèteront et les enfants s'acquitteront, ou encore les grands-parents contracteront une dette et les petits-enfants la rembourseront.

Alors que leurs réserves de change, dépassant allègrement les mille milliards de dollars, réjouissent les Chinois, ils ont sorti des billions de RMB pour acheter la « gigantesque reconnaissance de dette américaine ».[315]

En Chine, lorsque l'éducation et la santé entreront également en phase « d'industrialisation », ces ressources sociales à l'origine partagées par la société, deviendront d'un coup des « actifs exclusifs ». Des tsunamis monétaires inonderont la société et les secteurs de l'éducation et de la santé seront pris d'assaut par les intérêts privés. Lorsque les transactions entre les entreprises deviendront des reconnaissances de dettes, les banques escompteront les divers titres documentaires, qui deviendront de fait des actifs bancaires, et créeront en même temps de la monnaie.

---

[315] En septembre 2008, la Chine est passée devant le Japon comme première détentrice mondiale de la dette américaine. La valeur des bons du Trésor américains détenus par Pékin s'élevait alors à 585 milliards de dollars, le Japon reculant au deuxième rang avec 573,3 milliards de dollars [n.d.e.].

Quand les gens utilisent leur carte de crédit, chaque bout de papier reçu en échange devient une reconnaissance de dette, qui devient à son tour de l'actif bancaire, et ces actifs se transforment en argent supplémentaire. Autrement dit, toutes ces transactions se réduisent à des dettes et, par le processus de monétisation, de l'argent est à chaque fois créé.

La dette, la dette, et encore la dette. Le RMB est en train de glisser rapidement vers les abysses de la monnaie endettée. La différence avec les États-Unis est que la Chine n'a pas développé de marché dérivé comme les États-Unis pour absorber son excédent monétaire. Ces vagues de liquidités se concentrent sur l'immobilier, les actions et les obligations.

Il n'y a pratiquement aucun moyen de freiner l'inflation de ces « super-actifs ». Le mythe des marchés financiers japonais et la véritable frénésie de l'immobilier qui s'est emparée du Japon se reproduiront en Chine. Les banquiers internationaux se préparent au spectacle de la prochaine super-bulle économique du sud-est asiatique.

Certaines personnes connaissent bien le phénomène de la bulle de l'endettement. Lorsqu'elle aura bien gonflé, pour atteindre un certain niveau, les célèbres économistes internationaux se mettront en branle. Les médias publieront des nouvelles négatives et des avertissements inquiétants sur l'économie chinoise, et les pirates financiers aux couteaux acérés se précipiteront comme des loups affamés, tandis que les investisseurs nationaux et étrangers, stupéfaits, fuiront en ordre dispersé.

Le système de réserves fractionnaires et la monnaie endettée finiront par devenir des électrons libres et condamneront le monde à la pauvreté. La monnaie endettée, subordonnée à l'amplificateur à haute puissance du système de réserves fractionnaires, permettra à ceux qui empruntent de l'argent pour acheter des actifs de tirer profit de l'inflation de ces actifs et ils se retrouveront pris au piège sur le marché boursier. Tous ceux qui croient sincèrement en la sagesse traditionnelle, selon laquelle « qui n'a pas de dettes, vit heureux », subiront inévitablement la dureté de cette inflation.

La monétisation de la dette et le système de réserves fractionnaires ont provoqué sans surprise la dévaluation intrinsèque de cette devise de réserve assise sur une montagne de reconnaissances de dette, nommément le dollar US. Avec une telle dépréciation continue des « poids & mesures », comment l'économie pourrait-elle se développer en harmonie et de façon stable ?

Dans une ère où tout le monde doit parler de « normalisation », les poids & mesures de la monnaie n'ont aucun standard. N'est-ce pas là le comble de l'absurdité ? Quand les gens prendront conscience de la vraie nature de la monnaie endettée et du système de réserves fractionnaires, son absurdité, son immoralité et son caractère indéfendable seront sans doute exposés.

Sans « poids & mesures » monétaires stables, il ne peut y avoir de développement équilibré de l'économie, ni de répartition raisonnable des ressources, ce qui conduit à la fracture sociale, condamnant la richesse de la société à se concentrer petit à petit dans le secteur financier. Construire une société harmonieuse devient aussi utopique que bâtir un château en Espagne.

L'or et l'argent, « protecteurs divins » contre l'instabilité des prix

Le 13 juillet 1974, le magazine *The Economist* publia des statistiques fracassantes sur les prix des produits de base pendant toute la révolution industrielle britannique. Dans une période de 250 ans, entre 1664 et 1994, sous le système de l'étalon-or, les prix en Angleterre sont restés assez réguliers, tout en suivant une légère tendance à la baisse.

L'époque actuelle ne propose aucun autre exemple de pays dont les prix sont restés sans interruption aussi stables. Le pouvoir d'achat de la livre sterling a maintenu une stabilité incroyable. Si l'indice des prix était fixé à 100 en 1664, il est resté la plupart du temps en dessous, sauf pendant les guerres napoléoniennes (en 1813), où il est brièvement monté à 180.

Lors de l'éclatement de la Première Guerre mondiale en 1914, l'indice des prix était de 91. Autrement dit, sous le système de l'étalon-or, le pouvoir d'achat de la livre était plus fort en 1914 que 250 ans plus tôt, en 1664 ![316]

La situation des États-Unis sous le régime de l'étalon-or était très similaire. En 1787, le paragraphe 8 de l'article I de la Constitution américaine donne au Congrès le pouvoir d'émettre et de définir la

---

[316] Ferdinand Lips, *op. cit.*, pp. 10-11.

monnaie. Le paragraphe 10 prévoit expressément que les États fédérés ne peuvent utiliser d'autres monnaies que l'or et l'argent pour payer des intérêts, signifiant par-là que la monnaie américaine doit se baser sur l'or et l'argent.

La loi sur la frappe de monnaie de 1792 établissait que le dollar était l'unité de poids & mesures de base de la monnaie américaine, qu'il contenait précisément 24,1 grammes d'argent, que 10 dollars contenaient 16 grammes d'or pur, que l'argent était la pierre angulaire du système du dollar, que le rapport or-argent était de 15 pour 1, et que toute personne qui diluerait la pureté du dollar ou le dévaluerait serait passible de la peine de mort.

En 1800, l'indice des prix américains était de 102,2. En 1913, il tomba à 80,7. Dans la période d'intenses changements de l'ère industrielle, la volatilité des prix ne dépassa pas 26%. Sous la période de l'étalon-or de 1879 à 1913, elle tomba à moins de 17%. Avec le développement très rapide de la production américaine, le pays connut le processus historique de l'industrialisation en 113 ans. Le taux d'inflation moyen était quasiment nul et la fluctuation annuelle des prix ne dépassa pas 1,3%.[317]

Toujours sous le système de l'étalon-or, les principaux pays d'Europe parvinrent à conserver une monnaie très stable alors qu'ils passèrent d'une économie agricole à une économie industrielle :

— franc français	1814-1914	100 ans de stabilité ;
— florin néerlandais	1816-1914	98 ans ;
— franc suisse	1850-1936	86 ans ;
— franc belge	1832-1914	82 ans ;
— couronne suédoise	1873-1931	58 ans ;
— mark allemand	1875-1914	39 ans ;

---

[317] Ferdinand Lips, *op. cit.*, p. 10.

— lire italienne	1883-1914	31 ans.[318]

Il n'est pas étonnant que Ludwig von Mises, de l'École autrichienne, considérât que pendant l'âge d'or du capitalisme, l'étalon-or était la norme mondiale. Sans un environnement monétaire stable et raisonnable, la phase de développement rapide du capitalisme, à l'origine d'immenses richesses, aurait été impensable.

Ce système qui a pris forme dans le processus d'évolution naturelle de l'or et de l'argent sur le marché, peut faire honte à tous les génies de la planification de l'économie du XXe siècle. L'or et l'argent en tant que monnaies sont des produits naturels de l'évolution, un produit authentique de l'économie de marché, une monnaie honnête dans laquelle les gens peuvent placer leur confiance.

Ce que l'on entend par « poids et mesures monétaires » se tient hors d'atteinte de la cupidité de l'oligarchie financière, ainsi que des préférences du gouvernement ou de l'intérêt spéculatif des « génies » de l'économie. Dans le passé comme dans le futur, il n'y a que l'évolution naturelle de la monnaie-or et -argent sur le marché qui puisse accomplir cette tâche historique de protéger honnêtement la richesse des gens et la répartition rationnelle des ressources dans la société.

Les économistes contemporains répandent le point de vue selon lequel la vitesse de l'augmentation de l'or et de l'argent ne peut pas suivre celle de la richesse. Le système de l'étalon-or et -argent conduirait à la déflation, le grand ennemi de tous les systèmes économiques. Ceci est en fait une illusion préconçue.

Ce sont Keynes et les banquiers internationaux qui concoctèrent ensemble la théorie de l'inflation raisonnable, et qui, au moyen de l'abolition de l'étalon-or et de l'inflation, perçurent « l'impôt caché » des citoyens, de sorte à piller et voler les richesses du peuple sans laisser de traces. L'analyse des pratiques sociales depuis le XVIIe siècle prouve de manière irréfutable que l'énorme développement économique et social n'entraîne pas inévitablement l'inflation.

---

[318] *Ibid.*, p. 15.

En fait, l'Angleterre et les États-Unis ont accompli leur révolution industrielle avec une légère déflation. Les vraies questions sont donc : La vitesse d'augmentation de l'or et de l'argent ne peut-elle pas rattraper celle de la richesse, ou plutôt celle de la monnaie endettée ? Et l'abus d'émission de la monnaie endettée est-il vraiment bénéfique pour le développement de la société ?

Le gavage de la dette et la mise à la diète du PIB

Soutenir un modèle de développement économique axé sur la croissance du PIB, c'est comme pratiquer des exercices physiques pour être en bonne santé tout en ayant un mode de vie qui consiste à prendre du poids. Le gouvernement stimule la croissance avec le déficit budgétaire, ce qui revient à compter sur des injections d'hormones pour stimuler la prise de poids. Et la monnaie endettée est la graisse qui prolifère. Un homme qui paraît de plus en plus boursouflé est-il vraiment en bonne santé ?

Un modèle de croissance économique ne peut être que de deux sortes. La première est la vraie richesse accumulée par l'épargne. Ce capital d'or et d'argent est utilisé pour l'investissement, créant à partir de là encore plus de richesse réelle, et l'économie progresse encore un peu plus. Cette croissance développe la tonicité musculaire de l'économie et distribue de manière équilibrée la nutrition. Bien que les résultats visibles soient lents à venir, la croissance est de haute qualité, et les effets secondaires peu nombreux.

Un autre modèle est la croissance économique alimentée par la dette : les dettes du pays, des entreprises et des particuliers. Ces dettes, après monétisation dans les banques et de nombreuses émissions, produisent un sentiment de bulle de richesse ; la dévaluation de la monnaie devient inévitable, la configuration des ressources sur le marché est distordue, la fracture entre riches et pauvres s'aggrave, et beaucoup de graisse prolifère dans l'économie.

Cette économie reposant sur l'endettement équivaut à prendre rapidement du poids par injection d'hormones ; bien qu'à court terme les résultats soient spectaculaires, ses effets secondaires induisent diverses complications, obligeant l'économie à prendre de plus en plus de médicaments, attaquant son système endocrinien, créant des désordres internes, pour devenir finalement totalement incurable.

La « croissance adipeuse » de la monnaie endettée génère de

l'hyperglycémie économique : c'est le phénomène de l'inflation, particulièrement l'inflation des actifs. D'un côté, cette hyperglycémie économique induit une surcapacité dans le domaine de la production, de la construction à double emploi, un grand gaspillage des ressources du marché, une guerre sévère des prix dans le domaine de la production, la répression des prix des biens de consommation, faisant coexister l'inflation des actifs et la déflation des biens de consommation.

Les foyers, en tant qu'unités économiques de base, subissent la pression de l'inflation des actifs et le risque de perdre leur emploi. Les employeurs, pris dans le marasme de la production, réduisent en conséquence leurs dépenses, ce qui mène à une contraction de la consommation et à la perte de vitalité d'un grand nombre de cellules du tissu économique.

Un autre problème provoqué par la croissance lipidique de la monnaie endettée est le taux de cholestérol élevé.

Une fois la dette monétisée, l'argent agit comme une métastase. L'inondation de liquidités consécutive à l'émission de monnaie s'accumule dans tous les recoins de la société ; les gens se rendront compte qu'il y a de plus en plus d'argent, mais de moins en moins d'opportunités d'investissement.

Sous le régime de l'étalon-or, la principale caractéristique de la bourse était la solidité de la structure financière des sociétés cotées, qui présentaient des bilans sains, des fonds propres suffisants, des bénéfices en augmentation constante. Et bien que l'investissement en bourse comportât des risques, cela restait un bon endroit pour placer son épargne. Mais de nos jours, les principales bourses mondiales sont déjà submergées de montagnes de monnaie endettée, accumulée et surévaluée.

S'il reste encore des investisseurs qui comptent sur les dividendes de leurs actions pour faire des profits, la folie qui s'est emparée des investisseurs en bourse repose de plus en plus sur la « théorie du plus idiot[319] » et leurs espoirs de gain reposent sur les prévisions de hausse

---

[319] La théorie du plus idiot ou *greater fool theory* se rapporte au fait que nombre de personnes ne considèrent pas les actions comme une représentation des flux monétaires actualisés, mais comme des instruments de négociation. Qu'importent les flux monétaires, si l'on peut vendre des actions à quelqu'un d'autre à un prix plus élevé que celui qu'on a payé ? Les partisans de cette approche cynique soutiennent que le bénéfice tiré d'une opération ne repose pas sur la valeur d'une entreprise, mais sur la possibilité

des cours.

Le marché des valeurs mobilières perd jour après jour sa caractéristique d'investissement et évolue progressivement en un super casino anormalement bondé. La situation de l'immobilier est similaire. La dette entraîne la fragilité des vaisseaux sanguins économiques, l'augmentation de l'émission de la monnaie endettée rend le sang de l'économie visqueux, de nombreux fonds se précipitent sur le marché des titres et de l'immobilier, aboutissant à ce que les énormes fonds qui restent sur les places boursières et dans l'immobilier créent plus d'embouteillages dans les vaisseaux sanguins de l'économie.

Les symptômes d'hypertension deviennent ainsi inévitables. Avec une hypertension artérielle à long terme, l'économie supportera un fardeau qui pèserait plus lourd sur son cœur. Le cœur de l'économie est la création de richesses dans un environnement naturel et s'appuyant sur les ressources de la société.

Le lourd fardeau de la monnaie endettée creuse des découverts de plus en plus graves par rapport à l'environnement, avec la pollution, l'épuisement des ressources, les dommages écologiques, les aléas climatiques, les catastrophes naturelles… Tout cela est l'intérêt à payer sur la monnaie de la dette qui augmente de façon exponentielle. La fracture entre riches et pauvres, l'instabilité économique, les conflits sociaux et la corruption sont les pénalités infligées à la société harmonieuse par la monnaie endettée.

Lorsque la graisse de la monnaie endettée entraîne en même temps un taux élevé de cholestérol, de l'hyperglycémie et de l'hypertension artérielle, tout le système endocrinien économique se retrouve en désordre, les nutriments sont mal absorbés, les organes internes gravement endommagés, le métabolisme ne peut fonctionner correctement, le système immunitaire perd de sa résistance.

Si l'on utilise la technique qui consiste à « traiter les symptômes et non la cause de la maladie », on risque de provoquer une plus grande dépendance aux médicaments, accentuant la détérioration du système endocrinien de l'économie. Mais si l'on comprend clairement la nature de la monnaie endettée et le mal qu'elle peut causer, il faut entreprendre des ajustements appropriés à la stratégie de développement

---

de vendre les actions à un autre investisseur (l'idiot), [n.d.e.]

économique.

L'ancien modèle de croissance, réalisé en fonction de la croissance du PIB, à la base de la monnaie de la dette, et au moyen du déficit budgétaire, devra être transformé en un nouveau modèle centré sur le développement harmonieux de la société, avec les poids & mesures d'une monnaie honnête qui stimule la croissance par l'épargne.

Mettre en place progressivement un système de poids & mesures stable de la monnaie chinoise, soutenu par l'or et l'argent, expulser pas à pas la dette de la monnaie en circulation, augmenter régulièrement le ratio de réserves en tant que moyen gouvernemental essentiel de contrôle et de régulation macroéconomique,[320] toutes ces recettes permettront de maintenir les marges bénéficiaires du secteur financier à un niveau plus élevé que celles des autres secteurs de la société.

Ce n'est qu'en se débarrassant radicalement des deux maladies que sont la monnaie endettée et le système de réserves fractionnaires que l'on pourra enfin assurer la justice sociale et l'harmonie. Extraire la

---

[320] L'expression de « contrôle et de régulation macroéconomiques », ou plus simplement « contrôle macroéconomique » ou « macro-contrôle », se rapporte ici à l'intervention directe du gouvernement central de la République Populaire de Chine pour calmer l'économie en surchauffe. Cette politique a été introduite pour la première fois en 1993 par Zhu Rongji, Premier ministre et gouverneur de la Banque du Peuple de la Chine à l'époque. Ses politiques incluent des mesures collectives pour restreindre la politique monétaire, réprimer la bourse et l'immobilier, contrôler l'inflation, baisser l'offre de matières premières et réduire la consommation intérieure. L'objectif était de réaliser un atterrissage en douceur d'une économie qui croissait trop vite. Comme toutes ces mesures peuvent grandement affecter l'économie et la stabilité politique, le macro-contrôle est devenu un sujet brûlant pour les observateurs économiques et politiques de la République Populaire de Chine (source : *Wikipédia*).

[Selon le Quotidien du Peuple (16 octobre 2005), depuis 2003, des facteurs pervers sont apparus dans l'économie chinoise : les investissements en actifs immobilisés se sont emballés et l'approvisionnement en charbon, électricité et en pétrole ne suivait plus la demande. À ce moment critique, le Comité Central du PCC et le Conseil des Affaires d'État ont décidé de renforcer le macro-contrôle pour résoudre les contradictions au sein de l'économie et réduire l'impact des facteurs de perturbation. Le 26 avril 2004, Hu Jintao, le Premier ministre, a pris une série de mesures de contrôle macroéconomique et eu recours à divers instruments économiques et juridiques afin de maîtriser le crédit et le foncier. Les mesures adoptées ont porté leurs fruits et les moyens de régulation économique ont gagné en maturité. De la façon de réguler l'économie à l'intensité des mesures prises, le gouvernement chinois a continuellement gardé l'initiative, de sorte que l'économie a échappé à des fluctuations importantes. L'économie chinoise a maintenu son développement stable et rapide, le moteur interne de la croissance économique est resté puissant — n.d.e.]

dette de la masse monétaire est un processus long et douloureux, qui ressemble à un régime draconien. Réduire l'alimentation, ajuster le régime, augmenter la pratique du sport, cela est moins agréable que de s'allonger dans le lit douillet de la croissance monétaire et de la dette.

Il s'ensuivra une légère déflation, et ce sera comme se lever un matin et prendre un bain dans une piscine glacée : un test de volonté et d'endurance humaine. Après que la douleur initiale aura été progressivement surmontée, la flexibilité du système économique sera significativement renforcée, de même que la résistance aux chocs des crises économiques.

La pression sur l'environnement sera réduite, l'affectation des ressources du marché sera plus rationnelle, les symptômes d'hyperglycémie, de cholestérol élevé et d'hypertension artérielle seront efficacement soulagés, le système endocrinien de l'économie retrouvera son équilibre naturel et la société elle-même sera en meilleure forme et plus harmonieuse.

En même temps que la libéralisation complète du secteur financier en Chine, il faut savoir reconnaître les avantages et les inconvénients du système financier occidental : esprit d'ouverture, pragmatisme conduisant à l'essentiel et rejetant le superflu, courage et débrouillardise toujours renouvelés. Presque tous les pays qui sont montés en puissance dans l'Histoire peuvent apporter des contributions remarquables au développement de la société. La Chine est arrivée à ce point d'inflexion stratégique particulier.

Les « forces aériennes stratégiques » du développement économique chinois

Obtenir le statut de devise de réserve mondiale est le Saint Graal de tous les pays souverains émettant leur propre monnaie. Il confère un pouvoir inégalé et génère la confiance du monde entier. Pour l'économie du pays qui détient cette devise de réserve mondiale, les avantages sont sans limites.

Les gens se posent souvent des questions sur l'impuissance de la Chine à fixer les prix sur les marchés internationaux. Par exemple, Wal-Mart peut exploiter les entreprises chinoises et réduire leurs marges à un niveau qui brise le cœur ; les économistes l'expliquent en disant que cette société représente le plus grand marché de consommation des États-Unis et qu'elle ne fait que répondre à la demande des consommateurs qui exigent des prix toujours plus bas.

Mais qu'en est-il des mines de fer, du pétrole, des médicaments, des avions de ligne, des logiciels ? La Chine est l'un des plus grands marchés au monde pour quasiment tous ces produits. Et elle contrôle tous les circuits commerciaux du marché chinois. Alors, comment se fait-il que la fixation des prix se décide ailleurs et que tant de Chinois doivent en subir financièrement l'impact ?

En fait, le point clef de l'impuissance chinoise à décider des prix est le manque de stratégie financière à ce niveau. Pendant une longue période de son histoire, le développement de la Chine dépendait des investissements étrangers. Sans une politique pour attirer ces investissements, la Chine ne serait pas devenue ce qu'elle est aujourd'hui.

Mais les investissements peuvent se porter sur la Chine comme ils peuvent se porter sur l'Inde ; ils peuvent décider d'entrer comme de sortir. Celui qui détient le contrôle de la fixation des prix est réellement celui qui contrôle le flux des investissements. Peu importe que les entreprises soient dans le top 100 ou 500, peu importe que ce soient des constructeurs d'automobiles ou des géants de l'informatique, elles ont toutes besoin de financements.

Pour les entreprises, l'argent est comme l'air que l'on respire ou l'eau que l'on boit : il est impossible de s'en passer. Le secteur financier est le maître absolu de tous les autres secteurs de la société. Celui qui contrôle les flux d'argent peut déterminer l'essor ou la chute de toute entreprise.

En ce qui concerne le monopole de l'émission de dollars par les banquiers internationaux, s'il faut réduire les prix d'une entreprise de minerai de fer australienne, un coup de fil suffit. Vous voulez toujours des financements ? Si cette entreprise n'est pas d'accord, elle sera exclue partout des marchés financiers.

Plus simplement, sur le marché des valeurs mobilières, le cours de ses actions et de ses obligations sera subverti, jusqu'à ce que la société se mette à genoux pour demander miséricorde. La carte maîtresse du secteur financier est qu'il peut à tout moment couper les vivres des entreprises, forçant l'adversaire à se soumettre. Le secteur de la finance est comme une force aérienne stratégique d'appui : sans l'assistance de frappes aériennes, les industries au sol n'ont plus qu'à entrer dans un combat brutal au corps à corps et s'entretuer.

Cela entraîne une rivalité qui tire les prix vers le bas, accroît la consommation des ressources et détériore les conditions de travail. En bref, sur le marché international, sans l'appui aérien de la finance, il n'y a plus de contrôle de la tarification des produits, ni de capacité d'initiative ou de stratégie de développement économique.

C'est la raison pour laquelle la monnaie chinoise doit devenir la devise de réserve mondiale. Ceci dit, quelle sorte de monnaie peut mériter de devenir la devise de réserve mondiale ? La livre et le dollar furent dans le passé les seigneurs de la guerre.

Ces monnaies ont écrit l'Histoire de la devise de réserve, notamment sous le système coordonné construit par l'économie intérieure anglo-américaine avec des poids & mesures monétaires stables, un développement rapide de la production matérielle, guidant finalement peu à peu le système de réglementation du commerce mondial.

Les pierres angulaires qui ont apporté la renommée à la livre et au dollar sont l'or et l'argent. Lors de la montée en puissance de ces deux pays, leurs réseaux de services bancaires se sont répandus dans le monde entier ; à l'international, la livre et le dollar pouvaient librement et facilement être convertis en or, ces deux monnaies étaient prisées sur le marché, reconnues comme des devises fortes.

Les États-Unis, à la fin de la Seconde Guerre mondiale, détenaient 70% de l'or mondial. Le dollar fut salué par le monde comme le « dollar or ». La richesse stable apportée par l'étalon-or protégea l'essor de l'Angleterre et des États-Unis, mais posa aussi les prémisses historiques de la livre et du dollar en tant que devises de réserve mondiales.

À partir de 1971 et du découplage ultime entre l'or et le système monétaire, le pouvoir d'achat des monnaies qui brillaient sous la lumière de l'étalon-or fondit comme neige au soleil. En 1917, l'once d'or valait 35 dollars, mais le 23 novembre 2006, elle valait 630 dollars ![321] Depuis 35 ans [de 1971 à 2006], le rapport à l'or s'est exprimé ainsi : Évolution du pouvoir d'achat des principales devises entre 1971 et 2006 :

---

[321] Son cours, au 6 septembre 2013, est de 1387,50 dollars, après avoir atteint un pic à 1859,50 dollars l'once le 9 septembre 2011 [n.d.e.].

— lire italienne	— 98,2% (1971-1999) ;
— couronne suédoise	— 96% ;
— livre sterling	— 95,7% ;
— franc français	— 95,2% (1971-1999) ;
— dollar canadien	— 95,1% ;
— dollar US	— 94,4% ;
— mark allemande	— 89,7% (1971-1999) ;
— yen	— 83,3% ;
— franc suisse	— 81,5%.

L'effondrement du système du dollar est une logique imparable. Si le dollar endetté n'est pas fiable, alors quelle autre monnaie endettée pourra donner confiance au monde et faire mieux que le dollar ? Parmi toutes les monnaies endettées modernes d'Occident, la plus forte est le franc suisse. Le haut degré de confiance du monde dans la monnaie suisse s'expliquait naguère de façon simple.

Elle était adossée à l'or à 100% et possédait donc une réputation équivalente à celle de l'or. Alors que la population du pays comptait seulement 7,2 millions d'habitants, en 1990, les réserves d'or de sa banque centrale étaient de 2590 tonnes, soit 8% du total de toutes les réserves d'or des banques centrales dans le monde, derrière les États-Unis, l'Allemagne et le FMI.[322]

Quand la Suisse a rejoint le FMI en 1992, ce dernier a interdit à ses membres d'indexer leur monnaie sur l'or, et la Suisse fut contrainte finalement de découpler le franc suisse de l'or. Le soutien de l'or au

---

[322] Selon les dernières données du Conseil Mondial de l'Or, publiées en août 2013, les réserves mondiales d'or se répartissent comme suit : total = 31 910 tonnes ; zone euro = 10 793 tonnes ; États-Unis = 8133 t. ; Allemagne = 3402 t. ; FMI = 2847 t. ; Italie = 2452 t. ; France = 2435t. ; Chine = 1054 t. ; Suisse = 1040 t. ; Russie = 775 t. ; Japon = 765 t. ; Pays-Bas = 612 t. ; Inde = 558 t. ; BCE = 501 t. [n.d.e.]

franc suisse a diminué progressivement. En 1995, il ne le soutenait plus qu'à 43,2%. En 2005, il ne restait en Suisse que 1 332,1 tonnes d'or, soit toujours deux fois plus que les réserves d'or officielles en Chine (600 tonnes). À cause de la baisse du soutien de l'or, le pouvoir d'achat du franc suisse est descendu petit à petit vers son crépuscule.

De son côté, les réserves d'or du Japon, en 2005, n'étaient que de 765,2 tonnes. Non pas que les Japonais fussent réticents à augmenter leurs réserves, mais plutôt que les États-Unis le leur avaient interdit pour défendre le dollar. À ce propos, dans son livre *Gold Wars*, Ferdinand Lips, le grand banquier suisse expert des questions de l'or et cofondateur de la *Rothschild Bank AG* à Zurich, rapporte une anecdote révélatrice :

> *Un banquier japonais souhaitant conserver l'anonymat, et que j'ai rencontré à la conférence de Paris du Conseil Mondial de l'Or, en 1999, m'a dit que le Japon n'est pas autorisé à acheter de l'or tant que les navires de guerre américains croisent dans le Pacifique pour protéger sa sécurité.* »[323]

De nos jours, la Chine possède déjà mille milliards de dollars de réserves de change.[324] De la bonne utilisation de cette énorme richesse dépend le sort de la Chine. L'enjeu est beaucoup plus qu'une simple question de risques financiers ponctuels. La priorité pour la Chine est de réfléchir à la stratégie qui lui donnera le pouvoir d'initiative dans la guerre financière internationale à venir, de sorte à parvenir à un statut hégémonique monétaire dans un système post-dollar.

À la fin de l'année 2006, le secteur financier chinois était entièrement ouvert ; les banquiers internationaux avaient déjà affûté depuis longtemps leurs épées, et une guerre des monnaies sans tirer de coups de feu était imminente. Cette fois-ci, les gens ne verront ni fusils ni canons, et n'entendront pas les combats sur les champs de bataille,

---

[323] Ferdinand Lips, *op. cit.*, p. 143.

[324] Fin mars 2013, les réserves de change de la Chine, les plus importantes au monde, ont atteint le record de 3440 milliards de dollars. Les colossales réserves de change de la deuxième économie mondiale, qui ont quadruplé depuis 2005, reflètent le déséquilibre des échanges extérieurs du pays et les entrées de capitaux spéculatifs en Chine, où les taux d'intérêt sont plus élevés que dans les économies développées [n.d.e.].

mais le résultat final de cette guerre déterminera le sort de la Chine.

Que la Chine en soit consciente ou non, qu'elle soit prête ou pas, elle se trouve déjà en pleine guerre non déclarée des monnaies. Ce n'est qu'en décryptant le plus précisément possible les intentions, les objectifs et l'orientation des banquiers internationaux, qu'il sera possible d'élaborer des stratégies efficaces adaptées.

Les deux objectifs stratégiques fondamentaux des banquiers internationaux en Chine sont de contrôler l'émission de sa devise et d'organiser la désintégration contrôlée de son économie. La mise sur pieds d'une devise mondiale et d'un gouvernement supranational dirigé par l'axe Londres/Wall Street supprimera le dernier obstacle aux rêves de contrôle absolu des banquiers internationaux.

Tout le monde sait que le monopole de l'offre d'une marchandise permet de réaliser des bénéfices maximums. Et, la monnaie est une « marchandise » dont tout le monde a besoin. Si quelqu'un peut monopoliser l'émission monétaire d'un pays, ses profits deviennent illimités. C'est dans ce sens que les banquiers internationaux se creusent la cervelle depuis des centaines d'années. Leur plus grand rêve est de mettre la main sur le monopole de l'émission monétaire dans le monde entier.

Si l'on examine la situation globale, les banquiers internationaux disposent d'une force de frappe et d'une stratégie offensive évidentes. En revanche, l'analyse du secteur bancaire chinois, ses concepts financiers, ses ressources humaines, son modèle d'entreprise, son expérience internationale, son infrastructure technique ou son système juridique, révèle certes certaines faiblesses, mais dans un ordre de grandeur moindre que pour les banquiers internationaux qui manipulent les devises depuis des centaines d'années.

Pour éviter une défaite complète, la tactique appliquée doit être : « Tu combats à ta façon, je combats à la mienne ». Il ne faut surtout pas se battre en fonction des règles de l'ennemi ! Dans cette guerre monétaire à 100%, les belligérants n'ont que deux issues possibles : la victoire ou la défaite. Dans cette guerre, la Chine ne sera pas conquise par le « nouvel empire romain » ; en revanche, au cours de la bataille, elle peut réussir à engendrer un nouvel ordre monétaire mondial rationnel.

Stratégies pour l'avenir : « Construire des remparts, faire des réserves de céréales et quand le temps sera venu, s'emparer du trône »

Construire des remparts

Il faut établir un système à double défense composé d'un pare-feu financier intérieur et d'une digue anti-inondation contre la finance extérieure. On peut prévoir que les banquiers internationaux feront une percée au sein de la finance chinoise. Or, les Chinois n'ont pas de position de défense à tenir.

Lorsque nous parlons de l'entrée de banques à capitaux étrangers, la plupart des gens ne se posent que la question de savoir qui, des banques nationales ou étrangères, récupérera la part de gâteau formée par l'épargne des ménages ?

Mais en réalité, le plus grand danger vient de ce que les banques à capitaux étrangers octroieront des crédits aux entreprises chinoises et aux particuliers, ce qui les impliquera directement dans le domaine de l'émission monétaire en Chine.

À travers le système de réserves fractionnaires, les banques étrangères font avancer progressivement le processus de monétisation de la dette — publique, des entreprises et des particuliers — en Chine. Ces crédits en RMB accordés par ces banques entreront dans le corps économique chinois sous forme de chèques, de billets de banque, de cartes de crédits, de prêts immobiliers, de facilité de trésorerie aux entreprises et autres instruments dérivés financiers.

Au cours des dernières décennies, en Chine, les PME et les particuliers ont été traités sans égards par les banques nationales. Par conséquent, tous attendent le crédit avec une impatience fébrile. La soif de capitaux est comme le bois de chauffage, et les services des banques étrangères sont comme un feu ardent : les deux parties devraient s'entendre parfaitement au premier contact, et un embrasement du crédit est facilement prévisible.[325] Beaucoup de capitaux conduiront à

---

[325] Depuis le début de l'actuelle crise internationale, l'expansion du crédit s'est fortement ralentie, voire inversée, dans la plupart des économies — à l'exception notable de la Chine, où l'on observe une accélération remarquable depuis fin 2008 (BRI, Rapport trimestriel, décembre 2009, p. 20) [n.d.e.].

la duplication de projets similaires.

Mais la situation dégradée des prix à la consommation, qui se resserrent, et l'inflation simultanée des actifs seront plus graves : les premiers immergeront la Chine dans l'eau glacée, tandis que les seconds la mettront à griller sur le feu.

Lorsque la capacité de production sera gravement excédentaire et que les bulles d'actifs enfleront fortement, les banquiers internationaux commenceront à tondre la laine des moutons ; le moment où ils gagnent le plus d'argent est toujours pendant l'effondrement d'une économie.

Souvenons-nous des paroles de Thomas Jefferson, qui exposait le caractère anticonstitutionnel de remettre l'émission de la monnaie entre les mains de banques privées, et dénonçait tous les maux que cela infligerait au peuple.

Deux cents ans plus tard, l'avertissement de Jefferson est toujours d'actualité. En Chine, il existe encore une différence cruciale entre les banques étrangères nouvellement arrivées et les banques chinoises : même si les banques nationales ont parfois soutenu l'inflation des actifs pour réaliser des profits, elles n'ont cependant jamais tenté malicieusement de créer de la déflation pour faire un massacre avec la richesse des citoyens.

La raison pour laquelle la Chine n'a jamais connu de crise économique majeure est due au fait que personne n'a jamais eu l'intention, ni même les moyens, de créer une crise en toute malveillance délibérée. Mais l'entrée complète des banquiers internationaux en Chine a produit un revirement radical de la situation.

Le pare-feu financier intérieur chinois viserait à empêcher les banques étrangères qui créent l'inflation à pousser la bulle d'actifs chinois, puis à retirer soudainement leurs fonds pour conduire à la déflation, poussant un grand nombre d'entreprises et de personnes à la faillite, ce qui permettrait de racheter les actifs essentiels chinois à une fraction du prix normal.

Les services de gestion financière doivent surveiller strictement l'ampleur des prêts octroyés par les banques étrangères et la direction qu'ils empruntent ; ils doivent mettre en place une procédure gouvernementale de « macro-contrôle » sur la proportion des réserves et leur composition, et éviter que les banques étrangères ne conduisent à monétiser la dette intérieure.

Il faut se prémunir contre les banques à capitaux étrangers, les fonds spéculatifs internationaux et les pirates de la finance qui sévissent de manière coordonnée. Tous les contrats financiers dérivés des entreprises chinoises doivent être signalés aux services de gestion financière.

Il faut redoubler d'attention pour les contrats signés avec les banques à capitaux étrangers et se méfier des pirates financiers internationaux qui mènent des attaques « sans contact et à distance » contre le système financier chinois. L'avertissement donné aux Japonais avec l'attaque du marché boursier et financier en 1990 n'est pas si lointain.

La digue anti-inondation dirigée contre l'extérieur est principalement destinée à faire face à la crise de l'effondrement du système du dollar. Avec la décantation de la dette américaine de 44 000 milliards de dollars,[326] les énormes intérêts composés à l'origine d'une inondation de liquidités représentent une grande menace pour les pays qui en sont la cible, comme la Chine et l'Asie de l'Est.

La Chine doit prendre des mesures urgentes pour se préparer à se sauver de l'inondation et assurer la sécurité des biens et des personnes. La déflation rapide des actifs en dollars américains n'est pas une prédiction mais un fait qui se déroule quotidiennement, et la situation actuelle n'est qu'une légère voie d'eau en comparaison du déluge qui nous attend. Car une fois que le barrage cédera, les conséquences seront catastrophiques.

Les énormes réserves de change de la Chine sont déjà en situation de très grand risque. À la prochaine grave crise financière internationale, l'œil du cyclone sera le système du dollar et la super bulle du marché des dérivés financiers, tandis que l'or et l'argent seront

---

[326] Dette cumulée, nationale, entreprises et ménages, estimation de 2006. En août 2013, selon la Fed, la dette officielle nationale des États-Unis s'élevait à 17 000 milliards de dollars environ. À ce chiffre il faut ajouter les dettes non-financées des services publics, comme Medicare et Social Security, ainsi que celle de certains fonds en fidéicommis du gouvernement et quelques opérations secrètes de la FED, ce qui porterait ce chiffre, selon l'estimation du Pr Lawrence Kotlikoff de l'Université de Boston, à 222 000 milliards de dollars ! Mais ce n'est pas tout, il faut également ajouter la dette des ménages, 16 000 milliards environ, celle des entreprises, 13 000 milliards environ, des étudiants, près de 1000 milliards... et surtout celle potentielle liée aux instruments financiers dérivés, près de 600 000 milliards de dollars ! Ce qui nous donne un potentiel apocalyptique de 852 000 milliards de dollars, soit 2,79 millions de dollars par Américain ! [n.d.e.]

l'arche de Noé la plus sûre pour la richesse mondiale. L'augmentation substantielle des réserves d'or et d'argent de la Chine est devenue une nécessité des plus urgentes.

Constituer des réserves de céréales

Les secteurs publics et privés développent simultanément de façon substantielle les réserves d'or et d'argent de la Chine. Les ressources en or et en argent doivent revêtir le statut d'atout stratégique, être étroitement protégées et entièrement nationalisées. À l'international, il faut faire l'acquisition de sociétés productrices d'or et d'argent, en tant que ressources futures supplémentaires.

La dernière direction que doit prendre la réforme du système monétaire chinois est de bâtir un « double système monétaire », cadre dans lequel la Chine soutiendra autant l'or que le dollar, afin de réaliser un système de poids & mesures monétaires stables et d'achever la préparation stratégique en vue d'établir le yuan comme devise de réserve mondiale principale.

S'emparer du trône

Il faut réfléchir de façon minutieuse aux difficultés et aux limites que rencontre la Chine. Les pays qui dominent le monde actuellement sont inégalés en matière d'innovation ; ils peuvent lancer de nouveaux produits et services que les autres pays ne peuvent pas remplacer ; ils peuvent donner naissance à des innovations scientifiques et technologiques ; ils peuvent conduire la civilisation mondiale vers de grandes ambitions et de nouveaux concepts. La Chine, qui n'en est encore qu'à la copie à grande échelle des techniques de production occidentale, a déjà fait des progrès substantiels à ce niveau, mais elle a encore beaucoup de retard à rattraper en ce qui concerne l'innovation scientifique et technologique.

Sur le plan idéologique et culturel, la Chine manque de confiance en sa civilisation et tend à imiter le modèle occidental en tous points, sans distinguer le bon grain de l'ivraie, le rationnel de l'absurde, sans oser critiquer ou essayer des choses que l'Occident n'a pas faites, ni tenter d'établir de nouvelles règles mondiales. Ces freins et ces inhibitions ne seront pas surmontés en une nuit, alors la Chine ne peut qu'avancer lentement.

Le yuan adossé à l'or ou la voie vers une devise de réserve mondiale

Un pays fort qui monte en puissance ne peut pas se contenter d'une technologie de pointe et d'une armée forte pour ses fondations. Ce n'est qu'en établissant un système monétaire et financier universellement crédible qu'il obtiendra une position invincible parmi les nations du monde, et un prestige inébranlable lors d'aléas imprévisibles sur la scène internationale. Imaginez que les États-Unis d'aujourd'hui abandonnent le dollar comme pilier monétaire mondial.

Même si les positions de Microsoft ou de l'avion de combat F-22 ne sont pas contestées, qu'en serait-il de leur situation et de leur droit de parole dans les affaires internationales ? Pourraient-ils exercer leur activité avec une aisance parfaite, leurs éléments de langage seraient-ils toujours aussi chargés de sens ? Resteraient-ils le phare vers lequel le monde entier a les yeux tournés ? La Chine, qui est une étoile montante, devra sans hésitation relever le défi de la création d'un système monétaire et financier mûr et crédible.

L'argent est sans aucun doute le sang du corps social et économique de l'humanité. Ceux qui détiennent et fournissent le sang ont la mainmise sur les opportunités et la puissance. La source de sang doit être produite dans un corps sain et complet : un modèle de développement intrinsèque. Mais un système financier qui attraperait le virus incurable du sida de la dette, enchaînerait tout le monde aux transfusions sanguines, qui finiraient par avoir raison de lui. La source de sang devra être du groupe O, le seul crédible car accepté universellement.

Quelle sorte de système monétaire sera la source de sang de groupe O de la Chine de demain ? Ce système solide et complet devrait être fondé sur divers appuis. À l'heure actuelle, il ne s'appuie que sur les *swaps* de devises liés aux importantes exportations chinoises, les yeux rivés sur le dollar pour acheter de façon excessive des obligations américaines. En tant que seule stratégie, cela risque de se révéler funeste.

Les effets secondaires d'une économie d'exportation sont trop nombreux, sa nature même étant de s'appuyer sur l'augmentation de la dette américaine pour stimuler son économie. Les Américains supportent une dette insoutenable depuis longtemps, et continuent à reporter dans le temps leur capacité à la rembourser.

Cela accroîtra encore le déséquilibre des structures économiques d'exportations ; la surproduction s'aggravera et les futurs processus de réajustements seront plus douloureux. Le résultat sera perdant pour toutes les parties.

La déconstruction spécifique du système monétaire et financier d'un pays aux cycles vertueux et diversifiés est une question immense et complexe. Ce livre se concentre essentiellement sur une seule idée : injecter des éléments d'or et d'argent dans des contextes diversifiés.

L'or et l'argent possèdent déjà une crédibilité naturelle et une acceptation inégalée depuis des millénaires. Avec un système monétaire reposant sur l'or et l'argent, le chemin menant au statut de devise de réserve mondiale s'en trouvera raccourci. Laissons cette idée nous gagner et explorons les profondeurs de ses méandres !

Si le gouvernement chinois et son peuple se proposaient d'acheter tous les ans pour 200 milliards d'or, en comptant l'once à 650 dollars, la Chine pourrait en acheter 9500 tonnes, ce qui équivaudrait à acheter en un an [plus que] toutes les réserves d'or américaines [8 136 tonnes]. Au début de la bataille, les banquiers internationaux essaieront désespérément d'étouffer le cours de l'or au moyen d'instruments financiers dérivés.

Les banques centrales occidentales, conjointement, braderont peut-être leurs réserves d'or et le cours du métal précieux chutera temporairement. Si le camp chinois analyse avec clairvoyance le jeu de l'adversaire, la baisse du cours de l'or sera une opportunité unique pour la Chine d'accroître ses réserves…

Il faut savoir qu'en six mille ans, seulement 140 000 tonnes d'or ont été extraites. Sur les comptes des réserves des banques centrales américaines et européennes, il n'y a au total que 21 000 tonnes d'or. En tenant compte des années 1990, lorsque les banques centrales européennes ont loué frénétiquement leur or, elles devaient posséder au total bien moins de 20 000 tonnes.

Au cours actuel [2008] de 650 dollars l'once, cela fait 400 milliards de dollars. L'excédent commercial de la Chine est si élevé que digérer 400 milliards de dollars d'or serait l'affaire de deux ou trois ans. Les banques centrales de l'Europe et des États-Unis videront toutes leurs munitions dans un proche avenir.

Si la Chine mange de l'or avec un tel appétit durant cinq années d'affilée, le cours international de l'or finira par percer l'armure des banquiers internationaux et le monde s'apercevra que le système monétaire fondé sur le dollar, lorsqu'il tombera en morceaux, reposait sur une devise en fait bien peu solide.

Le problème n'est pas de savoir si la Chine peut ou non défaire le système du dollar, mais si elle le veut. Le cours de l'or est une question vitale pour le dollar. Si la Chine ne veut pas dire qu'elle va absorber pour 200 milliards de dollars d'or, il suffirait néanmoins qu'elle le fasse pour que le secrétaire au Trésor américain et le président de la Fed commencent à faire de l'hypertension.

Le problème de Taiwan, au cœur des tensions entre la Chine et les États-Unis se transformera en une simple question : les Américains veulent-ils Taiwan ou veulent-ils conserver le dollar ? La Chine ne peut pas vraiment « périr » financièrement avec les États-Unis. Il suffit que les États-Unis proposent des conditions raisonnables pour qu'en cas de nécessité, elle aide peut-être le dollar.

Au moment même où la Chine augmente sa détention publique et privée d'or, elle peut commencer une réforme monétaire et mettre progressivement en place un système basé sur l'or et l'argent. La réalisation progressive d'un nouvel étalon-or sera une contribution importante à l'économie mondiale.

La mise en œuvre du nouveau yuan chinois doit s'effectuer en plusieurs étapes. La première est l'émission de valeurs de premier ordre, ou bons du Trésor, et d'obligations adossées à l'argent, puis calculer le principal des obligations et les intérêts avec l'or et l'argent. Par exemple, pour des bons du Trésor de cinq ans, les intérêts peuvent être de 1 à 2%.

Étant donné que l'or physique est utilisé pour calculer le principal et les intérêts, les gens achèteront avec enthousiasme ces produits financiers qui préservent réellement le patrimoine. La différence entre le rendement des bons du Trésor et des obligations adossées à l'argent sur le marché obligataire, et celui des obligations ordinaires démontre la nécessité d'accepter les monnaies-or et argent sur le marché. Ce paramètre important servira de cadre de référence à la prochaine phase d'expérimentations.

Le travail de la seconde phase doit s'atteler à réajuster la structure des réserves du système bancaire. Peu importe que ce soient des banques à capitaux étrangers ou nationaux, leurs réserves devront comporter un ratio fixe d'or et d'argent, ce qui réduira mécaniquement la proportion de titres de créance dans les réserves. Plus la proportion d'or et d'argent dans les réserves augmentera, plus le coefficient amplificateur de crédit sera élevé ; plus la proportion de titres de créances sera élevée, plus petite sera la capacité de crédit.

La banque centrale doit cesser d'actualiser les billets de banques, sauf ceux adossés à l'or et à l'argent. Une telle mesure renforcera l'importance de l'or et de l'argent dans le système monétaire, car sans or ni argent, la capacité d'accorder des crédits sera sévèrement limitée. En même temps, le système bancaire expulsera petit à petit les titres de créance de la masse monétaire.

Les banques trouveront un intérêt dans l'échange d'or et d'argent avec les particuliers et le stockage de ces métaux précieux pour leur compte, formant ainsi un marché intérieur de circulation d'or et d'argent physiques. Les industries chinoises à forte rentabilité, comme l'immobilier, les banques, le tabac, les télécommunications et le pétrole, devront inclure dans le paiement de leur taxe d'exploitation un certain pourcentage d'or et d'argent, contribuant à stimuler la demande sur le marché de ces deux métaux précieux.

La troisième étape sera d'utiliser l'or et l'argent en garantie de l'émission du « yuan-or chinois » et des billets de banque. Le yuan-or chinois sera l'unité de compte des poids & mesures monétaires en Chine. La monnaie physique se présentera sous la forme suivante : des yuans-or et des yuans-d'argent pour les pièces de monnaie, qui contiendront chacune une certaine quantité d'or ou d'argent pur ; des certificats-or et des certificats-argent libellés en yuans pour les billets de banque.

Les « yuans-or chinois » seront principalement utilisés pour le règlement du commerce de gros, les transferts entre banques ou les paiements importants effectués en espèce. Dans une certaine limite, les certificats-or libellés en yuans pourront être convertis en or au ministère des Finances. Les « yuans-argent chinois » pourront être utilisés en tant que fractions de la monnaie-or et serviront principalement aux règlements de faibles montants.

Comme pour les certificats-or, les certificats-argent pourront être échangés, dans une certaine limite, auprès du ministère des Finances contre leur valeur en argent physique. Le taux de change entre le yuan-or et le yuan-argent sera ajusté par la banque centrale.

Le principe, auquel beaucoup de gens croient, selon lequel la « mauvaise monnaie » remplace la « bonne monnaie » dans la masse monétaire, dépend d'une condition importante, à savoir l'intervention du gouvernement, lequel force la valeur de la « bonne » et de la

« mauvaise » monnaie. Dans un marché naturel, la situation est exactement inverse, la « bonne monnaie » y chasse la « mauvaise », car personne, sur le marché, n'accepterait de « mauvaise monnaie ».

Lorsque la Chine fera circuler les yuans-or et -argent, la monnaie toujours endettée deviendra des RMB ordinaires. Le gouvernement doit préciser que les taxes doivent être réglées avec des yuans-or et -argent, et le marché pourra choisir librement de fixer le cours des yuan-or et -argent ou celui du RMB ordinaire. Le marché financier déterminera le taux de change entre les monnaies-or et -argent et ordinaires en fonction de l'offre et de la demande.

Les gens se rendront compte que le pouvoir d'achat et de crédit de la monnaie ordinaire émise par les banques commerciales, qui contenait à l'origine de la dette, se dépréciera progressivement par rapport à la monnaie-or et argent. Le taux de change entre les deux monnaies sur les marchés financiers sera un révélateur éclairant.

Finalement, l'émission de la monnaie-or et -argent devra être contrôlée par le ministère des Finances, et non par le système de banques commerciales. La raison en est très simple : la création de la richesse commence par l'humain et se termine par l'humain. Aucune personne privée ne peut usurper l'émission de la monnaie et encore moins la monopoliser.

Bien que la forte dynamique des exportations chinoises diminue progressivement à cause d'un yuan de plus en plus fort, c'est un élément essentiel à la perte de poids du PIB. Lorsque l'émission monétaire chinoise adossée à l'or et à l'argent augmentera de plus en plus, cette monnaie deviendra le centre de l'attention de l'industrie financière mondiale.

Étant donné que le yuan pourra être librement converti en or et en argent, il deviendra la devise mondiale la plus solide et la plus puissante, et naturellement la devise de réserve de premier choix de l'ère post-dollar.

La richesse s'est toujours écoulée naturellement vers les endroits qui protègent sa valeur et permettent son appréciation. Une vraie capacité de création de richesse associée à une monnaie stable fera de la Chine le point de convergence de la richesse mondiale.

POSTFACE

L'OUVERTURE FINANCIÈRE DE LA CHINE

Prise de conscience insuffisante de la guerre monétaire en cours

Sur la question de l'ouverture financière de la Chine, la plupart des chercheurs et décideurs politiques chinois n'ont pas dépassé le stade de l'observation tactique et ont donc une vision ponctuelle des risques.

De nombreux dangers sont analysés, tels que la détention d'actions chinoises par les banques à capitaux étrangers, la réglementation des institutions financières mixtes, la libéralisation des taux d'intérêts, la fluctuation du marché boursier, la dépréciation des réserves de changes, le marché du crédit immobilier, la libéralisation du compte de capital,[327] la réévaluation du renminbi (ou RMB, monnaie officielle), la perte de contrôle de la banque d'État, le marché des dérivés financiers, l'impact des Accords de Bâle,[328] etc.

---

[327] Le compte de capital de la balance des paiements d'un pays retrace divers flux financiers — principalement les investissements directs étrangers (IDE), les investissements de portefeuille (dont les placements dans les titres de participation) et les emprunts bancaires — qui ont en commun l'acquisition d'actifs d'un pays par des résidents d'un autre pays. En principe, il est possible de contrôler ces flux en les soumettant à des restrictions lorsqu'ils passent par des circuits officiels. Par libéralisation du compte de capital, on entend, d'une manière générale, l'assouplissement des restrictions appliquées aux flux de capitaux franchissant la frontière d'un pays donné. Il en résulte normalement un plus haut degré d'intégration financière à l'économie mondiale sous forme d'entrées et de sorties de capitaux plus importantes (source : FMI) [n.d.e.].

[328] Les Accords de Bâle sont des accords de réglementation bancaire visant à garantir un niveau minimum de capitaux propres, afin d'assurer la solidité financière des banques [n.d.e.].

Tout cela est certes important, mais en fait, le plus grand danger ne peut se percevoir qu'à une échelle d'observation clairement stratégique car le processus d'ouverture financière de la Chine s'inscrit en réalité dans une véritable « guerre des monnaies » globale. Le manque de vision d'ensemble, de conscience synthétique et de préparation à cette guerre est le plus grand risque en Chine de nos jours. Croire que l'ouverture du domaine financier est une question parmi d'autres sans comprendre qu'elle est en fait prioritaire est extrêmement dangereux.

La monnaie est une marchandise. Ce qui la distingue des autres est qu'elle est une marchandise dont chaque industrie, chaque organisation et chaque personne dans la société a besoin. Le contrôle de l'émission de la monnaie est la forme la plus élevée de monopole ! En Chine, l'émission de la monnaie est originellement contrôlée par l'État, c'est là la seule façon de garantir l'équité fondamentale de la structure sociale.

Lorsque les banques à capitaux étrangers entrent en Chine, l'émission monétaire chinoise se trouve en danger. La plupart des gens pensent sans doute que la monnaie chinoise consiste en billets chinois et qu'il n'y a que l'État qui peut les imprimer. Comment les banques à capitaux étrangers pourraient-elles imprimer des RMB ? En fait, les banques étrangères peuvent « créer » de la monnaie chinoise sans nécessairement imprimer des RMB.

Elles introduiront un grand nombre d'instruments financiers « innovants » et éblouissants puis créeront des produits d'endettement et les monétiseront de diverses façons. Cette monnaie scripturale possède exactement le même pouvoir d'achat que la monnaie physique. En ce sens, les banques étrangères participeront à la création monétaire de la monnaie chinoise.

Lorsque le crédit total de RMB créé par les banques étrangères aura dépassé celui des banques commerciales à capitaux étatiques, elles pourront dès lors réduire la Banque centrale de la Chine au rôle de potiche en contrôlant l'émission de la monnaie chinoise ! Elles auront la capacité et l'intention de faire malicieusement fluctuer la masse monétaire, et puis s'empareront de la fortune du peuple chinois à travers l'inflation, puis la déflation, suivant la même technique répétée dans toutes les crises économiques de l'Histoire.

Lorsque la puissance des banques étrangères deviendra de plus en plus forte, elles créeront une situation de « méga alliance » du « super groupe d'intérêts spéciaux », grâce à des transactions entre l'argent et le pouvoir, l'argent et l'argent, l'argent et la réputation, l'argent et la science. Une situation sans précédent en Chine !

Elles fourniront un énorme crédit pour récompenser les gouvernorats locaux qui s'allieront parfaitement avec elles. Elles chercheront et formeront principalement une nouvelle génération d'étoiles montantes de la politique en quête d'une récompense politique à long terme. Elles financeront les programmes de recherche universitaire en vue « d'encourager et soutenir » tous les résultats en leur faveur.

Elles subventionneront abondamment toutes sortes de groupes sociaux pour influencer l'agenda public et formater de ce fait une opinion publique puissante. Elles entretiendront généreusement le fonctionnement des médias pour que la société ait une idée positive sur les banques étrangères et utiliseront des arguments similaires pour orienter les lignes éditoriales des maisons d'édition.

Elles investiront massivement dans l'industrie médicale et diaboliseront systématiquement la médecine traditionnelle chinoise. Elles pénétreront également petit à petit le domaine de l'éducation, le système juridique, voire l'armée. Dans une société commerciale, personne n'est immunisé contre l'argent.

La puissance des banques étrangères contrôlera, par l'investissement, les secteurs traditionnels du monopole national, tels que les télécommunications, le pétrole, le transport, l'aérospatiale, l'armement, etc. Après tout, aucune loi ne stipule que les secteurs monopolistes nationaux ne peuvent solliciter des prêts et être financés par des banques étrangères.

Une fois que celles-ci seront devenues le plus grand pourvoyeur de fonds du secteur public, elles maîtriseront les points vitaux capitalistiques de la Chine et pourront couper à tout moment la chaîne de financement de ces entreprises essentielles, entraînant une paralysie de l'industrie chinoise.

Les banques étrangères s'introduisent en Chine dans le but de gagner de l'argent, mais leur méthode n'est pas nécessairement conventionnelle. Les risques stratégiques rencontrés lors de l'ouverture financière sont loin d'être aussi simples que l'industrie financière elle-même, ils couvrent divers aspects de la société chinoise, et des erreurs, même marginales en apparence, peuvent conduire à des conséquences désastreuses.

On peut d'ailleurs regretter que l'industrie financière ne fasse pas partie de la liste des secteurs nationaux protégés par l'État, compte tenu

L'OUVERTURE FINANCIÈRE DE LA CHINE

de l'hypersensibilité du secteur. Actuellement, les banquiers nationaux chinois ne sont pas du tout au même niveau que les magnats des banques européennes et américaines qui survivent grâce à la terreur qu'ils imposent depuis plus de deux cents ans ! Entrer en conflit direct avec eux relèverait d'une lutte entre le pot de terre et le pot de fer. Il ne faut pas beaucoup d'imagination pour prédire le résultat final.

Étant donné que le risque stratégique de l'ouverture financière concerne la situation d'ensemble, on peut déplorer que les supervisions séparées de la Commission chinoise de régulation bancaire (CBRC), de la Commission chinoise de régulation de bourse (CSRC) et de la Commission chinoise de régulation des assurances (CIRC) ne puissent assumer la lourde responsabilité d'une supervision globale du risque stratégique intersectoriel et général.

Pour y remédier, le Conseil d'État chinois a proposé dès 2000 le lancement d'un nouveau mécanisme. À cet effet, un groupe de coordination financière a été créé en 2000, puis réactualisé en 2008, pour régler les problèmes intersectoriels, mais ces deux tentatives n'ont guère été suivies d'effets.

En Chine, la sécurité financière est un domaine qui a besoin d'une supervision stricte, plus encore que les armes nucléaires stratégiques. L'ouverture complète et à la légère des marchés sans avoir établi auparavant un mécanisme de surveillance puissant serait un boulevard ouvert au désordre.[329]

Souveraineté monétaire ou stabilité monétaire ?

La souveraineté monétaire est l'un des droits fondamentaux inaliénables de tous les pays indépendants. Elle leur permet d'établir une politique d'émission monétaire en conformité avec leur situation d'ensemble et leurs besoins propres. La souveraineté monétaire doit être au-dessus de tous les facteurs extérieurs, y compris les usages

---

[329] Le 20 août 2013, le Conseil d'État chinois a approuvé la demande de la Banque Populaire de Chine (la banque centrale) de lancer un nouveau mécanisme de coordination financière dirigé par la Banque centrale, afin de renforcer la régulation du secteur financier. Ce nouveau système impliquera les présidents de la CBRC, de la CSRC, de la CIRC et la SAFE (l'administration d'État du marché des changes). L'objectif est de coordonner les politiques de surveillance monétaire et financière, encourager la stabilité financière et prévenir les risques financiers systémiques [n.d.e.].

internationaux, les accords internationaux et les pressions politiques.

La souveraineté monétaire ne doit servir qu'aux intérêts fondamentaux du peuple. Maintenir la stabilité monétaire veut dire « la stabilité de la monnaie nationale dans le système monétaire international », afin de fournir un environnement favorable au développement économique de l'industrie nationale.

Actuellement, la difficulté de la situation en Chine réside dans le choix limité entre la souveraineté et la stabilité monétaire. Si la Chine veut conserver sa souveraineté sur le RMB, elle doit affronter les conséquences de la réévaluation. D'autre part, si elle maintient la stabilité essentielle du taux de change entre le RMB et le dollar US, elle perd toute souveraineté monétaire.

La politique actuelle de la Chine veille à maintenir la stabilité monétaire entre ces deux devises et renonce de fait à sa souveraineté monétaire pour ses objectifs de développement économique. Le gros problème est que la Réserve Fédérale des États-Unis domine en fait dans une large mesure la masse monétaire chinoise. Étant donné que la Chine adopte le système de règlement obligatoire, les États-Unis forcent la Banque centrale chinoise à émettre de la monnaie de base supplémentaire grâce à l'augmentation du déficit commercial.

Et par l'élargissement des banques commerciales, cette monnaie de base produira plusieurs fois l'effet de l'émission monétaire supplémentaire, qui provoquera une inondation de liquidités, augmentera la bulle boursière et immobilière, et aggravera beaucoup l'environnement de la finance chinoise.

Dans le but de couvrir une telle émission monétaire, le gouvernement et la Banque centrale seront obligés d'émettre des obligations d'État et des certificats de la Banque centrale pour absorber les liquidités excédentaires, mais cela alourdira la charge de la dette du gouvernement et ces dettes devront tôt ou tard être remboursées avec des intérêts.

La passivité de sa stratégie financière est extrêmement défavorable à la Chine. Tant que le dollar restera la monnaie de réserve mondiale, la Chine ne pourra pas dépasser une telle situation. Pour créer un environnement financier libre, équitable et harmonieux dans le monde entier, il faut, en dernière analyse, promouvoir la remonétisation de l'or.

Avec le bouleversement du marché international des changes, les coûts économiques pour tous les pays sont extrêmement douloureux. S'il est impossible de parvenir d'un seul coup à cet objectif, il faut tout de même promouvoir vigoureusement la diversification de la monnaie de réserve internationale et appliquer la stratégie qui consiste à diviser pour mieux régner.

Les « troubles endocriniens » de la réévaluation monétaire et du système financier

Si l'on cherche un exemple négatif de réévaluation monétaire conséquente, le Japon est sans aucun doute le candidat le plus approprié. Le marasme économique à long terme de l'économie japonaise est certes dû à des facteurs intérieurs, mais l'absence totale de préparation psychologique pour la guerre financière lancée soudainement par les États-Unis est en réalité le facteur essentiel.

En 1941, le Japon lançait une attaque surprise sur Pearl Harbor. En 1990, les États-Unis lançaient leur « guerre financière éclair » contre le Japon. Dans *The Financial Defeat*, Ji Chuan Yuan Chung déplore qu'en termes de perte de richesse la débâcle économique japonaise de 1990 fût presque aussi lourde que celle de 1945.

Comme la Chine, le Japon est un exemple typique de création de richesse matérielle par le travail honnête et de scepticisme envers le concept d'une richesse financière illusoire. La logique du Japon est très simple : ses propres marchandises de moyenne et haute gamme sont bon marché et de bonne qualité, et triomphent de la concurrence.

D'ailleurs, le secteur bancaire japonais a été pendant longtemps le plus gros créancier mondial et détenait les plus grandes réserves de change. De 1985 à 1990, l'économie nationale et les exportations du Japon ont connu un essor inégalé. La flambée au fil des ans du marché boursier et de l'immobilier, l'achat massif de biens étrangers et la confiance du Japon ont atteint pareillement un niveau sans précédent.

Ce pays semblait n'être qu'à une dizaine d'années de dépasser les États-Unis. En toute méconnaissance de la guerre financière qui se déroulait, l'optimisme de l'époque fait penser à celui de la Chine d'aujourd'hui, alors même que ses ressources sont encore loin derrière celles de l'archipel nippon.[330]

---

[330] En 2007, le PIB chinois était de 3280 milliards de $, contre 4377 milliards de $ pour le Japon. En 2010, la Chine a supplanté le Japon en tant que deuxième puissance

Oublier que nous sommes en guerre est dangereux. La guerre a une signification aussi profonde pour le Japon d'hier que pour la Chine d'aujourd'hui. En 1985, quand les Accords du Plaza furent signés, le taux de change était d'un dollar contre 250 yens. Mais trois mois plus tard, le dollar fut brutalement dévalué de 20%, à 200 yens, jusqu'en 1987, où un dollar ne valait plus que 120 yens. Le yen fut réévalué deux fois en trois ans, c'est le changement le plus important de l'industrie financière japonaise.

Les résultats ont montré qu'un tel changement « écologique » était suffisant pour conduire à la « disparition des dinosaures ».

Les médecins financiers américains ont compris depuis longtemps que forcer le yen à s'apprécier fortement par rapport au dollar, en une période très courte, possédait une efficacité similaire à celle d'obliger le Japon à avaler de grandes doses d'hormones. Il en résulte de graves « troubles endocriniens du système financier ».

L'efficacité aura encore été accrue en obligeant le Japon à maintenir des taux d'intérêt très bas, à 2,5%, pendant plus de deux ans. Dans les années 1980, comme l'on pouvait s'y attendre, stimulé par les hormones absorbées et les troubles endocriniens provoqués, le tissu graisseux de l'économie japonaise, son marché boursier ou immobilier, a proliféré ; en revanche, le tissu musculaire, le secteur de la production matérielle et de l'exportation, a gravement dépéri.

Puis sont apparus comme prévu les symptômes économiques tels que la lipidémie élevée, l'hyperglycémie et l'hypertension qui conduisent à une maladie cardiaque et coronarienne du système financier. Afin de provoquer plus facilement ces complications, en 1987, les banquiers internationaux de la BRI ont fabriqué un nouveau médicament spécifique pour lutter contre le Japon : les Accords de Bâle, imposant aux banques qui s'engagent dans le commerce international à posséder plus de 8% de capitaux propres.

Les États-Unis et la Grande-Bretagne ont d'abord signé ces accords, avant de contraindre le Japon et d'autres pays à les respecter, faute de quoi ils ne pourraient mener d'affaires avec les banques américaines et anglaises qui occupent des positions dominantes dans la finance

---

économique mondiale avec un PIB de 5878 milliards de $ contre 5474 milliards de $. En 2012, la Chine a réalisé un PIB de 8227 milliards de $ contre 5960 pour le Japon et 15685 pour les États-Unis (source : Banque mondiale) [n.d.é.].

internationale. Les banques japonaises connaissaient un vrai problème de faiblesse en fonds propres et ne pouvaient atteindre les normes fixées qu'en comptant sur les capitaux hors-bilan générés par le cours élevé de leurs actions.

Le système bancaire japonais, qui dépend essentiellement du cours des actions et du marché immobilier, a finalement exposé son flanc aux épées acérées de la guerre financière américaine. Le 12 janvier 1990, Wall Street a utilisé une nouvelle « arme nucléaire » financière, les *Nikkei put warrants*, un instrument de spéculation à terme sur la baisse de l'indice boursier japonais, pour lancer une attaque stratégique à distance contre la bourse de Tokyo.

Le système financier japonais, déjà atteint d'une maladie cardiaque et coronarienne, ne put résister à une telle excitation et fut frappé d'apoplexie, laquelle allait provoquer une hémiplégie de plus de 17 ans de l'économie japonaise.

Aujourd'hui, c'est presque la même prescription qui a été proposée à la Chine par les thérapeutes financiers américains, un peu trop empressés au chevet du « malade imaginaire » chinois. La différence est que la constitution physique de l'économie chinoise est encore bien inférieure à celle du Japon de cette période.

Et après avoir avalé ce médicament, on peut craindre que le résultat ne soit pas aussi simple qu'une hémiplégie. Le Japon, qui a gardé le lit pendant longtemps, se montre même encore plus impatient que les médecins américains d'observer l'efficacité de ce remède sur la Chine, dont les symptômes actuels sont très similaires à ceux du Japon entre 1985 et 1990.

Rendre coup pour coup

« L'usage international » est un terme à la mode. Le monde sera en paix si l'on observe les « usages internationaux », et l'ouverture financière sera aussi belle que des chants pastoraux. Cette grande idée naïve risque de causer de graves préjudices au peuple chinois. « L'usage international » est entièrement contrôlé par les banquiers internationaux qui occupent déjà une position de monopole.

Ils créeront très probablement un « usage international » sur mesure pour étouffer complètement l'existence et le développement des banques chinoises. Cette méthode développée par les banques anglo-saxonnes, déjà en position dominante dans l'industrie financière, est en fait l'arme absolue pour tuer leurs concurrentes.

Les premiers Accords de Bâle qui avaient annihilé la croissance de l'industrie financière japonaise ont changé de visage et se sont transformés en « nouveaux Accords de Bâle » (ou Bâle II) en 2004. Ils peuvent être utilisés contre le système bancaire chinois pour lui faire obstacle et empêcher le développement de son industrie financière à l'étranger.

Certains pays développés estiment que les succursales des banques étrangères implantées dans leurs pays doivent se conformer pleinement aux exigences de Bâle II si elles veulent poursuivre leurs activités. De plus, les pays où sont implantées leurs banques doivent également satisfaire aux exigences de cet accord, pour éviter de probables « lacunes de supervision ».

Une telle disposition accroîtra sans doute les coûts d'exploitation des succursales des banques étrangères. Pour l'industrie financière chinoise, qui vient de s'ouvrir au monde, cela est comparable à retirer les bûches de sous le chaudron. En d'autres termes, les banques chinoises qui n'appliquent pas encore les nouveaux Accords de Bâle peuvent voir leurs succursales en Europe ou aux États-Unis restructurées ou fermées. Le réseau financier construit laborieusement par la Chine court le risque d'être pris dans un coup de filet.

Le secteur bancaire occidental, l'inventeur des règles du jeu au niveau international, possède un énorme avantage et bloquera facilement la voie du développement extérieur de l'industrie financière chinoise, alors que pendant ce temps les banques nationales chinoises doivent elles-mêmes se plier aux « usages internationaux » qui les étouffent.

Aucune règle du jeu dans le monde n'est plus inéquitable que celle-ci. Faire face à un adversaire qui contrôle tous les paramètres de la compétition permet de connaître infailliblement le résultat de la partie.

Ne pas répondre à la courtoisie, c'est manquer de courtoisie. La stratégie de la Chine sera de réaliser des opérations à l'extérieur des lignes, basées sur l'ouverture réciproque. Si les pays d'accueil bloquent les succursales des banques chinoises sur leurs territoires en utilisant tel ou tel « usage international », la Chine fera de même et instituera des règles de l'industrie bancaire à la chinoise pour limiter ou même arrêter leurs activités bancaires en Chine. L'exemple du secteur bancaire de l'Angleterre et des États-Unis prouve que la création d'un réseau bancaire international est essentielle.

Mais il vaut mieux pour la Chine qu'elle réalise ses opérations en dehors des contraintes définies par l'ennemi plutôt que de s'y adapter sur son territoire, afin d'acheter les banques européennes et américaines qui s'y trouvent ou d'étendre ses succursales, puis établir son propre réseau financier dans le monde entier.

Il vaut mieux apprendre la guerre dans la guerre. Si le processus d'expansion et d'achat à l'étranger des banques chinoises est bloqué, la Chine pourrait bien régler les problèmes d'opération des banques étrangères en Chine selon un principe protectionniste de réciprocité : la fermeture.[331]

Stocker de l'or plutôt que des devises étrangères

Face à la dévaluation du dollar à long terme, un grand nombre d'experts ont proposé au peuple d'investir dans les devises étrangères pour répartir le risque de perte de réserves de change. Si la Chine abandonne le système de règlement commercial et que les entreprises contrôlent directement les devises étrangères, cela affaiblira inévitablement la capacité de contrôle de l'État sur le flux de devises étrangères.

Cela augmentera donc le risque global du système financier, même si cela peut contribuer à répartir le risque de dévaluation des devises étrangères pour la Chine et à faire baisser la pression pour une réévaluation du RMB et une augmentation de la masse monétaire. Ce n'est en aucun cas une politique infaillible. Par conséquent, il vaut mieux que le peuple stocke de l'or plutôt que des devises étrangères.

Le seul moyen de préserver le pouvoir d'achat de la grande richesse créée par la Chine est de transformer les réserves de devises étrangères en réserves d'or et d'argent. La fluctuation du cours de l'or à l'international n'est qu'un faux-semblant. Quand bien même le marché

---

[331] Depuis 2008, la donne a changé. Les banques chinoises sont parties à l'assaut des marchés occidentaux. Après avoir fait le plein de matières premières, l'Afrique est devenue son premier terrain de jeu. On avait connu autrefois la « françafrique », il faut désormais compter sur la « chinafrique ». En 2008, la plus grande banque chinoise de crédit, l'Industrial & Commercial of China (ICBC), est arrivée en Afrique du Sud et a investi 5,5 milliards de dollars pour acquérir 20% de la Standard Bank, la plus grande institution de crédit du continent africain. Ce précédent sert désormais de modèle pour le rapprochement des banques occidentales et des banques chinoises [n.d.e.].

des changes subirait une forte volatilité, la Chine pourrait vivre tranquillement en se reposant sur ses milliers de tonnes d'or.

Fondamentalement, l'or sécurise le capital du peuple. L'inflation ne peut pas éroder son pouvoir d'achat réel. L'or est la pierre angulaire indispensable de la liberté économique pour la construction d'une société harmonieuse et équitable. Après tout, c'est le peuple qui a créé la richesse et il a le droit de choisir la façon de la stocker. Depuis plus de 5000 ans, l'or a été reconnu comme la forme ultime de richesse par diverses civilisations et ethnies, de différentes régions et époques et sous différents régimes politiques.

Il assumera sûrement à l'avenir une tâche historique majeure dans le système fondamental des poids & mesures des activités économiques de la société. Dans l'histoire mondiale, on dénombre quatre tentatives d'abolition du statut de l'or en tant que pierre angulaire du système monétaire, afin d'» inventer » un système monétaire plus intelligent. Les trois tentatives précédentes ont échoué, la quatrième échouera pareillement.

La nature cupide de l'être humain voue à l'échec toute tentative de calibrage objectif des activités économiques. En réservant l'or au peuple pour parer à tout changement dans le monde, le yuan chinois se dressera remarquablement sur les ruines financières internationales causées par l'endettement et la cupidité excessive, et la civilisation chinoise connaîtra alors son heure de gloire.

BIBLIOGRAPHIE

Abraham, Larry, *The Greening* (Second Opinion Pub., Inc., 1993).

Adams, Silas W., *The Legalized Crime of Banking* (Meador Publishing Company, Boston, 1958? Omnia Veritas Ltd, www.omnia-veritas.com).

Ahlstrom, Sydney E., *A Religious History of the American People* (Yale University Press, 1972).

Balla, Ignatius, *The Romance of the Rothschilds* (Everleigh Nash, Londres, 1913).

Carr, William Guy, *Des pions sur l'échiquier* (Éditions Saint-Rémi, 2002).

Chernow, Ron, *The House of Morgan* (Groove Press, 1990).

Dali, Col. Curtis, *F. D. R. My Exploited Father-in-Law* (Liberty Lobby, 1970).

Davis, Glyn, *History of Money From Ancient Times to The Present Day* (University of Wales Press, 2002).

Des Griffin, *Descent into Slavery* (Emissary Publications, 1980).

Disraeli, Benjamin, *Coningsby ou la Nouvelle Génération* (Club Bibliophile de France, Paris, 1957).

Druck, David, *Baron Edmond de Rothschild* (éd. privée, New York, 1850).

Engdahl, William, *Pétrole, une guerre d'un siècle : l'ordre mondial anglo-américain* (Éditions Jean-Cyrille Godefroy, 2007).

Farrar, David, *The Warburgs* (Michael Joseph Ltd., Londres, 1974).

Fisher, Irving, *100% Money* (Pickering & Chatto Ltd., Set Only edition, Forward, 1996, Omnia Veritas Ltd, www.omnia-veritas.com).

Flynn, Ted, *Hope of the Wicked* (MaxKol Communication, Inc., 2000).

Forrester, Izola, *This One Mad Act* (Hale, Cushman & Flint, Boston, 1937).

Galbraith, John Kenneth, *Money : Whence It Came, Where It Went* (Houghton Mifflin ; 1975).

Golan, Matti, *The Secret Conversations of Henry Kissinger : Step-by-Step Diplomacy in the Middle East* (Bantam Books, New York, 1976).

Greenspan, Alan, « Gold and Economic Freedom », 1966.

Griffin, G. Edward, *The Creature from Jekyll Island* (American Media,

Westlake Village, ÇA, 2002).

Hamilton, Adam, *The JPM Derivatives Monster* (Zeal Research, 2001).

Hamilton, Allan, *The Intimate Life of Alexander Hamilton* (Charles Scribner's Sons, 1910).

Higham, Charles, *Trading With the Enemy* (Robert Hale, Londres, 1983).

Hill, Jean, JFK : *The Last Dissenting Witness* (Pelican Publishing Company, 1992).

Holden, J. Milnes, *The History of Negotiable Instruments in English Law* (The Athlone Press, Londres, 1955).

Holt, Michael F., *The Rise and Fall of the American Whig Party : Jacksonian Politics and the Onset of the Civil War* (1999).

Hoppe, Donald, *How to Invest in Gold Stocks* (Arlington House, New York, 1972).

Hull, Cordell, *Memoirs* (Macmillan, New York, 1948).

Jefferson, Thomas, *The Writings of Thomas Jefferson* (G. P. Putnam & Sons, New York, 1899).

Jefferson, Thomas, *The Basic Writings of Thomas Jefferson* (Willey Book Company, 1944).

Jefferson, Thomas, « Lettre à James Monrœ », 1er janvier 1815 (Library of Congress).

Ji Chuan Yuan Zhong, *La défaite financière*,

Johnson, Brian, *The Politics of Money* (McGraw Hill, New York, 1970).

Keynes, John Maynard, *Les conséquences économiques de la paix*, (Éditions de la Nouvelle Revue française, Paris, 1920).

Kissinger, Henry, *Diplomatie* (Fayard, 1996).

Kiyosaki, Robert, *Père Riche, Père Pauvre* (Un monde différent, 2001).

Leech, Garry, *Le Capitalisme : un génocide structurel* (Le Retour aux Sources, Aube, 2012).

Lewin, Leonard C., *Report from Iron Mountain — On the Possibility and Desirability of Peace* (Dial Press, 1967).

Lincoln, Abraham, « Lettre à William Elkins », 21 novembre 1864.

Lips, Ferdinand, *Gold Wars, The Battle Against Sound Money as Seen From a Swiss Perspective* (The Foundation for the Advancement of Monetary Education, New York, 2002)

Lord Rothschild, *Shadow of a Great Man* (Londres, 1982).

Lundberg, Ferdinand, *America's 60 families* (Halcyon House, 1939).

McFadden, Louis T., *Discours devant la Chambre des Représentant*, 10 juin 1932, Archives du Congrès.

Makin, John H., *The Global Debt Crisis : America's Growing Involvement* (Basic Books, New York, 1984).

Millman, Gregory, *Vigilante Economics : How Wall Street Shattered Tokyo and London gave Frankfurt Wœ* (The Alicia Patterson Foundation, 1992).

Moody, John, *The Seven Men* (McClure's Magazine, août 1911)

Morton, Frederic, *The Rothschilds — Portrait of a Dynasty* (Fawcett Books, 1961).

Mullins, Eustace, *Les secrets de la Réserve Fédérale* (Le Retour aux Sources, 2010).

Mullins, Eustace, *The World Order — A Study in the Hegemony of Parasitism* (Omnia Veritas Limited, 2015).

Palast, Greg, *The Best Democracy Money Can Buy* (Robinson, Londres, 2003)

Palmer, Marjorie, 1918-1923 : *German Hyperinflation* (Traders Press, New York, 1967).

Perkins, John, *Les confessions d'un assassin financier* (AlTERRE, 2005).

Quigley, Carroll, *Tragedy & Hope* (MacMillan, 1966).

Rivera, David Allen, *Final Warning : A History of the New World Order* (2004).

Roberts, Craig, *JFK : The Dead Witnesses* (Consolidated Press International, 1994).

Roosevelt, Franklin Delano, *F. D. R. : His Personal Letters* (Duell, Sloan & Pearce, New York, 1950).

Rothbard, Murray N., *Keynes, the Man* (Ludwig von Mises Institute, 2010).

Rothbard, Murray N., *The Case Against the Fed* (Ludwig von Mises Institute, 1994).

Rueff, Jacques, T*he Inflationary Impact the Gold Exchange Standard Superimposed on the Bretton Woods System* (Committee for Monetary Research and Education, Greenwich, CT, 1975).

Samuelson, Paul E., *Economics* (McGraw-Hill, New York, 1973).

Schellenberg, Walter, *The Schellenberg Memoirs* (Andre Deutsch, Londres, 1956).

Schlesinger, Arthur, Jr., *The Age of Jackson* (Mentor Books, New York,

1945).

Seymour, Charles, *Intimate Papers of Colonel House* (Houghton Mifflin, 1926)

Shakespeare, William, *Le marchand de Venise*.

Smith, Adam, *La richesse des nations* (1776).

Smoot, Dan, *The Invisible Government* (Dan Smoot Report, 1962).

Soros, George, *Underwriting Democracy* (Public Affairs, New York, 1991).

Soros, George, *L'alchimie de la finance* (Valor éditions, Paris, 1998).

Sun-Tzu, *L'Art de la guerre*.

Sutton, Antony C., *The Federal Reserve Conspiracy* (Tab Books, 1995).

Sutton, Antony C., *Wall Street and FDR* (Arlington House Publishers, 1975).

Sutton, Antony C., *Wall Street et l'ascension de Hitler* (Le Retour aux Sources, 2012).

Viereck, George Sylvester, *The Strangest Friendship in History* (1932)

Warburg, Paul M., *Defects and needs of our banking system* (1907).

Warburg, Max, *Memoirs of Max Warburg* (Berlin, 1936).

Ward, Phyllis, & Schlafly, Chester, *Kissinger on the Couch* (Arlington House, 1975).

Welker, Ernest P., *WHY GOLD ?, Economic Education Bulletin* (American Institute for Economic Research, Great Barrington, MA, 1981).

Welles, Gideon, *The Diary of Gideon Welles* (Houghton Mifflin, Boston, 1911).

Wiegand G. C., *Inflation and Monetary Crisis* (Public Affairs Press, Washington, 1975).

Wilson, R McNair, *Monarchy or Money Power* (Eyre & Spottiswoode Ltd., Londres, 1933).

Wilson, Woodrow, *The New Freedom : A Call For the Emancipation of the Generous Energies of a People* (New York and Garden City Doubleday, Page & Company, 1913).

AUTRES DOCUMENTATIONS ET PUBLICATIONS :

Anderson, Jenny, « Wall Street Pursues Profit in Bundles of Life

Insurance », *New York Times*, 5 septembre 2009.

Banque de réserve fédérale de Chicago, *Modem Money Mechanics*.

Baruch's Testimony before the Nye Committee, 13 septembre 1937.

BBC News, 15 avril 2004.

Benner, Katie, & Lashinsky, Adam, « Subprime Contagion ? », in *Fortune*, 5 juillet 2007, p. 152.

Bin Mohamad, Mahatir, *The Finance Ministers of Asean and Asean Plus Six And The Conference On Financial Initiaves For The 21st Century*, Putra World Trade Center, Kuala Lumpur, 1er décembre 1997.

Chicago Tribune, 9 décembre 1950.

Clinton, Bill, « Discours de remerciement à la Convention nationale démocrate par le Gouverneur Bill Clinton de l'Arkansas », New York -NY, 16 juillet 1992.

D'Aymery, Gilles, « The Circle of Deception : Mapping the Human Rights Crowd in the Balkans », 23 juillet 2001.

Département d'État US, *Foreign Relations of the United States, 1964-1968*, Vol. VIII (Government Printing Office, Washington, 1998).

Département du Trésor US, *OCC's Quarterly Report on Bank Derivatives Activities*, deuxième trimestre 2006.

Entretien avec George Hunt : « Méfiez-vous des banquiers apportant des cadeaux » (Quatrième conférence du *World Wilderness Congress*).

Escobar, Pepe, *Bilderberg strikes again*, Asia Times Online, 10 mai 2005.

Federal Reserve Board, *Flux financiers*, 6 juillet 2007.

Federal Reserve Bulletin, avril 1963.

Financial Times, « Going, Going, gold », 16 avril 2004.

Fisher, Marc, *Washington Post*, 27 janvier 1998.

Freemarket Gold & Money Report, « Thinking The Unthinkable », 25 avril 1994.

Greenspan, Alan, auditions parlementaires du 24 juillet 1998.

Greenspan, Alan, *Understanding household debt obligations*, At the Credit Union National Association, Governmental Affairs Conference, Washington, D. C., 23 février 2004.

Greenspan, Alan. Commission économique mixte du Congrès des États-Unis, 9 juin 2005.

Hale, David D., *The Weekly Money Report*. Chicago, Kemper Financial Services, 29 janvier 1990.

Hearst Magazine, novembre 1923.

Jewish History in Civil War (Jewish-American History Documentation Foundation, Inc., 2006).

Kiyosaki, Robert, « *Bet on Gold, Not on Funny Money* », in Yahoo Finance Experts Column, 24 juillet 2006.

Kiyosaki, Robert, « *A Taste for Debt* », in Yahoo Finance Experts Column, 27 octobre 2006.

Lindberg, Charles, « Discours au Congrès », 23 décembre 1913.

Linden, Eugene, « How to Kill a Tiger », in *Time Magazine Asia*, 3 novembre 1997

McLandress, Herschel, *News of War and Peace You're Not Ready For*, Book World, Washington Post, 26 novembre 1967.

National Economy and the Banking System : documents du Sénat, Co. 3, n° 23, 66ème Congrès, 1ère session, 1939.

Newsweek, 30 mai 1936.

New York Times, 20 avril 1929.

OFHEO, *Fannie Mae, Freddie Mac and the need for GSE reform, now*.

Palast, Greg, « Le FMI et la Banque mondiale, rencontre à Washington — Greg Palast : reportage sur *BBC Television's Newsnight* », 27 avril 2001.

Quarterly Journal of Economics, avril 1887.

Palyi, Melchior, « A Point of View », *in The Chicago Commercial And Financial Chronicle*, 24 juillet 1969.

Poole, William, *GSE Risks*, Rapport de la Banque de réserve fédérale de St. Louis, mars/avril 2005, 87 (2, Part 1).

Sickler, Melvin, « Abraham Lincoln and John F. Kennedy. Two great presidents of the United States assassinated for the cause of justice », in *Michael* (2003).

Stanford Journal of East Asian Affairs, Volume 3, n° 1, printemps 2003.

Stiglitz, Joseph, « The Insider — What I Learned at the World Economic Crisis », in *The New Republic*, 17 avril 2000.

Testimony before Unites States Senate, Committee on Military Affair, 1946.

Tett, Gillian, « Pension Funds left Vulnerable after Unlikely Bet on CDOs », in *Financial Times*, 6 juillet 2007.

The Commercial and Financial Chronicle, 6 mai 1948.

Volcker, Paul, Discours à l'occasion d'une commémoration de Fred Hirsch à l'université de Warwick, à Coventry, en Angleterre, le 9 novembre 1978.

Worsthome, Peregrine, « The Good German », *Daily Telegraph*, 22 juillet 1990.

Le Retour aux Sources éditeur

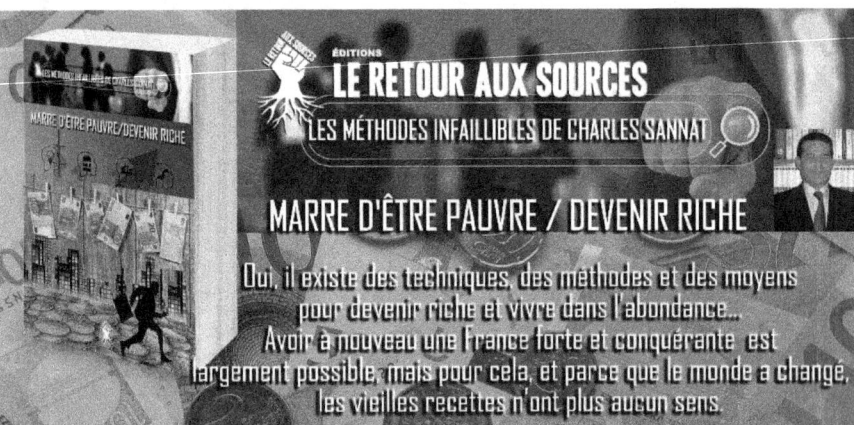

LE RETOUR AUX SOURCES

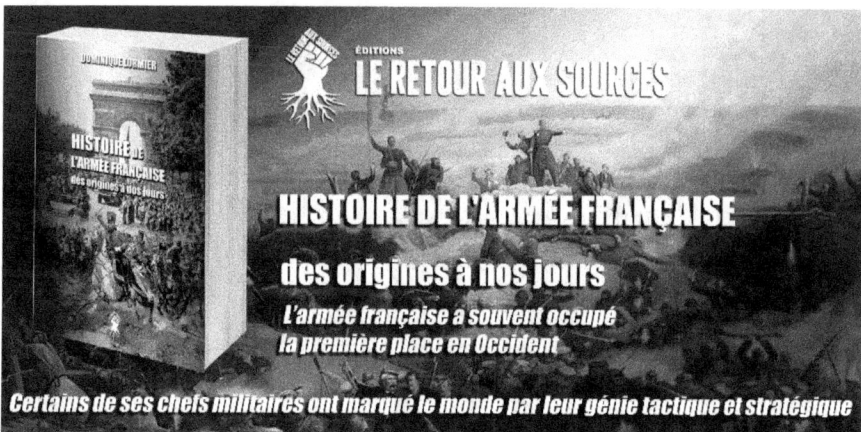

LE RETOUR AUX SOURCES

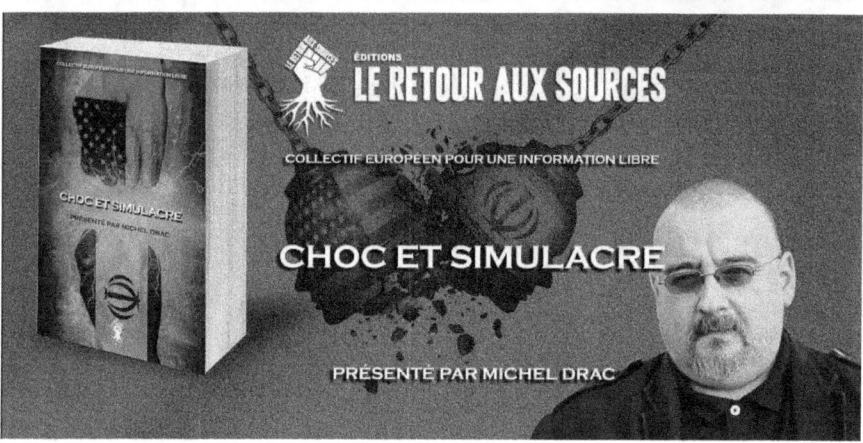

LE RETOUR AUX SOURCES

www.leretourauxsources.com

www.ingramcontent.com/pod-product-compliance
Lightning Source LLC
Chambersburg PA
CBHW071942220426
43662CB00009B/958